"十四五"职业教育国家规划教材

市场营销

（第2版）

主　编　高中玖　毕思勇
副主编　李逾男　陈丽娜　李　军　苏兰君　郭　鹏
参　编　王凤国　王文娟　刘佩波　张雪芬　张凤山
　　　　郑　璐　徐　强　董娇娜　甄小虎

北京理工大学出版社
BEIJING INSTITUTE OF TECHNOLOGY PRESS

版权专有　侵权必究

图书在版编目（CIP）数据

市场营销／高中玖，毕思勇主编 . —2 版 . —北京：北京理工大学出版社，2020.7（2024.8 重印）

ISBN 978-7-5682-8755-5

Ⅰ. ①市… Ⅱ. ①高… ②毕… Ⅲ. ①市场营销学－高等学校－教材 Ⅳ. ①F713.50

中国版本图书馆 CIP 数据核字（2020）第 132491 号

出版发行／	北京理工大学出版社有限责任公司
社　　址／	北京市丰台区四合庄路6号
邮　　编／	100070
电　　话／	（010）68914775（总编室）
	（010）68914026（教材售后服务热线）
	（010）68944437（课件资源服务热线）
网　　址／	http://www.bitpress.com.cn
经　　销／	全国各地新华书店
印　　刷／	涿州市新华印刷有限公司
开　　本／	787 毫米 × 1092 毫米　1/16
印　　张／	20
字　　数／	472 千字
版　　次／	2020 年 7 月第 2 版　2024 年 8 月第 10 次印刷
定　　价／	55.00 元

责任编辑／李　薇
文案编辑／李　薇
责任校对／周瑞红
责任印制／施胜娟

图书出现印装质量问题，请拨打售后服务热线，本社负责调换

再版前言

2013年8月，经教育部职业教育与成人教育司组织的教材选题立项专家评审组评审，本书获得"十二五"职业教育国家规划教材选题立项；2015年8月，正式出版发行。先后被山东经贸职业学院、淄博职业学院、天津海运职业学院及山东潍坊商校、青岛美塑职业培训学校等院校选作市场营销、连锁经营管理、工商企业管理、会计等财经商贸类专业的专业课程和专业基础课程的首选教材，并被青岛优度生物科技有限公司、青岛优度生物电子商务有限公司等单位选为职工培训教材，已经进行了多次印刷，累计发行量已达16000余册。在此非常感谢各位兄弟院校领导和同行们的支持，更感谢校内外各位前辈和同行的热情指导以及长期以来的关心和帮助。

在我国加快构建新发展格局，着力推动高质量发展的新时代背景下，数字技术作为世界科技革命和产业变革的先导力量，日益融入经济社会发展各领域全过程，深刻改变着生产方式、生活方式和社会治理方式。与此同时，全球市场营销思想也在迅速发展。面对数字化带来的机遇和挑战，我们已经感觉到形势逼人，时不我待。特别是党的二十大报告提出"加快发展数字经济，促进数字经济和实体经济深度融合，打造具有国际竞争力的数字产业集群"，给企业营销理念带来了一系列的冲击和变革。从企业营销实践的角度来说，企业营销模式更加丰富，出现了许多不同以往的营销新思想、新技术、新方法和新模式，有待企业学习和实践。从学校教学的角度来说，传统的"课堂"概念已经被打破，以数字信息技术为支撑的"新课堂"正在逐步建立，教与学的模式正悄然发生变化。2017年，中共中央、国务院颁布了《关于加强和改进新形势下高校思想政治工作的意见》（中发[2016]31号），要强化思想理论教育和价值引领，要加强对课堂教学和各类思想文化阵地的建设管理。如何利用课堂教学这个主渠道，在"知识传授"的同时，进一步贯彻"六个必须坚持"，坚定"四个自信"，强调"价值引领"的作用，充分发挥专业课程的德育功能，这对专业课的教学来说也是一个新的挑战。众多的难题等着我们去攻克，一个不容忽视的现实是："三教"改革，已经成为建设职业教育创新发展高地的重要抓手，必须协同发力。本次教材的修订，我们也试图在此方面做一些有益的探索，以起到抛砖引玉的效果。

对本书进行修订，是我们近几年一直在做的一项重要工作。在课程教授过程中，我们发现了教材中的一些不足，比如案例的更新问题、知识体系的完善问题等，同时还收到兄弟院校部分同行提出的建议，这都给了我们极大的鼓励和鞭策，同时也感到更大的压力，迫使我们不断创新、进步和发展，尽力为读者创造更多的学习价值。与此同时，国内外营销学界不断取得的创新性研究成果和成功案例，以及近两年我们在课程思政方面的探索和研究体会都应该及时体现在教材中，反映在课堂上，给学生以新的理论、新的案例、新的数据和新的启发。

修订后的第二版，继续保持并丰富了第一版的如下特点：

1. 创新理念，细化目标

在教学内容设计时，吸收了理论界先进的研究成果，结合企业运作实际，根据营销过程系统化的要求进行课程设计：在综合描绘工商管理类专业的核心知识与核心技能框架的基础上，重点进行营销知识、营销技能、营销态度的训练，尤其是对营销人员营销思维模式的形成起主要支撑作用。以岗位能力培养为课程设计的出发点，以营销职业能力培养为重点，建立基于营销活动过程的课程开发与设计模式，体现市场营销的职业性、实践性和综合性要求。

我们将教学目标细化为三个分目标：

知识目标：掌握营销活动项目中所必需的理论知识与实践知识。

技能目标：具备市场推广、营销策划、调研分析及综合管理等各种营销技能。

素质目标：贯彻"立德树人"根本任务，丰富和完善课程思政内容与要素。

2. 体例新颖，实用性强

用项目任务的方式，将有关的理论知识串接起来，学习时学生先分成团队来做项目任务，然后教师讲解点评，将知识点融入项目中，实战性强。将内容由原有的13个项目、43项任务，增加为14个项目、46项任务，概括为：营销工作与营销岗位认知、营销环境分析、营销对象分析、市场开发战略、营销组合决策、营销创新技能培养以及新媒体营销七大学习单元。

在每一单元的前面，我们明确了单元的学习目标和任务，它能够起到引导作用，使学习者直观地看到每一单元各个组成部分及其之间的关系。位于每一项目开头的"项目概述"条目，对学习者在学习每一项目内容时应达到的学习目标提出了具体要求。每一任务的开始部分，我们都以营销故事开篇，导入教学任务，提高学习者的求知欲。

根据项目内容，落实党的二十大精神进教材。在原"思政模块"的基础上，进一步丰富和完善课程思政内容与要素。在"看资料，悟营销"中通过"引导问题"加入思政元素，在"阅读资料"中通过"分析与感想"加入思政元素，在"案例分析"中通过"思考与讨论"加入思政元素，在"拓展学习"中通过"分析与感想"，引入社会主义核心价值观等教育内容，在"实践与技能"环节通过"讨论与点评"加入思政元素，并在优秀案例以及阅读资料选择环节，尽量选取我国企业优秀案例和最新的资料信息，强化课程思政教育，寓思政教育于学习过程，实现潜移默化、润物无声的效果。

在内容的编写过程中，我们运用图形、表格、照片、营销快照图、案例分析、延伸阅读和知识链接等资料来加深学生对教材内容的理解，并激发他们的学习兴趣。

3. "教、学、做、评"融合

工作任务贯穿全程，学生边学边练、教师边教边指导，师生互评，以任务为主线、学生为主体、教师为主导，让学生主动参与教学过程；展现工作任务后，学生的学习目标很强，带着任务去探索、思考、研究，形成良好的学习氛围；在主动参与之中解决问题、获得知识、提高技能。

4. 立体化教学设计，服务学生可持续发展

我们在组织编写的过程中充分借鉴和吸收了"市场营销立体化教学"课题的研究成果，结合"三教"改革实践，按照基于典型工作任务的专业标准开发和课程开发的思路，从课程内容的开发入手（教什么?），结合教师课堂教学的特点（怎么教?）以及学生在信息化环境下的学习特点（怎么学?），注重用信息化的手段改造传统教材，在立体化教学方面做了大胆探索，以数字技术为载体创建市场营销教学平台，试图实现线上线下结合、讲练结合、技能学习与素质提升并重的效果。

为了配合立体化教学工作的开展，我们在每一个教学项目的后面都提供了相应的教学

资源,以便于教学活动的开展;

为巩固项目教学基础内容,列出了本项目需要掌握的主要概念、思考与练习题目;

为提高学做结合的能力,设计了针对每一项目的实践与技能训练题目;

为扩展学生的视野,设计了项目拓展内容;为便于教师教学活动的开展,针对每一项目的教学任务我们提供了项目资源。

为便于学生自主学习活动的开展,针对每一项目的教学任务我们提供了线上学习路径和线下学习书目、阅读资料等,同时我们还将一些最新的理论和知识运用二维码的方式展现给同学们以拓展学习者的学习空间。

在本次教材的修订过程中,具体编写任务分工如下:项目一(李军、高中玖);项目二(陈丽娜);项目三(高中玖、毕思勇);项目四(张凤山);项目五(甄小虎);项目六(董娇娜);项目七(李逾男);项目八(王文娟);项目九(张雪芬);项目十(王凤国);项目十一(郑璐、董娇娜);项目十二(徐强、苏兰君);项目十三(高中玖、刘佩波、徐强);项目十四(郭鹏)。全书由高中玖、毕思勇统稿,陈丽娜老师负责数字技术支持。

虽然参与编修的团队成员中既有省级和国家级精品资源共享课程负责人,又吸收了具有较高理论水平和管理实践经验的企业管理者参与进来,丰富了教材内容,提高了教材的实践性,但由于水平所限及统稿时间仓促,难免存在不妥之处,恳请专家、读者批评指正。

在本教材的编写过程中,我们参阅了国内外大量的营销类和管理类的专著、教材和文献资料,还从许多期刊、报纸、网站上获得了大量的图文资料,在此,向所有的著作者和传播机构表示由衷的感谢!

本教材的编著出版得到了北京理工大学出版社的全力支持,得到了责任编辑的竭诚帮助,在此也表示深深的感谢!

教材编写组

市场营销在线课程

目　录

学习单元一　营销工作与营销岗位认知

项目一　营销工作与营销岗位 ……………………………………………（003）
　　任务一　正确认识营销工作 …………………………………………（004）
　　任务二　营销岗位分析 ………………………………………………（010）
项目二　市场与市场营销 ……………………………………………（019）
　　任务一　认识市场 ……………………………………………………（019）
　　任务二　认识市场营销及其基本概念 ………………………………（023）
　　任务三　市场营销管理哲学及其贯彻 ………………………………（029）

学习单元二　营销环境分析

项目三　市场营销环境 ………………………………………………（041）
　　任务一　认识市场营销环境 …………………………………………（041）
　　任务二　市场营销环境调研与分析 …………………………………（052）
　　任务三　环境分析技巧与方法 ………………………………………（057）

学习单元三　营销对象分析

项目四　消费者市场及其购买行为分析 ……………………………（067）
　　任务一　消费者市场概述 ……………………………………………（068）
　　任务二　消费者购买行为过程 ………………………………………（071）
　　任务三　影响消费者购买行为的因素分析 …………………………（075）
项目五　组织市场及其购买行为分析 ………………………………（084）
　　任务一　组织市场的类型和特点 ……………………………………（085）
　　任务二　组织市场购买行为分析 ……………………………………（088）

学习单元四　市场开发战略

项目六　目标市场营销战略 …………………………………………（105）
　　任务一　市场细分 ……………………………………………………（105）

  任务二 目标市场选择 …………………………………………………… (111)
  任务三 市场定位 ………………………………………………………… (116)
项目七 竞争者分析 ………………………………………………………… (122)
  任务一 竞争者识别 …………………………………………………… (122)
  任务二 制定竞争战略 ………………………………………………… (126)
  任务三 竞争管理 ……………………………………………………… (132)

学习单元五 营销组合决策

项目八 市场营销组合及其发展 ……………………………………………… (139)
  任务一 了解市场营销组合理论 ……………………………………… (141)
  任务二 市场营销组合理论的发展 …………………………………… (145)
项目九 产品策略 ……………………………………………………………… (162)
  任务一 认识产品 ……………………………………………………… (163)
  任务二 产品组合策略 ………………………………………………… (165)
  任务三 产品生命周期策略 …………………………………………… (168)
  任务四 新产品决策 …………………………………………………… (172)
  任务五 品牌与包装策略 ……………………………………………… (177)
项目十 价格决策 ……………………………………………………………… (184)
  任务一 价格的内涵 …………………………………………………… (185)
  任务二 影响定价的因素 ……………………………………………… (187)
  任务三 定价策略分析 ………………………………………………… (195)
项目十一 渠道决策 …………………………………………………………… (206)
  任务一 认识分销渠道 ………………………………………………… (207)
  任务二 如何对分销渠道进行设计 …………………………………… (210)
  任务三 渠道管理 ……………………………………………………… (217)
项目十二 促销策略 …………………………………………………………… (229)
  任务一 促销组合 ……………………………………………………… (230)
  任务二 人员推销 ……………………………………………………… (233)
  任务三 广告策略 ……………………………………………………… (239)
  任务四 营业推广 ……………………………………………………… (245)
  任务五 公共关系 ……………………………………………………… (249)

学习单元六 营销创新技能培养

项目十三 营销模式创新 ……………………………………………………… (259)
  任务一 整合营销模式 ………………………………………………… (259)
  任务二 水平营销模式 ………………………………………………… (264)
  任务三 直复营销模式 ………………………………………………… (268)
  任务四 关系营销模式 ………………………………………………… (274)

任务五　概念营销模式 ……………………………………………………（279）
　　任务六　事件营销模式 ……………………………………………………（285）

学习单元七　新媒体营销

项目十四　新媒体营销 ……………………………………………………（295）
　　任务一　新媒体营销的含义与特点 ………………………………………（296）
　　任务二　新媒体营销的要素 ………………………………………………（299）
　　任务三　新媒体营销的实施策略 …………………………………………（303）
参考文献 ……………………………………………………………………（308）

学习单元一

营销工作与营销岗位认知

学完本单元后,你应该能够:

1. 了解营销工作是什么和人们为什么要从事它。
2. 理解营销工作和推销工作的区别。
3. 知道从事营销工作应具备哪些方面的素质和能力。
4. 理解为什么营销对于经济发展和全球经济至关重要。
5. 了解为什么营销专业工作者,包括中间商和辅助商会发展起来。
6. 了解营销工作的各种职能以及由谁来从事这些工作。
7. 了解什么是市场。
8. 了解市场营销是什么。
9. 理解市场营销的基本概念和重要的新术语。
10. 认识市场营销哲学并知道如何贯彻实施。

项目一
营销工作与营销岗位

项目概述：
通过本项目的学习，你将会明白营销指的是什么以及为什么它对你很重要。我们还将探索营销怎样影响着不同社会人们的生活质量以及为什么它对于经济发展和全球经济是如此重要。

学习目标：

［知识目标］
- 正确认识营销工作
- 正确认识营销岗位的职责与要求

［技能目标］
- 营销岗位对人员的专业要求与能力分析
- 营销工作的职业发展规划

［思政目标］
- 树立在从营销工作中应坚守的科学价值观和道德观
- 认识新形势下营销工作对于国民经济发展的重要意义

看资料，悟营销

如何认识营销工作？如何对营销岗位进行界定？从事这一工作应该具备哪些素质和能力？应该从哪些方面来努力以便于培养和提升这些素质和能力？……对于大多数营销专业的学习者甚或营销从业者来说，恐怕也不能轻而易举就能回答出来以上的问题。我们不妨看看网上的调查：

问题：你如何看待营销这种工作？

回答：

A. 我觉得销售是一个可以锻炼人、很有挑战性的工作，销售可以帮公司以及自己实现目标和价值，为公司直接带来经济利益，也为我带来对等的回报……

B. 销售，就是用更短的时间经历更多的挫折！

C. 销售就是以下几点：

第一，会吹！

第二，会看！

第三，会做人！时不时地去拜访拜访客户，打个电话嘘寒问暖地聊几句，找机会请吃个饭，送点小礼物……

第四，还有一种方法！销售就如同苍蝇碰到了个臭鸡蛋，你就是那只苍蝇，对方就是个臭鸡蛋，怎么也赶不走，一直让对方说："好啦，别来烦了，就给你做吧！"这也是一种方法，但要很有耐心！

D. 销售就是动脑子乱"忽悠"，猛一听貌似忽悠得还有根据，把别人"忽悠"得买了你推销的物品，那你就成功了。

E. 说实话，我觉得不是很优秀的公司搞营销就是在骗人！

……

看来，对于营销的理解可谓是"仁者见仁，智者见智"。

任务一　正确认识营销工作

营销故事1-1-1

把斧头推销给小布什总统

2001年5月20日,美国一位名叫乔治·赫伯特的推销员,成功地把一把斧头推销给了小布什总统,获得了布鲁金斯学会颁发的"金靴子"奖。

布鲁金斯学会创建于1927年,是世界上最权威、最有影响力的推销员培训组织。它有一个传统,即在每期学员毕业时,设计一道最能体现推销员能力的实习题,让学员去完成。完成任务的学员将获得一只刻有"最伟大的推销员"的金靴子。

克林顿当政期间,学会出了这样一道题:请把一条三角裤推销给总统。8年间,无数学员为此绞尽脑汁,却都无功而返。克林顿卸任后,学会把题目改成:请把一把斧头推销给小布什总统。

鉴于前8年的失败与教训,许多学员垂头丧气,个别学员甚至认为,这道毕业实习题会和克林顿当政期间的那道题一样徒劳无功。因为小布什总统什么也不缺,再说即使缺少,也用不着他亲自购买;再退一步说,即使他亲自购买,也不一定正好赶上是你去推销的时候。

然而,乔治·赫伯特却做到了。

面对记者的采访,他说:"我认为,把一把斧头推销给小布什总统是完全可能的,因为小布什总统在得克萨斯州有一个很大的农场,里面绿树成荫。于是我胸有成竹地给他写了一封信:'总统阁下,有一次,我有幸参观您的农场,发现里面长着许多矢菊树,有些已经死掉,木质已变得松软。我想,您一定需要一把小斧头,但是从您现在的体质来看,这种小斧头显然太轻,因此您急需一把不甚锋利的老斧头。现在我这儿正好有这样一把斧头,它是我祖父留给我的,很适合砍伐枯树。如果您有兴趣的话,请按这封信所留的信箱,给予回复……'然后小布什总统真的给我汇了15美元。"

这是自1975年以来,一名学员把一台微型录音机卖给尼克松后,又一学员跨过如此高的门槛。26年中,布鲁金斯学会培养了数以万计的百万富翁,这只金靴子之所以没有授予他们,是因为该学会一直想寻找这样一个人:不因事情难办而放弃。

"这个人不会因为某一目标难以实现而放弃,不因某件事难办而失去自信!"为此,布鲁金斯学会开了一个表彰大会,会上,主持人意味深长地看着参加会议的所有来宾,然后指了指身边其貌不扬、有些腼腆的乔治说:"你们好好地瞧瞧他吧,有没有发现乔治有什么特别之处?难道他比你们聪明100倍吗?不,至少根据我的观察,他完全不是。我可以实话告诉你们,有关测验显示他比你们都要平庸。"接着又说:"那么,是乔治工作努力的程度比你们多100倍吗?事实上,他所花费的工夫比你们大多数人要少得多。"这时候,全场鸦雀无声,人们完全被这一席话震住了。"是乔治和布什家族有什么渊源吗?是因为乔治教育背景显赫吗?"全场一片寂然,等待着一个石破天惊的答案。"其实他与你们一样平凡,那么乔治的销售魔力是什么呢?我的结论是,乔治与你们的不同之处在于乔治的思想比你们的思想大100倍。"主持人似乎有点得理不饶人,他继续对大家说:"在决定一个人成功的因素中,体力、智力、精力、人脉、接受教育的程度都在其次,最重要的是一个人思想能力的大小!有史以来所有成功的案例都反复证明了一个道理，一个人在银行有多少存款、在社会上有多少名望，以及对物质和精神满足程度的深浅，主要依赖于一个人思想能力的大小。一句话，高瞻远瞩的思想是神奇无比、无坚不摧的。"

（资料来源：《名人传记（财富人物）》，2008年第1期，有改编）

扫一扫
解析与启示
1-1-1

无处不营销，甚至万物皆可营销。举个例子，作为一个求职者，针对自身的经历和技能做一份简历，然后把这份简历投到一家正在招聘市场部门人员的公司，这个行为也算是营销的一种，因为公司把招聘信息传播出去、投简历的行为满足了双方的需求——求职者凭自己的技能想获得一份工作，公司想聘请一个具有某项技能的员工。

再比如说，受邀为公司进行咨询，于受邀者，获得了成就感，同时也增强了对自身知识的认识；于邀请者，则是获得一个新的答案，对问题有更深一层的理解。双方的需求都得到了满足，因此邀请别人回答问题和受邀回答问题从双方的角度来看都可以算作营销。

什么是营销？这是每一个企业都无法回避的问题。回答这一问题，不在于语言的表达，而在于采取了什么行动，企业的行动告诉我们，企业领导者在怎样理解营销。人的实践行动受思想所支配，回答什么是营销，实际上解决的是营销的指导思想问题。

1.1　营销是科学的战略活动

营销不仅是卖东西。"营销就是卖东西"，还有不少人如此肤浅地理解营销。他们采用的基本营销方式，就是建立起一定规模的推销队伍，"卖出去就提成，卖不出去就扣奖金"，至于是怎样卖出去的、卖出去会产生什么后果，企业领导者并不关心。

扫一扫
名人与营销
1-1-1

按这样的思路延伸下去，营销就成了促销，于是人们特别钟情于"点子大王"，因为"点子大王"的奇招可以使产品很快地卖出去。有一家企业卖饮水机，"点子大王"给出的奇招是："放脏水在饮水机中过滤，过滤完的水谁敢喝，给谁5 000元。"任何营销都要卖东西，问题在于卖出去会产生的后果是什么？营销不能将注意力仅集中于一次买卖过程，而是要从长久的过程中获得成功。

扫一扫
名人与营销
1-1-2

战略地理解营销应集中在品牌策略上，使品牌价值不断地提高。而在怎样创名牌的问题上，又会涉及怎样理解营销的问题。那种利用广告轰炸的办法，企图在一夜间成名，说是创名牌，实质上是不顾后果地想多卖产品，那些一夜成名又突然一夜间轰然倒下的企业，正是对这种营销理解的写照。这种所谓的创名牌，关心的只是品牌的知名度，而忽视了品牌的美誉度和忠诚度。创名牌关键在于能够坚持一贯的风格，绝不做有损品牌形象的事情，品牌传播当然也是必不可少的工作，重要的应是抓住某一社会事件，表达出企业的营销理念，体现出企业的社会责任感，使品牌在社会上得到广泛的认同。"王老吉"在汶川大地震中带头捐款1亿元，得到了社会的赞扬，而企业的营销业绩也得到大幅提升，应当说这也是营销，不过这种行为表达了企业对营销在更高层面上的理解。

扫一扫
名人与营销
1-1-3

将营销理解为卖东西，不仅局限在促销过程中，也体现在产品设计和生产中，即"以消费者为中心"还是以"工程师为中心"的问题。如果只是按照企业主观想法设计和生产产品，然后想办法再卖出去，那么营销不可避免地只能在低层面上展开。升华对营销的认识，必须扭转"以工程师为中心"的设计及生产模式。

扫一扫
知识拓展
1-1-1

为了说明营销所包含的其他重要内容，让我们以自行车的生产及销售为例进行分析。大多数自行车的作用是把骑车者从一个地方带到另一个地方。骑车者可以从众多车型中根据自行车的不同尺寸、不同的车架、有无齿轮进行选择。山地车装有时髦的大车胎。儿童和老年人可能需要更多的轮子——以便使车更容易保持平衡。有些山地车需要篮子，甚至挂车来装东西。

这些不同的特征和使用需求使自行车的生产及销售十分复杂。以下列出的是一家公司决定生产自行车前后要决策的一些事项：

分析可能购买自行车的人的需求，看他们是否需要更多不同车型。

估计将有多少人会购买和什么时候购买。

确定这些骑车人在什么地区以及怎样把自行车运给他们。

估计他们愿为自行车支付的价格以及公司以这种价格卖车是否有利可图。

决策当向潜在顾客介绍自行车时，公司应采取何种促销手段。

确定顾客购买自行车后发生问题时提供售后服务的方法。

上述活动并非属于生产范畴——生产实际上指的是制造产品或提供服务。相反，它们属于一个更大的过程，即营销——该过程为生产提供必需的指向，并且帮助确认恰当的产品和服务被生产出来，并以一定方式提供给顾客。该例子说明营销所包含的内容远远多于推销或广告，说明营销在为顾客提供满足他们需要的产品和服务方面，甚至在提升顾客满意度方面，起着重要作用。

1.2 营销是艺术的创造活动

视频1-1-2 蒙牛诞生于中国乳都

视频1-1-3 网购上升传统百货业发生裂变

如果我们能深入到事物的本质理解营销，那么就能上升到新的层面把握营销的内涵，就会认识到营销是为了满足消费者的需求。企业采用这样的营销指导思想，领导者就会告诫下属，要与消费者进行沟通，要加强对消费者的服务，力求使消费者满意。其结果是，营销就会开拓全新的局面。

要满足消费者的需求就要用心去理解消费者，正如企业将东西卖出去并不是目的，那么消费者买东西也不是目的。就消费品的购买而言，是为了提高生活质量；而工业品的购买，是用户为了提高工作效率。

生活质量实质上是个幸福的指标，而幸福则是一种感觉。在人们对物质需求有了较充分的满足之后，那么这种满足更多地是来自于对精神需要的满足。因而营销不仅限于让消费者感觉到产品的性能和特征，还在于根据消费者所需要的感觉组织营销活动。要知道，今天人们买一套房子并不完全是为了居住，还为了获得安全感和归属感；买一件衣服不在于仅为了遮体，而是为了提高自身的形象和交往的信心；买一组家具，也并不完全是出于实用的考虑，更重要的是营造温馨的生活环境。有人曾开玩笑讲："就是买一口棺材也不是为了死，而是要使自己的灵魂在天堂里获得美好的感觉。"据说，意大利的一位棺材商人就曾给客户寄去100本挂历，寄出去之后许多人打电话要这份挂历，这位商人意识到卖挂历能赚钱，就印了大量挂历销售，果然发了财。大家为什么喜欢这份挂历呢？这份挂历所照的棺材旁边都靠着一个美女，人们从中感到将来就是到了天国，自己身边也会有个美女陪伴。消费者需要从企业的营销过程中获得美好感觉，而企业则需要通过营销理解消费者的感觉。

营销要为消费者提供高质量的产品和服务，但高质量的标准也应来自消费者的需求，而不要造成功能浪费、使用负担和提高消费成本。有些产品功能和性能标准，也许在企业的理解中是无所谓的，可在消费者那里却是不可缺少的。就是在营销的传播中，也需要了解消费者熟悉的语言，而不能认为我们熟悉的专业语言消费者也能理解。有个企业在空调广告中宣称："空调的噪声可以低至27分贝。"有多少人能理解27分贝是什么概念？而伊莱克斯电冰箱最初在中国市场上销售，其广告词却是"电冰箱的噪声就像撕一张纸的声音"。表面上看只是广告词上存在差异，实质上却是对营销的理解上存在差距。

◆阅读资料 1-1-1

如何把书卖给总统？

一位出版商正为大批滞销图书而愁眉不展，忽然他灵光闪现，想到给总统送书，于是三番五次以至于踏破门槛终于将书送到了总统手上，出版商并未就此罢休，死缠烂打要征求总统对图书的意见，总统不胜其烦，礼节性地回了句："这本书不错。"于是出版商开始大做广告说："现有总统喜爱的书出售。"图书销售一空。

出版商并未见好就收，而是拿着另一本卖不动的书给总统看，总统这回不客气地说："这本书糟透了。"出版商又大做广告说："现有总统讨厌的书出售。"不料图书还是洛阳纸贵，立马售罄。

出版商再接再厉，给总统送上了第三本积压的图书，这回总统懒得理他，没做任何评论。出版商又做广告说："现有令总统难以下结论的书出售，欲购从速。"结果图书还是被抢购一空。

（资料来源：《知识窗》，2009 年第 4 期）

扫一扫
视频1-1-4
棺财铺的广告

扫一扫
知识拓展1-2-1
乔·吉拉德12条成功要诀

1.3 营销是一种为顾客创造价值的实践活动

对营销的理解向更高的层面提升，营销还应理解成为消费者创造价值，消费者消费的过程同时也是增值的过程。由于消费者的需求日趋多样化和丰富化，而企业营销出于定位的需要会更加专业化，那么传统的营销便无法解决这一矛盾，由此提出了商业模式的竞争。商业模式不仅是营销方式的变革，它实质上是解决当前所面临矛盾的营销革命，其中涉及的是如何整合社会资源达到为消费者创造价值的目的，营销中的竞争走向了竞合。

对营销理解的提升，不仅要能立足于为消费者创造价值来理解营销，还有一个在什么范围来思考的问题，比如是就企业所在区域，还是全国以至全球市场来思考，得出的结论是不同的。另外，还要注意在竞争中思考。如果竞争对手也在进行同样的思考，那么我们的营销仍然显示不出优势来。所以虽然都在思考，我们还要思考出与竞争对手的差异来。有差异就有市场，有差异就有竞争力，有差异就有利润，有差异甚至可以使企业在一定时期相对垄断，可以获得巨大效益。差异体现出企业营销者的智慧。所谓差异，就是企业建立起自己独特的营销主张。

◆阅读资料 1-1-2

海尔的服务

大家公认海尔的竞争力在于它的服务力，那什么是海尔的服务呢？有一位女士给海尔销售部打电话说，家里很热想装空调，可自己带着孩子在家出不去，能不能将空调送来再交钱。经理表示没问题，马上就送去。在打电话时，经理听见孩子在大哭，估计孩子可能长痱子了，就告诉安装人员："你先到超市买两包痱子粉，安装时给带去。"安装人员到了顾客家，果然发现孩子长痱子，于是讲："我们经理从电话传来的哭声中，估计是孩子长痱子了，让我们带来两包痱子粉。"这位女士接过痱子粉万分感动，至于后面会产生什么效果，那就不用赘述了。这个故事，就告诉了我们什么是海尔的服务。

相反，有一家公司销售的彩电，在促销时承诺保修 5 年，一位顾客所买的彩电用到 4 年半出了毛病。当这位顾客拿到厂家维修部去修理，维修部没见过这样的保单，都只保修一年，所以不能保修。顾客很生气，就给中央人民广播电台写了一封信，中央人民广播电台播出了这封信。企业总经理知道后，赶紧带人拜访这位顾客并修好了电视。顾客随之又给中央人民广播电台写了一封信表示感谢。顾客感谢的是中央人民广播电台,而不是感谢厂家。需要说明的一点是,如今这家企业生产的彩电在市场上已经消失了。

(资料来源:李颖生,鲁培康. 营销大变革——开创中国战略营销新范式 [M]. 北京:清华大学出版社,2009)

1.4 营销对你很重要

营销对每位顾客而言都是重要的。作为一名顾客,你在为营销活动支付成本。在发达经济中,营销大约占每个消费者50%的购买成本。对某些商品和服务,这一比例可能还要更高。营销几乎影响着你生活的每个方面。你购买的所有商品和服务、逛的商店以及那些付费广告的广播和电视节目之所以存在,都是因为营销。甚至你的个人简历也是营销活动的一部分,目的是把自己推销给某雇主!

营销对你的工作将是很重要的。学习营销还有另一个原因,即在营销领域有许多令人幸福而且报酬丰厚的职业机会。甚至如果你所追求的是非营销类的工作,你还是会和营销人员一起共事。了解相关的营销知识将有助于你更好地理解那些营销人员。营销还会帮助你更好地干好本职工作。营销对任何公司和非营利性组织都很重要。

阅读资料1-1-3

姜太公钓鱼的秘密

"姜太公钓鱼,愿者上钩"因故事情节带有传奇性而得到广泛流传。

商朝末年,纣王无道,民不聊生。而位于其西部的周部落在其首领姬昌(周文王)的带领下,通过内施仁政,善待人才,一天天兴盛起来。当时,有位年近八十的饱学之士名叫姜尚(姜太公),他深谙天文地理、军事谋略,胸怀治国安邦之策,但在商朝却一直怀才不遇。他听说姬昌是一位有德的明主,就希望能得到他的赏识与重用,以实现自身抱负。于是,姜尚就来到了姬昌的地盘,隐居在渭水边。

无奈没有门路,姜尚见不到姬昌。更何况姬昌日理万机,哪有时间倾听一个老翁的高谈阔论呢?经过筹划,他终于想到了一个能够引起姬昌注意的好方法——垂钓!

一般人钓鱼都用弯钩,上面放有饵食,然后把它沉在水里,诱使鱼儿上钩。但姜尚却反其道而行之:所用钓钩不仅是直的、不挂饵,而且还高出水面三尺。

一个樵夫见其如此钓法,甚是奇怪,好心说道:"老先生,你这样钓鱼,一百年也钓不到一条鱼的!"姜尚却说:"老夫钓的不是鱼,是王侯将相!"

很快,一传十,十传百,姜尚奇特的钓鱼方法,传到了姬昌那里。姬昌十分好奇,先后派出一名士兵和官员去询问并请其会面。但姜尚却不理睬和买账,嘴里却道:"钓啊,钓啊,大鱼不上钩,小鱼别胡闹!"

姬昌意识到此人气度不凡,胸中必有乾坤,于是沐浴斋戒带着厚礼,前往礼聘太公。二人相谈,十分投机,姬昌亲自把太公扶上车驾,一起回宫,并拜姜尚为太师,尊称其为"太公望"。自此,姜尚有了用武之地,辅佐文王,兴邦立国,还帮助武王姬发灭了商朝,封地于齐,实现了自己建功立业的宏愿。

姜太公钓鱼，愿者上钩。正因为"直钩钓鱼"的不同寻常，才会有人口口相传，最后传进文王的耳朵，姜太公才能成功实现营销自己的目的。

根据历史故事编辑整理

1.5 营销影响经济增长

学习营销的另一重要原因是营销在经济增长和发展中起着重大的作用。营销刺激了市场研究和新的创意——由此产生了新的产品和服务。营销给顾客提供了产品选择。如果这些产品使顾客满意，便可以产生更广泛的就业机会、更多的收入和更高的生活水平。一个有效的营销体制对所有国家的未来都极为重要。

当今，企业已经不仅是开展营销的实体了，也可以当作营销的对象，营销可以卖产品、卖服务，也可以卖企业。当企业实行股份制之后，股权的转移就为卖企业创造了条件。季琦等人运作携程网，用3年时间将其送上纳斯达克，可他们并没有亲自经营下去，而是卖掉了掌握的股份，按原来的思路又做了"如家"经济型酒店，同样又送上了纳斯达克。对如此成功的项目他们并不留恋，而是又退出来开发新的商业项目和模式——"汉庭"。对这些经营者来讲，企业成了传统意义上的产品。他们在创造一个个商业神话的同时，也助推了社会经济的发展和国民的就业。

⊠ 阅读资料1-1-4

"中国智造"闪耀北京冬奥

实现能耗智能化管控的冰壶场地、让沟通无障碍的便携式智能翻译设备、全程服务运动员的智能机器人……不少亮眼又酷炫的智能产品在北京冬奥会、冬残奥会上大放异彩，不仅成为保障赛事进展的有力支撑，也映射出中国制造向中国智造迈进的坚定身影。

顶尖赛事需要顶配装备，在这场国际冰雪竞技场上，首台完全自主生产的智能雪蜡车成为中国智造的一张金名片。

走近这台延展面积可达92.5平方米的"大块头"，谜底揭开：车体中央，一块32寸大小的高清工业触摸屏是雪蜡车的智能控制中枢，依托遍布车身的传感器，可实时监测车体内外的温度、湿度、空气质量数据，为打蜡师选择蜡型提供重要参考。它不仅是支撑国家队滑雪项目训练竞赛的关键装备，也标注了我国冰雪运动装备智能制造的新高度。

将目光从装备移至赛场，智能设备在场馆建设运营中大显身手。通过分布众多的温度、湿度探测器进行智能监测，"水立方"完成向"冰立方"的华丽转身；基于阿里云打造的北京冬奥云数据中心，能实现赛事成绩、组织管理、比赛转播等核心系统全面上云，让赛事组织更智能。

智能设备也让冬奥服务保障无微不至。在北京冬奥会延庆赛区医疗保障中心大堂，一台智能导览机器人闪烁着"大眼睛"迎面走来。针对"哪里是分诊区""如何去急诊科"等的询问，它都能操着一口流利的英文精准对答。

……

各类智能机器人成为北京冬奥会上一道亮丽的风景线。多技术融合使得服务机器人进一步向各应用场景渗透，其对应用领域的适应性逐步扩展、产品类型愈加丰富、自主性不断提升。《2021中国机器人产业发展报告》显示，近年来，我国服务机器人市场快速增长，2021年市场规模超过300亿元，高于全球服务机器人市场增速。

参与冬奥赛事，是中国智造展现自我的一次良机，也是中国智造提升自我的一次试炼。"实现冬奥场景下人与人的无障碍沟通并非易事，要保证语种足够全、翻译足够准、反应足够快"。科大讯飞高级副总裁杜兰介绍，冬奥涉及60多种语音识别、合成、翻译等技术研发，一些小语种语言体系复杂、数据资源稀缺，为此，科大讯飞联合中国科学技术大学攻关推出的新品，可使重点语种翻译准确率不低于95%，平均每句翻译响应时间不超过0.5秒。"一场精彩的奥运盛会，不单是运动员能力的竞技场，也是前沿科技应用的试验田，率先在冬奥中使用的新技术也将进入更多生活场景，更好服务广大用户。"

资料来源：根据人民日报（2022年2月16日）相关报道整理

分析与感想：

党的二十大报告指出："坚持把发展经济的着力点放在实体经济上，推进新型工业化，加快建设制造强国、质量强国、航天强国、交通强国、网络强国、数字中国。"

"中国智造"在北京冬奥会上亮眼绽放，折射出中国科技工作者锐意进取、勇攀技术高峰、不断提升智能技术水平，更展现了"中国制造"向"中国智造"迈进的坚定身影。在坚持自主创新的同时，中国又以开放、合作、共享的态度与世界交流，这样的融合也是对"更团结"这一奥林匹克格言的积极践行。我们相信，"中国智造"将成为中国的一张新名片，为世界贡献中国的科技力量。

您所了解的"中国智造"服务北京冬奥会的项目和产品还有那些？

任务二　营销岗位分析

背景材料

应聘者对营销岗位认识不同

从招聘会整体的岗位情况来看，市场营销仍然是招聘会的重头戏，80%的企业招聘信息中包含了营销类岗位。招聘会现场的营销岗位大体可以分为保险推销、产品推销等，薪金方式多以底薪加提成为主，需要应聘者有良好的口才和不怕吃苦的精神。负责我市某家保险公司招聘的周起华说："推销也要讲究技巧，现在的大学生普遍脸皮薄怕吃苦。而且保险销售需要人脉，因此，不怕吃苦的青岛本地大学生，会是我们的首选。"

而面对众多的营销岗位，业绩良好的知名企业所提供的岗位"人气"显得十分旺盛，能够提供"三险"或"五险"的企业尤其受到热捧。康大集团在短短的3个小时里收到了近600份简历，东方铁塔也收到了200多份简历，可见金融危机中，求职大学生"求稳"心态重于以往。

青岛大学的许雪乔说，求职过程中，频频向她递来"橄榄枝"的大都是保险公司。对于这些单位她非常担心："我害怕这些招聘岗位实际上是去做保险推销员。"她说："我是个女孩子，还是希望能够找到一个相对稳定的工作。"

青岛理工大学的王建军却有着不同的理解，他说："我在大二的时候，就开始利用暑假推销保险，这个工作可以让我在积累社会实践经验的同时挣点零花钱，因为有推销的经验，我刚刚找到一份推销建材的工作，月薪1 500元，交三项保险，包吃住。"

（资料来源：《青岛日报》，2009-02-12）

2.1 营销岗位做什么

2.1.1 营销与推销的区别

从概念上讲，有不少人常常把营销与推销混为一谈，如把推销员称为营销员等，其实它们有着本质的区别。所谓推销，是指在一种产品或服务产生出来以后，运用销售策略将其销售给消费者的过程。推销主要是以固有产品或服务来吸引、寻找顾客，是一种由内向外的思维。而营销则开始于一种具体的产品或服务出现以前，其首先寻找市场上的消费者的需要和欲求，然后再据此开发能满足这些需求的产品或服务，最后运用营销组合策略将其送到消费者手中。营销是一种现代经营思想，其核心是以消费者需求为导向，消费者或客户需求什么就生产、销售什么。与推销相比，恰恰相反这是一种由外向内的思维方式。

推销更看重结果，实施中追求的是效率，所以为人、技巧、经验、机遇占成功的极大比例。由于推销的这种特性，很容易导致从事推销的人失去长远的目光。概念上，推销是一种以内向外的思维，而目前，市场由以前的卖方市场转变为买方市场，推销的思维方式已很难适合当前的市场需求。从而可以说推销更侧重于短、中期目标的实现，是一种重利、轻市场的思维。营销也看重结果，但它更善于研究分析市场，并做出相应对策；市场营销的一个重要因素是"整合"，也就是将公司现有的各种要素及公司想要达到的目标，与市场需求有机结合起来，并密切关注竞争者的情况和可能采取的措施。营销往往以长远的战略眼光确定大的方向和目标，以切实有效的战术谋划达成中、短期目标，其中，推销只是起着商战中先锋的作用。而营销的这些特性，会激发、训练从事这项工作的人的长远商业目光及把握市场机会的能力。营销是一种以外向内的思维，它更能适合于市场，所以营销不但适合于企业的长远发展，同时也是一种以市场为本的谋利思维。

营销真正意义的地方在于：它尽力保证企业只生产能够卖得出去的产品，而不是推销卖不出去的产品。我们常听到一些人问，"你怎么把一把梳子卖给和尚"或者"你怎么把冰卖给'因纽特人'"等，似乎这才叫"本事"，如果不能这样，就不能算营销高手。其实，这就是典型的"以产品为中心"的推销观，是不懂市场营销的表现。对企业来讲，绝不能将营销理解为卖东西，营销应是深入消费者立场去排除障碍，克服困难，解决问题。当我们做到了这些，那么也就赢得了机会。

需要说明的是，营销导向并不是说推销和促销已无作用，其实推销和促销是包含在营销之中的，是营销的一个组成部分。如果从商战的角度来比喻：推销相当于战斗行为，促销为战术支援，而营销则为全局性的确保胜利的战略规则。

著名管理学家彼得·德鲁克曾经指出："可以设想，某些推销工作总是需要的，然而营销的目的就是要使推销成为多余，营销的目的在于深刻地认识和了解顾客，从而使产品或服务完全地适合顾客的需要而形成产品自我销售，理想的营销会产生一个已经准备来购买的顾客，剩下的事就是如何便于顾客得到产品或服务……"美国营销学权威菲利普·科特勒认为："营销最重要的内容并非是推销，推销只不过是营销冰山上的顶点……如果营销者把认识消费者的各种需求、开发适合的产品，以及定价、分销和促销等工作做得很好，这些产品就会很容易地销售出去。"

2.1.2 营销工作涉及的内容与岗位

事实上在实际操作中，营销工作早在产品制成之前就开始了。企业营销部门首先要确定哪里有市场、市场规模如何、有哪些细分市场、消费者的偏好和购买习惯如何，营销部门必须把市场需求情况反馈给研究开发部门，让研究开发部门设计出适应该目标市场的产品。营销部门还必须为产品制订定价、渠道和促销等计划，让消费者了解企业的产品，方便地找到已经上市的产品。在产品售出后，还要考虑提供必要的服务，让消费者满意。所以说，营销不是企业经营活动的某一方面，它贯穿于企业经营活动的全过程。

"市场需要什么我们就生产什么"，这个说法绝对正确但不完全。市场不是固化、孤立的，需求也存在着无限可能性。立足于市场，的确能减少一些盲目性，但仅仅有了市场观，就想做好营销还远远不够。营销肯定涉及产品生产和成本控制环节。营销人员一方面要准确预测需求，尽量减少变数；另一方面要对生产环节了如指掌，在关键性节点之前及时根据市场信息调整定位与策略。营销人员还要在市场同类产品中尽可能追求更高的销售价格，并且要对成本构成和各项主要支出的市场价格有着充分了解，充分考虑到选择不同的产品带来的成本变化；还要面对那些很难说不会遇到的问题，比如说在木已成舟之后找出成本相对较低的产品修改可行性方案。

在很多企业里，营销工作经常由企业组织中的一个部门专门负责，这样其实有利有弊。利：便于集中受过营销训练的群体专门从事营销工作；弊：营销不应该仅限于企业的一个部门来进行，而应该在企业所有活动中体现出来。"一切以顾客和市场为导向"，这个观念挂在嘴上并不难，难的是大多数的技术部门并不知道顾客和市场的需求是什么。如何将市场信息及时翻译成各个部门能够理解和执行的具体指令，并保证实施？这一点是企业的内部管理问题，却在很大程度上决定了营销的执行力。

很多企业受其发展历史的影响，内部的企业文化自成一体。而营销部门人员往往是在市场中成长起来的，因为项目的具体需要聚集到一起，与前期、工程、采购等部门有着一条无形的鸿沟。加上营销部门大多因为人才行情的需要而采取了独立的薪资体系，更加难以与这些部门融合。所以经常会出现"铁打的营盘流水的兵"，营销队伍往往因为不适应企业文化而产生流动，而这种流动越发导致营销与其他部门间的隔阂。

科学的营销应被视作公司的整体哲学和实践。多年前，惠普的创始人之一大卫·派卡德（David Packard）曾说过："营销的重要性远不止于仅仅将其单独留给营销部门去做。"有着世界上最好的营销部门的公司一样可能出现营销失败。原因在于：生产部门可能会提供次品，送货部门可能会送货晚点，会计部门可能会开出数额不准的发票，这些都会导致丧失客户。只有全体员工都致力于为客户提供承诺的价值，满足和取悦于客户，营销才会是有效的。

营销与企业管理相重叠，贯穿于企业经营活动的全过程、各环节，每一个岗位都承担着一定的营销职能，成为企业营销岗位的重要组成部分。

2.1.3 营销岗位的共性工作职责

依据企业所在行业特性、规模、管理规范程度、组织设置等不同，不同市场营销岗位的职责分工也不尽相同，但还是具备以下几点共性：

（1）市场调研和信息收集，建立市场信息档案，分析市场信息。
（2）制订公司市场营销政策、市场计划、推广策略，并贯彻、执行产品推广策略。
（3）拜访重点客户，与重点客户进行商务谈判，进行客户管理。
（4）对产品进行定价，进行渠道管理，制定广告、促销方案。

对于一个刚走出校门，很可能还没有任何工作经验的大学毕业生来说，进入公司从事营销工作大多需要从营销工作的基层做起。如果进入的是大公司，则会成为整个营销体系中的一颗"小螺丝钉"，比如可能参与市场调查的工作、渠道、促销、广告、策划、品牌、客服、客户关系管理等这些片段性的工作的一部分。如果进入的是小公司，可能就需要同时承担多重任务，工作责任的划分就不会那么精细。

2.2 专业要求与素质

从事营销工作需具备市场营销及工商管理方面的基本理论和基本知识，受过营销方法与技巧方面的基本训练，这样能使初涉此行的新人提高分析和解决营销问题的能力。

如果你是一个对市场营销很感兴趣的人，那么你就具备了做好市场营销工作的最好素质；如果你性格开朗、思维活跃，还善于与他人交际，那么你会上手很快；即便你性格内向或不是那么善言语，但是你善于学习，能在实务操作中不断积累经验、改善自己的从业习惯，并能持续赢得客户信任，那么你在这条路上同样可以走得很远；如果你创新能力很强，并且善于逆向思维，善于在竞争中扬长避短，具有良好的商业感觉，那么你能成为绝顶高手，当然你还需要足够的韧性。

目前市场营销人员依然高居人才需求的榜首，总体表现为基层市场营销人员跳槽频繁，优秀的市场营销人员普遍匮乏。就其趋势而言，因为做市场营销需要具备各种能力，很多非本专业的人愿意付出更大的劳动获得更多的回报，所以基层的市场营销工作岗位的竞争也会越来越激烈。另外，复合型的高端市场营销人员依然抢手。

从事营销工作，胜任营销管理岗位，除具备良好的业务能力、强健的体魄和健康的心理外，对从业人员的道德伦理素质也提出了更高的要求。

任何一个营销组织和营销人员，在接受营销观念的同时，既要考虑广泛的社会责任问题，同时也必须考虑营销道德伦理。对于一个公司来说，在真正以消费者为导向的同时，应有意识地不违背伦理。

当组织中的某些管理人员与另一些人所持的营销道德伦理不同时，问题就会产生。一个单独行动的个人会损害公司的声誉，甚至危及公司生存。为了确保营销道德伦理的标准尽可能明晰，许多组织都制定了书面的道德规章。这些规章通常表述了公司中每个人在处理与顾客及与其他人的关系时所应遵循的准则。许多专业社团也有这样的规章。例如，美国市场营销协会的道德准则为营销管理工作的许多方面设立了特定的伦理准则。如表1-2-1所示：

扫一扫

知识拓展1-2-2
世界著名营销大师

表1-2-1 美国市场营销协会道德准则

美国市场营销协会（AMA）的成员需要遵守道德和职业品德。他们一致同意下列的道德准则：
营销者责任
营销者必须对他们活动的后果负责，并努力确保在他们做出决定、介绍和行为功能上能确认、服务和满足所有相关的公众：顾客、组织和社会。
营销者的职业行为必须受以下指导
职业道德的基本原则：不故意损害他人。
遵守所有适用的法律和法规。
准确地介绍他们受的教育、培训和经历。
积极支持、实践和推广道德准则。
诚实和公正
营销者将遵守和推进营销职业的完整、荣誉和尊严；
诚实地为顾客、委托人、雇员、供应商、分销商和公众服务。
在没有事先通知所有当事人前，不故意参与冲突。
建立公平的收支、费用标准，包括对日常的、惯例上的和法律上的营销交易付酬或收费。
营销交易过程中各当事人的权利与责任
营销交易过程的参与者应有权要求：
提供的产品和服务是安全的和符合使用期望的。
提供的产品和服务的传播无欺骗性。
有关当事人在履行他们的责任、财务和其他方面是真诚的。
公正调换和重新修正不合格产品的一整套内部制度。
对上述的内容应该理解，但并不只限于这些，营销者还有下述的责任：
在产品开发和管理方面
1. 说明关于产品或服务使用中的实际风险。

续表

> 2. 注明可能影响产品性质或消费者购买决策的产品主要成分。
> 3. 注明额外成本追加的特征。
>
> **在促销方面**
> 1. 避免虚假和误导的广告。
> 2. 避免高压操纵或误导的销售战术。
> 3. 避免在促销中应用欺骗或操纵。
>
> **在分销方面**
> 1. 不要为牟取暴利而操纵产品。
> 2. 不要在营销渠道中使用强迫方法。
> 3. 不对转售者选择所经营的产品施加不适当的影响。
>
> **在定价方面**
> 1. 不要参与价格协定。
> 2. 不搞掠夺性定价。
> 3. 告知所有与购买有关的全部价格。
>
> **在营销调研方面**
> 1. 禁止在调研伪装下的销售或资金筹措行为。
> 2. 不许歪曲或删改有关调研数据,维护调研成果的完整性。
> 3. 公正地对待外部的客户和供应者。
>
> **组织关系**
> 营销者应该知道他们的行为可能在组织关系上影响或冲击其他人的行为。他们在与其他人如员工、供应商或顾客的关系上,不应该要求、鼓励或应用强迫手段以达到不道德目的。
> 1. 在职业关系上涉及特许信息时,采用保密和匿名方法。
> 2. 对合同和双方协议及时地履行义务和责任。
> 3. 未经给予报酬或未经原创者或拥有者的同意,不得将他人成果全部或部分占为己有或直接从中获利。
> 4. 不许操纵和利用形势,不公正地剥夺或损害其他组织,为自己谋取最大利益。
>
> 美国市场营销协会的任何成员在被发现违反任何道德准则条款后,他或她的成员资格将被暂停或取消。

2.3 市场营销的职业发展规划与建议

营销更多的是一门技术和职业。美国营销协会(American Marketing Association)和英国特许营销协会(British Chartered Institute of Marketing)都各自致力于职业营销人员的资质认可。他们相信通过建立严格的测试制度可以区分合格的营销人员和冒牌货。

然而,许多没有经过严格训练的营销人员也有非常出色的营销理念。英格瓦·坎普拉(Ingvar Kamprad)并不是一个职业营销人员,但是他的 IKEA(宜家)公司仍然通过为大众提供优质优价廉的家具大获成功。创造力是成功营销的重要部分,当然这种需要不仅限于营销人员。

理工科对营销也是非常重要的。营销人员通过营销调研、市场建模、预测分析会得到很多有用的数据。营销人员通过营销建模做出决策和指导投资,建立营销的度量方法来显示他们的活动对于销售和利润的影响。如同工程学从诸如物理学、化学等基础学科中汲取营养一样,营销学也植根于几门基础学科,包括经济学、心理学、社会学、组织科学和决策科学等。营销学随着这些学科的进展而不断发展。

市场营销人员的职业生涯发展阶段根据个人不同发展时期的特征差异,一般要经历 5 个阶段:成长探索期、确定期、稳定期、衰退期、末期。对于应届毕业的从业人员而言,重点关注前二三阶段发展规划。

(1) 确定期。

刚参加工作的从业者,应该确立自己的职业选择范围并朝一定的行业方向发展。必须学会如何适应组织生活,学会与同事相处,学会如何工作、如何不断提高自己的市场营销业务技能和熟练程度，并学会逐渐改进工作态度，不断积累经验和吸取教训。

（2）稳定期。

该时期，个人的市场营销绩效水平可能持续提高，也可能保持稳定。成功地经过职场挑战的人，可能获得更大的责任或更多的奖励，而其他人可能要重新评价自己的能力和变换工作或寻找另一种生活方式。

对欲从事营销岗位的毕业生的荐言：

虽然同为市场营销职位，但不同行业间还是有行业区别的，所以建议应届求职者先选好自己感兴趣的行业再进入，并且最好做好长期在同一行业或相关行业内打拼的心理准备，做到行业专深。在实务工作中要做到市场营销功能模块的专深，比如品牌功能模块、客户关系功能模块等，但同时也不要忘记逐步将自己塑造成复合型的人才，为自己获得市场营销高端职位做好准备。

扫一扫

阅读资料1-2-1
三百六十行
再添新职业
互联网营销师
助力数字经济
发展交换经济
中的市场流程

延伸阅读1-2-1

认知 VS 事实

市场营销可以说是世界上最难做的工作，因为管理人员和营销人员之间永远隔着一条鸿沟，这两群人虽然在同一屋檐下工作，但他们看待公司业务的方式却大相径庭。

管理人员注重事实。一旦遇到业务问题，管理人员都要求"请跟我说事实"，发生了什么？为什么？在哪里？涉及哪些人？情况怎么样？如果能告知具体数字就更好了。

营销人员注重的则是认知。优秀的营销人员不忽略事实，但更专注思考真正切中要害的问题。建立品牌的真正要害是消费者心中的已有认知（或者说未建立的认知）。

而事实和认知往往相隔十万八千里。

可口可乐的教训

很多年前，百事可乐做了一个关于口味测试的广告运动，广告语是："来自百事的挑战。"百事所做的蒙眼测试的结果表明：绝大多数消费者更喜欢百事的味道，而不是可口可乐。可口可乐的管理层决定对百事做出反击——虽然可口可乐的销售业绩远远超过对手。

可口可乐之所以在盲测中输给百事，是因为它的味道没有百事那么甜。

这还不简单吗？可口可乐管理层自信地认为。于是他们在原有配方里加了更多糖，并将这个新产品命名为"新可乐"。

"这下我们赢定了。"时任可口可乐总裁的罗伯特这样自信地预测"新可乐"会获胜。可口可乐做了2万次消费者盲测，结果证明"新可乐"的口味好过原来的配方，也比百事可乐更好喝。

可口可乐公司宣布即将推出"新可乐"，引起了市场轰动。可口可乐公司的公关部一度认为，"新可乐"的推出将获得价值10亿美元的免费造势。

但事与愿违，没有一个媒体的报道为可口可乐公司带来半点儿的价值。事实上，这些免费造势几乎毁掉了这个品牌。"新可乐"遭到一致抵制，消费者要求恢复原有的配方。

两个多月后，可口可乐公司才意识到这个错误，并重新推出原有配方的产品，也就是现在的经典可口可乐（Coca-Cola Classic）。

"新可乐"是一个经过改良的新产品，不是说好产品就能有好市场吗？

在美国诸多大企业的董事会议上,这个问题得到的绝大多数答案是:"当然是这样,好产品肯定卖得好,所以,为了超过竞争对手,我们不惜花费上百万美元,并会在确信能获取绝对性竞争优势的时候推出新品。"

这就是管理圈认定的道理,也是今天美国超市和药店里90%的新产品都没有成功的原因。

如果让一个能干的营销人员回答这个问题,他会说:"等等,你忘了考虑认知的问题。可口可乐一向被消费者认为是'真正的可乐',它那被称为'7X号商品(Merchandise 7X)'的配方一直被尊贵地存放在亚特兰大一家银行的保险箱里,现在居然说要更换配方,这跟推出经过改良的新上帝一样可笑。"

说起可乐,我们知道中国的娃哈哈集团也曾经对媒体公布了一个事实:盲测结果显示,该公司推出的非常可乐的受欢迎程度高于可口可乐。遗憾的是这只能是一个"事实","认知"则是:可乐是美国货,中国产的可乐充其量是冒牌货。

认知往往总是战胜事实。多年来,我们不断告诫饮料行业的客户,"消费者喝的是标签,而不是饮料本身"。换句话来说,对品牌的认知会强烈影响到消费者对饮料的味觉感受。

所以,产品具有更好的口味并不意味着能建立起更好的品牌,只有建立品牌之后,消费者才会觉得这个经过改良的产品"更好"。

这是我能想到的最好概念

"这是我能想到的最好概念。"百事前CEO大卫·诺维克(David Novak)在他任期内推出名叫"水晶"(Crystal Pepsi)的清淡可乐时这样表述,后来他又很快补充说,"这也是执行得最差的一个(品牌战略)。"

水晶百事1992年开始在超市上架,这是"清爽"风潮席卷美国的一年,米勒(Miller)在这一年也推出了它的第一个清啤品牌——米勒清啤(Miller Clear)。

在米勒清啤刚上市的时候,它的一个品牌经理就说:"闭上眼睛,你会觉得刚才喝的跟平常的啤酒没什么两样。"

清啤、清爽可乐、清爽牙膏、清爽漱口水、清爽型洗涤剂、清爽型窗户清洁剂、清爽型除臭剂、清爽型止汗剂、清爽型化妆品、清汽油……那一年的市场上还有很多诸如此类的清爽型产品,但它们中没有一个在市场上创造出奇迹。事实上,认知总是战胜事实。如果闭着眼睛喝米勒清啤,你会觉得味道跟普通米勒是一样的;如果睁着眼睛喝米勒清啤,你会觉得喝的是兑了水的啤酒。

馊主意之所以能一再获得管理层的认可,是因为战略和执行总是被断裂开来的。对馊主意抱有幻想的CEO总是在抱怨员工执行力较差。"水晶百事是我能想到的最好概念,也是执行得最差的一个。"很多管理者、政客和电影工作者几乎都能说出一模一样的话。

水晶可乐的颜色是棕色的,有趣的是,可乐的"红颜色"只是在它装罐之前加入的一种混合制品染料。但没有关系,在消费者的认知里,可乐就是红色的,啤酒就是棕色的,如果乱做搭配,后果自负。

沃尔玛要做高端时尚

沃尔玛连锁经营是零售业里最成功的案例之一,这个世界最大的零售巨头2007财年的销售额为3 486亿美元,税后纯利润为113亿美元。

> 但对那些认为沃尔玛已经成为廉价货代称的公司管理层来说,一切都做得还不够好。
>
> 因此,沃尔玛管理层决定:沃尔玛应该向高端进军。它是怎么做的呢?他们挖来了竞争者中更为时尚的 Target 超市的一个高管;在曼哈顿时尚区设立办公室;在纽约举办了一次时装表演;在顶尖时尚杂志——《时尚》(Vogue)上做了一个八页的广告;开始在网上卖钻石戒指,其中有的单品价格高达 9 988 美元。
>
> 但这些都没有用。《华尔街日报》报道说:"沃尔玛来做时尚确实有失礼于人的意味。折扣店想要变得风尚,是白费力气……卖不出的衣服塞满了店里的通道,盈利态势堪忧。"可这个折扣连锁店还是进军注定要败北的时尚服装业,并将店面做了重新装修,沃尔玛的高层一直全程监督。
>
> (资料来源:李颖生,鲁培康.营销大变革——开创中国战略营销新范式 [M].北京:清华大学出版社,2009.)

课后思考

1. 谈谈你对营销工作的认识。
2. 谈谈营销工作和推销工作的区别。
3. 从事营销工作应具备哪些方面的素质和能力?
4. 为什么说营销对于经济发展至关重要?

项目拓展

一、看视频思考问题

视频:[今日关注] 制造大国　品牌小国

思考:分析中国被称为"制造大国,品牌小国"的原因。
　　　中国要实现从"制造大国"向"制造强国"的转变,我们应该做什么?

视频:[一"把"糖果]"巨无霸"糖果商

讨论:如何看待弗瑞斯特的"苛刻"?

视频:老字号　新创意　新变化

思考:从老字号的新变化感悟营销工作。

视频:[焦点访谈] 高级技工需求

讨论:营销人员算高级工吗?

二、阅读资料,谈感想

资料:当年崇拜的商业巨子都没了

项目资源

一、课件

二、视频资料

三、延伸阅读

1. 销售,重要的是观念和态度。
2. 优秀营销员四大素质。
3. 管理者与营销执行者的战争。
4. 奇瑞及中国企业之未来。
5. 中国十大老字号的存活之道。
6. 营销人,挑战是王道。
7. 德超市促销怪招:顾客裸体可免费。

扫一扫

项目一资源包

8. 乔·吉拉德：世界上最伟大的推销员。

线上学习

请登录：http://www.hjenglish.com/wangyiopencourse/p348249/（巴黎高等商学院公开课：对话领袖——奢侈品在生活中的意义）

线下学习

《营销大变革——开创中国战略营销新范式》. 李颖生，鲁培康主编，清华大学出版社，2009.

《营销学基础》.［美］佩罗特·麦卡锡著，中国财政经济出版社，2004.

《史玉柱自述：我的营销心得》. 史玉柱著，同心出版社，2013.

项目二
市场与市场营销

项目概述：

通过本项目的学习，要求全面理解市场、市场营销的含义，了解市场营销学发展史及其在中国的传播和发展历程；掌握市场营销的基本概念；熟悉市场营销观念的发展阶段及其背景特征。

学习目标：

[知识目标]
- 正确理解市场及市场营销，了解市场营销学发展史及其在中国的传播历程
- 掌握市场营销学的研究对象与特点，市场营销观念的发展阶段及背景特征

[技能目标]
- 正确认知我国现阶段应树立的科学营销观及其原因，并知道如何贯彻实施
- 能够结合现阶段我国市场发展特点，正确实施市场营销行为

[思政目标]
- 辅助学生理解在新时代背景下对高质量发展的要求，树立营销强国理念
- 深入贯彻"习近平新时代中国特色社会主义思想"，增强"四个自信"，培养学生树立"人民至上"的理念

✉ **看资料，悟营销**

有关市场的认识：

"大市场大老板，小市场小老板，没有市场要破产。"

"经营上的黄金规则可一言以蔽之：市场是创造出来的。"——德国霍克斯汽车公司总经理诺理赫福

"市场是检验企业一切工作的最终标准。""只有疲软的产品，没有疲软的市场。"——青岛双星

"市场就是好坏由别人说了算、不由你自己说了算的制度。市场的基本逻辑是：如果一个人想得到幸福，他（或她）必须首先使别人幸福。市场的这一逻辑把个人对财富和幸福的追求转化为创造社会财富和推动社会进步的动力。"——经济学家张维迎

……

市场是个永远让人着迷的名词，也是一个无奈而又沉重的话题。

评论：对市场的认识可以说是千差万别，对市场的理解各有侧重。但有一点大家的看法是一致的，那就是：市场是企业的发展之基，生存之需！

任务一　认识市场

在当今这个时代，我们会到百货商店买服装、鞋帽和居家用品，在便利店选购各种食品和水果，去菜市场挑选新鲜的蔬菜和鱼肉蛋禽；在农村集市上除了可以买到各种各样的商品外，还可以买到农业生产所需的各种生产资料；在易趣网，你可以看到IT产品、视听

产品、通信产品、服装箱包等琳琅满目的商品。在这里你可以买，也可以卖。不过这是网上"商店"，需要使用电子货币；在公司办公室里，通过电话、传真，就可以和商业伙伴做生意；在家里，你就可以用接在宽带上的电脑，浏览股票市场行情，在网上交易股票……

1.1 理解市场的含义

营销的术语来自市场（Market）这个词。在现代，市场已经非常发达了，每一个企业与市场都有着千丝万缕的联系。通过市场，企业不断地进行着商品、劳务、资金、技术、信息的交换。市场不仅是企业生产经营活动的起点和终点，也是企业与外界建立协作关系、竞争关系的传导与媒介。因此，认识市场、适应市场，并在此基础上引导和驾驭市场，成为企业市场营销活动的核心和关键。

1.1.1 市场的概念

对于市场这一概念的理解，最具代表性的有以下几种不同的表述。

（1）传统市场的概念。

在传统的意义上，人们习惯把市场看作买卖的场所，其通常坐落在四通八达、交通便利、人烟稠密的地方，买者和卖者聚集在那里，面对面地进行着交易活动。如菜市场、农村的集市、大宗商品的批发市场等。这是在特定的空间和时间概念下的市场，所以，传统的市场概念是指买主和卖主聚集在一起进行商品交换的场所和地点。

这是对市场最古老、最直观的理解。我国最早出现易货交换场所的历史可上溯到夏朝。到了商朝，一些都城和大城市陆续出现了专门经营买卖的市场，商人们为了推销自己的商品，在市场中大声叫卖招徕生意。

（2）宏观经济学角度市场的概念。

市场泛指产品进行交易时的买主和卖主的集合，即商品交换关系的总和。这是从宏观经济角度研究商品总体交换时所用的概念，是对交换关系的理论抽象。经济学家是从揭示经济实质的角度提出市场概念的，他们指出，市场是社会分工和商品生产的产物，是为完成商品形态变化，在商品所有者之间进行商品交换的总体表现。但在市场经济发展已具相当水平的条件下，商品交换关系不仅包含消费品的交换，而且囊括了一切生产资料和生产要素的交换。因此，这一表述对企业研究微观经济活动来说显得过于宽泛和抽象。

（3）现代市场营销学中市场的概念。

市场是指某种产品或服务的现实购买者与潜在购买者所组成的群体。这里所指的现实购买者是指目前正在实施购买行为的购买者，潜在购买者是指某种产品的未来购买者。这种"市场就是消费群"的概念，是从商品生产者的角度提出来的。因此不难看出，现代市场营销学是从卖方的角度来研究买方市场的。

可见，人们可以从不同的角度界定市场，我们认为：市场就是指一群现实的或潜在的顾客，他们有着相似的需要，愿与提供多种商品和/或服务的卖主交换某些有价物——也就是说，市场是他们满足需要之路，这可以在某个物理地点（如一个农村市场）面对面进行，也可以采取间接的方式进行——通过一个中间商的复杂网络把离得很远的买者和卖者联系起来。

1.1.2 市场的形成与发展

关于市场产生的根源，以及市场形成与发展的历程，需要从历史的角度来加以分析。

在原始社会的蒙昧时代，社会生产力水平低下，很少有剩余产品，没有交换的基本条件，也就不存在市场。原始社会的野蛮时代，第一次大分工即游牧业与农业的分离，使社会生产力水平得以提高，有了一定的剩余产品可以用来进行交换，这就出现了原始的市场。在野蛮时代末期，第二次社会分工导致了手工业的出现，产生了以交换为目的的商品生产。工匠们通过市场以自产的产品交换自己所需之物。第三次社会大分工，出现了专门从事商品流通而不从事生产的商人。商人们从生产者那里购进产品，然后在市场上转售给其他买主。商人的出现，促进了商品交换的发展，商品生产者可以专门为市场而生产。随着市场上商品交易的品种和数量的扩大，进而出现了商业，即专门从事商品流通的行业，发展了现代市场的各种机能，所以，"哪里有社会分工和商品生产，哪里就有市场"。市场是在社会分工和商品生产的基础上产生的。

市场因劳动分工导致需要与他人交换所需之物而生产。最初的交换是零星的和小规模的，发展到一定水平后，即形成了定时定点的集中交易市场。水井曾是古时人们经常聚集的地方。于是，就有人把物品带到这里与别人进行交易。所以"市"和"井"自然就联系在一起了。

集中市场促进交换的发展。专业化使劳动更有效，也促进了生产力的提高。它增加了所创造的形式效用的总量。货币体制简化了交易。尽管集中的聚集地简化了交易，但单纯的以物换物的交易还是花费许多时间，而流通货币体制改变了这种情况。卖者只要找到那些想要他们的产品并赞同价格的买者。然后，卖者可以自由花费自己的收入去购买他们想要的东西。中间商进一步帮助交易。某些专业从事贸易而不从事生产的人（中间商）大大简化了这一连串的交易过程。中间商愿意购买每个生产者的商品，然后再卖给需要该商品的人。当然，中间商会为这种服务收费。但这一收费早已从时间和精力中抵偿。此外，每个生产者可以专业生产他最擅长生产的产品——创造出更多的形式效用和任务效用。同时，通过专业从事贸易的中间商提供了另外的时间效用、地点效用和获得效用。总之，通过在集中市场中使用中间商，所有生产者将会享受更大的经济效用——更多的消费者满意。

社会分工的精细化和科技的进步，进一步促进了市场的发展。随着社会的进步，特别是网络技术和现代物流业的发展，使社会分工和商品生产更加深入发展，商品交换的数量、种类、范围、频率迅速增加，人们对市场的依赖程度也日益加深。除了有形市场以外，现今许多市场是无形市场或虚拟市场，不存在特定的交易场所。供应商与客户之间的交易，许多是利用电话、传真、电子邮件或网上进行的。显然，现代的市场已经完全不同于传统的市场了。

因此，我们说市场因社会分工导致需要与他人交换所需之物而产生，社会分工的细化又进一步促进了市场的发展。市场是生产力发展到一定阶段的产物，市场随着商品经济的发展而不断发展。

1.2 市场的构成因素

从市场营销学的角度来看待市场，市场构成有三个主要因素，分别是人口、购买力和购买意愿。因此，我们可以把市场表述为人口、购买力和购买意愿的函数，即：

$$市场 = 人口 + 购买力 + 购买意愿$$

人口因素是构成市场的最基本要素，人口越多，现实的和潜在的消费需求就越大。

购买力是指人们支付货币购买商品或劳务的能力，购买力水平的高低决定市场容量的大小。

购买意愿是指消费主体购买商品的动机、愿望或要求，它支配着消费者的购买行为，是购买力得以实现的必不可少的条件，也是决定市场容量的最权威的因素。

市场的发展是一个由买方决定，而由卖方推动的一个动态过程。当一台DVD的价格为2 000元时，仅有很少的消费者愿意购买或有能力购买。当价格降到1 000元时，便激发了更多潜在消费者的购买欲望。

总之，对市场来说，人口、购买力和购买意愿这三个因素相互制约，缺一不可。只有将这三者结合起来才能构成现实的市场，并决定市场的环境和容量。如果一个国家或地区人口众多，但收入很低，购买能力有限，则不能构成容量很大的市场；如购买力虽然很大，但人口很少，也不能成为很大的市场。只有人口既多，购买力又强，才能成为一个有潜力的大市场，但如果产品不适合需要，人们的购买意愿不强烈，对销售者来说，这仍然不能成为现实的市场。因此，市场是上述三个因素的统一。

扫一扫

拓展学习2-1-1
交换经济中的市场流程

1.3 当代市场的发展趋势

在市场经济条件下,企业的命运取决于市场。企业如何认识国内市场和国际市场的发展趋势,探索当代市场发展的一般规律,对于制定市场营销战略具有十分重要的作用。纵观企业经营所依托的经济发展全球化、知识化的趋势,当代市场具有以下明显的发展趋势。

1.3.1 市场的科技化

市场的科技化,是当代世界市场发展的一个大趋势。每一次重大的科学技术革命,必将引发相应的产业革命,从而引发相应的市场革命和消费革命。在当代,科学技术飞速发展,市场面貌日新月异,各种新材料、新能源、新观念、新技术、新产品、新服务、新工具等新的市场要素层出不穷,极大地改变了人们的社会生活方式、生产方式和思维方式,也改变了科学技术的市场流通和市场配置,形成科技的市场化,包括科技发展目标的市场化、科技人员的市场化、科技经费投入的市场化、科技成果的市场化等。而科技的市场化,必将造成市场的科技化,包括市场主体的科技化、市场客体的科技化、市场关系的科技化等。为了适应市场发展的大趋势,企业必须采取相应的科技型营销战略。

1.3.2 市场的国际化

现代科学技术的发展,有力地推动了市场的国际化进程,包括市场主体的国际化、市场客体的国际化、市场关系的国际化等。为适应世界市场一体化的趋势,我国已于2001年11月10日正式加入世界贸易组织,成为国际市场中的重要一员。为适应国际化发展大趋势,提升我国经济的软实力,国家将"调结构、转方式"作为重要的着力点,企业必须与之相适应,进一步优化产品结构,提高产品质量,增强市场实力,积极进军国际市场,不断提高我国企业及其产品在国际市场上的竞争能力和水平。

1.3.3 市场的软化

所谓市场的软化,是指市场的知识化、信息化、无形化等。市场的软化,既导致了生产的软化,也造就了营销的软化。

在现代商品价值中,商品的知识价值、美学价值、信息价值、商誉价值、形象价值、服务价值、心理功能价值等无形价值所占的比重不断提高,企业也必须采取相应的发展战略,采取软化的市场发展战略。具体说来,就是要高度重视产品的设计、包装、商标、广告、服务、形象等一系列相关的软价值生产及其市场营销,在不断改进产品质量的基础上,实施中国名牌战略,不断提高中国产品的附加值。

1.3.4 市场的绿化

所谓市场绿化,就是要实现商品生产及其市场营销的无污染化、无害化、清洁化等,包括清洁生产、清洁包装、清洁销售、清洁运输和清洁消费。当今世界各国政府和企业都十分重视市场绿化问题,大力开展绿色生产和绿色营销,消费者也非常重视绿色消费,从而大大地推动了市场的绿化。

1.3.5 市场的标准化

为了维护世界市场交易活动的正常进行,必须建立起新的世界市场秩序,制订必要的市场标准,如产品的设计标准、环境保护标准、产品责任标准、安全卫生标准、税收标准、计量标准、包装标准、标识标准、质量标准、服务标准等。这已成为世界市场发展的一个基本趋势。

1.3.6 市场的替代化

任何一种产品的市场都会逐渐变得饱和与成熟,并且会逐渐衰老或死亡,而被一种新的产品及其市场所代替。传统产品的市场生命周期较长,现代产品的市场生命周期较短。科技进步和消费的个性化,使现代产品的市场生命周期日益缩短,市场的替代化速度日益加快。为了适应当代世界市场替代化速度日益加快的趋势，中国企业必须树立市场创新的观念，建立和强化市场创新的机制和职能，不断开发新产品、开辟新市场。

任务二　认识市场营销及其基本概念

市场营销学是以经济学、行为科学、现代管理等科学为基础，从属于管理学范畴的一门综合性应用学科，它是以市场经济作为先决条件，于20世纪初在美国发展起来的。新中国成立前，中国曾一度引进市场学，并有过一些研究，1933年丁馨伯翻译和出版的《市场学》，是我国最早的市场营销学教材。1949年以后，由于我国实行计划经济，并仿照苏联建立起高度集中的计划经济体制，在流通领域实行依靠行政权力推动的"实物分配制"，使市场学失去了存在的意义，市场营销学的引进和研究工作整整中断了30年；改革开放后，在经济体制改革的过程中，又逐步引进市场学。

从全球范围看，市场营销学的基本架构是一样的，采用的是西方国家经典的市场营销学架构。尽管随着市场营销实践的不断发展，市场营销理论也在不断得到完善与修正，但基本的市场营销理论构架依然未变。

2.1　市场营销的含义

2.1.1　定义市场营销

"市场营销"是由英文"Marketing"一词翻译而来的，其在不同的场合会有不同的叫法。当指经济活动时，常称为"市场营销""营销活动""市场行销"；当指学科时，常称为"市场营销学""行销学""市场学"等。在市场营销学的发展过程中，对"市场营销"曾有过无数的定义和阐述。特别是随着社会的进步、经济的发展、技术的不断创新，使市场营销实践和理论迅速发展并不断创新。要给"市场营销"准确地下定义并不容易。虽然市场营销已有百余年历史，人们对市场营销研究的内容基本达成共识，但对市场营销定义的表述并不统一。

视频2-2-1
名词解说：
市场营销到
底是什么

国外学者对市场营销的定义有上百种，企业界对营销的理解更是各有千秋。美国学者基恩·凯洛斯将各种市场营销定义分为三类：一是将市场营销看作一种为消费者服务的理论；二是强调市场营销是对社会现象的一种认识；三是认为市场营销是通过销售渠道把生产企业同市场联系起来的过程。这从一个侧面反映了市场营销的复杂性。我们一般可以从广义与狭义两个层面来理解。

（1）从广义角度看。

市场营销是指企业以顾客需求为出发点，有计划地组织各项经营活动，为顾客提供满意的商品或服务从而实现企业经营目标的一种过程。根据这个定义，市场营销可以看作一个综合的经营管理过程，贯穿于企业经营活动的全过程，包括产品的研发、生产、销售等产前、产中、产后环节。该定义所体现的是整体市场营销的理念，强调的是在企业生产经营的全过程都要以顾客需求为出发点，即在产品研发阶段，要根据顾客需求进行设计开发，在产品生产阶段，要根据顾客需求进行生产，产品的质量标准要达到目标顾客的要求；在产品销售阶段，要根据顾客的需求，通过适当的渠道、适当的价格、适当的方式把产品卖给顾客。

（2）从狭义角度看。

市场营销是指企业以顾客需求为出发点，组织品牌推广与产品销售活动，以实现提升形象和销售产品的一项经营管理工作。这个定义与企业的实际营销工作任务比较接近，容易理解。

（3）学者们的观点。

在市场营销学发展的过程中，学者们提供了很多对市场营销含义的不同见解。如美国市场营销协会（AMA）在 2004 年下的定义是：营销是一种组织职能，也是为了组织自身及利益相关者的利益而创造、沟通、传送顾客价值，管理顾客关系的一系列活动过程。现代营销学之父、美国西北大学终身教授菲利普·科特勒（Philip Kotler）下的定义是：市场营销是个人和集体通过创造产品和价值，并同别人进行交换，以获得其所需所欲之物的一种社会和管理过程。1984 年，他又对市场营销重新下了定义：市场营销是指企业的这种职能，即认识目前未满足的需要和欲望，估量和确定需求量大小，选择和决定企业能最好地为其服务的目标市场，并决定适当的产品、劳务和计划（或方案），以便为目标市场服务。麦卡锡（E. J. McCarthy）于 1960 年也对微观市场营销下了定义：市场营销是企业经营活动的职责，它将产品及劳务从生产者直接引向消费者或使用者以便满足顾客需求及实现公司利润，同时它也是一种社会经济活动过程，其目的在于满足社会或人类需要，实现社会目标。中国台湾的江亘松在《你的营销行不行》中解释营销的变动性，给英文的 Marketing 做了下面的定义：什么是营销？就字面上来说，"营销"的英文是"Marketing"，若把 Marketing 这个单词拆成 Market（市场）与 ing（英文的现在进行式表示方法）这两个部分，那营销可以解释为"市场的现在进行式"。

通俗而言，市场营销就是企业或组织根据目标顾客的需求，开发产品与服务，并通过一系列的活动，使目标顾客来购买本企业或组织的产品和服务，从而在满足顾客需求的基础上实现企业的经济目标。

2.1.2 市场营销的相关概念

正确理解市场营销的定义，是建立在正确地理解和掌握与其相互关联的几个核心概念之上的。

（1）需要、欲望和需求。

人类的需要是市场营销的基石。需要是指没有得到某些基本满足的感受状态。如饥饿时对充饥的需要，口渴时对解渴的需要等。

欲望是指人希望得到更深层次的需要的满足，即想得到能满足基本需要的具体满足物的愿望，是个人受不同文化和社会环境影响表现出来的对需要的特定追求。如为满足"解渴"的生理需要，人们可以选择喝开水、茶、果汁或矿泉水等。

需求是指针对特定产品的欲望，满足这种欲望必须具备两个条件：有支付能力且愿意购买。

需要、欲望和需求对企业市场营销活动的意义是不同的。需要是一种无明确指向的满足欲，如饥饿了想寻找"食物"，但并未指向"面包""米饭"；而当这一指向得到明确，如想到"面包"，则对于"面包"的需要就变成了欲望；如果有能力购买"面包"，此时"面包"这一产品就成为消费者的需求。对于企业的产品而言，有购买能力的欲望才是有意义的，才能真正构成对企业产品的需求，即需求 = 欲望 + 购买力。

正是由于人的需要有限，欲望无限，市场营销者才要努力去影响、激发人们的欲望，并提供各种特定的产品或服务去满足某些特定的需要，进而影响、创造新的需求。

> **案例 2-2-2**
>
> ### 大地瓜洗衣机
>
> 一位海尔的客户突发奇想："洗衣机既然能洗衣服，为什么不能洗地瓜呢？"于是就用洗衣机洗起地瓜。没想到地瓜还真的洗干净了，但是洗衣机却不转了，因为洗衣机的下水管太细，泥土把下水管堵死了。海尔的一位维修人员把洗衣机修好后，回到办事处把此事当作笑话讲，办事处主任却因此受到启发："为什么不开发既能洗衣服又

能洗地瓜的洗衣机？"他把这一想法及时向总部汇报。总部经过研究，及时开发出"海尔大地瓜洗衣机"，马上形成抢购热潮，从此，"大地瓜洗衣机"的故事传开，成为"自己做个蛋糕自己吃""创造需求、引导消费"等理念的最好注脚。

（资料来源：知行经理人之家网）

（2）产品与服务。

人类靠产品来满足自己的各种需要和欲望。因此产品可以表述为能够用以满足人类某种需要或欲望的任何东西，产品的价值在于它给人们带来对欲望的满足。人们通常用产品和服务来区分实体产品和无形产品，但实际上产品和服务是密不可分的，产品实际上是获得服务的载体。例如，人们购买轿车并不是为了得到一种机械，而是要得到它给人们带来的交通服务。

产品能够满足消费者的需求，首先是由其核心利益决定的，其次是由产品的外形特征决定的，最后是由产品的附加利益决定的。只重视产品核心利益而忽视产品附加利益，是对产品片面的理解。例如，人们喝可乐，除了解渴之外，最主要的是在消费一种信念、一种感觉、一种时尚。营销者必须明白，其创造的产品不管形态如何，如果不能满足人们的需要和欲望，就不会得到消费者的认可，必然会失败。

（3）价值、成本、质量和满意。

价值是指顾客从拥有和使用某种产品中获得的利益与为了获得这些利益所付出的成本之差。但是，顾客往往不能准确、客观地判断产品的利益和成本，因此，价值的大小取决于人的主观感受，即"感知价值"，它来自人们的主观评价。

成本是指顾客在评估、获得和使用某一产品或服务时，所消耗的时间、精力、体力以及所支付的货币等。

质量是指产品或服务具有的满足顾客需要的性质和特征的总和。顾客的满意度与质量关系紧密，质量是价值和顾客满意度的基础，产品如没有质量保证就无价值可言，更谈不上满意。质量以顾客需要为起点，以顾客满意为终点，质量管理的基本宗旨就是使顾客满意。

满意是指顾客满意，它取决于顾客对产品的感知效果与顾客的期望值的比较。如果感知效果小于期望值，顾客就不满意；如相等，就满意；如果感知效果大于期望值，顾客就很满意。

（4）营销、销售与推销。

营销（Marketing）和销售（Selling）有很大的区别。营销活动既发生在生产之后，也发生在生产之前。营销不仅包括将其最终产品推销给用户，而且包括市场研究、产品设计、定价等的售前活动和收集顾客使用产品后的意见以作为市场研究和产品开发时的参考等的售后活动。因此，销售只是市场营销中的一个内容。

对于营销与推销（Promote Sales）之间的关系，著名管理学家彼得·德鲁克（Peter F. Drucker）曾经指出："可以设想，某些推销工作总是需要的，然而营销的目的就是要使推销成为多余，营销的目的在于深刻地认识和了解顾客，从而使产品或服务完全地适合它的需要而形成产品自我销售，理想的营销会产生一个已经准备来购买的顾客，剩下的事就是如何便于顾客得到产品或服务……"

2.2 市场营销学的研究对象和特点

2.2.1 市场营销学的研究对象

市场营销学是以消费者（这里指的消费者，既包括生活资料消费者，又包括生产资料

扫一扫
视频2-2-2
管理学之父：
彼得·德鲁克

扫一扫
拓展学习2-2-1
市场营销与
企业职能

拓展学习2-2-2
市场营销与
市场营销者

视频2-2-3
名词解说：
市场营销学

消费者）及其需要为中心，并围绕这一中心展开的对其他各项市场活动的研究。主要包括四个方面的内容，即产品（Product）、定价（Price）、渠道（Place）、销售促进（Promotion），简称"4P"，它们构成了现代市场营销学的基本框架。可以说，市场营销学就是一门研究市场营销活动及其规律性的应用学科。

2.2.2 市场营销学的特点

从历史上看，市场营销学是从西方经济学中分化出来的一门独立的学科，是建立在经济科学、行为科学、现代管理理论基础上的应用科学，并且大量运用了这些学科的研究成果，然而它本身不是一门经济科学，而只是一门经济方面的应用科学，属于管理学的范畴。它具有以下几个方面的特点：

（1）综合性与交叉性。

市场营销学的研究内容主要涉及经济学、社会学、心理学、管理学、价格学、美学等学科的理论与知识。因此，它具有综合性与交叉性的特点。菲利浦·科特勒曾如此表述其交叉的综合特色："营销学的父亲是经济学，其母亲是行为科学，数学乃是营销学的祖父，哲学是营销学的祖母。"

（2）基础性与原理性。

市场营销学中所介绍的内容，主要是一些反映一般规律、解决一般问题、具有普遍指导意义的基本知识、概念与方法。市场营销学的应用领域十分广泛。在经济领域，建立了基于行业的市场营销分支。如服务市场营销学、旅游市场营销学、房地产市场营销学、保险市场营销学等。除此之外，市场营销理论还被广泛应用于非经济领域，如大学、政府、其他非营利性组织等。

（3）实践性与应用性。

市场营销学又是一门能够直接指导企业市场经营实践的应用性学科，具有较强的实践性与可操作性。市场营销学的许多理论是在提炼企业营销经验基础上建立的，是一种来源于实践的理论，对企业的经营实践活动具有指导意义。

（4）科学性与艺术性。

从市场营销的实践应用来说，市场营销学具有科学性、艺术性、技术性的特点。也就是说，市场营销是有科学规律可以遵循的，但在具体运用中需要一定的艺术性，是科学与艺术的统一。

> **阅读资料2-2-2**
>
> ## 经济学与市场营销学
>
> 经济学是一门具有200多年历史的古老学科，其核心思想基于资源的稀缺性，研究的核心是如何提高资源配置的经济效益。经济学家从提高经济效益出发研究问题，并在假设消费者与生产者都是富于理性的并且都能够自由地从事交换活动。
>
> 市场营销学产生于20世纪初，当时只是试图了解和研究经济学家忽略或过分简化的某些问题。它致力于更详尽地研究流通机构与流通过程的运行机制并对于探索消费者及供应商行为这一课题颇感兴趣，而不像经济学家那样将一切简单地归结于效用及利润极大化。市场营销主要研究消费者行为、供应商行为与市场营销机构行为三个问题。

2.3 市场营销学的产生与发展

2.3.1 产生的历史背景

市场营销学产生于20世纪初商品经济比较发达的美国。

19世纪末20世纪初，美国开始从自由资本主义向垄断资本主义过渡，社会环境发生了深刻变化：工业生产飞速发展，专业化程度日益提高，人口急剧增长，个人收入增加，日益扩大的新市场为创新提供了良好的机会，人们对市场的态度开始发生变化。所有这些变化因素都使传统理论面临挑战并有力地促进了市场营销思想的产生和市场营销理论的发展。

传统经济学家一般是从宏观的和政治的角度来考虑市场问题的，而当时的管理经济学家主要考虑企业组织的内部问题，尤其是有关生产过程的问题。而大量有关分销和市场新问题的出现造就了一批新的理论家，那就是市场营销学家。

市场营销思想最初的产生是自发的，是人们在解决各种市场问题的过程中逐渐形成的。直到20世纪30年代，人们才开始从科学的角度来解释这门学科。

扫一扫
拓展学习2-2-3
宏观市场营销学逻辑结构

2.3.2 市场营销学在西方的发展

以美国为代表的西方市场营销学自20世纪初诞生以来，其发展经历了以下几个阶段。

（1）萌芽阶段（20世纪初至20年代）。

19世纪末20世纪初，西方的资本主义国家经历了工业革命的洗礼。特别是在美国，由于实行了科学管理，生产迅速发展，生产效率大大提高，生产能力的增长速度超过市场需求的增长速度，人们对市场的态度开始发生变化，少数有远见的企业主在经营管理上重视商品推销和刺激需求，注意研究推销术和广告术。同时，一些学者根据企业销售实践活动的需要，着手从理论上研究商品销售问题。所有这些变化都促进了市场营销思想的产生和市场营销理论的发展。

扫一扫
拓展学习2-2-4
微观市场营销学逻辑结构

1905年，克罗伊西在美国宾夕法尼亚大学第一次讲授了名为"产品的市场营销"的课程，提出了市场营销这个词；1912年，美国哈佛大学教授赫杰特齐编写了名为"Marketing"的教科书，为世界第一本市场营销学教材，这被视为市场营销学作为一门独立学科出现的里程碑；1916年，韦尔德出版了《农产品的市场营销》的论著。

（2）形成与应用阶段（20世纪20—40年代）。

1929—1933年爆发了震撼资本主义世界的经济危机，迫使资本家更注意市场，探讨的范围与深度加强，极大地促进了营销理论的研究和应用。

美国西北大学教授克拉克（F. E. Clark）1922年出版了《市场营销学原理》，标志着市场营销学理论的形成。1932年，克拉克和韦尔达（L. D. Weld）对美国农产品营销进行了全面的论述，指出市场营销的目的是"使产品从种植者那儿顺利地转到使用者手中"。克拉克把市场营销功能归结为交换功能、实体分配功能、辅助功能等，并提出了推销是创造需求的观点，这是市场营销学核心理论的雏形。此后，市场营销学从大学走向社会，企业纷纷成立了专门的市场营销机构，1937年美国市场营销协会（AMA）成立。

（3）发展变革阶段（20世纪40—70年代末）。

第二次世界大战结束，第三次科技浪潮使经济危机周期缩短。以美国为代表的一些发达国家将战争期间发展起来的军事工业转向民用，生产效率进一步提高。同时，随着科学技术的迅速发展，生产力水平大大提高，产品数量急剧增加，商品供过于求的矛盾严重困扰着企业。于是政府执行了高工资、高福利、高消费的政策，想以此来刺激购买力，保持供求平衡，借以缓和生产过剩的经济危机。这时企业所面对的是一个需求状况更复杂、竞争更加激烈的买方市场。建立在卖方市场基础上以研究商品推销术为主体的旧的市场营销就很难适应企业的需要。于是提出了以消费者需求为中心的新的市场理论，代替以产品为中心的旧的市场理论。市场是生产的起点，企业经营活动以市场为导向。这一观念的变革是市场学的一场革命，市场营销研究进入一个新的阶段。

1956年，温德尔·史密斯（Wendell R. Smith）提出了"市场细分"概念；1957年，霍华德（John A. Howard）的《市场营销原理：分析和决策》一书问世；1960年，麦卡锡（E. J. McCarthy）在《基础市场营销学》中提出4P组合理论；1967年，科特勒（Philip Kotler）出版了《营销管理——分析、计划与控制》，使市场营销学理论逐渐完善。

（4）成熟完善阶段（20世纪80年代至今）。

20世纪80年代以后，科技的发展、国际竞争的加剧、网络技术的广泛应用以及信息论、控制论和运筹学理论的综合运用，使市场营销学更系统、科学、完整，实现了同经济学、社会学、心理学、管理学等的紧密结合，形成了一门综合性的边缘学科和比较完善的体系。

1983年，西奥多·莱维特对"全球市场营销"问题进行了研究，提出过于强调对各个当地市场的适应性，将导致生产、分销和广告方面规模经济的损失，从而使成本增加；1985年，巴巴拉·本德·杰克提出了"关系营销""协商推销"等新观点。1986年，菲利普·科特勒提出了"大市场营销"这一概念，提出了企业如何打进被保护市场的问题。

扫一扫

视频2-2-4
名家论点：菲利普·科特勒谈市场营销的新趋势

进入20世纪90年代，营销学取得了许多新的发展甚至是创新。"关系营销""整合营销沟通"和"网络营销"等是营销学科迅速发展并具有重要影响的新的分支。进入21世纪，互联网的快速普及与应用已使网络营销成为21世纪营销的焦点。营销环境和消费者行为的变化是网络营销发展的动力，现代的市场营销学将与因特网环境进行重新整合，推动着网上虚拟交易的发展，也推动了基于互联网的网络营销的发展，使营销学体系更加丰富和完善。

2.3.3 市场营销学在我国的发展

我国市场营销学的形成和发展，可以说与我国改革开放的起步与深化是同步的。它的形成发展经历了引进、传播、研究、形成、发展、应用、深入拓展，创新与国际接轨等几个阶段。

（1）引进、传播阶段（1978—1983）。

市场营销学于20世纪80年代初，从南（广州）、北（大连）两路进入我国。其中，世界著名市场营销权威菲利普·科特勒的《市场营销原理》和《市场营销管理》两部著作引起了学者们的高度重视，对我国市场营销学的建立产生了重要的影响。暨南大学、中国人民大学等从1979年起开设市场营销课程，在以后的两三年时间里，全国有30余所高等、中等院校相继开设了这门课，出版的翻译、专著和编著的市场营销书籍多达上百种。但从整体上来说，在这一阶段尚未形成具有中国特色的市场营销学专著。

（2）研究、形成和发展阶段（1984—1994）。

1984年1月，中国综合性大学、高等财经院校市场学教学研究会成立（1987年改为中国高等院校市场学研究会）暨"全国市场营销研究班"在长沙结业。此后，中国人民大学相继设立了市场营销教研室和中国市场营销研究会。1988年，国内各大学已普遍开设了市场营销课程，不少学校增设了市场营销专业，中国人民大学还为增设市场营销硕士做出了不懈努力。1991年3月，中国市场学会在北京成立。此后，中国高等院校市场学研究会、中国市场学会作为中国市场营销的主要学术团体，做了大量卓有成效的工作。市场营销学专著、教材以及其他出版物的不断问世，标志着我国营销理论发展进入了一个新的阶段。

（3）应用、深入拓展阶段（1995—2000）。

1995年以后，是市场营销理论研究与应用的深入拓展阶段。邓小平的南方谈话奠定了进行社会主义市场经济体制改革的基调，此后几年，改革全面展开，国有企业加快改革步伐，民营企业迅速成长，外资企业大举进入，使我国内地迅速成为"世界工厂"的同时，买方市场也逐步显现，竞争进一步加剧。强化营销和营销创新已成为企业的重要课题。

特别是1995年6月22—25日，由中国人民大学、加拿大麦吉尔大学、康克迪亚大学联合主办的"第五届市场营销与社会发展国际会议"在北京成功举行。来自36个国家和地区的230名专家、学者就市场营销领域的重要问题进行了探讨和交流，与会学者对我国市场营销理论与实践的发展给予了高度评价。第五届市场营销与社会发展国际会议的召开，标志着我国市场营销学的成熟和发展。与此同时，社会主义市场经济建设给我国的市场营销教学、研究和应用提出了更高的要求。1996年3月，八届全国人大四次会议通过的《中华人民共和国国民经济和社会发展"九五"计划和2010年远景目标纲要》（以下简称《纲要》）就市场营销问题做了许多重要论述。这是市场营销学引入我国以来第一次在政府文件中出现的"市场营销"字眼，再一次表明，我国政府重视市场营销在社会经济发展中的重要作用。之后不久，又出台了营销师职称系列。

（4）创新与国际接轨阶段（2001年至今）。

2000年后，特别是2001年中国加入世贸组织，融入世界市场之中，随着十年保护期的结束，中国的市场和企业已经完全与世界接轨，中国营销迈入自我创新和国际化阶段。这个阶段的重要特征是，国外学者对中国市场和中国营销的感兴趣程度与重视程度，开始超过中国学者对国外理论感兴趣程度和重视程度。自我总结和自我创新成为中国营销学研究的新需要。近年来，国际顶尖营销学者纷纷在我国讲学、培训甚至合伙创办公司，开发中国营销个案、探索中国营销规律，成为国内外学界和业界共同倾力的课题。

任务三　市场营销管理哲学及其贯彻

> ☒寓言故事2-3-1
>
> ### 樵夫与金斧
>
> 有个樵夫在河边砍柴，不小心把斧子掉进河里，被河水冲走了。他坐在河岸上失声痛哭。赫尔墨斯走来问明原因后，很可怜他，便下到河里，捞起一把金斧子，问是否是他的，他说不是；接着赫尔墨斯又捞起一把银斧子，他仍说不是；赫尔墨斯第三次下去，捞起樵夫自己的斧子时，樵夫这才说是自己所失掉的那一把。赫尔墨斯很赞赏樵夫为人诚实，便把金斧与银斧都作为礼物送给他。樵夫带着三把斧子回到家里并向其邻居讲述了事情的经过。其中一人十分眼红，决定一试，便跑到河边，故意把自己的斧子丢到激流中，然后失声痛哭。赫尔墨斯来到他面前，问明了原因，便下河捞起一把金斧子，问是不是他所丢失的。那人高兴地说："啊，正是！正是！"然而他那贪婪和不诚实的样子却遭到了赫尔墨斯的痛恨，不但没赏给他那把金斧子，就连他自己的那把斧子也没给他。

扫一扫
感想与启发
2-3-1

3.1　市场营销管理哲学

市场营销作为企业有意识的经营活动，是在一定的经营思想指导下进行的，这种经营思想也可称之为"营销管理哲学（Marketing Management Philosophies）"或"市场营销观念"。

3.1.1　市场营销管理哲学的含义

市场营销管理哲学，就是企业在开展市场营销活动的过程中，在处理企业、顾客和社会三者利益方面所持的态度、思想和观念，是企业从事市场营销活动的具体指导思想和行为准则。它是企业经营活动的一种导向、一种观念，市场营销指导思想的正确与否对企业成败兴衰具有决定性的意义。

3.1.2 市场营销管理哲学的实质

市场营销管理哲学是指企业对其营销活动及管理的基本指导思想。它是一种观念、态度或思维方式。市场营销管理哲学的实质是如何处理企业、顾客和社会三者之间的利益关系。

3.2 市场营销管理哲学的发展

企业的经营思想和营销观念不是一成不变的东西,它在一定的经济基础上产生和形成,并随着社会经济的发展、科技的进步、市场环境的变化、市场竞争程度的提高而不断演变,在西方市场经济高度发达的社会里,企业营销管理的指导思想大体上经历了以下几个阶段。

(1) 生产观念(Producting Concept)。

其主要观点是:消费者喜欢那些可以随处买到而且价格便宜的产品。因此,企业应致力于提高生产效率和分销效率,扩大生产,降低成本以扩展市场。显然,生产观念是一种重生产管理、轻市场营销的营销哲学。

生产观念盛行于19世纪末20世纪初。当时,西方国家处于工业化初期,生产力水平比较低,市场需求旺盛,许多商品的供应还不能充分满足市场需要。企业只要提高产量,降低成本,就可获得丰厚的利润。例如,当时小轿车产量很少,价格昂贵,因此,当时的企业就把管理的重点放在抓生产和货源上。福特汽车公司1914年开始生产T型轿车,由于采用流水线生产,极大地提高了生产效率,成本大幅降低,使更多的普通人都能买得起。在"生产导向"的经营哲学指导下,福特创造了经济奇迹。到1921年,福特T型轿车占美国汽车市场56%的份额。

这种观念的典型口号有福特汽车公司的"不管顾客需要什么,我们生产的汽车就是黑色的T型车";美皮尔斯堡面粉公司的"本公司旨在制造面粉"等。

这种观念形成的原因主要有两个方面:一是产品供不应求,因而消费者更看重或最紧迫的需求是从无到有的满足;二是产品成本居高不下,要想扩大市场,提高销量,首要的工作是加强内部生产管理,提高劳动生产率,降低生产成本。

在资本主义工业化初期以及第二次世界大战末期和战后一段时间内,由于物资短缺,市场上产品供不应求,生产观念在企业管理中颇为流行。我国在计划经济年代至改革开放初期,绝大多数企业都奉行生产观念。那时的工业企业的工作重点就是如何搞到原辅材料,抓生产,大干快上,提高产量,以满足处于饥渴状态的旺盛需求;商业企业则集中力量抓货源。

> 案例2-3-1
>
> ## 福特T型车的成与败
>
> 为了满足市场对汽车的大量需求,福特汽车在20世纪初采用了当时颇具竞争力的营销战略,只生产一种车型,即T型车,且只有一种颜色可供选择,那就是黑色。这样做的好处是福特能以最低的成本生产,以最低的价格向消费者提供汽车。T型车改变了日后美国人的生活方式,使美国成为汽车王国。从1908年冬天开始,美国人便能以825美元的价格买到一部轻巧、有力、两级变速、容易驾驶的T型车。这大大刺激了广大中产阶级对汽车的需求,使福特因此成为美国最大的汽车制造商,到1914年,福特占有美国汽车一半的市场份额。然而,到1927年,福特不得不关闭了T型车生产线,因为汽车需求的多样化时代来临了。
>
> (资料来源:《营销全球》,2011.5)

(2) 产品观念（Product Concept）。

产品观念的主要观点是，认为消费者喜欢高质量、多功能和有特色的产品；认为企业应致力于生产优质产品，并不断改进完善，甚至精益求精。但该观念没有认识到顾客所购买的实际上是对某种需要的满足。产品观念使企业在经营管理中缺乏远见，看不到市场需求的变化，迷恋于自己的产品，一味致力于提高产品的质量，久而久之，致使企业经营陷入困境。

产品观念和生产观念几乎在同一时期流行。两者的相同之处是都属于以生产为中心的经营思想，对顾客需求视而不见。不同之处是一个侧重生产，一个侧重品质，如果说生产观念强调"以量取胜，以廉取胜"，产品观念强调的则是"以质取胜，以优取胜"。

产品观念的典型口号有"酒好不怕巷子深""拥有高质量的产品就能拥有顾客"等。奉行产品观念的管理者，坚信消费者能够鉴别出产品优异的质量和功能，并且愿意出高价购买质量上乘的产品。往往会导致"营销近视症"，即过分重视产品质量，看不到市场需求及其变动，只知责怪顾客不识货，而不反省自己是否根据需求提供了顾客真正想要的产品。这种观念在商品经济不发达的时代或许有一定的作用，但在市场经济高度发达的今天则肯定是不适宜的。

> **案例 2－3－2**
>
> ### 王麻子菜刀的兴与衰
>
> "北有王麻子，南有张小泉。"在中国刀剪行业中，王麻子剪刀厂名声远扬。历史悠久的王麻子剪刀，早在（清）顺治八年（1651 年）就在京城菜市口成立，是著名的中华老字号。数百年来，王麻子剪刀产品以刃口锋利、经久耐用而享誉民间。新中国成立后，王麻子剪刀仍很"火"，在生意最好的 20 世纪 80 年代末，曾创下一个月卖 7 万把菜刀、40 万把剪子的最高纪录。
>
> 但从 1995 年开始，"王麻子"的好日子便一去不复返，陷入连年亏损的地步，甚至落魄到借钱发工资的境地。审计资料显示，截至 2002 年 5 月 31 日，北京王麻子剪刀厂资产总额 1 283 万元，负债总额 2 779 万元，资产负债率高达 216.6%，积重难返的王麻子，只有向法院申请破产。
>
> 曾经是领导品牌的"王麻子"为什么会走到破产的境地呢？作为国有企业，王麻子沿袭计划经济体制下的管理模式，缺乏市场竞争思想和创新意识，这是其破产的根本原因。长期以来，王麻子剪刀厂的主要产品一直延续传统的铁夹钢工艺，尽管它比不锈钢刀要耐磨好用，但因为工艺复杂、容易生锈且外观档次低，产品因此渐渐失去了竞争优势。而此时王麻子剪刀却没能及时引进新设备、新工艺，改进生产。数十年来王麻子剪刀的外形没有任何变化。故步自封、安于现状，这些原因直接导致了王麻子剪刀最终被消费者抛弃。
>
> （资料来源：北方网）

(3) 推销观念（Selling Concept）。

推销观念的主要观点是消费者通常有购买迟钝或抗拒购买的心理和表现，仅有优质的产品和低廉的价格并不一定会自发地吸引消费者，如果顺其自然，消费者不会购买本企业太多的产品。因此，企业必须大力开展推销和促销活动，刺激消费者进行购买。

其典型口号有"我卖什么就设法让人们买什么""产品是被卖出去的，而不是被买走的"等。

视频2-3-1
电视调查：推销电话轰炸无休止，市民不堪其扰

推销观念盛行于20世纪三四十年代,是生产观念的发展和延伸。20世纪20年代末,西方国家的市场形势发生了重大变化,特别是1929年开始的经济大萧条,使大批产品供过于求,销售困难,竞争加剧,人们担心的已不再是生产问题而是销路问题。于是,推销技术受到企业的特别重视,推销观念成为工商企业主要的指导思想。

推销观念较之生产观念不同的是:后者是以抓生产为重点,通过增加产量、降低成本来获利;前者则是以抓推销为重点,通过开拓市场、扩大销售来获利。应该说,从以生产为导向发展到以推销为导向是经营思想的一大进步,但仍然没有脱离以生产为中心、"以产定销"的范畴。因为它只是着眼于既定产品的推销,只顾千方百计地把产品推销出去,至于销出后顾客是否满意,以及如何满足顾客需要,达到顾客完全满意,则并未给予足够的重视。

以上三种观念,都以生产为中心,统称为传统营销观念。

> **案例2-3-3**
>
> ### 人民日报评美团滴滴大战:抢市场不能只靠"烧钱"
>
> 据媒体报道,在上海,美团打车上线前三天,就分别拿到15万、20万和30万单,一周内总共服务乘客220万人次,一举打掉滴滴打车1/3的市场份额。如此迅速的扩张,美团的"撒手锏"是"烧钱"。美团打车每单补贴30元,忽略系统运维成本不计,按日单量20万单来算,一天就要烧掉600多万元。这样大手笔"烧钱",一方面让人慨叹"有钱任性",另一方面不免让人担心"会不会烧出窟窿来"。
>
> 在互联网领域,新进入者大举烧钱补贴,这样的故事并不新鲜。滴滴打车倒贴用户的记忆并不遥远——打车不仅免费,还额外返送10元代金券。然而"靡不有初,鲜克有终",待到市场一家独大之后,滴滴打车滥用流量分发权、派单玩猫腻的做法并不少见。结果是把乘客、司机两头都给惹了:在用户端,要么打不到车,要么就只能选择优享加价;在司机端,平台抽佣比例越来越高,有的地区一度从20%涨到40%。这是典型"把羊养肥了再宰"的短视套路,不是现代企业应有的格局与气度。
>
> 那么,一味"烧钱"就能顺利抢下市场份额吗?也未必。在移动互联网竞争进入下半场之后,烧钱战术越来越呈现边际递减效应,这已成为行业共识。其原因是,消费者在做消费选择时,除了要算一笔经济账,更要算一笔综合账,比如:人身与财产安全、隐私保护、支付风险等。出行是一项高度私密化的日常活动,如果安全打了折扣,烧钱带来的补贴价值就不重要了。无论美团还是滴滴,互联网市场主体得明白,竞争是离不开真金白银的投入,但绝不止于烧钱。烧钱只能烧一时,但烧不了一世。虽然美团手握70亿美元现金,滴滴手握170亿美元现金,烧钱这张牌固然容易打,但玩火可能导致唇伤齿坏,更别提抢占市场份额了。
>
> 资料来源:人民日报社(2018年4月20日)相关报道整理

扫一扫
感想与启发
2-3-3

(4) 市场营销观念(Marketing Concept)。

市场营销观念认为:企业的一切经营活动应该以顾客为中心,正确地界定目标市场,比竞争者更有成效地去组织研发、生产和营销,更有效地满足顾客的需求和欲望,是一种以顾客需要和欲望为导向的经营哲学,它把企业的生产经营活动看作是一个不断满足顾客需要的过程,而不仅是制造或销售某种产品的过程。简言之,市场营销观念是"发现需要并设法满足它们",而不是"制造产品并设法推销出去";是"制造能够销售出去的产品",而不是"推销已经生产出来的产品"。与以卖主为中心的传统经营观念相比,营销观念则是以买主为中心。

市场营销观念的典型口号是"顾客是上帝""爱你的顾客而非产品""顾客才是真正的主人""顾客需要什么就生产或经营什么""顾客永远是正确的""尽我们最大的努力,使顾客的每一元钱都能买到十足的价值、质量和满意"等。

市场营销观念于20世纪50年代中期兴起,是一种全新的经营哲学。它是第二次世界大战后在美国新的市场形势下形成的。第二次世界大战后,西方各国的市场营销环境发生了巨大变化。战时大量的军工企业转向民品生产,社会产品供给迅速增加。同时,随着科技进步,企业更加重视研究开发,新技术、新产品不断涌现,商品十分丰富,品种多样,可供消费者选择的余地大大增加。许多种类的产品因供过于求而成为名副其实的买方市场,卖方之间争夺市场的竞争日趋激烈。西方各国相继推行高工资、高福利、高消费的政策,消费者不仅比以往更富有,而且也更精明、更苛求,消费需求呈现多样化发展并且变化频繁。

市场营销观念的形成和在实践中的广泛运用,对西方企业改善其经营起到了重要作用,取得了巨大成就,美国的可口可乐、麦当劳和中国的海尔等公司都是运用市场营销观念并取得成功的范例。

西奥多·莱维特曾对推销观念与市场营销观念做过深刻的比较并指出:推销注重卖方需要,市场营销观念则注重买方需要;推销以卖方需要为出发点,考虑如何把产品变为现金,而市场营销观念则考虑如何通过生产、销售、服务等全过程来满足顾客的需要。可见,市场营销观念的4个支柱是:市场中心、顾客导向、协调的市场营销和利润。

市场营销观念的出现是市场营销学进入成熟阶段的产物与标志,是企业营销观念发展史上的一次革命。在西方有人把这一经营思想的变革同产业革命相提并论,称之为"市场营销革命",甚至还有人说这是企业经营思想方面的"哥白尼日心说"。虽有夸大,但其重要性及影响可见一斑。

视频2-3-2
(电视报道)
留给顾客的空椅子 世界首富的经商秘籍

案例2-3-4
希望没有不满意的顾客

案例2-3-5
高露洁在印度农村营销牙膏

名家论点2-3-1
被动式与主动式营销

案例2-3-6

只有淡季的思想,没有淡季的市场

一般来讲,每年的6—8月是洗衣机销售的淡季。每到这段时间,很多厂家就把促销员从商场里撤回去了。张瑞敏纳闷儿:难道天气越热,出汗越多,老百姓越不洗衣裳?

调查发现不是老百姓不洗衣裳,而是夏天里洗衣量5千克的洗衣机不实用,既浪费水又浪费电。于是,海尔的科研人员很快设计出一种洗衣量只有1.5千克的洗衣机——小小神童。小小神童投产后先在上海试销,因为张瑞敏认为上海人消费水平高又爱挑剔。结果,上海人马上认可了这种世界上最小的洗衣机。该产品在上海热销之后,很快又风靡全国。在不到两年的时间里,海尔的小小神童在全国卖了100多万台,并出口到日本和韩国。

从此以后,张瑞敏告诫员工说:"只有淡季的思想,没有淡季的市场。"

(资料来源:中国网、海尔集团网站)

(5) 社会市场营销观念(Societal Marketing Concept)。

社会市场营销观念认为:企业提供产品不仅要满足消费者的需要和欲望,而且要符合消费者和社会的长远利益,企业要关心与增进社会福利。所以,奉行社会市场营销观念的企业所面临的任务是确定目标市场的需要、欲望和利益,并以保护或提高消费者和社会福利的方式,比竞争者更有效、更有利地向目标市场提供所期待的满足物。企业营销不能唯

利是图，对于有害于消费者和社会利益的需要不仅不能满足，还应该进行抵制营销。

社会营销观念出现于 20 世纪 70 年代，当时，西方国家市场环境发生了许多变化，如能源短缺、通货膨胀、失业增加、消费者保护运动盛行等。在这种背景下，人们对单纯的市场营销观念产生了怀疑和指责，认为市场营销观念没有真正被付诸实施，即使某些企业真正实行了市场营销但它们却忽视了满足消费者个人需要同社会长远利益之间的矛盾，从而造成了资源大量浪费和环境污染等社会弊端。人们开始对市场营销观念进行深刻反思："在一个环境恶化、人口爆炸性增长、全球性通货膨胀和忽视社会利益的时代，纯粹的市场营销观念是否合适？"因为，它将导致产品过早陈旧、资源浪费、环境污染更加严重，加剧了满足眼前消费和长远社会福利之间的矛盾。如塑料餐盒、塑料袋、一次性筷子、汽车尾气，造成资源大量浪费和环境污染；大力发展汽车工业，加大了原油需求压力，加重了空气污染和交通堵塞……如此种种，无异于饮鸩止渴，寅吃卯粮，不仅损害了消费者的长远利益，而且也不利于社会的可持续发展。因此，西方一些学者提出了一些新的观念来修正和代替单纯的市场营销观念，如"人类观念""理智消费观念""生态主宰观念"，等等。菲利普·科特勒则认为可代之以"社会市场营销观念"，这一提法现已经为多数人所接受。

阅读资料2-3-1
2020年疫情冲击下中国经济面临的挑战和机遇

社会市场营销观念是市场营销观念的发展和延伸，是协调市场营销活动与社会可持续发展之间矛盾的产物。

（6）大市场营销观念（Magemarketing Concept）。

大市场营销观念认为：在一个经济全球化的时代，特别是在贸易保护主义思潮日益增长的条件下，从事国际营销的企业，首先解决的不是开放市场，而是突破目标市场同政府和特殊利益集团所设立的市场营销障碍，进入市场的问题。而突破环境障碍，进入市场不应总是消极地适应外部环境，在营销策略中除了 4P 之外，还必须加上 2P，即借助政治力量（Political Power）和公共关系（Public Relations）等手段，以引导目标市场消费者需求或改变消费者习惯，打开和进入目标市场。

20 世纪 80 年代以来，经济发达国家生产过剩，但是市场有限，因此市场竞争日益激烈。世界上许多国家的政府干预加强，贸易保护主义抬头，为了保护本国的工业，采取了一系列关税和非关税贸易壁垒。在这种封闭型或保护型的市场上，已经存在的参与者和批准者往往会设置种种障碍，使那些能够提供类似产品，甚至能够提供更好的产品和服务的企业难以进入市场，无法开展经营服务。在这样的背景下，菲利普·科特勒于 1984 年提出了"大市场营销"这一新观念和战略思想。

根据《哈佛商业讨论》1986 年第二期刊登的菲利浦·科特勒的《大市场营销》一文介绍，所谓大市场营销观念，就是企业为了成功地进入特定市场，并在那里从事业务经营，要在策略上协调地使用经济的、心理的、政治的和公共关系等手段，以赢得各国或地方的各有关方面的合作与支持。

所谓特定市场，是指封闭型或保护型市场。在这种市场上，已经存在竞争者和批准者设置的种种障碍、层层关卡，例如，歧视性法律规定、垄断协定、社会偏见和文化偏见、不友好的分销渠道、拒绝合作的态度等。设置障碍的既得利益集团，往往可以得到政府立法部门、劳工组织、银行及其他组织的支持，使市场形成一个封闭系统。

企业要打入这样的市场，必须运用大市场营销策略，大市场营销除包括一般市场营销组合（即4P）外，还包括另外两个 P：即权力和公共关系。权力：大市场营销者为了进入某一市场并开展经营活动，必须经常地得到具有影响力的企业高级职员、政府立法部门和官僚的支持。比如，一个制药公司欲把一种新药打入某国，就必须获得该国卫生部的批准。因此，大市场营销须采取政治上的技能和策略。公共关系：权力是一个推的策略，公共关系则是一个拉的策略。舆论需要较长时间的努力才能起作用，然而，一旦舆论的力量加强了，它就能帮助公司去占领市场。

应当看到，"大市场营销观念"与"市场营销观念"及传统的市场营销基本理论有所不同，这种不同主要表现在以下三个方面。

①企业市场营销管理与企业外部经营环境的关系有所不同。过去一直认为，企业要善于安排市场营销组合，使企业的市场营销管理决策与企业外部不可控制的环境因素相适应，这是企业能否成功、能否生存和发展的关键；"大市场营销观念"则认为，企业可以影响其周围的经营环境，而不是仅仅顺从它和适应它。

②企业的市场营销目标有所不同。在"市场营销观念"指导下，企业的市场营销目标是千方百计地发展和满足顾客的需要；在"大市场营销观念"指导下，企业的市场营销目标是为了满足目标顾客的需要，采取一切手段，打开和进入某一市场，或者改造或改变目标顾客的需要。

③市场营销手段有所不同。在"市场营销观念"指导下，企业集中一切资源、力量，适当安排4P，采取这些市场营销手段来满足目标顾客的需要；而在"大市场营销观念"指导下，企业要用6P来打开和进入某一市场，创造或改变目标顾客的需要。

（7）整合营销观念（Integrated Marketing Concept）。

整合营销是强调顾客、注重沟通的现代营销理论。它与传统营销最大的区别在于重心的转移，从传统的消极、被动地适应消费者，转向积极、主动地与消费者沟通交流。

整合营销与传统的"4P"相对应，从全新的营销角度提出了"4C"主张，即在营销活动中，企业产品（Product）或服务策略的制定要以研究顾客的需要和欲望（Consumer's needs and desires）为中心，向顾客提供能最大限度满足其需求的产品和服务；企业产品或服务价格（Price）的制定，应以顾客为满足其需求所愿付出的成本（Cost）为中心，而非以企业生产产品或服务的成本为中心制定；企业渠道策略（Place）的制定要以最大限度向顾客提供便利（Convenience）为中心，企业首先要考虑如何让顾客比较便利地得到企业的产品或服务，以此来制定企业的渠道策略；企业促销策略（Promotion）的制定不能以企业为中心，不能以是否有利于产品的销售为中心，而应以顾客需求为中心，以与顾客能否实现充分的交流与沟通（Communication）为中心。

拓展学习2-3-1
数字技术如何
助力消费品行
业高质量发展？

20世纪90年代以后，美国进入高度发达的后工业时代，制造手段高度自动化，敏捷制度、弹性生产、准时生产等新型生产方式普遍推行。信息技术的发展使竞争者在产品、技术以及销售渠道、服务等方面趋于同质化。也就是说，竞争者之间的筹码大同小异。那么，企业如何实现差异化？如何才能赢得更多顾客？

以美国西北大学教授唐·舒尔茨（Don E. Schultz）等为代表的专家学者提出了整合营销理论，他们认为，传统的以4P为核心的营销框架，重视的是产品导向而非真正的消费者导向，即制造商决定制造某一产品后，设定一个能够收回成本且达到一定目标利润的价格，经过制造商为主控的销售渠道，然后对企业销售进行相当程度的促销。也就是说，传统营销是一种由内向外的营销，制造商的经营哲学是"消费者请注意"。整合营销理论认为"营销必须从以产品为中心的方式转向以客户为中心的方式"，倡导更加明确的消费者导向理念。考虑消费者与企业接触的所有要素，把品牌等与企业的所有接触点作为信息传达渠道，以直接影响消费者的购买行为为目标。

关于"4P"与"4C"的关系可概括为：所谓"4P"是站在企业的角度来看营销，所谓"4C"是站在消费者的角度来看营销。只是出发点不同而已，两种思维方式都正确。在近年的市场营销理论中，很多人认为以4P组合为核心的营销理论与实务过时了，不能适应竞争激烈的市场，甚至想用4C来替代它。但4P理论毕竟经过实践已经在世界范围内得到了广泛的发展和认同。同时,从企业微观的角度来说,4P比4C更具有可操作性。但随着技术手段的发展,对传统的市场营销也产生了深刻而巨大的冲击,这也为进行4P与4C两种组合的有机整合、兼顾企业和消费者利益、使4C融合于4P从而创建出一种全新的营销模式带来了契机。

重要概念

市场　需要　欲望　需求　交换　交易　市场营销　营销哲学　市场营销近视症　市场营销观念　社会市场营销观念　大市场营销观念

课后思考

1. 从企业的角度,如何理解和定义市场?
2. 当代市场的发展趋势如何?
3. 谈谈自己在学习本项目内容前后对市场营销概念的认识和理解。
4. 解释市场营销观念在各个阶段形成与发展的原因。
5. 通过对市场营销管理哲学发展历程的学习,你受到何种启发?
6. 分析在我国现阶段存在的营销观念的类型及其原因。

实践与技能

1. 案例分析

在我国西南地区,有一位名叫阿福的农民企业家,经过了数年的市场营销竞争的洗礼,终于存下了数亿资金。在选择新的投资切入点时,由于他热衷于驾驶汽车及制造汽车,因此将资金全部投入到制造与销售微型小汽车的新工厂中。由于中国大多数老百姓买不起昂贵的进口豪华汽车,因此当时价廉物美的小型汽车在全国城乡汽车市场中销售形势很好,有时客户还须先交款再等待提货取车。这时,老板阿福多次向外界宣称:"不管消费者喜欢做什么汽车梦,我做的小汽车永远都是最便宜的微型车,永远都是中国老百姓的最爱!"但是,20世纪后期,我国许多大城市相继出台关于严禁微型小汽车上路的地方交通令,这令阿福和其他微型车企业的投资者一时间欲哭无泪,在亏损中苦苦挣扎。然而,阿福从去年起又开辟了市场营销的新渠道,再加上国家目前对省油环保的微型汽车大力支持,阿福也由此踏上了第二次迈向成功的旅途。

(资料来源:谢声. 营销策划一本通[M].
广州:广东经济出版社,2006.)

问题:

(1) 阿福的宣言,表达了怎样的市场营销理念?
(2) 几年前,全国许多大城市禁止或限制微型小汽车的行驶与销售,究竟是什么原因?目前,微型小汽车的市场营销活动重现风采,有哪些影响因素?

2. 实践训练

运用市场和市场营销的有关概念,选择某个实际的市场,如学校的校园超市、专升本辅导市场、百货商店、小商品城市场、房地产市场等,进行实地考察、访问,收集资料并进行分析。

项目拓展

一、看视频,拓宽视野

1. 视频:布兰森的"企业哲学"。
2. 视频:柯尼卡美能达与中国的故事。

3. 视频：走向卓越——雅高：给未来一份承诺。

4. 视频：走向卓越——知性奢华打造另类本土化。

二、看资料，谈感想

"康师傅"方便面火爆京城

项目资源

扫一扫

项目二
资源包

一、课件

二、图片资料

三、延伸阅读

1. 国际市场营销与国内市场营销。
2. 经济全球化与国际营销学。
3. 现代营销理论的演变。
4. 世界是平的，未来营销的五大趋势。
5. 世纪营销大变革。
6. 谈谈大市场营销。
7. 论整合营销传播。
8. 市场的全球化和全球化市场。
9. 重新认识营销。
10. 市场营销领域 10 大趋势。
11. 2019 移动营销市场 10 大趋势。
12. 习近平在第三届中国国际进口博览会开幕式上的主旨演讲。

四、案例集锦

1. 更好的老鼠夹子。
2. 张裕用心良苦做市场。
3. 福特的经营观念。
4. 笔记本维修中心客户提前预约排队等待背后的秘密。
5. 深圳康佳公司的市场营销学。
6. 只开 15 天，樱花凭什么承包整个春天。

线上学习

请登录：[视频] http：//tv. cntv. cn/video/C10598/e59c0f48b4b242ef91342ed10df7aabc（本土电商称自己更了解市场）

请登录：[视频]（请正确认识资本市场的五个维度）

请登录：[视频] http：//v. youku. com/v_ show/id_ XNTI2MDQxNzgw. html（黄金大讲堂第一讲——正确认识市场）

请登录：[视频]（5G 引领市场新方向）

请登录：[视频] http：//www. tudou. com/programs/view/ – ZBBD – kZt6o/（南开大学市场营销01 讲）

请登录：[视频] https：//v. qq. com/x/page/d0399copc83. html（市场营销原理课程讲解）

请登录：[网站]（中国营销资源在线）

线下学习

《特劳特营销十要》．［美］杰克·特劳特著，机械工业出版社，2011.

《营销学基础》．［美］佩罗特·麦卡锡著，中国财政经济出版社，2004.

《市场营销学》（第三版）．吴健安主编，高等教育出版社，2010.

学习单元二

营销环境分析

学完本单元后,你应该能够:

1. 了解市场营销环境的含义。
2. 了解企业市场营销环境构成要素并进行分类。
3. 掌握营销环境因素变化的趋势特点及对企业经营工作的影响。
4. 掌握市场营销环境的分析方法。
5. 了解市场营销调研的含义与内容。
6. 掌握市场营销调研的方法与技巧。
7. 学会市场营销调研报告的撰写。
8. 理解市场营销调研信息对企业营销决策的意义。

项目三
市场营销环境

项目概述：

通过本项目的学习，理解企业市场营销环境分析的必要性；熟悉微观环境和宏观环境的主要因素及变化趋势；掌握市场调研的含义、分类和程序；理解市场营销环境机会与市场营销环境威胁的含义，学会利用分析模型对市场营销环境机会与市场营销环境威胁做出分析；掌握企业应对市场营销环境变化的对策。

学习目标：

［知识目标］
- 掌握市场营销环境的影响因素及其变化趋势
- 正确认识市场营销环境机会与市场营销环境威胁

［技能目标］
- 掌握市场营销调研种类、方法、技术和程序
- 熟练利用分析模型对市场营销环境机会与威胁进行分析

［思政目标］
- 培养认真细致的工作态度和实事求是的调查研究作风
- 认识新形势下我国营销环境的变化与要求，与时俱进，改革创新

✉ **听故事，悟营销**

齐相晏婴将要出使楚国，楚王听后就和左右人商量："不久晏婴就要来了，我想当众耍笑他一下，你们有什么好办法？"左右人给楚王出主意……

不久，晏子到了。楚王安排了酒席招待他。大家正喝得高兴的时候，只见两个吏卒绑着一个犯人来到楚王面前。楚王故意问："这个犯人是哪国人？犯了什么罪？"吏卒回答道："是齐国人，犯了盗窃罪。"楚王看了看晏婴，笑嘻嘻地问："齐国人都善于偷盗吗？"

晏子离开座位，不慌不忙地回答："我听人家说，橘子生在江南一带的叫作橘，又大又甜；假使把它移到江北一带，就变成枳了，又小又酸。它们的叶子很相似，果实的味道可完全不同。为什么会这样呢？就因为两个地方的水土不同啊！现在这个人，生活在齐国的时候并不偷盗，到了楚国就偷盗，是不是楚国的水土使百姓善于偷盗啊？"

楚王听了，脸羞得通红，只好讪讪地说："是不能同圣人开玩笑的，我反而自讨没趣了！"

（资料来源：依据《晏子春秋》内容编写）

任务一　认识市场营销环境

企业的市场营销活动是在一定的市场营销环境中进行的。企业一方面要适应市场营销环境；另一方面又可以通过自身的市场营销活动为企业选择和创造一个良好的市场营销环境。因此，企业开展市场营销活动时，必须密切关注营销环境的变化。

1.1 市场营销环境的含义

市场营销环境是相对于企业的市场营销活动而言的。那么如何理解企业的市场营销环境呢？菲利普·科特勒指出："企业的营销环境是由企业营销管理职能外部的因素和力量组成的，这些因素和力量影响管理者成功地保持和发展同其目标市场顾客交换的能力。"他还说："市场营销环境就是影响公司的市场和营销活动的不可控制的参与者和影响力。"简言之，市场营销环境是指与企业市场营销有关的，影响产品的供给与需求的各种外界条件和因素的总和。

企业市场营销环境的内容广泛而复杂，不同的因素对营销活动各个方面的影响和制约也各不相同。根据各种因素对企业开展市场营销活动的作用范围和影响程度，可以把市场营销环境分为宏观营销环境和微观营销环境两大类。宏观环境是指对企业开展市场营销活动产生影响的各种社会力量，这些因素或力量可归纳为政治、法律、经济、人口、社会、文化、科技、自然8大部分；微观环境是指与企业紧密相连直接影响企业营销活动的各种参与者，包括供给者、营销中介、顾客、竞争者、社会公众以及影响营销管理决策的企业内部各个部门（如图3-1-1所示）。

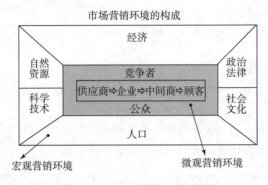

图3-1-1 市场营销环境的构成

微观环境是对某一个企业起影响和制约作用的环境因素，它直接影响和决定该企业的营销活动，也称直接营销环境。而宏观环境是对所有企业都产生影响和制约的环境因素，它对企业的市场营销活动产生间接影响，也称为间接营销环境，但在特定的场合下，宏观环境也可直接影响企业的营销活动。宏观环境与微观环境是市场环境系统中的不同层次，所有的微观环境因素都受宏观环境因素的制约，而微观环境因素对宏观环境也产生影响。企业的市场营销活动就是在这两种环境的相互作用中展开的。

1.2 市场营销环境的特征

1.2.1 复杂性

环境因素涉及多方面、多层次，因素之间相互作用、相互影响、相互制约、相互依存，互为因果关系，既蕴含着机会，也潜伏着威胁。同一环境因素对不同的企业影响不同，对同一企业的不同发展阶段，其影响作用也可能不同。

1.2.2 不确定性

环境的不确定性主要指两方面：一是由于相关性影响，一种环境因素变化会导致另一种环境因素随之变化，要避免"脚痛医脚，头痛医头"；二是每一个环境内部的子因素变化也会导致整个环境因素的变化。因此，市场营销环境总是处于不断变化的动态过程。

1.2.3 不可控性

市场营销环境作为一个复杂多变的整体，单个企业不能控制它，只能适应它。对于市场营销环境因素中的绝大多数单个因素，企业也不可能控制它，而只能在基本适应中施加一些影响。然而企业通过本身能动性的发挥，如：调整营销策略、进行科学预测和联合多个企业共同应对等,可以冲破环境的制约或改变某些环境因素,取得成功。

1.2.4 竞争性

对企业而言,市场营销环境的复杂性、不确定性、不可控性都反映在环境中存在激烈的竞争,正是残酷激烈的竞争迫使企业不得不进行营销环境分析。

1.2.5 相关性

市场营销环境本身就是一个复杂的大系统,有着复杂多样的构成要素和子系统,形成特定的结构和功能,相互之间存在着各种各样的相互联系和制约。某一个或某些环境因素的变化首先会对与其直接相关的因素或子系统产生影响,进而通过它们再对其他要素或子系统产生作用,最终形成相对稳定的新的环境状态。

1.2.6 目的性

企业研究市场营销环境,其目的是适应不同的环境,从而求得生存与发展。由于市场营销环境不等于整个外界事物,所以,企业所要适应的只是对企业营销活动有影响的环境因素。对于这些因素,企业不但要积极主动地去适应,而且要不断创造和开拓对自己营销有利的环境。

扫一扫
阅读资料3-1-2
疫情对三农的冲击与金融对策

1.3 宏观营销环境分析

讨论:

市场的主体是人,人口因素已发生了变化,营销策略如何?变,不变?

宏观环境因素可归纳为:政治法律、经济人口、社会文化、科技自然四大类,有时也简记为PEST。虽然,企业可试图影响这些外部力量,但却无法控制这些因素。借助环境扫描来追踪宏观环境的变化,能辨明环境的重要发展趋势,并考虑这些变化对公司的潜在影响。

在营销实践中,对市场营销环境的分析,常采用的是PEST分析法。如图3-1-2 PEST分析法。

扫一扫
阅读资料3-1-3
中国迎来老年经济时代

扫一扫
阅读资料3-1-4
2019年年末我国人口数及其构成

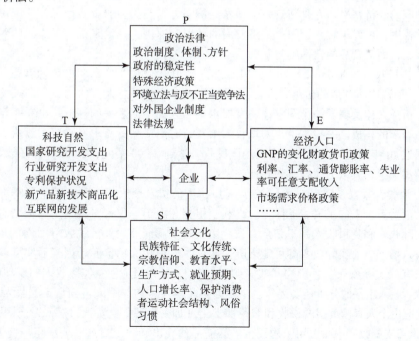

图3-1-2 PEST分析法

1.3.1 政治法律环境(Political Environment and Legal Environment)

政治因素主要是指国家的政体、政局、政策等方面;法律因素是指对市场营销有关的法律法规、条例、标准、惯例和法令。

1.3.1.1 政治法律因素对市场营销的影响

（1）国家（或地区）政局变动对市场营销活动的影响。政治局势指企业营销所处的国家或地区的政治稳定状况。一个国家的政局稳定与否会给企业营销活动带来重大的影响。

（2）有关方针政策对市场营销活动的影响。这些政策包括人口政策、能源政策、物价政策、财政政策、金融与货币政策等。

（3）有关法律、法规对企业市场营销活动的影响。法律、法规对企业市场营销活动既带来机会也带来威胁。

1.3.1.2 我国政治法律环境的变动趋势

为适应市场经济的发展，我国的政治法律环境有三种变动趋势：一是管制企业的立法增多；二是执法更严；三是公众利益团体的力量增强。

1.3.2 经济环境（Economic Environment）

经济环境是指企业开展市场营销活动所处的外部经济条件，经济环境也是内部分类最多、具体因素最多、对市场具有广泛和直接影响的环境内容。

1.3.2.1 收入与支出状况

市场是指有需求并有支付能力的消费者群体。有消费欲望和购买力的市场才有现实意义。一个消费者需求的程度主要取决于收入的多少。收入水平及其分配不仅影响人们的购买能力，而且影响着人们的消费模式，收入的变化不仅影响市场需求的规模，而且影响需求的结构。

要全面了解消费者收入水平，首先需要掌握几个概念。

（1）国民生产总值（Gross National Product，GNP）：指一个国家或地区的所有常驻机构单位在一定时期内在国内和国外所生产的最终成果和提供的劳务价值。国民生产总值反映一个国家的经济水平。它是衡量一个国家经济实力与购买力的重要指标。从国民生产总值的增长幅度，可以了解一个国家经济发展的状况和速度。一般来说，工业品的营销与这个指标有关，而消费品的营销则与此关系不大。

（2）国民收入（National Income，NI）：指一个国家物质生产部门的劳动者在一定时期（通常为一年）内所创造的价值总和。用国民收入总量除以总人口的比值，即人均国民收入。这个指标大体反映了一个国家经济发展水平和人民生活水平的高低，也在一定程度上决定商品需求的构成。一般来说，人均收入增长，对消费品的需求和购买力就大，反之就小。根据近40年的统计，一个国家人均国民收入达到5 000美元，机动车可以普及，其中小轿车约占一半，其余为摩托车和其他类型车。

（3）消费者收入（Consumer Income，CI）：指消费者个人从各种来源中所得的全部收入，包括消费者个人的工资、退休金、红利、租金、赠予等收入，主要是指消费者的实际收入。实际收入和货币收入并不完全一致，由于通货膨胀、失业、税收等因素的影响，有时货币收入增加，而实际收入却可能下降。实际收入即扣除物价变动因素后实际购买力的反映。只有"实际收入"才影响"实际购买力"，营销人员应注意实际收入的变动趋势。

消费者收入水平的分析还要区分"个人可支配收入"和"个人可任意支配收入"。个人收入减去应由个人直接负担的税收和非税性支出（如工会费、党费），称为"个人可支配收入"。个人可支配收入中减去用于购买生活必需品的支出和固定支出（如房租、贷款、保险费等）后才是"个人可任意支配收入"。这部分收入是消费需求变化中最活跃的因素，是影响非生活必需品和劳务销售的主要因素，也是企业开展营销活动时所要考虑的主要对象。

（4）居民消费支出是指城乡居民个人和家庭用于生活消费以及集体用于个人消费的全部支出。包括购买商品支出以及享受文化服务和生活服务等非商品支出。对于农村居民来

扫一扫●
阅读资料3-1-5
2015—2019年
全国居民人均
可支配收入及
其增长速度

说，还包括用于生活消费的自给性产品支出。集体用于个人的消费指集体向个人提供的物品和劳务的支出，不包括各种非消费性的支出。主要指消费者的支出模式和消费结构，即消费者各种消费支出的比例关系。

（5）消费者支出模式是指消费者收入变动与需求结构之间的对应关系，也就是常说的支出结构。在收入一定的情况下，消费者会根据消费的急需程度，对自己的消费项目进行排序，一般先满足排序在前也即主要的消费，如温饱和治病肯定是第一位的消费，其次是住、行和教育，再次是舒适型、提高型的消费，如保健、娱乐等。一般来说，随着家庭收入的提高，食物支出比重（恩格尔系数）下降，家庭日常费用支出基本不变，房屋、汽车、旅游娱乐支出比重增加，储蓄增加。

扫一扫
阅读资料3-1-6
2019年全国居民人均消费支出及其构成

1.3.2.2 储蓄与购买力

消费者个人收入不可能全部花掉，总有一部分以各种形式储蓄起来，这是一种推迟了的、潜在的购买力。消费者储蓄一般有两种形式：一是银行存款，增加现有银行存款额；二是购买有价证券。当收入一定时，储蓄越多，现实消费量就越小，但潜在消费量越大；反之，储蓄越少，现实消费量就越大，但潜在消费量越小。企业营销人员应当全面了解消费者的储蓄情况，尤其是要了解消费者储蓄目的的差异。储蓄目的的不同，往往影响潜在需求量、消费模式、消费内容、消费发展方向的不同。这就要求企业营销人员在调查、了解储蓄动机与目的的基础上，制定不同的营销策略，为消费者提供有效的产品和劳务。

扫一扫
阅读资料3-1-7
消费结构与恩格尔系数

1.3.2.3 消费信贷与需求

消费者不仅以其货币收入购买所需要的商品，而且可用个人消费信贷来购买商品。所谓消费信贷，就是消费者凭信用先取得商品使用权，然后按期归还贷款，以购买商品取得所有权。这实际上是一种超前消费。信贷消费允许人们购买超过自己现实购买力的商品，从而创造了更多的就业机会和更多的需求；同时，消费信贷还是一种经济杠杆，它可以调节积累与消费、供给与需求的矛盾。当市场供大于求时，可以发放消费信贷，刺激需求；当市场供不应求时，必须收缩信贷，适当抑制、减少需求。此外，消费信贷还有助于调整产业结构。

扫一扫
视频3-1-1
恩格尔系数

1.3.3 人口环境

人是企业营销活动的直接和最终对象。人口环境包括人口数量、性别构成、年龄构成、人口结构、地理分布、人口密度、人口流动性、文化教育及职业等特性。在其他条件既定或相同的情况下，人口规模决定市场容量和潜力，人口结构影响消费结构和产品构成，人口组成的家庭、家庭类型及其变化，会对市场格局产生深刻影响，并直接影响企业的市场营销活动和企业的经营管理，尤其对消费品市场有明显影响。

1.3.3.1 人口数量与增长速度

当今世界，人口问题主要表现在人口"爆炸性"的增长。20世纪90年代大约有15亿婴儿出生，相当于1960年全世界人口的50%。现在发展中国家的人口占世界人口的70%以上，全世界每年出生的新生儿约1亿人，其中90%诞生在第三世界。中国的人口发展体现出这样几个特点：人口增长速度快；农村人口比重大；人口城市化加快；人口老龄化；男女性别比偏高；人口分布不均；人口素质亟待提高等。

众多的人口及人口的进一步增长，给企业带来了市场机会，也带来了威胁。人口数量是决定市场规模和潜力的一个基本要素，人口的迅速增长促进了市场规模的扩大。但是，另一方面，人口的迅速增长，也会给企业营销带来不利的影响。比如人口增长可能导致人均收入下降，限制经济发展，从而使市场吸引力降低。又因庞大的消费，造成资源的短缺，引起物价上涨，从而提高企业产品成本，并对交通运输产生压力等。

早在2003年时，中国人民大学人口研究所所长翟振武教授就曾指出，现在中国妇女综合生育率只有1.8，已经低于每人生2.2个孩子的自然更替的理想水平。这在某种程度上与中国经济的快速发展对劳动力的需求形成一定矛盾，提升了企业的用工成本。

1.3.3.2 人口结构

人口结构主要包括人口的年龄结构、性别结构、家庭结构及社会结构。

（1）年龄结构。

随着社会经济的发展，现代世界人口平均寿命普遍延长，死亡率和出生率均在下降，人口的老龄化成为一个普遍问题。到2015年，60岁及60岁以上人口将占世界总人口的13%。在中国，少年人口比重逐渐降低，老年人口比重逐年上升，已迈入老龄化国家的行列。

不同年龄的消费者对商品的需求不一样。青少年市场的需求主要包括服装、食品、音响设备、家庭旅游、大学教育等。而老年用品市场则主要涉及药品、营养品、保健品、老年文娱活动、闲暇旅游等。人口老龄化趋势值得营销者注意。

此外，随着人口文化教育程度的提高，市场需求也发生了变化，对文化用品和书报杂志的需求显著增加。

（2）性别结构。

我国人口男女性别比不仅显著高于发达国家，而且也稍高于某些发展中国家。近年来，男女性别比呈上升趋势。人口的性别不同，其市场需求也有明显的差异。反映到市场上就会出现男性用品市场和女性用品市场。例如我国市场上，妇女通常购买自己和孩子的用品、家庭用的必需品、衣服，男子则购买大件物品等。

（3）家庭结构。

随着单身、离婚、分居人口的增加，家庭规模呈现缩小的趋势。越是经济发达地区，家庭规模越小。在我国，"四世同堂"现象已不多见，越来越多的是"三位一体"的小家庭和"丁克家庭"，并逐步由城市向乡镇发展。这就必然带动较小的住房，较小的家具、家电、日用品的需求量上升。

（4）社会结构。

我国的人口绝大部分在农村，农业人口占总人口比率高，约为70%。因此，农村是个广阔的市场，有着巨大的潜力。这一社会结构的客观因素决定了企业在国内市场中应当重视农村市场的开发。尤其是一些中小企业，更应注意开发质优、价廉、物美的商品以满足农民的需要。例如娃哈哈的"非常可乐"能够从小做大，并与"可口可乐""百事可乐"相竞争，不能不说跟它的"农村包围城市，最后夺取城市"的市场策略有关。

1.3.3.3 人口地理分布

地理分布指人口在不同地区的密集程度。由于社会、经济、政治和自然多方面因素的影响，人口的分布绝不会是均匀的。从我国来看，东部沿海地区人口密集，每平方千米超过400人；中部地区每平方千米200多人；西部高原地区人口稀少，每平方千米不足10人。人口的这种地理分布表现在市场上，就是人口的集中程度不同，则市场大小不同；消费习惯不同，则市场需求特性不同。

随着经济的活跃和发展，人口的区域流动性也越来越大。在我国，人口的流动主要表现在农村人口向城市或工矿地区流动；内地人口向沿海经济开放地区流动。由于大量的人口聚集在城市，城市的交通、治安、住房、垃圾处理等面临相当大的压力。

1.3.4 社会文化因素

一个国家、地区或民族的传统文化以及受其影响而长期形成的消费观念、风俗习惯、伦理道德、家庭关系，以及开放和国际化带来的现代文化，构成营销活动的人文与社会环境。文化是在人们的社会实践中形成的，它主要由两部分组成：一是全体社会成员所共有的具有高度持续性的基本核心文化。中国人的核心文化是以儒家思想为基础形成的价值体系，表现在重家庭与孝道、具有权威性人格和民族优越感等。二是随时间变化和外界因素影响而容易改变的社会次文化或亚文化。人文与社会环境的组成内容相当丰富，在不同国家、地区、民族之间的差别非常明显。各种文化之间存在较大差异，如阿拉伯人和欧美人的文化相去甚远。在同一种文化的内部，也会因多种因素的影响，使人们的价值观念、风俗习惯和审美观等表现出不同的特征，即亚文化。不同的社会与文化，代表着不同的生活模式，对同一产品可能持有不同的态度，直接或间接地影响产品的设计、包装、信息的传递方法、产品被接受的程度、分销和推广措施等。因此，企业在从事市场营销活动时，应重视对社会文化的调查研究，并做出适宜的营销决策。

扫一扫

名家论点3-1-2
中国文化最核心内容是什么

1.3.4.1 宗教信仰

宗教信仰直接影响着人们认识事物的方式、价值观念、行为准则、生活习惯、礼仪、风俗等，从而影响人们的消费行为，带来特殊的市场需求，与企业的营销活动有密切的关系。特别是在一些信奉宗教的国家和地区，宗教信仰对市场营销的影响力更大。宗教因素对营销活动的影响，主要表现在宗教对于人们道德和行为规范的影响，宗教的要求和禁忌对于需求和营销手段的限制，宗教组织和宗教派别的政治影响以及宗教习惯与宗教节日对需求季节波动的影响。

> **阅读资料3-1-8**
>
> ### 中国消费者从文化自信走向品牌自信
>
> 2021年"中国品牌日"的主题是"中国品牌，世界共享；聚力双循环，引领新消费"，在继续寻求建设自主品牌、走出国门的同时，也与当前国内经济建设的大潮紧密结合。源远流长的传统文化、领先的电商产业链、庞大的消费市场，是中国品牌发展区别于其他国家品牌的根本优势，加之近年来国家的飞速发展为国人增添了民族自豪感，中国品牌建设进入了"自信"的新时代。
>
> 自信来源于实力，2020年《财富》世界500强排行榜，中国企业上榜数量首次超过美国。中国品牌正在摆脱低质、廉价的标签向中高端化发展，一大批中国品牌开始在国际市场上集体崛起。中国年轻一代的民族自豪感以及对国货品牌的认同感与自信心正进一步增强，其消费倾向的改变也推动着"国潮"的加速。从李宁时装周、老干妈畅销全球、故宫文创产品，到完美日记、花西子、喜茶、元气森林等一轮轮的国货消费热潮持续升温。本质上分析，"国潮"兴起的原始动力来源于我们的"文化自信"即优秀的中华传统文化所蕴含的强大文化基因。
>
> 消费升级下文化自信。国货品牌正成为年轻一代消费者的新宠。无论是融入中国元素的海外品牌，还是登上世界舞台的国货品牌？"国潮"营销不仅让年轻人在自我表达上找到了情绪出口，更体现了品牌自信正在逐渐崛起。"国潮"作为一种生活方式和文化态度，反映出新一代年轻人追求的消费升级。
>
> 文化自信为国货品牌的发展提供了不竭的内在动力。中华文化源远流长，为国货的创新发展注入了源源不断的生命力，激发了当代国货创新创造的活力。例如，故宫博物院作为我国的文化瑰宝，通过年轻化的手段与跨界合作，彰显着中华民族的文化自信。本土品牌的崛起归根结底是文化自信的回归。当国人对国家实力越来越自信时，国货品牌的回归是理想当然。
>
> （资料来源：根据2021年5月《数字营销市场》相关报道整理）

1.3.4.2 风俗习惯

风俗习惯是人们根据自己的生活内容、生活方式和自然环境，在一定的社会物质生产条件下长期形成，并世代相袭而成的一种风尚和由于重复、练习而巩固下来并变成需要的行动方式等的总称。主要体现在饮食、服饰、居住、婚丧、节庆、道德伦理、心理、人际关系等方面。

不同的国家、不同的民族有不同的风俗习惯，它对消费者的消费嗜好、消费模式、消费行为等具有重要的影响。例如，不同的国家、民族对图案、颜色、数字、动植物等都有不同的喜好和不同的使用习惯，如英国忌用大象、山羊做商品装潢图案。企业营销者应了解和注意不同国家、地区、民族的消费习惯和爱好，做到"入境随俗"。可以说，这是企业做好市场营销尤其是国际经营的重要条件，如果不重视各个国家、各个民族之间的文化和风俗习惯的差异，就可能造成难以挽回的损失。

1.3.4.3 价值观念

价值观念是人们对社会生活中各种事物的态度、评价和看法，是随着时代的变迁而变化的，它具体表现在人们对于婚姻、生活方式、工作、道德、性别角色、公正、教育、退休等方面的态度和意见。这些价值观念同人们的工作态度一起对企业的工作安排、作业组织、管理行为以及报酬制度等产生很大的影响。不同的文化背景下，人们的价值观念差别是很大的，而消费者对商品的需求和购买行为深受其价值观念的影响。

案例3-1-1
可口可乐

1.3.5 科技与教育水平

科学技术对经济社会发展的作用日益显著，科技的基础是教育，因此，科技与教育是宏观环境的基本组成部分。科技进步不仅改变生产力和生产方式，推动产品开发，影响生产要素的功能和利用率，同时也影响中间消费和最终消费。教育水平的高低和社会科学技术的普及状况，对消费观念、生活方式和购买选择的影响日益显著。在信息和高新技术产业，教育水平的差异是影响需求和用户规模的重要因素，已经提上企业营销分析的议事日程。

技术环境是指影响新技术、创造新产品和营销机会的力量，如技术变革的加速、创新的机会增加、研究开发的预算加大、注重小的改良、技术革新的管制法规增多等。

1.3.6 自然环境因素

自然环境指影响企业生产和经营的物质因素，如企业生产需要的物质资料、生产过程中对自然环境的要求和影响等。自然环境涉及地理（如地理位置、地形地貌）、自然条件（如自然资源、气候条件、生态环境等）、能源供应、交通设施、交通状况、公共设施等诸多方面的因素。

阅读资料3-1-10
大国担当,
中国承诺

> ✉ **阅读资料3-1-9**
>
> 奥巴马在首任美国总统的就职演讲中提道："我们将利用太阳、风和土壤来为我们的汽车和工厂提供能源。"对此，美国媒体认为，从这番话来看，风能将可能成为奥巴马新能源计划的"三驾马车"之一。美国是世界上最大的能源消耗国和总体科技实力最强的国家，新任总统如此表态，无疑将对风能技术的研发和应用产生重要影响。随后，美国通用电气公司宣称，今后十年在风能利用方面的投资将达50亿美元，而之前该公司在这个领域已投资65亿美元。
>
> （资料来源：《经济日报》，2009-08-13）

1992年6月，有100多位国家政府首脑出席的联合国环境与发展大会在巴西里约热内卢召开。大会通过了包括《21世纪议程》在内的一系列重要文件。《21世纪议程》提出，下一世纪人类社会应该走可持续发展（Sustainable Development）的道路。同年7月，中国政府决定由国家计委和国家科委牵头制定《中国21世纪议程》。该文件经1994年3月25日国务院常务会议讨论通过，作为中国21世纪推行可持续发展战略的国家政策和行动方案,其核心是以经济、科技、社会、人口、环境的协调发展为目的,在保证经济高速增长的前提下,实现资源的综合和持续利用,不断改善环境质量。

1.4 微观营销环境分析

微观营销环境既受制于宏观营销环境,又与企业营销形成协作、竞争、服务和监督的关系,它们直接影响与制约着企业的营销能力。微观环境所涉及的主体除本企业外,还包括供应商、营销中介、竞争对手、顾客以及社会公众等角色。

1.4.1 企业内部环境分析

企业营销是一个系统的管理过程,营销职能在企业中占主导地位,发挥综合协调作用。企业营销活动由企业内部各部门分工合作、密切配合,共同承担,绝不是营销管理部门的孤立行为。企业内部的环境力量包括计划、财务、采购、生产、研究和开发、营销管理部门及最高管理层,企业的营销主管部门与其他部门既有多方面的合作,也同样存在争取资源方面的矛盾。

1.4.2 营销渠道企业

1.4.2.1 供应商

所谓供应商就是指为企业及其竞争者提供所需经营要素、资源的有关企业、组织和个人。企业与资源供应者的关系是复杂的,如果没有这些资源作为保障,企业就根本无法正常运转。因此,处理与供应者的关系非常重要。供应商对企业营销业务的实质性影响,主要表现在以下几方面:

一是供应原材料的数量和质量将会直接影响产品的数量和质量;

二是供应原材料的价格直接影响产品的成本、利润和价格;

三是供货是否及时、稳定是企业营销活动能否顺利进行的前提。

1.4.2.2 营销中间商

营销中间商主要是指协助企业促销、销售和经销其产品给最终购买者的机构,如中间商、实体分销公司、营销服务机构和财务中介机构等。大多数企业的营销活动,都必须通过它们的协助才能顺利进行。例如,生产集中与消费分散的矛盾,就必须通过中间商的分销来解决。资金周转不灵,则须求助于银行或信托机构等。

(1) 中间商。

中间商是指把产品从生产商流向消费者的中间环节或渠道,它主要包括批发商和零售商两大类。

中间商对企业营销具有极其重要的影响,它能帮助企业寻找目标顾客,为产品打开销路,为顾客创造地点效用、时间效用和持有效用。一般企业都需要与中间商合作,来完成企业营销目标。为此,企业需要选择适合自己营销的合格中间商,必须与中间商建立良好的合作关系,必须了解和分析其经营活动,并采取一些激励性措施来推动其业务活动的开展。

(2) 物资分销机构。

物资分销机构是指帮助企业进行保管、储存、运输的物流机构,包括仓储公司、运输公司等。

(3) 营销服务机构。

营销服务机构是指企业营销中提供专业服务的机构,包括广告公司、广告媒介经营公司、市场调研公司、营销咨询公司、财务公司等。

(4) 金融机构。

金融机构是指企业营销活动中进行资金融通的机构,包括银行、信托公司、保险公司等。

金融机构的主要功能是为企业营销活动提供融资及保险服务。

1.4.3 竞争者

竞争是商品经济运动的普遍规律，现代企业都处在不同的竞争环境中。只要存在商品经济，就必然存在竞争。竞争者是指与企业存在利益争夺关系的其他经济组织（如图3-1-3所示）。

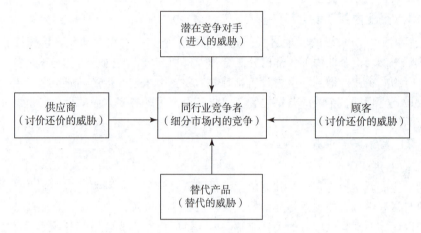

图3-1-3 五力竞争者分析模型

任何企业都不可能独占某一顾客市场，即使是垄断程度高的市场，一旦存在替代品或服务的可能，就会出现竞争对手。

每个公司都处在形形色色竞争者的包围之中，由于竞争者往往是和企业竞争同样的顾客，因此竞争者的一举一动无不影响企业的命运，研究竞争者环境需要考虑多种因素。

首先，企业必须识别各种不同的竞争者，针对不同竞争者采取不同的竞争对策。

其次，要了解竞争对手的竞争力。竞争对手的竞争能力体现在三个方面：一是企业的规模和资金、技术水平（反映企业生产数量上的竞争力）；二是企业的产品情况（反映企业在质量上的竞争力）；三是企业的市场占有率（反映企业在竞争中已取得的成绩）。

最后，要了解竞争者的发展动向（技术、产品和策略发展动向）。关于对竞争对手的分析与策略，我们将在项目八做重点介绍。

1.4.4 顾客

顾客是企业产品销售的市场，是企业赖以生存和发展的"衣食父母"。企业不能控制顾客与用户的购买行为，但企业通过有效的营销活动，能在顾客中产生某种印象和形象，以改变其对企业及产品的态度和看法，从而改善企业与顾客和用户的关系。

✉案例3-1-2

可口可乐的"中国情结"

2002年8月8日，全球品牌管理咨询公司与美国《商业周刊》合作，公布了全球100个最有价值的品牌。可口可乐战胜微软和IBM，又一次登上榜首，成为名副其实的全球第一品牌。在中国，可口可乐公司系列产品在软饮料市场的占有率达33%，81%的中国消费者知道可口可乐品牌。在整个中国，可口可乐雇用了大约1.5万名员工，从董事长到工人都是中国人。

2003年2月18日，可口可乐（中国）饮料公司对外界宣布：正式更换包装、启用新标识。这是可口可乐公司自1979年进入中国市场以来首次改用中文新标识，目的是使它更贴近中国消费者的生活。

（资料来源：《公关世界》，2003年第6期）

企业的一切营销活动都是以满足顾客的需要为中心的。顾客是否喜欢企业的产品、顾客对企业是否忠诚，以及顾客对企业是否满意等，都会影响企业的成败。顾客可以从不同角度以不同的标准进行划分，西方市场营销学通常是按照顾客及其购买目的的不同来划分市场类型的。这样，便于深入研究各类市场的特点，更好地贯彻以顾客为中心的现代营销观念。按照购买动机和类别分类，顾客市场可以分为：

（1）消费者市场，是指为满足个人或家庭生活需要而购买商品和劳务的市场。
（2）生产者市场，是指为赚取利润而购买商品和服务来生产其他产品和服务的市场。
（3）中间商市场，是指为利润而购买商品和服务以再出售的市场。
（4）政府市场，是指购买商品和服务以维持组织正常运转的政府机构。政府采购产品有特定的形式，与其他几类市场有很大区别。
（5）国际市场，是指国外买主，包括国外的消费者、生产者、中间商和政府等。

每一顾客市场都各有其特点，企业营销人员应根据其特点确定不同的营销策略。我们将在第三学习单元对消费者的购买行为和购买模式进行分析。

1.4.5 社会公众

社会公众是指对企业实现其市场营销目标具有实际或潜在利害关系或影响的所有群体或个人。社会公众可分为内部公众和外部公众。

1.4.5.1 外部公众

外部公众涉及以下六类组织和个人。

（1）融资公众，是指影响企业融资能力的金融机构，如银行、投资公司、证券公司、保险公司等。
（2）媒介公众，是指传统大众媒体以及新兴媒介组织，如电视、电台、报纸、杂志等大众传媒和互联网等现代媒体。

> **案例 3-1-3**
>
> ### 社会组织不得不重视传媒的"态度"
>
> 1974年11月，美国Mobil石油公司副总裁致函《纽约时报》，指出在过去两年中，《纽约时报》已发表了20篇纽约州司法部控告Mobil公司的报道，其中有10篇上了头版，事实上其中有两次控告被州法院所否决，但《纽约时报》未做任何报道，此后Mobil公司曾反过来向法院控告纽约州司法部，结果《纽约时报》还是未做报道。"为什么Mobil公司被控是新闻，而Mobil公司控告他人就不是新闻了呢？"这一问题值得深思。

扫一扫
感想与启发
3-1-1

（3）政府公众，是指公司在营销活动中相关的不同地域和不同层次的政府机构或部门，如工商行政管理局、税务局、技术监督局、物价局等。
（4）社团公众，是指社会中存在的各种非营利性组织，如消费者协会、环境保护组织及其他有关的群众团体等。
（5）社区公众，是指企业所在地区的组织和个人。
（6）一般公众，是指除上述各类公众以外但关注企业的组织或个人，他们可能并不购买企业产品，但深刻地影响着消费者对企业及其产品的看法。

1.4.5.2 内部公众

内部公众，是指公司的员工，包括各层次的管理者和一般员工，企业管理层应与内部公众进行充分的互动沟通，奉行整合营销的理念，使各职能部门协同起来，发挥整体效果。员工是公司的主体，尊重员工，与员工建立利益共享的伙伴关系，最大限度地挖掘员工的创造潜力，让每一位员工充分实现个人的价值，在各项工作中达到卓越的境界，这样才能真正使企业站在较高的起点上，实现跨越式发展。

扫一扫
拓展学习3-1-1
市场领袖公众的种类

研究社会公众环境，就是要处理好企业与社会公众的关系。因为企业的营销活动会影响到周围各种公众的利益，而公众的行为又会便利或妨碍企业实现目标。因此，企业必须采取适当措施，搞好与他们的关系，让他们去影响更多的消费者。

为了更好地处理企业与社会公众的关系，更多地影响消费者，从而起到影响消费的作用，企业应根据公众在影响消费者中的作用，从中找出"市场领袖"。所谓"市场领袖"，是指那些能直接影响消费者或者具有左右消费者的力量，或者在市场上具有社会责任的社会公众。

扫一扫
拓展学习3-1-2
市场领袖的作用

任务二　市场营销环境调研与分析

✉ 案例3-2-1

新口味的可口可乐为什么滞销？

20世纪80年代初，虽然可口可乐在美国软饮料市场上仍处于领先地位，但由于百事可乐公司通过多年的促销攻势，以口味试饮来表明消费者更喜欢较甜口味的百事可乐饮料，并不断侵蚀着可口可乐的市场。为此，可口可乐公司以改变可口可乐的口味来应付百事可乐对其市场的侵蚀。

为了研究开发新口味可口可乐饮料，可口可乐公司花费了两年多的时间，投入了400多万美元的资金，最终开发出了新可乐的配方。在新可乐配方开发过程中，可口可乐公司进行了近20万人的口味试验，仅最终配方就进行了3万人的试验。在试验中，研究人员在不加任何标识的情况下，对老口味可乐、新口味可乐和百事可乐进行了比较试验，试验结果是：在新老口味可乐之间，60%的人选择新口味可乐；在新口味可乐和百事可乐之间，52%的人选择新口味可乐。从这个试验研究结果看，新口味可乐应是一个成功的产品。

1985年5月，可口可乐公司将口味较甜的新可乐投放市场，同时放弃了原配方的可乐。在"新可乐"全面上市的初期，市场的反应相当好，1.5亿人在"新可乐"面世的当天就品尝了它，但很快情况有了变化。在"新可乐"上市后的一个月，可口可乐公司每天接到超过5 000个抗议电话，而且更有雪片般飞来的抗议信件，可口可乐公司不得不开辟了83条热线，雇用了更多的公关人员来处理这些抱怨和批评。一封信是这样开头的："亲爱的糊涂老总，是哪个笨蛋决定改变可乐配方的？"

有的顾客称可口可乐是美国的象征；有的顾客威胁说将改喝茶水永不再买可口可乐公司的产品；更有忠于传统可口可乐的人们组成了"美国老可乐饮者"的组织，发动全国抵制"新可乐"的运动，并威胁说：如果不把老可口可乐弄回来，就要对可口可乐公司提出控告。

许多人开始寻找已停产的传统可口可乐,各地的可口可乐死硬派消费者开始储存起成箱成箱的老可口可乐,这些"老可乐"的价格一涨再涨。面市后两个月,"新可乐"的销量远远低于公司的预期值,不少瓶装商强烈要求改回销售传统可口可乐。

可口可乐的批发商也接到潮水般涌来的出言不逊的电话,送货人员在街上遭到愤怒而好事的可乐饮用者的拦截。最使人难以支撑的是,一封要求可口可乐公司总裁罗伯托·戈伊朱埃塔和总经理唐纳德·基奥亲笔签名的信件,信中把两人称为美国"最愚蠢的两个经理"。

可口可乐公司依然幻想,消费者们在尝试了新饮料后会喜欢上它。在1985年5月的一个月里,公司在45个城市举行新可口可乐"滚动"派对,共送出100万罐饮料,但是几乎每一次他们得到的都是一阵阵抗议声,消费者要求老可口可乐回来。许多人根本不想去喝新可乐,因为他们对新可乐的存在十分愤怒。

"新可乐"面市后的三个月,其销量仍不见起色,而公众的抗议却愈演愈烈。当消费者的反对像滚雪球一样越滚越大时,可口可乐公司密切关注着公众舆论的变动。市场调研一直没有中断,6月份调研表明,已只有49%的人表示喜欢新可乐,而51%的人喜欢老可乐。7月初,对900人的每周一次的调研表明,喜欢新可乐的人数只占30%,有70%的人喜欢老可乐。7月11日,可口可乐公司宣布"经典可口可乐"(Cocacola Classic)恢复上市,其商标定名为可口可乐古典,同时继续保留和生产"新可乐",其商标为新可乐。全国各大报纸头版刊登了可口可乐"回归"的消息。当天公司的热线接到了18 000个电话。但是可口可乐公司已经在这次的行动中遭受了巨额的损失。

（资料来源：根据http：//zhidao.baidu.com/link？url
与http：//www.xiexingcun.com/资料整理）

扫一扫
感想与启发
3-2-1

关于新可乐事件,可口可乐公司总经理基奥说过一番令人难以忘怀的话:"有的人批评说可口可乐犯了一个营销错误,有的好挖苦者说这一切都是公司早就计划好的。事实是,我们既没有那么傻,也没有那么聪明。"

市场调研在整个项目决策过程中都是举足轻重的:

(1) 可口可乐的市场占有率在下降,而百事可乐的攻势咄咄逼人,这是事实。

(2) 百事可乐的口味比可口可乐好。市场调研的结论是正确的。

(3) 新可乐口味比老可乐好。市场调研的结论也是正确的。

(4) 可口可乐的其他营销参数比对手强,这也是事实。

实际上我们认为,"推出新可乐"的决策并没有错误,错误的决策是"停止生产老可乐",因为后者没有足够的调研信息依据。

市场调研发现了许多一直饮用可口可乐的忠诚消费者不愿意考虑口味的任何改变,哪怕它是变得更好。但是没有简便的方法测出这种品牌忠诚度的深度和广度。因为在整个调研过程中,压倒一切的任务是"绝对保密",这使调研人员不可能在提出许多很直接的问题时又不暴露调研的目的。

也就是说,消费者在接受调研时,并不知道他们选择了新可口可乐就意味着与老可乐告别。调研人员没有说明这一点,也不可能说明这一点。应该说,这可以说是调研的漏洞,但更是决策的错误。

新产品上市必须要做充分的市场调研,调研的结果对企业决策者具有非常重要的参考价值,是企业经营决策的依据。

2.1　市场调研的含义

市场调研是运用科学的方法,有目的、有计划地收集、整理、分析有关供求、资源的各种情报、信息和资料。把握供求现状和发展趋势，为制定营销策略和企业决策提供正确依据的信息管理活动，是市场调研与市场研究的统称，它是个人或组织根据特定的决策问题而系统地设计、搜集、记录、整理、分析及研究市场各类信息资料、报告调研结果的工作过程。市场调研是市场预测和经营决策过程中必不可少的组成部分。

2.2 市场调研的功能和作用

市场调研的功能就是通过市场调研可以得到什么结果，主要体现在以下三方面：

一是收集并陈述事实，获得市场信息的反馈，可以向决策者提供关于当前市场信息和进行营销活动的线索。

二是解释信息或活动，了解当前市场状况形成的原因和一些影响因素。

三是预测功能，通过对过去市场信息的研究，推测可能的市场发展变化。

2.3 市场调研的内容

2.3.1 市场环境调研

对市场环境的调研一般包括以下几个方面：
(1) 政法环境调研。
(2) 经济环境调研。
(3) 文化环境调研。
(4) 气候、地理环境调研。

2.3.2 市场需求调研

市场需求调研的内容包括：社会购买力调研、市场商品需求结构调研、消费人口结构调研、消费者购买动机调研、消费者购买行为调研。

2.3.3 竞争对手调研

竞争对手调研的主要内容包括：竞争对手的数量与经营实力、竞争对手的市场占有率、竞争对手的竞争策略与手段、竞争对手的产品、竞争对手的技术发展等。

2.3.4 产品调研

产品调研的主要内容包括：产品实体的调研、产品包装的调研、产品品牌的调研、产品服务的调研、产品市场占有率的调研、产品价格的调研。

2.3.5 分销渠道调研

企业应通过市场调研，设计出适应自己产品特点、企业特点、市场状况的分销渠道；并通过调研，选择好合适的渠道成员，组建好分销渠道和有效地管理好自己的分销渠道。

2.3.6 促销活动调研

促销活动的调研，一方面是制定促销组合决策时，应先进行调研，考虑企业的促销投资应如何在众多的促销工具之间进行分配，如何组织实施这些促销活动；另一方面，需要对促销的效果进行调研。

2.3.7 广告效果调研

广告效果调研包括：广告受众的界定、广告送达率、广告媒体调研、广告记忆、广告与销售业绩的关系等。

2.4 市场调研的方法

2.4.1 电话访问法

企业内部的销售代表或专业的第三方调研公司的人员通过电话对客户进行有条理的访问。电话访问的优点是由于人性化地与客户直接访谈，一般会有较高的参与度。电话访问的缺点是由于拒绝率的上升而降低效率；如果委托第三方专业公司可能涉及较高的费用；更重要的是消费者越来越讨厌接到影响其生活、工作的电话，使电话访问越来越困难。

传统的电话访问就是按照名单，选择一个调研者，拨通电话，询问一系列的问题。访问员（调研员）按照问卷，在答案纸上记录被访者的回答。调研员集中在某个场所或专门的电话访问间，在固定的时间内开始访问工作，现场有督导人员进行管理。调研员都是经过专门训练的，一般以兼职的大学生为主，或其他一些人员。

2.4.2　邮寄/传真调研表

公司通过直邮或传真向抽样的客户进行调研。这种调研的优点是由于被访问者有足够的时间回答问题而收集到精确的、高质量的问卷；可提供便于量化的结果；由于大批量邮寄而成本较低。这种调研的缺点是调研的完整性取决于被访者的意愿；由于回收率一般较低或迟缓而统计效果不佳。

2.4.3　入户访问

入户访问指调研员到被调研者的家中或工作单位进行访问，直接与被调研者接触。然后利用访问式问卷逐项进行询问，并记录下对方的回答；或是将自填式问卷交给被调研者，讲明方法后，等待对方填写完毕或稍后再回来收取问卷的调研方式。这是目前国内最为常用的一种调研方法。调研的用户或单位都是按照一定的随机抽样准则抽取的，入户以后确定的访问对象也有一定的法则。

2.4.4　拦截访问

拦截访问是指在某个场所（一般是较繁华的商业区）拦截在场的一些人员进行面访调研。这种方法常用于商业性的消费者意向调研活动。拦截面访的好处在于效率高，但是，无论如何控制样本及调研的质量，收集的数据都无法证明对总体有很好的代表性。这是拦截访问的最大问题。

2.4.5　小组（焦点）座谈

小组（焦点）座谈（Focus Group）是由一个经过训练的主持人仔细选择邀请一定数量的（6~15个）客户，以一种无结构的自然的形式与一个小组的被调研者交谈，了解与客户的满意度、价值相关的内容。这种调研的优点是根据提供的讨论指南和时间表对客户的偏好和顾虑有全面深入的了解；便于与客户建立良好的关系。小组座谈法的主要目的是通过倾听一组从调研者所要研究的目标市场中选择的被调研者，从而获取对一些有关问题的深入了解。这种方法的价值在于常常可以从自由进行的小组讨论中得到一些意想不到的发现。

这种调研的缺点是由于调研主持人的偏见而得到有曲解的结果；为了鼓励被调研者的参与，每次小组座谈会的参与人数应有限制；如果扩大抽样的人数所投入的成本就很高。

2.4.6　深度访谈法

深度访谈法是一种无结构的、直接的、个人的访问，在访问过程中，一个掌握高级技巧的调研员深入地访谈一个被调研者，以揭示对某一问题的潜在动机、信念、态度和感情。比较常用的深度访谈技术主要有三种：阶梯前进、隐蔽问题寻探以及象征性分析。深度访谈主要也是用于获取对问题的理解和深层了解的探索性研究。

2.4.7　投影技法

所谓投影技法是一种无结构的非直接的询问形式，可以鼓励被调研者将他们所关心问题的潜在动机、信仰、态度或感情投射出来。在投影技法中，并不要求被调研者描述自己的行为，而是要他们解释其他人的行为。在解释他人的行为时，被调研者就间接地将他们自己的动机、信仰、态度或感情投影到了有关的情景之中。因此，通过分析被调研者对那些没有结构的、不明确而且模棱两可的"剧本"的反应,他们的态度也就被揭示出来了。剧情越模糊,被调研者就更多地投影他们的感情、需要、动机、态度和价值观,就像在心理咨询诊所中利用投影技法来分析患者的心理那样。与心理学中的分类一样,投影技法可分成联想技法、完成技法、结构技法和表现技法。

2.4.8 在线访问法

企业利用免费的网上文字评语、在线的调研收集客户的信息。在线访问的优点包括由于便利而有比传统邮寄调研更高的反馈率;对客户和公司都有成本上的优势;借助软件便于快速分析数据。在线访问的缺点是如果客户自己发起的在线访问有可能产生扭曲的结果;可能产生不准确的回复(自动回复系统通常自动寻找关键字而发送自动的回复)从而忽略客户顾虑中的细微差别;除非绝大部分客户使用网上渠道提供反馈意见,否则收集的信息不完整。

2.5 市场调查技术

2.5.1 问卷设计技术

问卷调查是目前调查业中所广泛采用的调查方式,即由调查机构根据调查目的设计各类调查问卷,然后采取抽样的方式(随机抽样或整群抽样)确定调查样本,通过调查员对样本的访问,完成事先设计的调查项目,最后,由统计分析得出调查结果的一种方式。它严格遵循的是概率与统计原理,因而,调查方式具有较强的科学性,同时也便于操作。这一方式对调查结果的影响,除了样本选择、调查员素质、统计手段等因素外,问卷设计水平是其中的一个前提性条件。

问卷,也叫调查表,它是一种以书面形式了解被调查对象的反应和看法,并以此获得资料和信息的载体。问卷设计是依据调研与预测的目的,开列所要了解的项目,并以一定的格式,将其有序地排列,组合成调查表的活动过程。

调查问卷的功能就是把研究目标转化为特定问题;使问题和回答标准化;通过措辞、问题流程与卷面设计来促进合作;记载记录原始数据;加快数据分析过程;进行有效性测试。

问卷设计所应达到的要求是:问题清楚明了,通俗易懂,易于回答,同时能体现调查目的,便于答案的汇总、统计和分析。

2.5.2 抽样技术

在实际调研中抽样方法很多,主要分为随机抽样和非随机抽样。

2.5.2.1 随机抽样

扫一扫
名词解说3-2-1
随机抽样及其
特点

随机抽样又叫概率抽样,主要分为以下几种:

(1)简单随机抽样。也叫纯随机抽样,就是从总体中不加任何分组、划类、排队等,完全随机地抽取调查单位。特点是:每个样本单位被抽中的概率相等,样本的每个单位完全独立,彼此间无一定的关联性和排斥性。简单随机抽样是其他各种抽样形式的基础。通常只是在总体单位之间差异程度较小和数目较少时,才采用这种方法。

(2)等距抽样。也叫机械抽样或系统抽样,就是将总体各单位按一定标志或次序排列成为图形或一览表式(也就是通常所说的排队),然后按相等的距离或间隔抽取样本单位。特点是:抽出的单位在总体中是均匀分布的,且抽取的样本可少于纯随机抽样。等距抽样既可以用同调查项目相关的标志排队,也可以用同调查项目无关的标志排队。等距抽样是实际工作中应用较多的方法,目前我国城乡居民收支等调查,都是采用这种方式。

(3)类型抽样。也叫分层抽样,就是将总体单位按其属性特征分成若干类型或层,然后在类型或层中随机抽取样本单位。特点是:由于通过划类分层,增大了各类型中单位间的共同性,容易抽出具有代表性的调查样本。该方法适用于总体情况复杂、各单位之间差异较大、单位较多的情况。

(4)整群抽样。就是从总体中成群成组地抽取调查单位，而不是一个一个地抽取调查样本。特点是：调查单位比较集中，调查工作的组织和进行比较方便。但调查单位在总体中的分布不均匀，准确性要差些。因此，在群间差异性不大或者不适宜单个地抽选调查样本的情况下，可采用这种方式。

2.5.2.2 非随机抽样

非随机抽样也叫非概率抽样，可划分为以下几种：

（1）任意抽样。

任意抽样也称便利抽样，是指调查人员本着随意性原则去选择样本的抽样方式。任意抽样是非概率抽样中最简便、费用和时间最节省的一种方法。但是，如果总体中单位差异较大时，抽样误差也较大。因此，一般来说，任意抽样法多用于市场初步调查或对调查情况不甚明了时采用。

（2）配额抽样。

配额抽样也称定额抽样，是指调查人员将调查总体样本按一定标志分类或分层，确定各类（层）单位的样本数额，在配额内任意抽选样本的抽样方式。

配额抽样和分层随机抽样既有相似之处，也有很大区别。配额抽样和分层随机抽样有相似的地方，都是事先对总体中所有单位按其属性、特征分类，这些属性、特征我们称之为"控制特性"。例如，市场调查中消费者的性别、年龄、收入、职业、文化程度，等等。然后，按各个控制特性，分配样本数额。但它与分层抽样又有区别，分层抽样是按随机原则在层内抽选样本，而配额抽样则是由调查人员在配额内主观判断选定样本。

（3）判断抽样法。

判断抽样法就是凭调查人员的意愿、经验和知识，从总体中选择被认为具有代表性的样本进行调查。判断的意图在于选择更具有代表性的样本。

扫一扫

名词解说3-2-2
非随机抽样及
其应用

2.6 撰写调研报告

调研报告是整个市场调查工作的最后一项，也是直接面向经营决策者的一份合格而优秀的报告，应该有非常明确、清晰的构架，简洁、清晰的数据分析结果，其中的含义需要在实际工作过程中去体会，自己加以总结。一份合格的报告不应该仅是简单的看图说话，还应该结合项目本身特性及项目所处大环境对数据表现出的现象进行一定的分析和判断，当然一定要保持中立的态度，不要加入自己的主观意见。另外，通常的市场调研报告都会有一个固定的模式，我们应该根据不同项目的不同需要，对报告的形式、风格加以调整，使市场调研报告能够有更丰富的内涵。

任务三　环境分析技巧与方法

分析市场营销环境的目的在于寻求营销机会和避免环境威胁。随着经济的发展和竞争的加剧，优秀企业已越来越重视对市场营销环境的研究。他们认为：企业必须建立适当的系统，指定一些专业人员，采取适当的措施，经常监测和预测其周围的市场营销环境的发展变化，并善于分析和识别由于环境变化而造成的主要机会和威胁，及时采取适当的对策与措施，使其经营管理与其市场营销环境的发展变化相适应。

在对企业的宏观、微观环境研究与分析的基础上，下面我们要学会对企业市场营销环境进行综合分析，以便对营销环境做出总体评价，为营销战略的制定提供可靠的依据。

3.1 市场营销环境分析方法

如前所述，在对企业宏观环境进行分析时，我们采用的是 PEST 方法，主要分析这些因素对企业所处行业的影响、对企业经营发展的影响等；在对微观环境中的竞争环境分析时，采用了波特的五力竞争模式，从直接竞争者、新进入竞争者、替代品竞争者、供应商与购买者五个方面，分析他们分别给企业所带来的竞争特征。

现在我们要对企业市场营销环境和企业经营现状进行综合分析，应该采用什么方法呢？在实践中，我们一般可以采用三种方法分别从不同角度进行分析：第一种方法是SWOT分析方法（SWOT Analysis），在实践中，先是采用定性的方法，确定企业拥有的优、劣势和所面临的机会与威胁，然后利用定量的方法，将这些因素量化，并利用雷达图的方法，确定企业目前的经营状态；第二种方法是采用BCG分析模式（BCG Matrix），从企业市场占有率与行业增长率两大因素分析企业现有各业务单元（包括各产品品牌、产品规格等），确认其发展是否健康；第三种方法是采用安绍夫矩阵分析方法（the Ansoff Matrix），从市场与产品两大要素进行分析，结合SWOT定性与定量分析以及BCG分析的结果，确定企业下一步应采取的经营战略与营销策略。

分析通常分为三个步骤：

第一步，进行环境扫描。

阅读资料3-3-1
范冰冰偷税案

所谓环境扫描就是从市场环境中辨别出对企业经营有影响的、反映环境因素变化的某些事件。通过科学系统的调查研究、预测分析，将所有可能影响企业经营的环境因素变化引发的事件一一罗列，然后加以讨论、评审，从中筛选出对企业经营将有不同程度影响的事件。

第二步，进行环境评价。

阅读资料3-3-2
霍尔果斯上百家影视公司注销

经过环境扫描，甄别出环境中对企业产生影响的各种市场因素后，需要对这些影响因素的影响程度与影响方式进行评价。常用的评价方法有列表评价法、SWOT分析法、劣势或优势分析法三种。

第三步，撰写分析报告。

在进行机会与威胁分析之后，需要整理、归纳调查、分析和预测的结果，编写环境分析报告。该报告将作为企业最高领导层构想营销战略方案和进行战略决策的基本依据。

编写环境分析报告的过程是对未来环境变化进一步调查分析，明确问题、深化认识的过程，因而是环境分析的一个重要步骤，必须予以充分的重视。

环境分析报告是环境分析结果的总结和概括，它应能回答战略决策所了解的未来环境问题。环境分析报告的叙述应力求简明扼要，论证要用事实和数据说明，尽量采用直观醒目的图表。报告的主要内容是：

（1）企业未来将面临什么样的环境；

（2）各个环境因素会如何变化，对企业将造成怎样的影响；

（3）未来环境会使企业有哪些机会和威胁，它们出现的概率是多大；

（4）企业适应未来环境的初步设想和战略课题是什么等。

3.1.1　矩阵分析法

（1）市场机会矩阵分析法。

机会是指营销环境中对企业营销的有利因素，即企业可取得竞争优势和差别利益的市场机会。我们用横坐标代表"成功的可能性"，纵坐标代表"潜在的吸引力"，即表示企业"潜在的营利能力"。如图3-3-1环境机会分析矩阵所示。

在图3-3-1的四个象限中，第1象限是企业所面临的最佳机会，必须引起足够重视。第2、3象限也不能忽视，因为第2象限虽然成功率低但是吸引力很大；第3象限虽然吸引力小但是成功概率高，两者一旦转化，会给企业带来市场机会。第4象限机会太小可以不必考虑。

（2）环境威胁矩阵分析法。

威胁是指一种不利的发展趋势所形成的挑战，如果缺乏果断的营销行动，这种不利趋

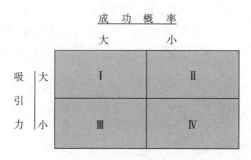

图 3-3-1 环境机会分析矩阵

势将会侵蚀公司的销售或利润。有关环境的威胁可按威胁的严重性的发生概率来分类。矩阵的横坐标代表"出现威胁的可能性",纵坐标代表"潜在的严重性",表示盈利减少的程度。如图 3-3-2 环境威胁分析矩阵所示。

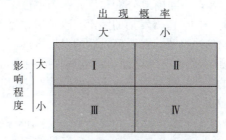

图 3-3-2 环境威胁分析矩阵

在图 3-3-2 的四个象限中,第 1 象限的威胁是关键性的,它会严重危害公司的利益,而且出现的概率很高。公司需要为每一个这样的威胁准备一个应变计划,这些计划要包括在威胁出现之前或在威胁出现时,公司应进行哪些改变。第 4 象限的威胁比较小,出现的概率低,严重性也小。但第 2、3 象限的威胁需要加以注意,因为只要第 2 象限中的发生概率由低到高或第 3 象限中的严重性由小到大,公司的发展将受到严重威胁。

(3) 综合环境矩阵分析法。

在企业面临的客观环境中,单纯的机会或单纯的威胁是少有的。通常的情况是机会与威胁并存,风险与利益同在。这种情况下,就需要企业把机会与威胁结合起来进行分析,以便综合地了解企业经营现状,并为企业业务决策提供借鉴和参考。如图 3-3-3 环境机会威胁分析矩阵所示。

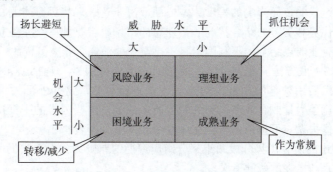

图 3-3-3 环境机会威胁分析矩阵

可见将机会与威胁结合起来就出现了四种结果:

一是理想环境:是机会多,很少有威胁的环境,这是企业难得的好环境,应抓住机遇。

二是冒险环境:是威胁与机会同在,利益与风险并存的环境,机会多但是风险也大,企业必须进行调查研究，想办法降低风险，要扬长避短。

三是成熟环境：是机会比较少威胁也比较小的、比较平稳的环境。但是企业应采取积极对策开拓新的理想环境，不能墨守成规，不思进取，否则就有向困难环境转化的危险，所以要加强常规管理。

四是困难环境：是机会少威胁大的环境，企业若处于这种环境中，处境将十分艰难。所以企业必须想方设法扭转局面，如大势已去无法扭转就要另谋发展，采取转移或减少的策略。

3.1.2 SWOT分析法

SWOT分析，是指一个公司需要界定其内在资源的强势与劣势，以及外在环境的机会和威胁。在从事内部分析时，企业必须集中于检讨组织的资源，像是生产技术、营销能力、财务资源及品牌形象等；而在从事外部分析时，营销管理人员必须进行环境扫描，环境扫描的一个主要目标就是要辨别新机会、规避威胁。

SWOT分析法是能够较客观而准确地分析和研究一个单位现实情况的方法。利用这种方法可以从中找出对自己有利的、值得发扬的因素，以及对自己不利的、如何去避开的东西，发现存在的问题，找出解决办法，并明确以后的发展方向。根据这个分析，可以将问题按轻重缓急分类，明确哪些是目前急需解决的问题，哪些是可以稍微拖后一点儿的事情，哪些属于战略目标上的障碍，哪些属于战术上的问题。它很有针对性，有利于领导者和管理者在企业的发展上做出较正确的决策和规划。

SWOT分别是："优势"——Strengths、"弱势"——Weaknesses、"机会"——Opportunities、"威胁"——Threats四个英文单词的第一个字母的缩写。通过SWOT分析，可以结合环境对企业的内部能力和素质进行评价，弄清楚企业相对于其他竞争者所处的相对优势和劣势，帮助企业制定竞争战略。从整体上看，SWOT可以分为两部分：

第一部分为SW，主要用来分析内部条件。企业优势和劣势分析实质上就是企业内部经营条件分析，或称企业实力分析。优势是指企业相对于竞争对手而言所具有的优势，如人力资源、技术、产品以及其他特殊实力。劣势是指影响企业经营效率和效果的不利因素和特征，它们使企业在竞争中处于劣势地位。一个企业潜在的弱势主要表现在：战略导向不明、设备技术落后、管理效率低、内部管理混乱、研究和开发工作落后、企业形象较差、销售渠道不畅、成本过高等。

视频3-3-1
中等收入陷阱

第二部分为OT，主要用来分析外部条件。机会与威胁分析实质上就是对企业外部环境因素变化的分析。环境提供的机会能否被企业利用，同时，环境变化产生的威胁能否有效化解，取决于企业对市场变化反映的灵敏程度和实力。市场机会为企业带来收益的多寡，不利因素给企业造成的负面影响的程度，一方面取决于这一环境因素本身的性质；另一方面取决于与企业优势和劣势的结合状况。最理想的市场机会是那些与企业优势达到高度匹配的机会，而与企业弱点结合的不利因素将不可避免地消耗企业大量资源。

视频3-3-2
中国或成奢侈品消费第一大国

SWOT分析的一般方法。在分析时，应把所有的内部因素（包括公司的优势和劣势）都集中在一起，然后用外部的力量来对这些因素进行评估。这些外部力量包括机会和威胁，它们是由于竞争力量或企业环境中的趋势所造成的。这些因素的平衡决定了公司应做什么以及什么时候去做。可按以下步骤完成这个SWOT分析表：

（1）把识别出的所有优势分成两组，分组应遵循的原则为：看看它们是与行业中潜在的机会有关，还是与潜在的威胁有关。

（2）用同样的方法把所有劣势分成两组。一组与机会有关，另一组与威胁有关。

（3）建构一个表格，每个占1/4。

（4）把公司的优势和劣势与机会或威胁配对，分别放在每个格子中。SWOT表格表明公司内部的优势和劣势与外部机会和威胁的平衡。如图3-3-4所示为SWOT分析矩阵。

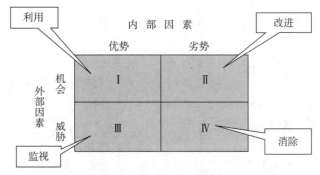

图 3-3-4 SWOT 分析矩阵

☒ 案例 3-3-1

中国新能源汽车行业 SWOT 分析

中国目前是全球最大的新能源汽车市场，2021 年的新能源汽车销量达到 333.4 万辆，占全球新能源汽车销量的近一半，预计 2022 年中国新能源汽车销量将达到 451.76 万辆。对我国新能源汽车行业进行 SWOT 分析，有利于企业准确把握市场趋势和科学决策。

一、我国发展新能源汽车的 SWOT 分析

1. 行业优势（S）

1.1 自然资源丰富。在矿产资源上面，我国锰、铁、稀土永磁等资源较为丰富，为新能源汽车电池和电机的原材料带来丰富的来源。

1.2 我国电力充足。仅 2018 年电力装机容量超过 8 亿千瓦，可以为超过 5000 万辆电动汽车充电。

1.3 技术日趋成熟。我国已经掌握了新能源汽车的各类关键技术，能满足大规模产业化发展要求。

1.4 自主创新能力提升。我国在新能源汽车各个核心技术领域都有瞩目的成就，部分产品性能指标已世界领先。

2. 行业劣势（W）

2.1 整车产品可靠性存在差距。在关键的零部件领域，如电池和低成本技术方面也存在一定的差距。

2.2 信息化和智能化等汽车电子技术的应用也与发达国家存在差距。

2.3 市场配套设施滞后。停车位以及和充电桩相匹配的建设比较缓慢。

3. 行业机会（O）

3.1 政府的政策支持。基于经济可持续发展目标，国家出台了一系列政策扶持新能源汽车产业的发展。

3.2 我国市场呈现多样化的局面，新能源汽车发展的潜力巨大。

3.3 油价上涨也给我国发展新能源汽车带来了机会。

3.4 我国发展新能源汽车产业的后发优势和隐藏的机会大。

4. 行业威胁（T）

4.1 消费者市场认可度不高。对于传统汽车的安全性和稳定性认可度更高，这些汽车仍是消费者首选的方向。

4.2 竞争加剧。国外的新能源汽车巨头对中国市场看好，纷纷来我国投资建厂。

4.3 成本居高不下。新能源汽车的可替代汽车产品太多，导致新能源汽车产品的生存空间受到挤压。

扫一扫
拓展学习3-3-1
应用SWOT分析法的简单规则

扫一扫
名家论点3-3-1
西奥多·来维特的警告

4.4 新能源汽车的零配件、维修费和保养成本都高于普通车，这些因素影响新能源汽车市场的快速发展。

二、我国发展新能源车的前景分析

1. 从消费者偏好层面来看，消费者对于个人健康及城市环境状况的关注日益增加，购买者在使用中能获得切实好处。

2. 从能源类型层面来看，纯电动汽车将成为未来新能源汽车市场的主流车型。

3. 从基础设施的角度来看，全球各国政府一直在推动电动汽车基础设施的建设，有利于激发消费者的购买欲望。

三、我国发展新能源汽车的策略

1. 从国家层面，要加强产业政策的完善和落实，加大支持力度，针对关键发展领域，制定各种科学可行的激励机制，同时加强相关基础设施建设，增强生产和消费的信心，尽快形成规模效应，降低生产和使用成本。

2. 从企业层面，积极推动新能源汽车关键技术的研发。针对我国新能源汽车成长期阶段技术研发投入大的特点，加强新能源汽车企业间联合以及国际技术合作，共同推动新能源汽车的市场发展。

3. 从消费层面，加强新能源汽车的宣传和教育，政、行、企、校以及新闻传媒联合，共同对大众进行新能源汽车基础知识普及，特别是加强青少年群体相关方面知识的教育，扩大消费者基础和潜在消费群体。

资料来源：根据中商产业研究院2022年发布的《中国新能源汽车行业市场前景及投资机会研究报告》等材料整理

3.2 企业营销对策

面对企业所面临的主要威胁和机会，最高管理层应当做出什么反应或采取何种对策？最高管理层对企业所面对的市场机会，必须慎重地评价其质量。美国著名营销学者西奥多·来维特曾警告企业家们要小心地评价市场机会。他说："这里可能是一种需要，但是没有市场；或者这里可能是一个市场，但是没有顾客；或者这里可能是有顾客，但目前实在不是一个市场。"

面对环境威胁，企业最常用的是以下三种对策：

3.2.1 对抗策略

对抗策略就是试图限制或扭转不利因素的发展。比如通过某种方式来阻止或促使政策的制定和立法部门通过某项法令或改变某项法律条文、制定某项策略来对已经形成的不利因素进行抵制等。

应当指出：实行对抗性策略必须具有相当的实力和社会影响力。一般来说，中小型企业和实力不强的大企业不宜采取这种策略。在实施这一策略时必须注意：

（1）在现行政策法规允许的范围内进行，绝不可做出违法行为；

（2）切不可使企业的对抗行为给公众留下不良印象，从而影响企业的信誉；

（3）不影响企业的经济收入。

如做不到上述三点，则此策略不适用，应考虑采用其他方法。

3.2.2 减轻策略

减轻策略就是通过改变营销策略，以减轻威胁的程度。如企业可采取协调性策略：企业利用自身的潜在力量化解环境变化所造成的对企业的不利影响，使企业的营销活动与宏观环境变化的步调协调一致。开发性策略：当顾客对企业的现有产品或服务不满意而产生更高层次需求时，企业就面临着一种微观环境的改变，即原有市场发生变化、潜在需求出现。这时如不及时抓住机会改变原有产品,有可能失去已占领的市场。因此,必须立即组织研究人员在短期内开发出能满足顾客需求的新产品。适应性策略:当顾客中存在着较明显的购买力差别时,应适应这种状况,把相同产品的销售价格分别定在不同的档次上,即在不同地区、不同时间、不同的交易形式下,同一产品卖出不同的价格。通过努力,减轻对企业的不利影响。

3.2.3 转移策略

转移策略就是将受威胁的产品转移到其他市场,或将投资转移到其他更有利的产业,实行多角度经营。如在两个地区生活水平或购买力水平存在差异的情况下,当产品在购买力水平高的地区销售一段时间而被多数顾客放弃时,可转移到购买力水平低的地区继续销售。又如欧美国家因人口出生率降低,婴儿用品市场缩小,生产此类产品的公司就把市场转移到亚洲国家。

当然,采取这种策略必须考虑产品的市场生命周期和消费状况以及区域间的差别,不能一概地把此地销不动的产品移到彼地销售而不做任何市场调查和预测。在商品经济发达的情况下,各地区市场消费状况的差异性会逐渐缩小。因此,若要采用此方法进行营销,必须先进行周密的市场研究,切不可轻举妄动。

重点词语

市场营销环境　宏观营销环境　微观营销环境　营销中间商　环境威胁
市场机会　　　恩格尔定律　　市场调研　　　调研问卷　　SWOT 分析法

课后思考

1. 市场营销环境有哪些特征?分析营销环境的意义何在?
2. 什么是市场机会和环境威胁,如何进行评估?
3. 结合生活实际举例说明社会文化环境对企业营销活动的影响。
4. 市场调研的含义。
5. 市场营销调研的功能和作用。
6. 简述市场营销环境综合分析的步骤。

实践与技能

资料:
某企业准备生产婴儿食品,得到的市场营销信息如下:
(1) 我国现阶段育龄妇女人数增加,且用母乳哺育婴儿的产妇比例有较大幅下降;
(2) 居民家庭收入有所增加,独生子女家庭舍得在孩子身上花钱;
(3) 婴儿食品购买者偏爱进口货和名牌,国产新品在市场上很难站稳脚跟;
(4) 婴儿食品生产原料之一的蔗糖今后一段时间内行情趋紧,价格上涨幅度可能很大,其他原材料供应不会有较大变化;
(5) 近期内对婴儿食品的营养性要求占主导地位的消费情况不会发生变化;
(6) 婴儿食品的生产技术比较简单,资金需求量不大,行业渗透障碍比较小;
(7) 中国人民银行宣布调低人民币与外币比价,政府也明确表示今后要严格控制消费品进口,这就将较大幅提高进口婴儿食品的价格,减少市场对进口货的需求;
(8) 国家法律规定食品生产必须达到一定的卫生标准,必须在包装上注明营养成分和保质期限,过期要销毁;
(9) 一些卫生机构倡导产妇用母乳哺育婴儿的益处;
(10) 一些企业受经济效益和人员超编的影响,要求产妇多休产假。

训练:
试用环境分析矩阵图分析企业面临的环境机会与威胁,并商讨企业的对策。

项目拓展

一、看视频思考问题

1. 视频:[北京电台]新闻:宝洁联合利华操控价格 遭罚4.5亿美元

思考:分析宝洁联合利华被罚的原因。

2. 视频:[中央电台]新闻:瘦肉精案维持一审判决 主犯刘襄死缓(超链接)

讨论:如何看待这一判决?你认为是轻是重,为什么?

讨论:这两则新闻对社会传递了什么信息?从中受到什么启发?

3. 视频:[中央电视台]新闻:中国或成奢侈品消费第一大国

讨论:如何看待这一现象?从企业的角度你能感悟到什么?

4. 视频:[中央电视台]新闻:网购上升 传统百货业发生裂变

讨论:传统百货业会发生什么样的裂变?如何应对?

二、阅读资料,谈感想

资料:中国的人口(资料来源于新华网)

项目资源

扫一扫
项目三
资源包

一、课件

二、图片资料

三、延伸阅读

1. 消费者权益日。
2. 国统局长:我国城镇家庭恩格尔系数处于富裕标准。
3. 营销环境十大趋势。
4. 从海南黄花梨文化节看海黄原材料枯竭。
5. 五粮液市值一年缩水超600亿元,经销商陷入困局。

四、案例集锦

1. 中美天津史克制药有限公司。
2. 云南红葡萄酒产业集团。
3. 默多克新闻集团。
4. 可口可乐。
5. 温州鞋。
6. 北京冻鸭出口科威特。
7. "小鸭"消失:中国家电业的一个危险信号。
8. 家乐福撤离香港市场。
9. 麦当劳公司的神秘顾客制度。
10. 荣春市场分析与促销咨询公司。

线上学习

1. 请登录:http://v.163.com/movie/2011/7/U/8/M852BE5U0_M857D9UU8.html(东田纳西州立大学公开课:市场营销原理,经营环境)

2. 请登录:http://my.tv.sohu.com/us/156296827/55039011.shtml(浙江大学 市场调研)

3. 请登录:http://my.tv.sohu.com/us/156377694/58158954.shtml(电子科技大学 市场调研)

线下学习

《营销大变革——开创中国战略营销新范式》. 李颖生,鲁培康主编,清华大学出版社,2009.

《营销学基础》.[美]佩罗特·麦卡锡著,中国财政经济出版社,2004.

学习单元三

营销对象分析

学完本单元后,你应该能够:

1. 了解消费者市场与组织市场的含义。
2. 掌握两类市场的特点。
3. 了解消费者购买行为的内容。
4. 了解消费者购买行为的模式。
5. 掌握各类组织市场的购买行为及其特点。
6. 掌握组织市场购买过程分析的方法。
7. 掌握影响消费者购买行为的各个因素。
8. 掌握影响组织购买行为的各个因素。

项目四
消费者市场及其购买行为分析

项目概述：

通过本项目的学习，了解消费者市场的概念；掌握消费者市场的特点以及消费者购买行为过程；理解影响消费者购买行为的因素，具备对消费者心理及购买行为进行综合分析的能力。

学习目标：

[知识目标]
- 正确认识消费者市场及其特点
- 掌握消费者购买行为过程理论及其影响因素

[技能目标]
- 掌握消费者购买行为分析方法
- 能够根据消费者购买行为的不同阶段特点制定有效的营销策略

[思政目标]
- 树立正确的消费观和价值观，学会理性消费
- 熟悉制定营销策略时要遵守的法律法规，恪守职业道德

☑ 看资料，悟营销

一夜爆火的鸿星尔克

2021年7月，河南省多个城市和地区遭遇特大暴雨，受灾严重，引起了社会各界的关注。大家时刻关注着河南灾情动态，转发官方救援、官方慈善募捐渠道，自发捐款助力抗灾。除了素人、明星、互联网巨头以外，还有这样一个群体由于捐款引起了关注。

汇源果汁宣布破产仍捐款100万元；蜜雪冰城总部受灾严重也拿出了2200万元支援；鸿星尔克近年来业绩不佳却捐出了5000万元物资。此外，还有奇瑞汽车、贵人鸟等。这些企业或是受损严重，或是业绩差自身难保，却仍在遭遇天灾时伸出援手。这不但体现了中国本土企业的品质，也赢得了消费者的好感。其中，鸿星尔克由于此次支援事件成为一段时间内最火的品牌。

据悉，鸿星尔克连官博会员都舍不得开。因此，当人们知道这样的企业却拿出了5000万元物资支援河南的时候，鸿星尔克就被热情的网友们送上了微博热搜，无数网友加入了拯救鸿星尔克的阵营，给了它一场购买盛宴。一夜之间，鸿星尔克从不温不火的运动品牌，成了炙手可热的"网红"品牌。有网友自发地把鸿星尔克的微博会员充到了100年之后，让鸿星尔克不得不"立志"成为一家百年企业；人们还涌进直播间疯狂购买，虽然主播和老板吴荣照劝大家理性消费，但是网友们压根"不买账"，网友还让他们"别多管闲事"；有网友还编造各种段子表达对鸿星尔克的支持："我要买到你们的缝纫机都冒烟！""不合适是我的问题，我去医院修脚。""别说有线头了，鞋底子掉了都不会找主播……"当长期的情绪积累转化为购买力后，鸿星尔克实实在在地体验了一把当"网红"的感觉。无疑，鸿星尔克由于低调捐款而意外走红也成功让鸿星尔克成了当下最火爆的品牌之一，也是消费者对于有社会责任感的企业做出的一种反馈。

（资料来源：荣晓华，张燕. 公共关系学【M】. 大连：东北财经大学出版社，2022）

扫一扫

感想与启发1

任务一　消费者市场概述

1.1　消费者市场的概念

消费者市场又称消费品市场,是指个人或家庭为满足自身的生活消费需要而购买商品和服务的市场,是最终的产品市场。购买的主要目的是满足生活需要,而不是为了转卖、盈利或其他目的。

消费者市场是市场体系的基础,它是通向最终消费的市场,不仅直接影响到人民群众生活需要的满足,而且制约着其他市场的发展,它是市场营销研究的重要对象。

1.2　消费者市场的特点

与组织市场相比,消费者市场具有以下特征:

(1) 需求的差异性和多样性。

消费者受到年龄、性别、性格、生活习惯、文化水平、职业、收入、教育程度、市场环境、民族、宗教信仰等多种因素的影响而具有不同的消费需求和消费行为,因而消费者的需求存在着明显的差异性,所购商品在品种、规格、质量、花色和价格等方面也就千差万别。

消费者需求多样性的体现主要表现在两个方面:一是不同消费者的需求千差万别;二是同一消费者的需求多种多样。如不同年龄层对皮鞋的不同特性的关注重视程度会不同,如表 4 – 1 – 1 所示。

表 4 – 1 – 1　不同年龄层对皮鞋的不同特性的关注重视程度

年龄层	第一位	第二位	第三位	第四位
20 岁以下	耐穿	美观	舒适	价格
20~40 岁	美观	舒适	耐穿	价格
40 岁以上	舒适	耐穿	美观	价格

(2) 需求的层次性和发展性。

人类社会的生产力和科学技术总是在不断进步,消费者收入水平也在不断提高,对商品和劳务的需求也将不断向前发展。例如,随着生活节奏的加快,人们在过去完全自己承担的家务现在已经由专门的家政服务公司去做了。同时,消费者需求可以按照不同的划分方法,划分成若干个高低不同的层次,消费需求也就呈现出由少到多、由粗到精、由低级到高级的发展趋势。

在总体水平上,人们的消费随着社会经济的发展以及人们生活水平的提高而不断地发展变化,当消费者某种需求被满足以后,新的、更高级的需求将会被激活。

(3) 需求的可变性和可诱导性。

消费者的购买行为具有很大程度的可诱导性。这是因为消费者在决定采取购买行为时,都会因客观环境的变化而发生改变。社会政治经济的变革、生活以及工作环境的变迁、企业广告宣传和经营战略的调整等,都有可能诱发消费者的需要发生变化和转移,他们对产品的选择受广告、宣传的影响较大。消费者购买行为的可诱导性,为企业进行有效的营销提供了基础。企业通过大量的广告、店面刺激以及促销手段等,一方面可以指导消费,当好消费者的参谋;另一方面也能有效地引导消费者的购买行为。使消费者的需求意识由弱变强,由潜在需求转变为现实需求,从而成功地销售产品。

(4)需求的伸缩性和周期性。

需求的伸缩性是指由于内因或者外因的影响,消费者的需求可以扩大、增加和延伸,也会减少、抑制和收缩。其中,内因主要包括消费者的个性特征、购买能力、生活方式等;外因主要包括市场产品的供应、价格、宣传、促销等。

需求的伸缩性受价格的影响明显,主要表现在需求的价格弹性(即价格变动对需求量的影响程度)方面,消费品市场的需求量受价格变动的影响比较大。

需求的价格弹性公式为:

$$E_d = \frac{(Q_2 - Q_1)/Q_1}{(P_2 - P_1)/P_1}$$

式中:E_d——需求弹性系数;

P——价格;

Q——需求量。

当 $E_d > 1$ 时,则弹性大;$E_d < 1$ 时,则弹性小。

由于不同产品的需求价格弹性不同,因而企业在定价时对弹性大的产品可用降价来刺激需求,扩大销售,如家电等耐用消费品;对需求弹性小的产品,如某些新上市的产品,当市场需求强劲时,则可适当提价以增加收益。

消费者需求还具有周期性的特点,一些需要得到满足后,一定时期内不再产生,但随着时间的推移还会重新出现,并显示出明显的周期性。例如,许多季节性商品、节日礼品等。人们对许多消费品的需要,都具有周期性重复出现的特点,只不过循环的周期长短不同而已。

影响需求周期性的因素主要包括:消费者的生理规律、自然环境的变化、社会时代的变化以及其他周期性因素等。

(5)需求的关联性和替代性。

消费者的需求多种多样,各种需求之间往往具有一定的关联性。例如,消费者购买一套西装,可能顺便购买衬衫、领带、皮鞋等相关的商品。因此,企业在确定商品的种类和结构时应充分考虑到消费需求的关联性,甚至店址的选择都要考虑到毗邻商店的经营品种和服务项目。

消费者需求还具有相互替代性。这种替代性使消费品常常出现一种商品销量增长,而另一种有相同或相似功能的商品销量减少的现象。例如,消费者对洗衣粉的需求增加,对肥皂的需求相对减少;对空调的需求增加,对电风扇的需求相对减少等。

1.3 消费者市场的购买对象

消费者进入市场,其购买对象是多种多样的,但如果以一定的标准进行分类,消费者的购买对象则可以分为不同的类型。

1.3.1 按消费品的用途分类

可分为生存消费品、发展消费品和享受消费品。

(1)生存消费品,是指那些维持人们生存的生活必需品,通常指衣、食、住、行等最基本的生活资料。这部分消费品,一般是以家庭为单位购买的。

生存消费品的需求弹性较小,尽管每个家庭收入的差别很大,对基本生活必需品的需求却不与收入多少成正比例。收入低的家庭,这部分消费在其收入中所占的比重较大;收入高的家庭,这部分消费在其收入中所占的比重较小。

(2)发展消费品,是指那些用于劳动者发展体力和智力所需要的消费品。

随着人民生活水平的提高,对这部分消费品的需求不断增加,尤其用于发展劳动者智力的消费品，将随着社会的发展，在人们的消费品中所占的比重增加较多。人们生活消费的质量，也不断由低档向中、高档发展。

（3）享受消费品，是指人们用于生存、发展以外的其他消费品，如文化娱乐、旅游等产品。这类消费品的购买同人们的收入水平有密切关系。随着我国经济的发展，人民收入水平的不断提高，享受消费品的需求量将逐年增加。

生存、发展、享受消费品的区分，是一个动态的概念，不同的时期有不同的标准和内容。采用这种分类方法，能够使产品的分类同消费者的收入相联系，便于了解和掌握消费者的消费构成及其变化规律，以便确定自己的目标市场。

1.3.2 按消费品的购买和消费特点分类

可以区分为便利品、选购品、特殊品和非渴求物品四种类型。

（1）便利品，又称日用品，指顾客频繁购买或需要时随时购买的产品，如烟草制品、肥皂和报纸等。便利品可以进一步分成常用品、冲动品以及救急品。常用品是顾客经常购买的产品。例如，某顾客也许经常购买"可口可乐"饮料、"佳洁士"牙膏。冲动品是因价值较低，顾客没有经过计划或搜寻而即兴购买的产品。救急品是当顾客的需要十分紧迫时购买的产品。救急品的地点效用也很重要，一旦顾客需要就必须能够迅速实现购买。

消费者在购买这类商品时，一般不愿花很多的时间比较价格和质量，愿意接受其他任何代用品。因此，便利品的生产者，应注意分销的广泛性和经销网点的合理分布，以便消费者能及时就近购买。

（2）选购品，指价格比便利品要贵，消费者在购买前，对这类商品了解不多，因而在决定购买前和选购过程中总是要对同一类型的产品从价格、款式、质量以及适用性等方面进行比较和权衡的产品，如家具、服装、旧汽车和家电等。选购品可以划分成同质品和异质品。购买者认为同质选购品的质量相似，但价格却明显不同，所以有选购的必要。销售者必须与购买者"商谈价格"。但对顾客来说，在选购服装、家具和其他异质选购品时，产品特色通常比价格更重要。经营异质选购品的经营者必须备有大量的品种花色，以满足顾客不同的购买偏好；他们还必须配备受过良好训练的销售人员，为顾客提供信息和咨询。

选购品的生产者应将销售网点设在商业网点较多的商业区，并将同类产品销售点相对集中，以便顾客进行比较和选择。

（3）特殊品，指具备独有特征和（或）品牌标记的产品，消费者对其有特殊偏好并愿意花较多时间去购买。对这些产品，有相当多的购买者一般都愿意做出特殊的购买努力，如特殊品牌和特殊式样的花色商品、化妆品、小汽车、立体音响、摄影器材以及男士西服等。

消费者在购买前对这些商品有了一定的认识，偏爱特定的厂牌和商标，不愿接受代用品。为此，企业应注意争创名牌产品，以赢得消费者的青睐，要加强广告宣传，扩大本企业产品的知名度，同时要切实做好售后服务和维修工作。

（4）非渴求品，指消费者不了解或即便了解也不想购买的产品。传统的非渴求品有人寿保险、墓地以及百科全书等。对于非渴求品，需要付出诸如广告和人员推销等大量营销努力。一些最复杂的人员推销技巧就是在推销非渴求品的竞争中发展起来的。

采用这种分类方法，便于了解消费者的购买特点，以便有针对性地设计营销策略，扩大市场销售量。

1.3.3 按照消费品的耐用程度和使用频率分类

可分为耐用品和非耐用品。

（1）耐用品一般是指能多次使用、使用寿命较长、价值较高的有形产品，如冰箱、彩电、音响、电脑，等等。耐用品不能一次性被消费，其折旧年限具有较长的时间跨度。消费者购买这类商品时，决策较为慎重。生产这类商品的企业，要注重技术创新，提高产品质量，同时要做好售后服务，满足消费者的购后需求，倾向于较多的人员推销和服务等。

（2）非耐用品一般是指有一种或多种消费用途的低值易耗品，消费者需经常购买，如食品、饮料、文化娱乐品和洗化等产品。非耐用品一般与人们的日常生活息息相关，购买频率比较高、价值相对较低。非耐用品售价中的加成要低，还要加强广告以吸引顾客试用并形成偏好。生产这类产品的企业，除应保证产品质量外，要特别注意销售点的设置，以方便消费者的购买。

采用这种分类方法，能够使商品的生产同更新一致起来，以满足消费者的不同消费要求。

任务二　消费者购买行为过程

> **案例 4-2-1**
>
> ### 热衷于创新的娃哈哈"越来越会玩"了？
>
> 宗庆后创立的庞大的娃哈哈商业帝国在市场转型期，由于电商布局掉队，多元化遇阻、品牌老化等问题曾一度陷入了"中年危机"。不过随着女儿宗馥莉"接棒"，娃哈哈掀起了由内而外、自上而下地进行创新"运动"。在2022年9月全国工商联发布的"2022中国民营企业500强"，娃哈哈再次上榜，排名跃升36位，这也从侧面反映出娃哈哈的创新"运动"确实取得了一定的成效。
>
> **新人、新玩法**
>
> 2018年，宗馥莉进入娃哈哈并上任品牌公关部部长，并于2020年3月起兼任娃哈哈集团销售公司副总经理。2021年12月，76岁的宗庆后将"权杖"正式交给女儿，娃哈哈进入宗馥莉时代。
>
> 宗馥莉进入娃哈哈后，开始着手推动内部创新，2018年上线了集IP、销售、社交于一体的"哈宝游乐园"电商平台、"哈宝游乐园"微信小程序，通过各种线上活动及话题和消费者互动拉近与消费者之间的距离。2020年6月，娃哈哈推出保健品电商平台"康有利"上线运营，以社交电商的模式进行品牌推广和产品销售，平台不仅销售娃哈哈自有大健康产品，同时也吸纳国内外知名品牌入驻。除了自有电商平台外，娃哈哈还入驻抖音、快手、知乎、小红书等社交平台，搭建社交媒体传播矩阵。
>
> 值得注意的是，2018年宗馥莉担任公关部长后，终止了与王力宏长达20年的代言合作关系，并官宣了新的90后代言人——许光汉，代言娃哈哈纯净水、苏打水系列产品，王一博为宗馥莉自创品牌KellyOne旗下的生气啵啵系列产品的代言人。这一举动起初引起了不小的争议，但后来事实证明，宗馥莉还是棋高一招。这也反映出娃哈哈品牌年轻化的诉求。近年来，娃哈哈频繁开展跨界营销，营养快线彩妆、AD钙奶雪糕、娃哈哈奶茶、与英雄联盟职业联赛LPL等平台建立深度合作等等，用一系列创新的营销方式塑造年轻化品牌形象。

新产品、新智造

面对农夫山泉、康师傅，饮料赛道新秀元气森林等前后夹击，娃哈哈加快了产品推陈出新的力度。2019 年以来，娃哈哈陆续研发出草莓、蜜桃、巧克力、椰芋等多种口味 AD 钙奶系列新产品。同时，将原有苏打水产品迭代升级，推出口感清爽、包装新颖的 pH9.0 柠檬味苏打水、无气苏打水等创新型水产品，很快跃居国内苏打水市场份额前三甲。

在推动品牌和产品创新升级的同时，娃哈哈也在拥抱数字化。今年 11 月，娃哈哈文成智能化饮料生产基地最后一条智能无菌生产线获得生产许可证，标志着该生产基地正式具备了全面投产能力。娃哈哈文成基地针对食品饮料行业特点，以新设备、新工艺、新技术、新产品、新制造为基础，深度融合应用新一代信息技术、数据技术、AI 技术，打通上下游全线数据，创建智能化、协同化、绿色化现代工厂。建成投产后预计年销售可达 10 亿元，目前该项目已入选浙江省"未来工厂"试点，标志着娃哈哈智能化生产线建设开启第二次飞跃。

（资料来源：2022.11.21；中访网财经，编者整理）

扫一扫
感想与启示
4-2-1

2.1 消费者购买行为内容分析

市场营销学研究消费者市场，核心内容是研究消费者的购买行为。所谓消费者购买行为，就是指消费者在一定的购买欲望的支配下，为满足某种需求而购买商品的活动过程。

消费者购买行为是以购买动机为先导的，而购买动机是在一定的心理活动的基础上产生的。消费者心理活动主要是指消费者需求的产生与变化、购买动机的形成、购买决策的确定等一系列的思考过程。消费者的购买行为是其心理活动的外在表现，不仅受到经济因素的影响，还受到其他多种因素的影响，从而产生很大的差异。

心理学家和营销学专家为此进行了认真研究，国外市场营销学家把消费者的购买动机和购买行为概括为"5W1H 和 6O"，从而形成消费者购买行为研究的基本框架，如图 4-2-1 所示。

```
• 市场需要什么（What）        • 有关产品（Objects）
• 为何购买（Why）             • 购买目的（Objectives）
• 购买者是谁（Who）           • 购买组织（Organizations）
• 如何购买（How）             • 购买组织的作业行为
• 何时购买（When）              （Operations）
• 何处购买（Where）           • 购买时机（Occasions）
                              • 购买场合（Outlets）
```

图 4-2-1 "5W1H-6O"

（1）市场需要什么（What）——有关产品（Objects）是什么。通过分析消费者希望购买什么，为什么需要这种商品而不是需要那种商品，研究企业应如何提供适销对路的产品去满足消费者的需求。

（2）为何购买（Why）——购买目的（Objectives）是什么。通过分析购买动机的形成（生理的、自然的、经济的、社会的、心理因素的共同作用），了解消费者的购买目的，采取相应的市场策略。

（3）购买者是谁（Who）——购买组织（Organizations）是什么。分析购买者是个人、家庭还是集团，购买的产品供谁使用，谁是购买的决策者、执行者、影响者。根据分析，组合相应的产品、渠道、定价和促销。

（4）如何购买（How）——购买组织的作业行为（Operations）是什么。分析购买者对购买方式的不同要求，有针对性地提供不同的营销服务。在消费者市场，分析不同类型消费者的特点，如经济型购买者对性能和廉价的追求，冲动型购买者对情趣和外观的喜好，手头拮据的购买者要求分期付款，工作繁忙的购买者重视购买方便和送货上门等。

（5）何时购买（When）——购买时机（Occasions）是什么。分析购买者对特定产品的购买时间的要求，把握时机，适时推出产品，如分析自然季节和传统节假日对市场购买的影响程度等。

（6）何处购买（Where）——购买场合（Outlets）是什么。分析购买者对不同产品的购买地点的要求，如消费品中的方便品，顾客一般要求就近购买，而选购品则要求在商业区（地区中心或商业中心）购买，以便挑选对比，特殊品往往会要求直接到企业或专业商店购买等。

以上六个问题称为"5W"和"1H"研究内容或"6O"研究内容。企业在制定针对消费者市场的营销组合之前，必须首先研究消费者的购买行为。例如，某服装厂生产和销售服装，他们必须研究分析以下问题：服装的市场由哪些人构成？目前消费者市场需要什么样的服装？消费者为什么购买这种服装？哪些人会参与服装购买行为？消费者怎样购买这种服装？消费者何时购买这种服装？消费者在何处购买这种服装？

2.2 消费者购买行为模式

现代营销学认为，随着时间的推移和人类社会的发展进步，不同的消费者虽然购买心理、动机、对象、方式、时间等各不相同，但其购买行为中存在着某种共性和规律，因此，建立了消费者购买行为模式，称之为"刺激—反应购买模式"（如图4-2-2所示）。

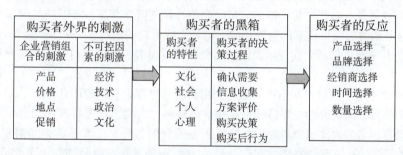

图4-2-2 消费者购买行为模式图

从这个模式中可以看到，影响消费者购买决策过程的外部因素有两大方面：一是企业的可控因素，即企业的营销组合，包括产品、价格、渠道和促销等，需要企业精心策划；二是企业营销的不可控因素，即影响营销的各种宏观环境因素，包括政治、经济、技术、文化等。图4-2-2中间的模块被看作是个"黑箱"，所有这些刺激进入购买者的黑箱后，经过一系列的心理活动，形成不同的购买取向和购买反应。消费者一旦决定购买，其反应便通过其购买决策过程表现在购买选择上，如产品选择、品牌选择、经销商选择、购买时机与购买数量等。

在这一购买行为模式中，"外部刺激"和"购买者反应"即购买者最后的决策和选择是可以看得到的，但是购买者如何根据外部的刺激进行分析、判断、决策的过程却是看不见的。这就是心理学中所谓的"黑箱"效应。营销者的任务就是设法了解外部刺激和行为反应之间的关系，判断购买者"黑箱"中所发生的内容，以便采取更合理、有效的营销刺激，不断修正和完善营销工作。

视频4-2-1
黑箱管理

2.3 消费者购买行为过程分析

一般情况下，消费者在购买某一商品时，均会有一个购买决策过程，典型的购买决策全过程要经历以下五个阶段（如图4-2-3所示）：

图4-2-3 购买决策过程

2.3.1 确认需要

消费者产生与确认需要是购买决策过程的起点，只有需要才会产生购买动机，而需要是在内外部刺激的基础上产生的。例如，色香味俱全的食物能够引起人的食欲，并且增强饥饿感，产生对它的需要；看见电视中播放的西服广告而打算自己买一套等。

在这一阶段，企业要充分了解与其产品有关的现实和潜在的需要，研究消费者的驱使力，使自己的产品适应驱使力的需要。同时企业应当开展广告宣传活动，以加深消费者对企业产品的印象。并善于安排刺激物、提示物等诱因，在适当的时间、地点引发消费者对本企业产品产生强烈的需求，并采取购买行动。

2.3.2 收集信息

消费者确认自己需要某种商品之后，如果不熟悉这种商品不会马上购买，还要收集和分析该商品和服务的有关信息及资料。消费者一般会从以下几种途径收集所需要的商品信息：

（1）个人来源。包括从家庭、亲友、邻居、同事等个人交往中获得的信息。

（2）商业来源。包括广告、推销人员的介绍、经销商、商品包装、产品说明书等提供的信息。这是消费者获取信息的主要来源，也是企业可以控制的。

（3）公共来源。包括大众传播媒体、消费者权益组织、政府部门等宣传、介绍的各种信息资料。

（4）经验来源。消费者从亲自接触、使用商品的过程中得到的信息。

在这个阶段，消费者的主要目标是寻找信息资料，因此企业要针对消费者收集信息的途径，多渠道、多形式向消费者提供产品和服务的有关信息，一方面要告知消费者："我有你要的产品"，做好商品的广告宣传；另一方面，应当搞好商品陈列，主动介绍商品，讲究商品包装，把消费者的注意力吸引到所需商品上来，促使购买行为的发生。

2.3.3 评估比较

当消费者从不同的渠道获取有关信息后，便对可供选择的商品进行分析和比较，包括对商品的品牌、质量、性能、式样、价格等方面做出评价，并将结果作为选择商品的依据。消费者对产品的判断大都建立在自觉和理性的基础上，其比较与评价的主要内容包括以下两点：

（1）产品属性及属性权重。产品属性是指能够满足消费者需要的特性。它是由一系列属性组成的，如服装的款式、面料、花色、档次等。但消费者不一定对所有的属性都同样关注，他会更多地关心自己特别在意的产品属性。也就是说，消费者对产品属性所赋予的权重系数不同，如某消费者对服装的权重系数是：款式40%，面料20%，花色30%，档次10%。消费者根据自己所赋予属性权重的大小进行比较，选择最满意的产品。

（2）品牌信念。品牌信念是消费者对某种品牌优劣的总体看法。消费者在评价中会对某种品牌产生偏好，但其心目中的品牌信念可能会与产品的真实品牌不一致。企业应采取各种有效策略，树立良好的产品和品牌形象，提高消费者对本企业的品牌信念。

这个阶段是消费者决定购买的前奏，对买卖双方能否成功交易具有决定意义。因此，企业在这一阶段应当尽力为消费者提供方便条件，在提供信息时尽可能地突出产品的优点、特点，营销人员应当热情、全面介绍商品，当好顾客的参谋，帮助他们做出购买决定。

2.3.4 购买决策

消费者经过对产品进行全面比较、评价、选择后，会形成购买倾向。但是，只让消费者对某一品牌产生好感和购买意向是不够的，真正将购买意向转化为购买行动，其间还会受到两个方面的影响：

（1）他人的态度。消费者的购买意图，会因他人的态度而增强或减弱。他人态度对消费意图影响力的强度，取决于他人态度的强弱及他与消费者的关系。一般来说，他人的态度越强、与消费者的关系越密切，其影响就越大。例如，丈夫想买一大屏幕数字电视机，而妻子坚决反对，丈夫就极有可能改变或放弃购买意图。

（2）意外的情况。消费者购买意向的形成，总是与预期收入、预期价格和期望从产品中得到的好处等因素密切相关的。但是当他欲采取购买行动时，发生了一些意外的情况，诸如因失业而减少收入，因产品涨价而无力购买，或者有其他更需要购买的东西等，这一切都将会使他改变或放弃原有的购买意图。

只有当消费者克服了来自外界的各种干扰因素后，才会进一步坚定购买意向，进而定具体的购买计划，包括产品的品牌、属性、购买时间等，并最终执行购买决定。

企业在营销中要针对消费者这一阶段的特点，提供全方位的服务，使消费者坚定购买意向，做出最后的购买决定。

扫一扫

阅读资料4-2-1
备受干扰的购买行为

2.3.5 购后评价

消费者购买产品后，会对产品进行使用、观察，产生相应的感受。根据顾客满意度理论，消费者会将自己的实际感受与对产品的期望值进行比较。若实际感受好于期望值，则满意；反之，消费者就不满意。满意度决定着消费者今后能否产生重复购买行为的可能，同时消费者也会影响其他人的购买决策，企业应加强和保持与购买其产品的消费者的密切联系。除了完善自己的产品、提高产品质量和性能外，还要加强售后服务，如允许次品调换、保证维修、召回存在质量问题的产品等，努力培养企业的忠诚顾客群。

研究和了解消费者的需要及其购买过程，是市场营销成功的基础。市场营销人员通过了解购买全过程的各阶段特点，就可以获得许多有助于满足消费者需要的有用线索，通过了解购买过程的各种参与者及其对购买行为的影响，就可以为其目标市场设计有效的市场营销计划。

扫一扫

视频4-2-2
车主维权失败当众怒砸300万兰博基尼

任务三　影响消费者购买行为的因素分析

消费者的购买行为是受多种因素影响的，是这些错综复杂的内外部因素相互制约和相互作用的结果，特别是受企业市场营销活动的影响很大。研究消费者的购买行为，就要注意了解支配和影响消费者购买行为的各种因素，并将这些因素与消费者在购买过程中的各种活动结合起来进行分析，这是企业有的放矢地开展营销活动，在满足市场需要的竞争中取得优势的基础。

影响消费者购买行为的因素可以分社会因素、经济因素、个人因素和心理因素。多数情况下，营销人员不能控制这些因素，但却必须考虑这些因素（如图4-3-1所示）。

扫一扫

视频4-3-1
丹麦开征世界上首个"脂肪税"

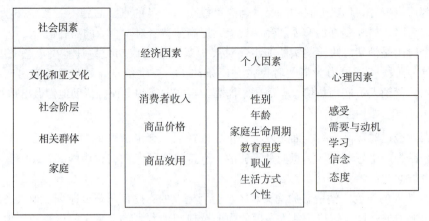

图 4-3-1 影响消费者行为的因素

3.1 影响消费者购买行为的社会文化因素

每个消费者都是社会的一员,他的消费行为不可避免地会受到社会各方面因素的影响和制约。影响消费者购买行为的社会因素包括：文化和亚文化、社会阶层、相关群体和家庭等。

3.1.1 文化和亚文化

（1）文化,是指人类社会历史实践过程中所创造的物质财富和精神财富的总和。其中既包括世界观、人生观、价值观等具有意识形态性质的部分,也包括自然科学和技术、语言和文字等非意识形态的部分。文化是人类社会特有的现象。文化是由人所创造,为人所特有的。有了人类社会才有文化,文化是人们社会实践的产物。

（2）亚文化,是指某一文化群体所属次级群体的成员共有的独特信念、价值观和生活习惯。亚文化是社会文化的细分或组成部分,通常情况下一个国家或社会内部并不是整齐划一的,其中的社会成员因民族、地域、气候等因素的影响又形成特定的特征而区别于其他部分的"小文化圈"。每一亚文化都会坚持其所在的更大社会群体中大多数主要的文化信念、价值观和行为模式。同时,每一文化都包含着能为其成员提供更为具体的认同感和社会化的较小的亚文化。典型的对消费行为影响较大的有民族亚文化、宗教亚文化、种族亚文化和地域亚文化。

3.1.2 社会阶层

社会阶层是社会学家和心理学家根据职业、教育水平、收入来源、价值观和居住区域对人们进行的一种社会分类,是按层次排列的、具有相似性和持久性的社会群体。社会阶层具有以下特点：

（1）人们以自己所处的社会阶层来判断各自在社会中占有的地位高低。

（2）同一阶层的成员具有相似的价值观、兴趣和态度,在消费行为上相互影响并趋于一致。

（3）一个人的社会阶层归属不仅由某一变量决定,而是受到职业、教育、收入、价值观等多种因素的制约。

（4）人的社会阶层归属会在一生中发生改变,既可以迈向高阶层,也可以跌至低阶层,这种升降变化的程度随着所处社会的社会层次森严程度的不同而不同。

3.1.3 相关群体

相关群体是指在共同的目标、价值观和规范的约束下,相互作用、相互影响、共同生活的人群集合体。相关群体主要有以下三种类型。

（1）主要群体，包括家庭成员、亲朋好友和同窗同事。主要群体对消费者的购买行为发生直接和主要的影响。

（2）次要群体，即消费者所参加的工会、职业协会等社会团体和业余组织等。这些团体对消费者购买行为发生间接的影响。

（3）期望群体。消费者虽不属于这一群体，但这一群体成员的态度、行为对消费者有着很大影响。

3.1.4 家庭

家庭是由婚姻、血缘或收养关系所组成的社会组织的基本单位。家庭是一种最重要的相关群体，它对其成员的购买行为具有强烈和持续的影响。

随着传统的三代同堂的主干家庭向一对夫妻与子女的核心家庭的转变，核心家庭已成为我国消费者市场上非常重要的购买单位。企业要注意研究目标市场上各类家庭的特点、需求情况、家庭购买决策的类型、家庭成员在购买商品时各自所起的作用以及他们之间的相互影响等问题，从而有针对性地开展营销活动。

3.2 影响消费者购买行为的经济因素

概括地说，经济因素是决定购买行为的首要因素，决定着能否发生购买行为以及发生何种规模的购买行为，决定着购买商品的种类和档次。影响消费者购买行为的最重要的经济因素，一是消费者收入；二是商品价格；三是商品效用。

3.2.1 消费者收入

收入是决定消费者是否购买的根本因素。如果消费者仅有购买欲望，而无一定的收入作为购买能力的保证，购买行为便无法实现。

消费者收入和购买能力，同价值观念和审美情趣也有直接的关系。不同收入水平，决定了需求的不同层次和倾向。目前，西方经济发达国家由于人均国民收入达到相当高的水平，已经进入价值观个性化和多样化的时代，很难有一种价值标准占统治地位。从零售行业的角度观察，人均国民收入达到 2 500 美元左右时，消费者行为开始出现明显的变化。

视频4-3-3 江浙富豪组团赴上海买飞机

3.2.2 商品价格

消费行为中，通常把商品价格看成是衡量商品价值和商品品质的重要标准，认为价格昂贵的商品，其内在价值和商品质量也相对较高；反之，价格低廉的商品，其内在价值和商品质量也就相对较低。消费者为什么常以价格来衡量商品呢？其原因有二：一是信息不对称。销售与购买之间存在着明显的信息不对称。二是非专业购买。所以制定合理的、适应消费者心理和行为的商品价格，将会给企业带来巨大的经济利润。

商品价值、商品供求关系、市场竞争对商品的价格都有影响。一个企业在决定自身产品价格时，要充分考虑市场上由消费者心理倾向所反映出的价格标准，当消费者的社会心理表现为外部消费活动时，便促成人的消费行为。这种行为在一定程度上是企业经济活动和人们消费行为的调节器，并影响商品价格的形成与变动，特别是在市场经济条件下消费者的社会心理对市场价格的调整、涨跌等起着明显的影响和牵制作用，对企业价格策略的选择，产生一定的推动作用。

3.2.3 商品效用

效用是指消费者在消费商品时所感受到的满足程度。效用这一概念与人的欲望是联系在一起的，它是消费者对商品满足自己欲望能力的一种主观的心理评价。其中，对消费者购买行为影响最大的是边际效用递减法则。所谓边际效用，就是指消费者在一定时间内最后增加一个单位商品的消费时所得到的效用增加量。用公式表示为：

边际效用（MU）=效用的增加量（ΔU）/消费的增加量（ΔN）

消费商品的数量和所获得的商品效用有着密切的关系。在一定时间内，在其他商品的消费数量保持不变的条件下，随着消费者对某种商品消费量的增加，消费者从该商品连续增加的每一消费单位中所得到的效用增量即边际效用是递减的。这就是边际效用递减规律（如图4-3-2所示）。

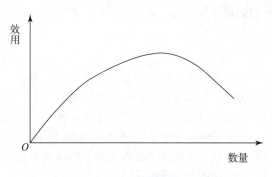

图 4-3-2　边际效用递减曲线

在正常状况下，消费者拥有足够数量而边际效用递减后，会将有限资源配置转移以满足其他欲望，不至于消费同一商品过量到感觉厌恶。所以，对于企业来说，必须采取各种措施，如降低价格、提高质量等，使消费者购买本企业产品所支付的每一元钱都能得到最大的边际效用，从而促使更多的消费者购买本企业的产品。

3.3　影响消费者购买行为的个人因素

消费者的个人因素也是影响其购买行为的重要因素。个人因素主要包括性别、年龄、家庭生命周期、教育程度、职业、生活方式、个性等一些内容。

3.3.1　性别

不同性别的消费者，因生理和心理上的差异而在消费需求方面存在着明显的不同，在接触的媒体、信息来源、购买方式等方面也存在着一定的差别。一般而言，男性消费者的购买行为具有较多理性。男性对商品的性能、质量等方面比较注重，购买过程比较简单，不愿在购买上花费较多精力，对价格方面的敏感性较女性低，比较相信自己的判断，不愿过多地听营销人员的介绍；女性消费者则不同，总体上她们比较感性，购买时掺入较多的感情色彩，愿意在购物上花费较多的时间，经常把购物与休闲结合起来，愿意听取他人的建议，对价格相对比较敏感。

3.3.2　年龄

扫一扫
阅读资料4-3-2
老人十拗

不同年龄的消费者对商品有着不同的需要，他们消费或购买的许多商品在种类上存在着明显的区别，如儿童是儿童食品和玩具的主要消费者；青少年是文教体育用品和时装的主要消费者；中年人是家庭生活用品的主要购买者和使用者；老年人则是保健品的主要购买者和消费者。不同年龄的消费者对商品的式样、风格等也有所偏好，如青少年喜欢新奇有趣，中老年注重端庄朴素。此外，不同年龄的消费者在购买方式上也各有特点，如青少年易于接受新事物，容易在各种信息的影响下凭着感觉冲动性地购买，购买行为的理性度较低。中老年人则较为保守，往往不大侧重于广告等商业性信息，主要依据习惯和经验来购买，购买行为的理性程度较高。

3.3.3　家庭生命周期

家庭生命周期指的是一个人从年轻时离开父母家庭独立生活，到年老后并入其子女家庭或独居至去世为止的家庭生活全过程。

根据消费者的年龄、婚姻、子女等方面的状况，可以把家庭生命周期分为以下几个阶段，在不同的阶段上他们的消费需求和购买行为存在着一定的差别：

第一，独立生活的单身青年，穿着比较时髦，娱乐活动较多；

第二，没有孩子的年轻夫妇，对家具等耐用消费品的需求较大，对娱乐和旅游之类的活动较有兴趣；

第三，有三岁以下幼儿的年轻夫妇，家庭消费支出主要围绕着婴幼儿的哺育进行；

第四，有三岁以上儿童的年轻夫妇，消费支出主要围绕儿童的培育进行，娱乐、旅游活动的开支有所增多；

第五，有尚未独立生活子女的年纪较大的夫妇，在子女的衣着、教育等方面的支出更多，耐用消费品进入更新期；

第六，同子女分居后的年纪较大的夫妇，对非生活必需品、礼品、保健用品的支出较多，用于娱乐、旅游方面的开支也有所增加；

第七，单身老人，对特殊食品、医疗保健用品的需求与开支进一步增大。

3.3.4 教育程度

教育程度对消费者的需求、购买行为的影响，表现在教育程度较高的消费者对书刊等文化用品的需求量较大，购买行为的理性程度较高，审美能力较强，购买决策过程较全面，更善于利用非商业性来源的信息，教育程度较低的消费者则经常表现出与此相反的一些情况。以服装为例，教育程度较高的人一般较为讲究得体、典雅；教育程度较低的人在穿着方面往往更富有流行性和时代感。职业不同的消费者，如工人、农民、军人、教师、文艺工作者等，由于生活、工作条件的不同，消费构成和购买习惯也存在着区别。

3.3.5 职业

不同职业的消费者由于受教育程度、工作环境、职业性质等方面的差别，需求和偏好也不相同。职业与购买行为有着内在的因果关系。营销人员应努力找出对自己的产品和服务有浓厚兴趣的职业群体，一个公司甚至可以为特定的职业群体定制所需的产品。如软件公司可以为会计师、工程师、律师或医生设计不同的计算机软件。

3.3.6 生活方式

生活方式指一个人在生活中表现出来的活动、兴趣和看法的模式。不同的生活方式群体对产品和品牌有不同的需求。营销人员应设法从多种角度区分不同生活方式的群体，如节俭者、奢华者、守旧者、革新者、高成就者、自我主义者、有社会意识者，等等，在设计产品和广告时应明确针对某一生活方式群体。比如，保龄球馆不会向节俭者群体推广保龄球运动，名贵手表制造商应研究高成就者群体的特点以及如何开展有效的营销活动，环保产品的目标市场是社会意识强的消费者。如西方国家的妇女服装制造商为"俭朴的妇女""时髦的妇女"等分别设计不同的服装。

3.3.7 个性

个性是个人独特的心理特征，这种心理特征导致个人对环境做出相对一致和持久的反应。个性特征有若干类型，如外向与内向、细腻与粗犷、谨慎与急躁、乐观与悲观、领导与追随、独立性与依赖性等。一个人的个性影响着消费需求和对市场营销因素的反应。比如，外向的人爱穿浅色衣服和时髦的衣服，内向的人爱穿深色衣服和庄重的衣服；追随性或依赖性强的人对市场营销因素敏感度高，易于相信广告宣传，易于建立品牌信赖和渠道忠诚，独立性强的人对市场营销因素敏感度低，不轻信广告宣传；家用电器的早期购买者大都具有极强的自信心、控制欲和自主意识。

3.4 影响消费者购买行为的心理因素

影响消费者购买行为的心理因素主要有以下几个方面：

拓展学习4-3-2
人的感觉

3.4.1 感受

由于消费者对商品或服务的感觉不一样,就会产生不同的购买行为,为此企业应尽可能运用可信度高的广告宣传影响消费者的感觉;并运用各种促销手段(如陈列、表演等),使产品的颜色、外形、声音、气味等特征对消费者的感官产生刺激作用,以促使其采取购买行为。如商品的包装、售货员的微笑服务、产品橱窗展示等。

3.4.2 需要与动机

消费者的购买动机和其他动机一样,都产生于某种尚未得到满足的需要。物质需求满足后就会追求精神(心理)上的需求,而心理需求又具有社会倾向性。常见的几种社会心理倾向有:求新动机、求名动机、求美动机、习惯动机、好奇动机、逆反动机、同步动机、优越动机等。

动机的产生必须有内在条件和外在条件。

内在条件:产生动机的内在条件是达到一定强度的需要。需要越强烈,则动机越强烈。

外在条件:产生动机的外在条件是诱因的存在。诱因指驱使有机体产生一定行为的外在刺激,可分为正诱因和负诱因。正诱因指能够满足需要,引起个体趋向和接受的刺激因素。负诱因指有害于需要满足,引起个体逃离和躲避的刺激因素。比如,对于饥饿的人来说,米饭是正诱因,体罚是负诱因。诱因可以是物质的,也可以是精神的。同事对某种服装的称赞,就是驱使消费者购买该服装的精神诱因。

当内在条件与外在条件同时具备,即个体的需要达到一定强度且有诱因存在时,就会产生动机。比如,当消费者感受到的炎热强烈到一定程度,并且商店有空调出售时,才会产生购买空调的动机。

动机是一种升华到足够强度的需要,它能够及时引导人们去探求满足需要的目标。

3.4.3 学习

消费者在购买和使用商品的实践中,逐步获得和积累经验,并根据经验调整购买行为的过程,称为学习。学习可以引起个体行为的改变。人类的行为有些是本能的,但大多数行为是从"后天经验"中得来的,即通过学习、实践得来的。在后天经验理论中,应用比较普通的是"刺激—反应"(S—R)模式。这种理论认为,人的学习过程包含五种连续作用的因素:驱策力、刺激物、提示物(诱因)、反应和强化(如图4-3-3所示)。

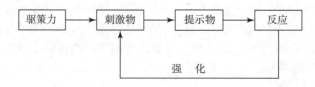

图4-3-3 刺激—反应模式

"驱策力"是一种内在的心理推动力。例如,一位同学有提高外语听说能力的驱策力,当这种驱策力被引向一种"刺激物"——复读机时,就形成一种动机。在这种动机的支配下,这位同学将做出是否购买复读机的"反应"。但是,他的这种反应是在何时何处以及怎样做出,往往要取决于一些"提示物",如父母的鼓励,看到其他同学的复读机或复读机的广告等。当他购买了某一品牌的复读机后,如果使用时感到满意,他就会经常使用并"强化"对它的反应,可能会向朋友推荐或会购买同一品牌的其他产品。反之,如果他使用时感到失望,以后就不会再做出相同的反应。这就是消费者的学习过程。

由于市场营销环境不断变化,新产品、新品牌不断涌现,消费者必须经过多方收集有关信息之后才能做出购买决策,这本身就是一个学习过程。企业为了扩大某种商品的需

拓展学习4-3-3
体验营销

求,可以反复提供强化诱发购买该商品的提示物,尽量使消费者购买后感到满意从而强化积极的反应。

3.4.4 信念

信念作为个性心理倾向对人的行为具有很大的影响。信念是人们确信的对某种事物的看法和评价,它对人们的行为具有总体导向及很强的驱动与支持作用。人们的信念是多方面的,同时从多个侧面直接或间接地影响着人们的购买行为。例如,某些人以俭朴为信念,这就不能不影响到他们的需要、动机及有关的购买行为;再如,某些人在购买和使用商品的实践活动中,通过认识与学习,对某个品牌的产品形成了良好的信念,这就会使他们成为这一品牌产品的坚定购买者。仅从后一种情况看,由于信念关系着企业及其产品的社会形象,影响着消费者的购买选择,所以企业的营销部门必须注意对这方面情况的了解,并通过有效的营销措施帮助人们确立起对本企业及产品的良好信念。

3.4.5 态度

态度指的是个体对某一事物所持有的评价和行为倾向,是认知、情感和意向的统一体。认知是人们对事物带有评价意义的认识,是态度的基础。情感是人们对事物持有的感情,如好与恶、肯定与否定等,它是伴随着认识过程而产生的,具有性质和程度的区别,是态度的核心。意向是人们对事物的行为倾向,是态度的外观。一般地说,在对一事物态度上的三种基本因素是一致的。态度具有稳定性,一旦形成往往很难改变;态度对人的行为有重要影响,会使人的行为呈现出一定的规律性。消费者对某一品牌产品的态度一经形成,以后就倾向于根据态度做出相同的购买决策,不愿再费心去比较、分析、判断。因此,对某种商品的肯定态度可以使它长期畅销,而否定态度则可以使它一蹶不振。从产品方面来看,企业通常是通过改进产品及有关的市场营销组合因素去迎合人们现存的态度;从企业形象方面看,企业一般要通过有关的营销措施来改变人们对企业不利的态度。

重点词语

消费者市场　　边际效用递减规律　　需求价格弹性　　消费者购买行为模式
学习理论　　　发展消费品　　　　　相关群体　　　　社会阶层

课后思考

1. 消费者市场的特点有哪些?分析消费者市场的意义何在?
2. 简述消费者市场的购买对象。
3. 简述边际效用递减规律。
4. 简述消费者购买行为模式。
5. 简述影响消费者购买行为的因素。
6. 结合生活实际举例说明相关群体对企业营销活动的影响。

实践与技能

资料:百万"粉丝"网红售假,直播带货时被抓

不久前,在浙江杭州的某服装公司直播间内,网红主播廖某正在频繁试穿各种女装,有数以万计的"粉丝"在围观这场热闹的带货直播。

但令人出乎意料的是,廖某前一秒还在频繁地试穿衣服,下一秒镜头里就闯进了几名便衣警察,伴随着其错愕的表情,直播也戛然而止了。

据了解,警方最后在浙江查出5个假货制造商,查处窝点8处,当场缴获伪劣奢侈品牌箱包、服饰商品3000余件,涉及金额高达6000余万元,该主播所属的直播公司团队也因售假而被查处。

这名主播在被抓之前，拥有百万"粉丝"群体，每天直播10小时以上，日收入3万~4万元，每场直播的销售额都在百万元以上，是一个实打实的带货主播。

可惜的是，她被一些售假商家盯上，没有禁得住巨额出场费和提成的诱惑，做起了"Moncler""GUCCI""LV"等品牌的盗版直播带货。这些商品的出售价格是正品店内的几十甚至几百分之一。

这只是奢侈品直播乱象中的一个案例，进入一些直播平台的直播间，以"不到专柜一折""大牌尾单""断码清库"等为标题的直播间比比皆是。目前，在天猫投诉和聚投诉等网站上，有大量因"主播隐瞒瑕疵"发起的投诉，涉及的主播或商家有飞鱼、红布林、小花、胖虎、有心人等。

此外，更过分的是，有的黑心商家凭空捏造出一个品牌，通过营销包装成境外大牌，以此来蒙骗顾客。

（资料来源：根据 https：//www.cmovip.com/detail/6728. html. 资料整理）

思考：

你（你的同学或家人）被网络直插"套路"过吗？从课程思政的角度，研判上述案例。）

项目拓展

扫一扫●
项目四
资源包

一、看视频，思考问题

视频：[广东卫视]新闻：故宫日参观人数接近13万人

讨论：消费者的这一行为反映了哪些问题？你如何看待假日经济？

二、阅读资料，谈感想

资料：汽车下乡（资料来源：百度百科）

项目资源

一、课件

二、图片资料

三、延伸阅读

1. 中国60万"丁克家族"挑战传统。
2. 九九重阳话敬老。
3. 乳品企业纷纷推出"早餐奶"。
4. 多半婴儿添辅食"火候"不对。
5. "好色"的上帝——视觉对终端消费者的影响。
6. 消费者洞察。
7. 边际效用递减法则。

四、案例集锦

1. 有机食品的发展前景。
2. 罗布麻产品的开发。
3. "真实"要怎样传达给顾客？
4. 芬必得的情感化过程。
5. 九鑫集团改变消费者态度。

线上学习

1. 请登录：http：//v.youku.com/v_show/id_XMzE5MjIxODgw.html（山东经贸职业学院 高中玖：第三章消费者需求及其影响因素）

2. 请登录：https：//mooc1－1.chaoxing.com/course/207352194.html（山东经贸职业学院网络教学平台，张凤山：《消费行为分析》）

3. https：//www.icve.com.cn/portal/courseinfo？courseid＝kul4ah－kc4dird－an－klg（职业教育数字化学习中心，崔平：《消费心理学》）

线下学习

《销售巨人》（修订版　大订单销售训练手册理论篇＋实践篇）．［美］尼尔·雷克汉姆著，企业管理出版社，2006.

《营销管理》．［美］菲利普·科特勒，凯文·莱恩·凯勒著，卢泰宏译，中国人民大学出版社，2009.

《视觉营销基础理论与营销策略》．刘建堤，武汉大学出版社，2013.

项目五
组织市场及其购买行为分析

项目概述：

通过本项目的学习，了解组织市场的含义、构成及购买行为特征；理解组织购买的决策方式和决策过程；掌握不同组织市场的购买类型及其购买过程模式；熟悉影响组织市场购买行为的因素，具备对组织者购买心理和行为进行综合分析的能力。

学习目标：

［知识目标］
- 了解组织市场的构成、购买行为特征及购买过程模式
- 熟悉组织购买的决策方式、决策过程及影响因素

［技能目标］
- 具备对不同组织市场的购买类型及行为模式进行分析的能力
- 具备对组织者购买心理和影响因素进行综合分析研判的能力

［思政目标］
- 加强学生对中国特色社会主义市场经济体制的认识和了解
- 培养良性竞争意识、团队协作能力和开拓创新精神

✉ **看资料，悟营销**

政府采购方式变革为企业带来了什么？

据有关资料测算：全国行政事业单位一年的采购金额约为 7 000 亿元，政府实际上成为国内最大的单一消费者。为适应市场经济体制的新形势，政府采购方式将发生变革。

以前，北京市海淀区下属各单位要购买设备，首先向财政局报预算，经财政局行财科按市场价格核定后给予拨款，再由各使用单位自行购买。但是行财科的职员们时常心里打鼓：商品价格究竟是多少，我们没底，采购环节的伸缩性实在太大了。后来，北京市海淀区出台了《海淀区采购试行办法》，规定区属各行政事业单位由区财政安排专项经费，购置设备单项价值在 10 万元以上，或全区范围内一次集中配置的批量采购总价值在 29 万元以上，均需采取公开的竞争性招标、投标采购。海淀区专门成立了政府采购领导小组，区属两家机关购买 133 台空调的工作成为区政府采购方式改革的第一个试点。当年 5 月 26 日召开招投标大会，有 6 家公司投标。开标后，投标商单独介绍了产品技术、质量、价格等内容，并接受由空调专家、高级会计师和使用单位人员组成的评审委员会的质询。经专家们反复比较论证，科龙空调以较好的性能价格比中标。此次购买的预算资金 177 万元，实际支出 108 万元，节约 69 万元，近 1/3。采购部门负责人说："想都没想到，效果好得出奇。"

海淀采购办公室正着手进行其他项目的政府采购工作。购买7辆公务车，预算金额208万元。由于车型不一，不成规模，将采用"询价"的方式，也就是货比三家的方式购买。广播局购买两台专用设备则采取广播局主办，采购办参与的招标方式。还将进行教学用具、医疗设备、基本建设非标准设备的采购工作，争取今年的政府采购总额达到1 000万元。从长远而言，将采购办从财政局分离出去，使批钱的和买东西的是两部分，更便于监督和制约。

据悉，国家财政部的有关专家正在积极制定我国统一、规范的政府采购制度。他们认为，政府采购是加强采购支出管理的必由之路，但一定要做到规范、统一，使制度在各地不走样。要建立采购主管机构，明确采购模式，设立仲裁机构。财政部门不直接主管采购，防止由分散采购改为集中采购后出现新的"集中腐败"。

（资料来源：摘编自迈出政府采购的第一步，
《读报参考》，1998 - 10 - 30）

感想与启发1

购买产品和服务的不仅有消费者，还有各种社会组织。组织市场的购买者是企业的重要营销对象，各种组织不仅向消费者出售产品，提供服务，同时，他们还要买进大量的原材料、制造件、工厂与设备、供应品和业务用的服务，这就形成了组织市场。组织间的商品和服务交易是组织市场的血液，其间涉及的过程特别是购买过程对组织降低经营成本和提高经营效率具有重要意义。为此，供应企业必须了解组织为什么，以及如何购买产品和服务，才能在改进产品和服务的营销方面取得成就，方能更有效地开展组织营销活动。

任务一　组织市场的类型和特点

1.1　组织市场及其类型

组织市场（Organizational Market）是指各类组织为从事生产、销售业务活动，或履行职责而购买产品和服务所构成的市场。其包括生产者市场、中间商市场、非营利组织市场和政府市场。如图5-1-1所示。

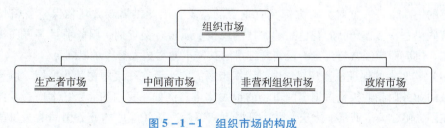

图5-1-1　组织市场的构成

1.1.1　生产者市场

生产者市场（Producers Market）指购买产品或服务用于制造其他产品或服务，然后销售或租赁给他人以获取利润的单位或个人。组成生产者市场的主要产业有工业、农业、林业、渔业、采矿业、建筑业、运输业、通信业、公共事业、银行业、金融业、保险业和服务业等。以生产者市场为服务目标的企业，必须深入研究这个市场的特点，并分析其购买行为，才能取得营销成功。

1.1.2　中间商市场

中间商市场（Intermediaries Market）也称为转卖者市场，指购买产品用于转售或租赁

视频5-1-1
什么是非营利组织

以获取利润的单位和个人，包括批发商和零售商。

1.1.3 非营利组织市场

非营利组织（Non-profit Organization）是不以营利为目的的向社会提供产品和服务的组织，是与政府机构、市场机制相平行的一种制度安排，是介于政府与企业以外的第三种组织。

非营利组织市场（Non-profit Organizational Market）指为了维持正常运作和履行职能，而购买产品和服务的各类非营利组织所构成的市场。其主要是由学校、医院、疗养院、社会团体和其他机构组成。

1.1.4 政府市场

扫一扫
视频5-1-2
政府采购

政府市场（Government Market）是指为了执行政府职能而购买或租用产品和服务的各级政府单位。大多数国家政府是产品和服务的主要购买者。在某些情况下，政府要考虑供应商良好的资质或能否按时完成合同的信誉；另一些情况下，政府通过协议合同进行采购。政府倾向于向国内供应商而不是国外供应商采购。

1.2 组织市场的特点

扫一扫
视频5-1-3
组织市场及其特点

组织市场和消费者市场虽然相关，却截然不同。因此，搞清楚组织市场的特征有助于区分组织市场和消费者市场，特别是那些与消费者市场特别相似的组织市场。

（1）购买者比较少。组织市场营销人员比消费品营销人员接触的顾客要少得多。发电设备生产厂家的顾客是各地极其有限的发电厂，大型采煤设备生产者的顾客是少数大型煤矿，某轮胎厂的命运可能仅取决于能否得到某家汽车厂的订单。例如，中国汽车业的零部件供应商把产品卖给为数不多的几个汽车制造企业：一汽集团、上汽集团、北汽集团、广汽集团和东风集团等，它们多集中在北京、上海、广州、武汉等地。显然每个顾客对于供应商都是十分重要的，如果失去任何一个顾客，将严重地影响供应企业的销售额。

（2）购买数量大。组织市场的顾客每次购买数量都比较大，有时一位买主就能买下一个企业较长时期内的全部生产数量，有时一张订单的金额就能达到数千万元甚至数亿元。

扫一扫
阅读资料5-1-1
新疆高质量推进"一带一路"建设

（3）供需双方关系密切。组织市场的购买者需要有源源不断的货源，供应商需要有长期稳定的销路，每一方对另一方都具有重要的意义，因此供需双方互相保持着密切的关系。有些买主常常在产品的花色品种、技术规格、质量、交货期、服务项目等方面提出特殊要求，供应商应经常与买方沟通，详细了解其需求并尽最大努力予以满足。

（4）购买者的地理位置相对集中。组织市场的购买者往往集中在某些区域，以至于这些区域的业务用品购买量占据全国市场的很大比重。例如，我国的北京、上海、天津、广州、沈阳、哈尔滨、武汉、大庆、鞍山等城市和苏南、浙江等地的业务用品购买量就比较集中。

（5）派生需求。也称为引申需求或衍生需求。组织市场的顾客购买商品或服务是为了给自己的服务对象提供所需的商品或服务。因此，业务用品需求由消费品需求派生出来，并且随着消费品需求的变化而变化。例如，消费者的饮酒需求引起酒厂对粮食、酒瓶和酿酒设备的需求，连锁引起有关企业和部门对化肥、农资、玻璃、钢材等材料的需求。派生需求往往是多层次的，形成一环扣一环的链条，消费者需求是这个链条的起点，是原生需求，是组织市场需求的动力和源泉。

（6）需求弹性小。组织市场对产品和服务的需求总量受价格变动的影响较小。一般规律是：在需求链条上距离消费者越远的产品，其价格的波动越大，需求弹性越小。比如，在酒类需求总量不变的情况下，粮食价格下降，酒厂未必就会大量购买，除非粮食是酒成本中的主要部分且酒厂有大量的存放场所；粮食价格上升，酒厂未必会减少购买，除非酒厂找到其他可代用品或发现了节约原料的方法。原材料的价值超低或原材料成本在制成品成本中所占的比重较小，其需求弹性就越小。组织市场的需求在短期内特别无弹性，因为企业不可能临时改变产品的原材料和生产方式。

（7）需求波动大。组织市场需求的波动幅度大于消费者市场需求的波动幅度，一些新企业和新设备尤其如此。如果消费品需求增加某一百分比，为了生产出满足这一追加需求的产品，工厂的设备和原材料会以更大的百分比增长，经济学家把这种现象称为加速原理。当消费需求不变时，企业用原有设备就可生产出所需的产量，仅需支出更新折旧费，无须增加原材料购买量；消费需求增加时，许多企业要增加机器设备，这笔费用远大于单纯的更新折旧费，原材料购买也会大幅度增加。有时消费者需求仅上升10%，下一阶段工业需求就会上升200%；消费品下跌10%，就可能导致工业需求全面暴跌。组织市场需求的这种波动性使许多企业向经营多元化发展，以避免风险。

（8）专业人员采购。组织市场的采购人员都经过专业训练，具有丰富的专业知识，清楚地了解产品的性能、质量、规格和有关技术要求。供应商应当向他们提供详细的技术资料和特殊的服务，从技术的角度说明本企业产品和服务的特点。

（9）影响购买决策的人较多。与消费者市场相比，影响组织市场购买决策的人较多。大多数企业有专门的采购组织，重要的购买决策往往由技术专家和高级管理人员共同做出，其他人也直接或间接地参与，这些组织和人员形成事实上的"采购中心"。供应商应当派出训练有素的、有专业知识和人际交往能力的销售代表与买方的采购人员和采购决策参与人员打交道。

（10）销售访问多。由于需求方参与购买过程的人较多，供应者比较多，因而竞争激烈，所以需要更多的销售访问来获得商业订单，有时销售周期可达数年以上。调查表明，工业销售平均需要4～4.5次访问，从报价到产品发送通常以年为单位。

（11）直接采购。组织市场的购买者往往向供应方直接采购，而不经过中间商的环节，价格昂贵或技术复杂的项目更是如此。

（12）互惠购买。组织市场的购买者往往这样选择供应商："你买我的产品，我就买你的产品"，即买卖双方经常互换角色，互为买方和卖方。例如，造纸公司从化学公司大量购买造纸用的化学物品，化学公司也从造纸公司那里大量购买办公和绘画用的纸张。互惠购买有时表现为三角形或多角形。假设有A、B、C三家公司，C是A的顾客，A是B的潜在顾客，B是C的潜在顾客，A就可能提出这种互惠条件，B买C的产品，A就买B的产品。

（13）租赁。组织市场往往通过租赁方式取得所需产品。对于机器设备、车辆等昂贵产品，许多企业无力购买或需要融资购买，采用租赁的方式可以节约成本。

在研究组织市场购买行为一般特征的基础上，在具体的营销活动中还应当注意对特定时点上特定购买者行为特点的研究和分析。

扫一扫

知识拓展5-1-1
组织市场电子商务

📩 阅读资料5-1-2

日本与印度尼西亚

印度尼西亚政府准备在雅加达附近招标建一个水泥厂。一家美国公司上交一份建议书，其中包括选择厂址、设计工厂、招聘建筑工程队、调集材料和设备，最后交给印尼政府一个建好的工厂。另一家日本公司，在拟订建议书时，除包括以上各条款之外，另外还雇用和培训工人，并通过其贸易公司替该厂把水泥向国外出口，用该厂生产的水泥修建一条通往雅加达的公路，在雅加达建一些办公大楼。尽管日本的建议书耗资较多，但因该建议的吸引力更大因而中了标。显然，日本公司并不是仅从建一个水泥厂来看问题（狭义的系统销售观点），而是把建厂与将给国家带来经济利益联系在一起。它们并不把自己仅当作一个工程建筑公司，而是当作一个经济发展机构。它们从最宽的角度来看待顾客的要求，这才是真正的系统销售。

（资料来源：摘编自［美］菲利普·科特勒. 营销管理（新千年版第1版）［M］. 北京：中国人民大学出版社，2001：234.）

✉ 知识链接 5 – 1 – 1

组织机构消费者和最终消费者的主要差异

采购差异

组织机构消费者

1. 采购为的是进一步生产、经营使用或转卖给他人；而最终消费者的采购则是为个人、家人或居家使用。
2. 通常采购设备、原材料或半成品；而最终消费者却很少采购这些商品。
3. 采购常常参考规格和技术资料；而最终消费者常常参考的是说明、时尚和风格。
4. 比最终消费者更经常地采用多重采购和依据小组决策。
5. 更适合于使用正式的价值和卖家分析。
6. 更经常地租赁设备。
7. 更频繁地使用竞争性投标和谈判。

市场差异

组织机构消费者

1. 从最终消费者身上衍生获得需求。
2. 需求状态比最终消费者的需求更容易有周期性波动。
3. 同最终消费者相比，数量上更少，地理位置更集中。
4. 通常雇有采购专家。
5. 与面向最终消费者的营销相比，要求较短的分销渠道。
6. 可能要求同卖家有特殊的关系。
7. 与最终消费者相比，更有可能自己生产和承担服务，以替代采购物品和服务。

资料来源：［美］乔尔·埃文斯，巴里·伯曼著：《市场营销教程》（上）（第1版），北京：华夏出版社，2001：240.

任务二　组织市场购买行为分析

2.1　生产者市场及其购买行为分析

在组织市场中，生产者市场的购买行为具有典型意义，它与消费者市场的购买行为有相似性，又有较大差异性，特别是在市场结构与需求、购买单位性质、购买行为类型与购买决策过程等方面。

2.1.1 生产者购买行为的主要类型

企业购买决策过程的复杂性取决于购买类型。生产者购买的类型可分为三种：直接重购、修正重购和新购（如图 5-2-1 所示）。

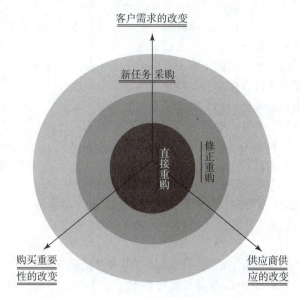

图 5-2-1　生产者购买类型

（1）直接重购。

直接重购是一种在供应者、购买对象、购买方式都不变的情况下而购买以前曾经购买过的产品的购买类型。这种购买类型所购买的多是低值易耗品，花费的人力较少，无须联合采购。面对这种采购类型，原有的供应者不必重复推销，而应努力使产品的质量和服务保持一定的水平，节省购买者时间，争取稳定的关系。

（2）修正重购。

修正重购指购买者想改变产品的规格、价格、交货条件等，这需要调整或修订采购方案，包括增加或调整决策人数。对于这样的购买类型，原有的供应者要清醒认识面临的挑战，积极改进产品规格和服务质量，大力提高生产率，降低成本，以保持现有的客户；新的供应者要抓住机遇，积极开拓，争取更多的业务。

（3）新购。

新购指生产者首次购买某种产品或服务。由于是第一次购买，买方对新购产品心中无数，因而在购买决策前，要收集大量的信息，因而，制定决策所花时间也就越长。首次购买的成本越大，风险就越大，参加购买决策的人员就越多。"新购"是营销人员的机会，他们要采取措施，影响决策的中心人物；要通过实事求是的广告宣传，使购买者了解本企业产品。为了达到这一目标，企业应将最优秀的推销人员组成一支庞大的营销队伍，以赢得采购者信任和采取行动。

2.1.2 生产者购买的特点

（1）购买过程的特点。

①供求谈判时间长。工业品的购买涉及厂房、建筑、能源、机器、设备、交通工具、各种规格型号的原材料、各种辅助设备、标准件等，投入的资金大，有的设备使用时间长，购买者不仅考虑设备的物质寿命，而且要考虑技术寿命和经济寿命，导致谈判协商时间长。

②高尖技术设备和定制设备的购买，一般是供需直接见面。因为需要根据购买者提出

的技术要求进行设计和制造。

③原材料及次要的小设备、标准件，一般通过批发商、零售商购买。

④购买次数较少。如设备一次购入，使用多年；原材料、标准件按企业预先制定的经济订购批量和采购次数进行采购或一次合同分批分期交货。

⑤需要提供产品服务。有部分工业产品，如工业锅炉等的购买需要提供技术服务，为购买者提供安装、维修、操作培训等多方面服务，才能激发购买者的购买动机。

⑥在工业品的质量和供应时间上有一定的要求。工业品的质量直接影响着生产者产品的质量，工业品的质量要符合化学的、物理的性能要求。供应时间是保证生产者进行正常生产经营的条件，既不能推迟，也不能过早。

⑦生产者购买决策复杂。工业品的购买不是由采购人员一人所能决定的，它通常要根据计划提出的品种、规格、型号、材质、数量和期限购买物资，有关技术要求、货款的支付还要同主管领导、工程技术人员、财会人员和厂长商榷之后才能最后决定。

(2) 购买行为的特点。

①购买的目的性。生产者购买的目的是生产出市场需要的产品。要根据市场的需求量，确定生产量，进而决定所需购买的数量。采购的物资既不能多，也不能少，否则都会影响生产者的经济效益。

②购买的理智性。生产者所购买的工业品必须考虑质量、品种、规格、价格、供货期及售后服务。如果某几种工业品质量与功能相似，生产者会购买价格低的产品；在质量上，则需购买符合技术特性要求的生产设备和原材料。生产者的购买是技术性很强的理智性业务活动，涉及由生产者的产品质量而引起的人身安全、假冒伪劣产品等法律问题，不可轻易购买。

③购买的组织性。购买的组织性是指企业内部的组织体系。生产者的购买要根据每个购买组织自己的目标、政策、程序、组织结构及组织系统的要求而进行。营销者应当了解生产者（购买者）企业组织体系结构，了解有多少人参加购买决策，哪些人参加购买决策，购买标准是什么，购买者企业有哪些政策会影响购买行为。

④购买的集团性。一项重大工业品的购买，往往由一个集团来决定，它通常由许多具有不同地位、权力、职能的人组成，如质量管理者、采购申请者、使用者、财务主管、工程技术人员及经理等。他们的购买心理与期望不同，往往会导致决策的矛盾及决策过程复杂化。

⑤个人动机性。因为参加购买决策的每一个人的年龄、收入、受教育程度、职业、个性及对风险的态度不同，导致每个人的购买动机不同。营销者要善于抓住和引导正确动机，使营销成功。

⑥购买的环境性。生产者购买时受当时的经济、技术、政治环境及文化、竞争环境的影响，其中最主要的是经济、技术环境，也就是经济、技术前景因素的影响。当今时代，科技飞速发展，产品更新换代常常在 3~5 年，生产者担心购回的工业品是即将换代产品，或是即将降价的处理品。营销者要恰如其分地介绍有关经济技术的前景，便于加速销售。

2.1.3　生产者购买决策

(1) 购买决策的参与者。

产业用品供货企业不仅要了解谁在市场上购买和产业市场的特点，而且要了解谁参与产业购买者的购买决策过程，他们在购买决策过程中充当什么角色，起什么作用，也就是说要了解其顾客的采购组织。

各企业采购组织有所不同。小企业只有几个采购人员，大公司有很大的采购部门，由一位副总裁主管。有些公司的采购经理有权决定采购什么规格的产品、由谁供应；有些采购经理只负责把订货单交给供应商。通常，采购经理只对小产业用品有决策权，至于主要设备的采购，采购经理只能按照决策者的意图办事。在任何一个企业中，除了专职的采购人员之外，还有一些其他人员也参与购买决策过程。所有参与购买决策过程的人员构成采购组织的决策单位，市场营销学称之为采购中心。企业的"采购中心"一般由下列五种人组成。

①使用者。即具体使用欲购买的某种产业用品的人员。公司要购买实验室用的电脑，其使用者是实验室的技术人员；要购买打字机，其使用者是办公室的秘书等。使用者往往是最初提出购买某种产业用品意见的人，他们在计划购买产品的品种、规格中起着重要作用。

②影响者。指从企业的内部和外部直接或间接影响购买决策的人。他们常协助企业确定产品规格。在众多的影响者中，企业外部的咨询机构和企业内部的技术人员影响最大。

③采购者。指企业中具体执行采购决定的人。他们是企业里有组织采购工作正式职权的人员，其主要任务是交易谈判和选择供应者。在较复杂的采购工作中，采购者还包括企业的高层管理人员。

④决定者。指企业里有权决定购买产品和供应者的人。在通常的采购中，采购者就是决定者。而在复杂的采购中，决定者通常是公司的主管。

⑤控制者。指控制企业外界信息流向的人，诸如采购代理商、技术人员、秘书等，他们可以阻止供应者的推销人员与使用者和决定者见面。

应该指出的是，并不是所有的企业采购都必须上述五种人员参加决策。一个企业的采购中心的规模和参加的人员，会因欲购产品种类的不同和企业自身规模的大小及企业组织结构不同而有所区别。如企业欲购一套设备和买一部普通电话，前者由于技术性强、价格较高，因而参与决策的人较多，采购中心的规模较大；而后者因其技术性和价格都没有特殊之处，属普通购买，因此其决策者可能就是采购者，采购中心的人员较少，规模亦较小。在一些企业，采购的中心成员只一人或几人，而另一些企业则由数人或数十人组成，有的企业还设有专管采购的副总裁。

对生产资料供应者的营销人员来说，关键是了解一个企业的采购中心的组成人员，他们各自所具有的相对决定权，以及采购中心的决策方式，以便采取富有针对性的营销措施。供货企业的市场营销人员必须了解谁是主要的决策参与者，以便影响最有影响力的重要人物。对采购中心成员较多的企业，营销人员可以只针对几个主要成员做工作，如果本企业的实力较强，则可采取分层次、分轻重、层层推进、步步深入的营销方针。

（2）影响生产者购买决策的主要因素。

同消费者购买行为一样，生产者的购买行为也同样会受到各种因素的影响。美国的韦伯斯特和温德将影响生产者购买行为的各种因素概括为四个主要因素：环境因素、组织因素、人际因素和个人因素。如图5-2-2所示。

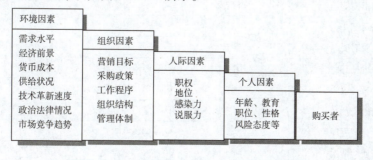

图5-2-2　影响生产者购买决策的主要因素

①环境因素。

在影响生产者购买行为的诸多因素中,经济环境是主要的。生产资料购买者受当前经济状况和预期经济状况的严重影响,当经济不景气,或前景不佳时,生产者就会缩减投资,减少采购,压缩原材料的库存和采购。此外,生产资料购买者也受科技、政治和竞争发展的影响。营销者要密切关注这些环境因素的作用,力争将问题变成机遇。

②组织因素。

每个企业的采购部门都会有自己的目标、政策、工作程序和组织结构。产业市场营销者应了解并掌握购买者企业内部的采购部门在它的企业里处于什么地位——是一般的参谋部门,还是专业职能部门;它们的购买决策权是集中决定还是分散决定;在决定购买的过程中,哪些参与最后的决策;等等。只有对这些问题做到心中有数,才能使自己的营销有的放矢。

③人际因素。

这是企业内部的人事关系的因素。生产资料购买的决定,是由公司各个部门和各个不同层次的人员组成的"采购中心"做出的。"采购中心"的成员由质量管理者、采购申请者、财务主管者、工程技术人员等组成。这些成员的地位不同、权力有异,说服力有区别,他们之间的关系亦有所不同,而且对生产资料的采购决定所起的作用也不同,因而在购买决定上呈现较纷繁复杂的人际关系。生产资料营销人员必须了解用户购买决策的主要人员、他们的决策方式和评价标准、决策中心成员间相互影响的程度等,以便采取有效的营销措施,获得用户。

④个人因素。

产业市场的购买行为虽为理性活动,但参加采购决策的仍然是一个个具体的人,而每个人在做出决定和采取行动时,都不可避免地受其年龄、收入、所受教育、职位和个人特性以及对风险态度的影响。因此,市场营销人员应了解产业市场采购员的个人情况,以便采取"因人而异"的营销措施。

(3) 生产者购买决策过程。

生产资料的购买者和消费资料的购买者一样,也有决策过程,供货企业的最高管理层和市场营销人员还要了解其顾客购买过程的各个阶段的情况,并采取适当措施,以适应顾客在各个阶段的需要,才能成为现实的卖主。产业购买者购买过程的阶段的多少,也取决于产业购买者购买情况的复杂程度。在直接重购这种最简单的购买情况下,产业购买者的购买过程的阶段最少;在修正重购情况下,购买过程的阶段多一些;而在新购这种最复杂的情况下,购买过程的阶段最多,要经过八个阶段。如表5-2-1所示,下面分别阐述。

表5-2-1 产业购买者购买过程的主要阶段

购买阶段 \ 购买类型	直接重购	修正重购	新购
1. 提出需要	不需要	可能需要	需要
2. 确定需要	不需要	可能需要	需要
3. 说明需要	需要	需要	需要
4. 物色供应商	不需要	可能需要	需要
5. 分析建议	不需要	可能需要	需要
6. 选择供应商	不需要	可能需要	需要
7. 选择订货程序	不需要	可能需要	需要
8. 检查履约情况	需要	需要	需要

①提出需要（问题识别）。提出需要是生产者购买决策过程的起点。需要的提出，既可以是内部的刺激，也可以是外部的刺激引起的。内部的刺激，或因企业决定生产新产品，需要新的设备和原材料；或因存货水平开始下降，需要购进生产资料；或因发现过去采购的原料质量不好，需更换供应者。外部刺激，诸如商品广告，营销人员的上门推销等，使采购人员发现了质量更好、价格更低的产品，促使他们提出采购需求。

②确定需要（总需要说明）。指确定所需产品的数量和规格。简单的采购，由采购人员直接决定，而复杂的采购，则须由企业内部的使用者和工程技术人员共同决定。包括对设备的确认需求：为生产某新产品，提高某种老产品的质量、产量或降低消耗，经工艺研究需购置某种设备，并已被厂务会批准购置若干台。对原材料、标准件的确认需求：根据企业计划产量和定额资料可以确定某种原材料、标准件的需要量，再查阅该物资的库存量，进而确定需购买的数量。

企业的采购组织确定需要以后，要指定专家小组，对所需品种进行价值分析，做出详细的技术说明。价值分析是美国通用电气公司采购经理迈尔斯于1947年提出的。1954年，美国国防部开始采用价值分析技术，并改称为价值工程。价值分析中所说的"价值"，是指某种产品的"功能"与这种产品所耗费的资源（即成本或费用）之间的比例关系，也就是经营效益（或经营效果）。其公式为：

$$V（价值）= F/C$$

公式中的 F（功能）是指产品的用途、效用、作用，也就是产品的使用价值；C 为成本或费用。

迈尔斯看到，人们购买某种产品，实际上要购买的是这种产品的功能。价值分析的目的是：耗费最少的资源，生产出或取得最大的功能，提高经营效益。产业购买者在采购工作中要进行价值分析，调查研究本企业要采购的产品是否具备必要的功能。

例如，某家具公司要采购制造沙发用的沙发布，过去这家公司一向用纯棉的沙发布，现在市场上有化纤的沙发布和人造革两种代用品。经过功能分析，发现这三种沙发布的必要功能（包括使用功能和贵重功能）都一样，这家公司就采购价格最便宜的原料；如果这三种原料的功能不一样，但价格一样，就采购功能最大的原料。采购单位的专家小组要对所需品种进行价值分析，并写出文字精练的技术说明，作为采购人员取舍的标准。供货企业的市场营销人员也要运用价值分析技术，向顾客说明其产品具有良好的功能。最后，还要把各种原材料的技术特性要求、规格和数量的详尽的明细表格，交经主管部门审核后，报主管生产的副厂长和厂务会议研究批准。

③说明需要（明确产品规格）。指由专业技术人员对所需产品的规格、型号、功能等技术指标做具体分析，并做出详细的说明，供采购人员做参考。

④物色供应商。为了选购满意的产品，采购人员要通过工商企业名录等途径，物色服务周到、产品质量高、声誉好的供应商。生产者对所需原材料、标准件及外协件的供应者，必须做深入的调查、了解、分析和比较后才能确定。对原材料、标准件供应商，主要从产品的质量、价格、信誉及售后服务方面进行分析、比较。对大批量外协件供应商的了解内容除上述的几个方面外，还必须深入提供外协件的各企业内部，调查了解该企业的生产技术检验水平及企业管理的能力，经分析、比较后再确定。供货企业应通过广告等方式，努力提高企业在市场上的知名度。

⑤征求供应建议书。对已物色的多个候选供应商，购买者应请他们提交供应建议书，尤其是对价值高、价格贵的产品，还要求他们写出详细的说明，对经过筛选后留下的供应商，要他们提出正式的说明。因此，供应商的营销人员应根据市场情况，写出实事求是而又能别出心裁、具有打动人心的产品说明，力求全面而形象地表达所推销产品的优点和特性，力争在众多的竞争者中获得成交。

⑥选择供应商。在收到多个供应商的有关资料后，采购者将根据资料选择比较满意的

供应商。在选择供应商时，不仅考虑其技术能力，还要考虑其能否及时供货，能否提供必要的服务。其遴选的主要条件是：交货快慢、产品质量、产品价格、企业信誉、产品品种、技术能力和生产设备、服务质量、付款结算方式、财务状况、地理位置。

根据上述条件遴选出数个供应商，企业在最后确定供应商之前，有时还要和供应商面谈，争取更优惠的条件。不少企业最后确定的供应商，不限于一个，其目的在于，一方面有多个供应商，以免受制于人；另一方面，也可以通过几个供应商的竞争，促使他们改进服务质量。当然，企业在确定的几个供应商中，必定有一个为主，其他几个为辅。

⑦签订合约。企业的采购中心最后选定供应商以后，第七步是采购经理开订货单给选定的供应商，在订货单上列举技术说明、需要数量、期望交货期等。现在许多企业日趋采用"一揽子合同"，即和某一供应商建立长期的供货关系，这个供应商允许只要购买者需要购买时，供应商就会按原定的价格条件及时供货。这种"一揽子合同"为供求双方都带来了方便。对采购者而言，不但减少了多次购买签约的麻烦和由此增加的费用，也减轻了库存的压力——因为由于这一"合同"，实际上购买者将存货放在了供应商的库里。如果需要进货时，只需用计算机自动打印或电传一份订单给供应商。因此"一揽子合同"又称为"无库存采购计划"。就供应商而论，他的产品有了固定的销路，减轻了竞争的压力。

⑧绩效评价。产品购进后，采购者还会及时向使用者了解其对产品的评价，考察各个供应商的履约情况，并根据了解和考察的结果，决定今后是否继续采购某供应商的产品。为此，供应商在产品销售出去以后，要加强追踪调查和售后服务，以赢得采购者的信任，保持长久的供求关系。同时，对本次购买活动进行总结。有两个方面的内容：一方面对购买的工业品的质量要验证，看是否符合明细表和设计图纸的要求；另一方面对所付出的购买金额和差旅费等进行分析，是突破还是节余，查明原因，以利继续购买或改换供应单位。

案例 5-2-1

东方公司的采购决策

王宏力先生是东方公司的采购员，公司的研发部门要求其从华升公司购买100个流体驱动器。近来王宏力先生与华升公司的业务代表接触频繁，华升公司已经报出了该项订单的价格和交货日期等方面的数据。这样，王宏力先生只需要走走过场，执行这一项由研发部门和华升公司达成的协议即可。

王宏力先生并没有急于与华升公司签订合同，而是借口华升公司的信息不全给研发部门打了个电话，事实上他只是为了确定一下这些驱动器是否如他所认为的一样，是其他几家知名公司同样可以制作的标准驱动器。从研发部门得到的信息肯定了王宏力先生的猜想，这些驱动器是标准部件，同时王宏力先生还了解到华升公司的代表在有关驱动器安装方面给予了研发部门大量技术上的帮助，因此研发部门的总监田忠亮先生觉得华升公司有权得到这笔订单。但是王宏力先生并没有从华升公司订货，而是询问了其他3家同样提供驱动器的公司，并要求他们给出购买100个的报价和交货日期。

恰在此时，东方公司的生产总监周童先生与王宏力先生就生产进度的问题进行了讨论。周童先生指出生产进度落后的原因是某些塑料原件迟迟未能交货，而王宏力先生当初订货是因为他认为该生产商的产品的质量较高。在这次讨论中，周童先生提到"这使我想起两年前我们从华升公司订货时碰上的麻烦，那次他们的交货日期大约迟了4个星期。"

在收到其他3家公司的报价单后，王宏力先生将他们与华升公司的报价单进行了比较（见下表），并决定从华润公司订货。因为这样订货总额将在人民币50 000元之内，王宏力先生可以自己做主不必请示上级，从而无须再为他的决定准备一份特殊报告。

几家竞争公司的报价单		
公司名称	单价/元	交货日期（从订货之日起计）
华升公司	510	2 个月
龙华公司	495	3 个月
华润公司	480	10 个星期
TEC 公司	515	9 个星期

思考题：
1. 描述本次购买决策过程的各环节，并确定每个成员的角色和选择标准。
2. 为什么决策环节不同的成员在评价供应商时使用的选择标准不同？
3. 请问通过了解本次购买决策过程，你学到什么对组织购买者销售产品时有用的东西？

（资料来源：http://wlxy.yangtzeu.edu.cn/jpkc/shichangyingxiao/）

2.2 中间商市场及购买行为

中间商市场是沟通生产和消费的桥梁，其职能在于有效地促进产品从生产者向消费者转移。中间商市场采购者的采购行为与产业市场存在很多相似之处，但在购买组织、购买决策类型和购买方式上各有其特点。

2.2.1 中间商市场的概念和特点

（1）中间商市场的概念。

绝大多数制造商并不是将其产品直接销售给最终用户，即使是在网络营销时代，生产者也不可能将其产品直接销售给每一个消费者，在产销之间仍然需要中介机构架起一座座桥梁，这些中介机构的集合就构成了中间商市场。

中间商市场是指从生产企业或其他中间商购买商品，再将其转售给消费者、社会集团、中间商或生产者的企业和个人。中间商市场如果按其经营产品的用途分，可以分为生产资料中间商和消费资料中间商；如果按其经营产品是否发生所有权转移分，可以分为经销中间商和代理中间商，如果按其销售对象分，可分为批发中间商和零售中间商。

（2）中间商市场的特点。

中间商采购的目的与产业购买者相同，都是为了营利，但二者在社会再生产中的地位不同。中间商特定的地位决定了其购买行为的鲜明特点。

①中间商市场需求派生性引发的波动比产业市场小。

中间商市场的需求同样也属于衍生需求，但由于与最终消费者比较接近，尤其是零售商直接为最终消费者服务，消费者需求的变动会首先反映到零售商再传导到批发商。因此，中间商市场能够及时根据最终消费者需求的变化调整其购买行为，故由派生性引发的中间商市场购买的波动效应比产业市场要小。

②中间商市场对购买价格较敏感。

中间商是为卖而买，因此，购进价格是中间商占据竞争优势地位的最重要条件之一，中间商市场的采购者对价格的敏感程度比产业市场购买者大得多。

③中间商市场普遍要求交货迅速。

中间商一旦发现市场机会，就会提出订单，要求立即交货，以满足消费者的需要，赚取利润。因此，中间商市场近期购买比远期定货量大。

④转买者市场需要供应商提供所购产品或劳务的广告促销费。

中间商的实力一般比产业市场的实力差，他们需要同时经营多家企业的产品，在购买商品时，往往需要供应商资助广告费。

⑤中间商市场的采购者在购买的同时需要供应方提供各种服务。

由于中间商采购者不擅长技术，他们在购进商品时需要供应商提供退货、技术、培训、维修等服务。

2.2.2 中间商的购买类型

（1）新产品采购。指中间商对是否购进以及向谁购进以前未经营过的某一新产品做出决策，即首先考虑"买"与"不买"，然后再考虑"向谁购买"。中间商会通过对该产品的进价、售价、市场需求和市场风险等因素进行分析后做出决定。

（2）最佳供应商选择。指中间商已经确定需要购进的产品，正在寻找最合适的供应商。这种购买类型的发生往往与以下情况有关：

①各种品牌货源充裕，但是中间商缺乏足够的经营场地，只能选择经营某些品牌。

②中间商打算用自创的品牌销售产品，选择愿意为自己制造定牌产品的生产企业。

（3）改善交易条件的采购。指中间商希望现有供应商在原交易条件上再做些让步，使自己得到更多的利益。如果同类产品的供应增多或其他供应商提出了更有诱惑力的价格和供货条件，中间商就会要求现有供应商加大折扣，增加服务、给予信贷优惠，等等。他们并不想更换供应商，但是会把这作为一种施加压力的手段。

（4）直接重购。指中间商的采购部门按照过去的订货目录和交易条件继续向原先的供应商购买产品。中间商会对以往的供应商进行评估，选择感到满意的作为直接重购的供应商，在商品库存低于规定水平时就按照常规续购。

2.2.3 中间商购买过程的参与者

中间商购买过程参与者的多少与商店的规模和类型相关。在小型"方便商店"中，店主亲自进行商品选择和采购工作。在大公司里，有专人或专门的组织从事采购工作，重要的项目有更高层次和更多的人员参与。这些人和组织分别扮演着7种角色中的一种或几种，像生产者用户那样形成了一个事实上的"采购中心"。虽然不同类型中间商的采购方式不同，而且同类中间商的采购方式也有差别，但是其中也有许多共性。以连锁超市为例，参与购买过程的人员和组织主要有：

（1）商品经理。他们是连锁超市公司总部的专职采购人员，分别负责各类商品的采购任务，收集同类产品不同品牌的信息，选择适当的品种和品牌。有些商品经理被赋予较大的权力，可以自行决定接受或拒绝某种新产品或新品牌。有些商品经理权力较小，只是负责审查和甄别，然后向公司的采购委员会提出接受或拒绝的建议。

（2）采购委员会。通常由公司总部的各部门经理和商品经理组成，负责审查商品经理提出的新产品采购建议，做出购买与否的决策。由于商品经理控制信息和提出建议，事实上具有决定性作用。采购委员会只是起着平衡各种意见的作用，在新产品评估和购买决策方面产生重要影响，并代替商品经理向供应商提出拒绝购买的理由，充当两者之间的调解人。

（3）分店经理。是连锁超市下属各分店的负责人，掌握着分店一级的采购权。美国连锁超市各个分店的货源有2/3是由分店经理自行决定采购的。即使某种产品被连锁公司总部的采购委员会接受，也不一定被各个分店接受，这加大了制造商的推销难度。

2.2.4 中间商购买决策过程

如同生产者用户一样，中间商完善的购买过程也分为8个阶段，即认识需要、确定需要、说明需要、物色供应商、征求供应意见书、选择供应商、签订合约和绩效评价。改善交易条件的采购和最佳供应商选择可能跳过某些阶段，新产品采购则会完整地经历各个阶段。

（1）认识需要。指中间商认识自己的需要，明确所要解决的问题。认识需要可以由内在刺激和外在刺激引起。

①内在刺激。中间商通过销售业绩分析，认为目前经常经营的品牌陈旧落伍，不适应

市场需求潮流，从而主动寻求购进新产品，改善产品结构。

②外在刺激。中间商的采购人员通过广告、展销会、供应商的推销人员或消费者等途径了解到有更加适销对路的新产品，产生购买欲望。

(2) 确定需要。指中间商根据产品组合策略确定购进产品的品牌、规格和数量。批发商和零售商的产品组合策略主要有4种：

①独家产品。即所销售的不同花色品种的同类产品都是同一品牌或由同一厂家生产。比如，某电视机商店专门经营王牌电视机。

②深度产品。即所销售的不同花色品种的同类产品是由不同品牌或不同厂家产品搭配而成。比如，某电视机商店经营多种品牌的电视机。

③广度产品。即经营某一行业的多系列、多品种产品。比如，电器商店经营电视机、电冰箱、洗衣机、收录机、DVD 等。

④混合产品。即跨行业经营多种互不相关的产品。比如，某商店经营电视机、电冰箱、服装、食品、鞋帽等。

(3) 说明需要。说明所购产品的品种、规格、质量、价格、数量和购进时间，写出详细的采购说明书，并将其作为采购人员的采购依据。中间商为了减少"买进卖出"带来的风险，对产品购进时间的要求极其严格，或者要求立即购进以赶上消费潮流，或者把购进时间一拖再拖以看清消费趋向。中间商决定购买数量的主要依据是现有的存货水平、预期的需求水平和成本/效益的比较。当大量进货能够获得较大折扣时，则大量进货；当小量进货能够减少库存成本时，则小量进货。供应商应了解中间商的购买意图，采取相应的营销策略。

(4) 物色供应商。采购人员根据采购说明书的要求通过多种途径收集信息，寻找最佳供应商。如果是新产品采购或所需品种复杂，这项工作量就大些。

(5) 征求供应建议书。邀请合格的供应商提交供应建议书，筛选后留下少数选择对象。

(6) 选择供应商。采购部门和决策部门分析评价供应建议书，确定所购产品的供应商。中间商的购买多属专家购买、理性购买，希望从供应商那里得到最大限度的优惠条件。选择供应商主要考虑的因素是：有强烈的合作欲望和良好的合作态度；产品质量可靠，适销对路，与本店的经营风格一致；价格低廉，折扣大，允许推迟付款；信用保证，减少中间商进货风险，补偿因商品滞销、跌价而产生的损失；交货及时；给予广告支持或广告津贴；提供完善的售后服务，有专门维修点，允许退还有缺陷破损的商品，遇有顾客投诉或产品质量事故等纠纷无条件地承担责任等。评估供应商的例子如表5-2-2所示。

表5-2-2 评估供应商的例子

属性		评分标准			
	权数	差(1)	一般(2)	良(3)	优(4)
价格	0.3				+
产品可靠性	0.2		+		
服务可靠性	0.2			+	
供应商信誉	0.1			+	
供应商灵活性	0.1				+
供应商产能	0.1		+		
总分：$0.3 \times 4 + 0.2 \times 2 + 0.2 \times 3 + 0.1 \times 3 + 0.1 \times 4 + 0.1 \times 2 = 3.1$					

(7) 签订合同。中间商根据采购说明书和有关交易条件与供应商签订订单。他们也倾向于签订长期有效的合同，以保证货源稳定、供货及时、减少库存成本。

(8) 绩效评价。中间商对各个供应商的绩效、信誉、合作诚意等因素进行评价，以决定下一步是否继续合作。

2.2.5 影响中间商购买行为的购买风格因素

中间商的购买行为同生产者市场一样，也受到环境因素、组织因素、人际因素和个人因素的影响。此外，采购者个人的购买风格也具有不可忽视的影响。狄金森（Roger A. Dickinson）把采购者个人的购买风格分为七类：

（1）忠实的采购者。指长期忠实地从某一供应商处进货的采购者。这种采购者对供应商是最有利的，供应商应当分析能够使采购者保持"忠实"的原因，采取有效的措施使现有的忠实采购者保持忠实，将其他采购者转变为忠实的采购者。

采购者忠实于某一渠道的原因有多种：首先是利益因素，对供应商的产品质量、价格、服务和交易条件感到满意或未发现更理想的替代者；其次是情感因素，长期合作，感情深重，有过在困难时期互相帮助的经历，即使对方偶有不周之处也不计较，即使其他供应商的产品质量和交易条件与之相同或略优，也不愿轻易更换；最后是个性因素，该采购者认识稳定，习惯于同自己熟悉的供应商打交道，习惯于购买自己熟悉的产品。

（2）随机型采购者。这类采购者事先选择若干符合采购要求、满足自己长期利益的供应商，然后随机地确定交易对象并经常更换。他们喜爱变换和不断地尝试，对任一供应商都没有长期的合作关系和感情基础，也不认为某一供应商的产品和交易条件优于他人。对于这类采购者，供应商应在保证产品质量的前提下提供理想的交易条件，同时增进交流，帮助解决业务的和个人的有关困难，加强感情投资，使之成为忠实的采购者。

（3）最佳交易采购者。指力图在一定时间和场合中实现最佳交易条件的采购者。这类采购者在与某一供应商保持业务关系的同时，还会不断地收集其他供应商的信息，一旦发现产品或交易条件更佳的供应商，就立刻转换购买。他们一般不会发展成为某一供应商的长期顾客，除非该供应商始终保持着其他竞争者无法比拟的交易条件。这类采购者的购买行为理智性强，不太受情感因素支配，其关注的焦点是交易所带来的实际利益，供应商若单纯依靠感情投资来强化联系很难奏效，最重要的是密切关注竞争者的动向和市场需求的变化，随时调整营销策略和交易条件，提供比竞争者更多的利益。

（4）创造性的采购者。指经常对交易条件提出一些创造性的想法并要求供应商接受的采购者。这类采购者有思想、爱动脑、喜创新，常常提出一些新的尝试性的交易方法，在执行决策部门制定的采购方案时，最大限度地运用自己的权限，按照自己的想法去做。对于交易中的矛盾分歧能提出多种解决方案以使双方接受，如果实在无法调和，则更换供应商。对于这类采购者，供应商要给予充分尊重，好的想法给予鼓励和配合，不成熟的想法也不能讥笑，在不损害自己根本利益的前提下，尽可能地接受他们的意见和想法。

（5）追求广告支持的采购者。指把获得广告补贴作为每笔交易的一个组成部分，甚至是首要目标的采购者。这类采购者重视产品购进后的销售状况，希望供应商给予广告支持，以扩大影响、刺激需求。这种要求符合买卖双方的利益，在力所能及或合理的限度内，供应商可考虑给予满足。

（6）斤斤计较的采购者。指每笔交易都反复地讨价还价，力图得到最大折扣的采购者。这种采购者自认为非常精明，每笔交易都要求对方做出特别的让步，一些蝇头小利也不放过，只选择价格最低或折扣最大的供应商。与这类采购者打交道是比较困难的，让步太多无利可图，让步太少则丢了生意。供应商在谈判中要有耐心和忍让的态度，以大量的事实和数据说明自己已经做出了最大限度的让步，争取达成交易。

（7）琐碎的采购者。这类采购者每次购买的总量不大，但品种繁多，忠实于不同品种的搭配，力图实现最佳产品组合。供应商与这类采购者打交道会增加许多工作量，如算账、开单、包装和送货，等等，供应商应当提供细致周到的服务，不能有丝毫的厌烦之意。

2.3 非营利组织市场和政府市场的购买行为

非营利组织市场和政府市场是组织机构市场的重要组成部分，它们与产业市场和中间商市场存在明显的差异，购买行为具有鲜明的特点，需要专门进行研究。

2.3.1 非营利组织的类型

按照不同的职能，非营利组织可分为三类：

（1）履行国家职能的非营利组织。指服务于国家和社会，以实现社会整体利益为目标的有关组织，包括各级政府和下属各部门、保卫国家安全的军队、保障社会公共安全的警察和消防队伍、管制和改造罪犯的监狱等。

扫一扫

知识拓展5-2-1 机构市场与政府市场有何区别

（2）促进群体交流的非营利组织。指促进某群体内成员之间的交流、沟通思想和情感、宣传普及某种知识和观念、推动某项事业的发展、维护群体利益的各种组织，包括各种职业团体、业余团体、宗教组织、专业学会和行业协会等。

（3）提供社会服务的非营利组织。指为某种公众的特定需要提供服务的非营利组织，包括学校、医院、红十字会、卫生保健组织、新闻机构、图书馆、博物馆、文艺团体、基金会、福利和慈善机构等。

2.3.2 非营利组织的购买特点和方式

（1）非营利组织的购买特点。

①限定总额。非营利组织的采购经费总额是既定的，不能随意突破。比如，政府采购经费的来源主要是财政拨款，拨款不增加，采购经费就不可能增加。

②价格低廉。非营利组织大多不具有宽裕的经费，在采购中要求商品价格低廉。政府采购用的是纳税人的钱，更要仔细计算，用较少的钱办较多的事。

③保证质量。非营利组织购买商品不是为了转售，也不是使成本最小化，而是维持组织运行、履行组织职能，所购商品的质量和性能必须保证实现这一目的。

④受到控制。为了使有限的资金发挥到更大的效用，非营利组织采购人员受到较多的控制，只能按照规定的程序购买，缺乏自主性。

⑤程序复杂。非营利组织购买过程的参与者较多，程序也较为复杂。比如，政府采购经常要许多部门签字盖章，受许多规章制度约束，准备大量的文件，填写大量表格，遇有官僚气息严重的人则更加难办。

（2）非营利组织的购买方式。

①公开招标选购。即非营利组织的采购部门通过传播媒体发布广告或发出信函，说明拟采购商品的名称、规格、数量和有关要求，邀请供应商在规定的期限内投标。有意争取这笔业务的企业要在规定时间内填写标书，密封后送交非营利组织的采购部门。招标单位在规定的日期开标，选择报价低且其他方面符合要求的供应商作为中标单位。

采用这种方法，非营利组织处于主动地位，供应商之间却会产生激烈竞争。供应商在投标时应注意以下问题：

自己产品的品种、规格是否符合招标单位的要求。非标准化产品的规格不一，往往成为投标的障碍。

能否满足招标单位的特殊要求。许多非营利组织在招标中经常附带提出一些特殊要求，比如提供较长时期的维修服务、承担维修费用，等等。

中标欲望的强弱。如果企业的市场机会很少，迫切地需要赢得这笔生意以维持经营，就要降低标价；如果还有其他更好的机会，只是来尝试一下，则可以提高标价。

②议价合约选购。即非营利组织的采购部门同时和若干供应商就某一采购项目的价格和有关交易条件展开谈判，最后与符合要求的供应商签订合同，达成交易。这种方式适用于复杂的工程项目，因为它们涉及重大的研究开发费用和风险。

③日常性采购。指非营利组织为了维持日常办公和组织运行的需要而进行采购。这类采购金额较少，一般是即期付款、即期交货，如购买办公桌椅、纸张文具、小型设备等，

类似于生产者市场的"直接重购"或中间商市场的"最佳供应商选择"等类型。

2.3.3 政府市场及购买行为

政府市场是非营利组织市场的重要构成部分，关于非营利组织购买行为的阐述同样适用于政府市场。另外，政府市场还有自身的特点与购买行为。

(1) 政府市场的购买目的。

政府采购的范围极其广泛，按照用途可分为军事装备、通信设备、交通运输工具、办公用品、日用消费品、劳保福利用品和其他劳务需求等。政府采购的目的不像工商企业那样是为了营利，也不像消费者那样是为了满足生活需要，而是为了维护国家安全和社会公众的利益。政府采购的具体购买目的有：加强国防与军事力量；维持政府的正常运转；稳定市场，政府有调控经济、调节供求、稳定物价的职能，常常支付大量的财政补贴以合理价格购买和储存商品；对国外的商业性、政治性或人道性的援助等。

扫一扫
阅读资料5-2-1
中华人民共和国政府采购法实施条例

(2) 政府市场购买过程的参与者。

各个国家、各级政府都设有采购组织，一般分为两大类：

①政府部门的采购组织。如国务院各部、委、局；省、直辖市、自治区所属各厅、局；市、县所属的各局、科等。这些机构的采购经费主要由财政部门拨款，由各级政府机构的采购办公室具体经办。

②军事部门的采购组织。军事部门采购的军需品包括军事装备（武器）和一般军需品（生活消费品）。各国军队都有国防部和国防后勤部（局），国防部主要采购军事装备，国防后勤部（局）主要采购一般军需品。在我国，国防部负责重要军事装备的采购和分配，解放军总后勤部负责采购和分配一般军需品。此外，各大军区、各兵种也设立后勤部（局）负责采购军需品。

(3) 影响政府购买行为的主要因素。

政府市场与生产者市场和中间商市场一样，也受到环境因素、组织因素、人际因素和个人因素的影响，但是在以下方面有所不同。

①受到社会公众的监督。虽然各国的政治经济制度不同，但是政府采购工作都受到各方面的监督，主要的监督者有：

- 国家权力机关和政治协商会议，即国会、议会或人民代表大会、政治协商会议。政府的重要预算项目必须提交国家权力机关审核通过，经费使用情况也受到监督。
- 行政管理和预算办公室。有的国家成立专门的行政管理和预算办公室，审核政府的各项支出并试图提高使用效率等。
- 传播媒体。报纸、杂志、广播、电视等传播媒体密切关注政府经费的使用情况，对于不合理之处予以披露，起到了有效的舆论监督作用。
- 公民和民间团体。国家公民和各种民间团体对于自己缴纳的税负是否切实地用之于民也非常关注，通过多种途径表达自己的意见。

②受到国际国内政治形势的影响。比如，在国家安全受到威胁或出于某种原因发动对外战争时，军备开支和军需品需求就大；和平时期用于建设和社会福利的支出就大。

③受到国际国内经济形势的影响。经济疲软时期，政府会缩减支出，经济高涨时期则增加支出。国家经济形势不同，政府用于调控经济的支出也会随之增减。例如，我国出现"卖粮难"现象时，政府按照最低保护价收购粮食，增加了政府采购支出；美国前总统罗斯福在经济衰退时期施行"新政"，由国家投资大搞基础设施建设，以刺激经济增长，则大大增加了政府开支。

④受到自然因素的影响。各类自然灾害会使政府用于救灾的物资和支出大量增加。

(4) 政府购买方式。

与其他非营利组织一样，政府购买方式有公开招标选购、议价合约选购和日常性采购三种,其中以公开招标为最主要的方式。采用公开招标方式时,政府要制定文件,说明对所需产品的要求和对供应商能力与信誉的要求。议价合约的采购方式通常发生在复杂的购买项目中,往往涉及巨大的研究开发费用与风险;有时也会发生缺乏有效竞争的情况。

由于政府支出受到公众的关注,为确保采购的正确性,政府采购组织会要求供应商准备大量的说明产品质量与性能的书面文件,决策过程可能涉及繁多的规章制度、复杂的决策程序、较长的时间及采购人员更换,受到了一些供应商的抱怨。政府机构也会经常地采取改革措施简化采购过程,并把采购系统、采购程序和注意事项提供给各供应商。供应商必须了解这个系统并投入相当的时间、资金和其他资源来制定有竞争力的标书。政府采购比较重视价格,供应商应当尽量通过降低成本来降低价格。有实力的供应商要注意预测政府需求,设计适当的产品和服务,以争取中标。

扫一扫
名词解说5-2-1
电子采购

根据政府采购者决策程序的特点,政府市场的营销者应做到两点:第一,对于政府的常规性采购,在进行大力促销工作的同时,要有较强的耐心和自制力,以图保持长期的供货关系;第二,对于新购,特别是投资巨大的复杂项目,企业要给予高度的重视,要成立由技术专家、财务专家和公关专家组成的专家小组进行行之有效的促销工作,在竞争中充分显示公司的实力,方能一举成功。世界各大公司为获得政府订单而专门建立营销部门。

扫一扫
知识拓展5-2-2
组织市场关键术语

重点词语

组织市场　生产者市场　中间商市场　非营利组织市场
政府市场　直接再购　修正再购　新任务采购　组织购买中心

课后思考

1. 组织购买市场同消费者购买市场相比,有哪些主要特征?
2. 组织采购决策一般有哪些主要角色参与?对于组织购买行为各产生怎样的作用?
3. 组织市场的购买决策一般会经过哪几个主要阶段?
4. 组织市场有哪些特点?
5. 生产者用户的购买类型有哪几种?
6. 试述生产者用户完整的购买过程。
7. 讨论影响生产者用户购买行为的因素。如何运用这些因素开展有效的营销活动?
8. 中间商的购买类型对购买者决策过程会产生何种影响?
9. 分析中间商采购者的购买风格对于供应商的营销人员有何启发?
10. 非营利组织有哪些类型?主要购买方式有哪些?
11. 什么是政府采购?有哪些主要特点?
12. 试分析影响政府购买行为的主要因素。

项目拓展

一、看视频,思考问题

1. 视频[中央电视台]新闻:葛兰素史克—黑金—利诱 医生变成推手
   思考:如何看待"葛兰素史克—黑金"?
   讨论:如何杜绝"葛兰素史克现象"?
2. 视频[中央电视台]焦点访谈:招标之殇
   思考:鸿山热电厂在招标过程中存在哪些问题?违反了招标采购中的哪些规定?
3. 视频[广东卫视]新闻:央视调查称专供特供商品基本都是假冒
   思考:专供特供商品大行其道的原因是什么?
4. 视频:中国商务部在全球宣传"中国制造"的短片。
   讨论:中国商务部在全球宣传"中国制造"的意义何在?

扫一扫
项目五
资源包

二、阅读资料，谈感想

资料：戴尔怎样采购

项目资源

一、课件

二、图片资料

三、延伸阅读

1. 销售与营销：工业品也要做品牌。
2. 通过公关营销国家垄断市场。
3. 劳动力优势诱惑大中国成制造业引擎。
4. 品牌＋文化——最佳制胜组合。
5. 产品设计与工艺设计：两个百分之七十。
6. 克罗诺思白皮书：劳动力绩效将改变制造业规则。
7. 政府采购。
8. 非营利组织的营销管理。
9. 官方：加强政府向社会组织购买服务监督 防止暗箱操作。
10. 贵州组织集中购买碳汇活动 29家企业现场购买碳汇量500万公斤。
11. 国家能源局：建立独立规范的能源市场交易机构或交易平台。
12. 以更开放姿态促进全球粮食贸易。

四、案例集锦

1. 戴尔怎样采购。
2. 两则政府招标采购案例。
3. 英格索兰，专业工具拓展DIY市场。
4. 北京现代，挺进政府用车及出租车市场。
5. SAP中国，大小通吃ERP市场。
6. 浪潮，决胜网游市场。
7. 中电电气集团，"定义品类"的新产品赢取电力系统变压器市场。

线上学习

1. 视频：《财经郎眼之如何约束政府采购》（http://www.iqiyi.com/business/20130407/0a061598e4220954.html）

思考：政府采购的利弊？

2. 视频：[北京新闻]北京前三季度政府采购节支12亿元 公务卡改革加快推行（http://tv.cntv.cn/video/C10097/fa3c65e430c13ddee28924c80a4e5c44）

讨论：如何看待北京公务卡改革？

思考：生产商如何有效针对政府采购政策变化调整营销策略？

3. 请登录：https://v.qq.com/x/page/o03610rpqks.html？（福州大学 市场营销学—组织市场及购买行为）

线下学习

1. 《组织营销》．多米尼克．威尔逊著．万晓、汤小华译，机械工业出版社，2002.
2. 《营销学精选教材译丛·组织市场管理：理解、创造和传递价值（第2版）》．[美]安德森等 著，王永贵 译．北京大学出版社．2007.07.
3. 《非营利组织营销》．冯炜主编，科学出版社，2009.
4. 《组织间营销管理（第10版）》．[美]迈克尔·D.赫特，[美]托马斯·W.斯潘著，侯丽敏等 译．中国人民大学出版社．2011.02.
5. 《组织间营销》．郭毅，侯丽敏 著．电子工业出版社．2011.06.

学习单元四

市场开发战略

学完本单元后,你应该能够:

1. 掌握市场细分的概念。
2. 了解市场细分在市场营销中的作用。
3. 掌握市场细分的标准。
4. 掌握目标市场选择的依据。
5. 掌握目标市场营销策略的选择。
6. 系统了解市场定位的概念与主要定位策略。
7. 掌握竞争者分析的步骤。
8. 掌握各种竞争战略。
9. 具有分析竞争者的竞争战略、进行基本竞争策略策划的能力。

项目六
目标市场营销战略

项目概述：

通过本项目的学习，掌握 STP 战略，理解市场细分的概念及细分变量，明确消费者市场和产业市场的细分标准，掌握市场细分的方法步骤。在此基础上，能够应用一定的细分标准对某消费者市场或产业市场进行有效细分，以选择确定企业可测量、可进入、可盈利的目标市场。

学习目标：

［知识目标］
- 正确了解市场细分、目标市场选择以及市场定位理论
- 明确消费者市场和生产者市场细分的标准及有效细分的条件
- 熟悉目标市场营销战略的类型、选择、影响因素以及方法步骤

［技能目标］
- 能够运用合适的标准和变量对产品市场进行细分
- 初步具备目标市场营销意识以及对企业目标市场的观察能力和判断能力

［思政目标］
- 培育并践行社会主义核心价值观，增强社会责任感和奉献意识、竞争意识、担当意识
- 树立中国制造大局观，培养质量意识、企业家精神和工匠精神

✉ 听故事　悟营销 6-1

抖音和快手市场之争

2020 年春节期间，快手在新闻联播投放广告，以"在快手，看见中国"作为标语之后，在深挖社会价值的道路上一骑绝尘。

3 月 5 日，在国家广播电视总局牵头指导下，快手电商和快手扶贫发起"百城县长，直播助力"的活动，邀请县长线上直播销售滞销农产品。

同时，快手在改版之后，增加了类似于抖音的持续下刷视频功能，力求增强用户体验。快手在学习抖音。

而抖音在用户规模迎来顶峰时，对下一步的策略则坚持多元、细分的道路，为了配合字节系的游戏战略，2 月 18 日，"抖音游戏"官方账号发布了一款名为"音跃球球"的小游戏。将用户更久留在抖音，让不同爱好的用户可以不离开抖音。这是抖音与快手激烈竞争下的选择。

（资料来源：搜狐网，《抖音+语音直播，持续细分的"孤独经济"尽头在哪里》螳螂观察，https：//m.sohu.com/a/378944775_583688，有删改）

扫一扫

感想与启发1

任务一　市场细分

顾客是一个庞大而复杂的群体，其消费心理、购买习惯、收入水平和所处的地理文化环境等，都存在很大差别，不同消费群体对同一产品的消费需求和购买行为存在很大差

异。任何一个企业，无论其产品组合多么宽广都无法满足整体市场的全部需求。因此，企业营销管理人员在发现了有吸引力的市场机会之后，还要进一步进行市场细分和目标市场的选择，这是市场营销管理过程的重要步骤。市场细分、选择目标市场及市场定位，构成了目标市场营销的全过程。企业的营销任务就是对选定的目标市场进行细分，然后结合特定的市场环境和企业的资源条件，制定适合其目标客户群体的营销策略。

1.1 市场细分的概念与客观基础

1.1.1 市场细分的概念

所谓市场细分，是企业按照细分变数，把整体市场划分为若干个子市场的营销活动。市场细分对企业来讲非常重要。首先，市场细分有利于企业特别是中小企业发现最好的市场机会。其次，市场细分有利于企业正确选择自己的目标市场。最后，市场细分还可以使企业以最少的经营费用取得最大的经营效益。

拓展学习6-1-1
市场细分概念的提出

一种产品或劳务的市场可以有不同的划分方法。假设在一个未进行任何细分的市场上有若干个不同的客户群体，若这些客户群体对某产品的需求与欲望是完全一致的，即无差异需求时，市场则无须细分。相反，当这些客户群体的需求存在差异时，则每一种不同的需求就可视为一个细分市场。对于企业而言，若能有针对性地满足这些客户群体差异化的需求，则是最理想的。但企业往往受诸多营销因素的制约，很难面面俱到。一般情况下，企业会按照"求大同，存小异"的原则，归纳分类这些差异化需求，以保证企业的营销组合策略符合特定目标客户群体的消费特点和购买习惯。

名词解说6-1-1
同质市场与异质市场

1.1.2 市场细分的客观基础

产品属性是影响顾客购买行为的重要因素，根据顾客对产品不同属性的重视程度，会出现三种不同的偏好模式，即同质偏好、分散偏好和集群偏好，这种顾客需求偏好差异的存在是市场细分的客观基础。

在同质型偏好下，企业可推出一种产品或服务为消费者群体服务。在分散型偏好下，企业如果只推出一种产品或服务就难以满足所有消费群体的需要。而在集群型偏好下，企业可根据自己的实力和不同消费群体的需要生产、销售不同类型的产品或服务。

1.2 消费者市场细分的依据

消费者市场与生产者市场由于各自影响需求的因素不同，市场细分的依据也不一样。从消费者市场来看，影响需求倾向的因素归纳起来主要有地理因素、人口因素、心理因素、行为因素。以这些因素为依据进行市场划分，就形成了不同的细分市场。

1.2.1 地理细分

根据消费者所处的地理位置、自然环境等地理变量来细分消费者市场称为"地理环境细分"。由于不同地区在自然条件、气候、文化传统和消费水平等方面存在差异，致使不同地区消费者的需求、习惯和偏好也存在较大差异，他们对企业所采取的市场营销组合策略可能会有不同的反应。如就食品市场而言，我国就有"南甜、北咸、东辣、西酸"之说，企业可依据反映消费者地理特征的有关变量（如地形气候、城市农村、人口密度、交通运输等），把消费者市场划分为若干个不同的子市场。

1.2.2 人口细分

人口变量是反映消费者个人基本特点的变量。它包括消费者的年龄、家庭规模、家庭生命周期、性别、收入、职业、受教育程度、宗教信仰、民族、种族、国籍等。人口细分就是依据某一个人口变量来细分市场。例如，服装、饮料、食品、玩具、化妆品、理发等行业长期以来一直按照性别来细分市场；汽车、旅游等行业的企业长期以来一直按收入来细分市场。而许多企业通常采用多个人口变量相结合的方法来细分某消费品市场（如表6-1-1所示）。

表6-1-1 按人口状态标准细分市场

项目	主要变量	营销要点
性别	男女构成	了解男女构成及消费需求特点
年龄	婴儿、儿童、少年、青年、成年、老年	掌握年龄结构、比重及各档次年龄的消费特征
收入	白领和蓝领；高收入、中高收入和低收入者	掌握不同收入层次的消费特征和购买行为
家庭生命周期	单身阶段、备婚阶段、新婚阶段、育儿阶段、空巢阶段、寡鳏阶段	研究各家庭处在哪一阶段、不同阶段消费需求的数量和结构
职业	工人、农民、军人、学生、干部、教育工作者、文艺工作者	了解不同职业的消费差异
文化程度	文盲、小学、中学、大学等	了解不同文化层次人群购买种类、行为、习惯及结构
民族	汉族、满族、回族、蒙古族等	了解不同民族的文化、宗教、风俗及不同的消费习惯

1.2.3 心理细分

心理细分就是按照消费者的生活方式、个性等心理变量来细分消费者市场。从许多事例可以看出，消费者的欲望、需要和购买行为不仅受人口变量的影响，而且还受心理变量的影响。

拓展学习6-1-2
定制营销

（1）生活方式细分。生活方式是指个体在成长过程中，在与社会诸要素相互作用下，表现出来的活动兴趣和态度模式。消费者的消费行为与其生活方式有着非常密切的关系。来自不同文化、社会阶层、职业的人有着不同的生活方式。生活方式影响着人们对各种产品的兴趣和态度，人们的消费行为体现出他们的生活方式。目前以生活方式来细分市场的企业已越来越多。如一些企业服装制造商专为崇尚时尚生活的妇女设计生产流行服装。

（2）个性细分。消费者的个性对其需求和购买动机有较大的影响。虽然人们的个性千差万别、多种多样，但也可以找出共性，将其归类。有的企业使用个性因素来细分市场，设计出个性化的产品，以满足追求个性的消费者的需求（如表6-1-2所示）。

表6-1-2 不同性格消费者的需求特点

性格	消费需求特点
习惯型	偏爱、信任某些熟悉的品牌，购买时注意力集中，定向性强，反复购买
理智型	不易受广告等外来因素影响，购物时头脑冷静，注重对商品的了解和比较
冲动型	容易受商品外形、包装或促销的刺激而购买，对商品评价以直观为主，购买前并没有明确目标
想象型	感情丰富，善于联想，重视商品造型、包装及命名，以自己丰富的想象去联想产品的意义
时髦型	易受相关群体、流行时尚的影响，以标新立异、赶时髦为荣，购物注重引人注意，或显示身份和个性
节俭型	对商品价格敏感，力求以较少的钱买较多的商品，购物时精打细算、讨价还价

1.2.4 行为细分

所谓行为细分，就是企业按照消费者购买或使用某种产品的时机，消费者所追求的利益，使用者、消费者对某种产品的使用频率，消费者对品牌的忠诚度，消费者的购买阶段以及对产品的态度来细分消费者市场。

(1) 时机细分。在现代市场营销实践中,许多企业往往通过消费者购买商品的时机与使用商品的时机细分市场,试图扩大消费者使用本企业产品的范围。例如,我国不少企业在春节、元宵节、中秋节等传统节日大做广告,借以促进产品销售。

(2) 利益细分。消费者往往因为各有不同的购买动机,追求不同的利益,所以购买不同的产品或品牌。以购买牙膏为例,有些消费者购买高露洁牙膏,主要是为了预防龋齿;有些消费者购买芳草牙膏,是为了防治牙周炎、口腔溃疡。正因为如此,企业还要按照不同消费者购买商品时所追求的不同利益来细分市场。

(3) 使用者细分。许多市场可根据消费者的使用情况进行细分。如将某种产品的整体市场细分为非使用者、以前曾经使用者、经常使用者、初次使用者、潜在使用者。市场占有率高的企业,常常对潜在使用者特别关注,而小企业则只能尽力吸引经常使用者。

(4) 使用率细分。许多商品还可以按照消费者对其使用频率来进行细分。如少量使用者、中量使用者、大量使用者。企业可对不同的产品用户采用不同的营销策略。

(5) 忠诚度细分。企业也可以根据消费者对品牌的忠诚度来细分市场。根据消费者对品牌的忠诚度,可将某种产品的消费者分为坚定的忠诚者、中度的忠诚者、转移型的忠诚者、经常转换者。其中,坚定忠诚者始终只购买一种品牌的产品;中度忠诚者则是同时忠于两三个品牌;转移型的忠诚者是从偏爱一种品牌转换为偏爱另一种品牌的消费者;经常转换者是指不忠诚于任何一个品牌的消费者(如表6-1-3所示)。

表6-1-3 顾客忠诚度细分

忠诚度类型	购买特征	销售对策
专一品牌忠诚者	始终购买同一品牌	用俱乐部制等办法保持老顾客
几种品牌忠诚者	同时喜欢几种品牌,交替购买	分析竞争者的分布、竞争者的营销策略
转移忠诚者	不固定忠于某一品牌,一段时间忠于A,一段时间忠于B	了解营销工作的弱点
犹豫不定者	从来不忠于任何品牌	使用有力的促销手段吸引他们

扫一扫
视频6-1-1
市场细分如此重要

(6) 待购阶段细分。对于每一种产品来说,都可能同时存在对产品不了解、对产品有所了解、对产品感兴趣、想要购买、打算购买的各种各样的消费者。这些消费者处在购买过程中的不同阶段。企业对处于不同阶段的消费者酌情运用适当的营销策略,才能促进销售。

(7) 态度细分。消费者对企业产品的态度有五种:热爱、肯定、不感兴趣、否定和敌对。企业必须针对不同态度的消费者,应当酌情制定不同的营销策略,以巩固持热爱和喜欢态度的消费者,争取持无所谓态度的消费者。

1.3 产业市场细分的依据

产业市场的细分变量,有一些与消费者市场的相同,如追求利益、使用者情况、使用频率和对品牌的忠诚度等。此外,细分产业市场的常用变量有最终用户、顾客规模等。

1.3.1 最终用户

在产业市场上,不同的最终用户对同一种产业用品的市场销售组合往往有不同的要求。例如,挖掘机制造商采购产品时最重视的是产品的质量、性能和服务,价格并不是考虑的最主要的因素;汽车制造商所需要的轮胎必须达到规定的安全标准,飞机制造商又要比汽车制造商需要更优质的轮胎。因此,企业对不同最终用户要制定不同的营销组合策略,以投其所好,促进销售。

1.3.2 顾客规模

顾客规模是细分产业市场的另一个重要变量。在市场营销实践中,许多公司建立适当的制度来分别与大客户和小客户打交道。一般大客户由公司的客户经理负责联系,而小客户则由外勤销售人员负责联系。

1.3.3 其他变量

许多公司实际上不是用一个变量,而是用几个变量,甚至用一系列变量来细分产业市场。现以某化工生产企业为例来具体说明企业是如何用多变量来细分产业市场的。如图6-1-1所示。

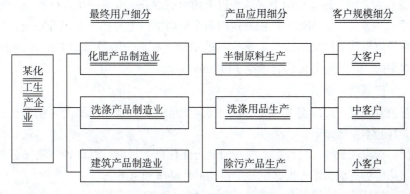

图6-1-1 多变量细分产业市场

这家化工生产企业先按最终用户这个变量把化工产品市场细分为化肥产品制造业、洗涤产品制造业和建筑产品制造业这三个子市场,然后选择其中一个本企业能服务的最好的子市场为目标市场。假设这家企业选择洗涤产品制造业为目标市场。再按照产品用这个变量进一步将其细分为半制原料、洗涤用品和除污产品三个子市场,然后再选择其中一个为目标市场。假设这家企业选择洗涤用品为目标市场,接下来又按客户规模这个变量把洗涤用品市场进一步细分为大客户、中客户和小客户三个子市场。

1.4 市场细分的有效标志

并不是所有的市场细分都是有效的。市场细分的有效标志主要有以下几类。

1.4.1 可衡量性

可衡量性是指各细分市场的规模、购买力是可以被测量的。例如,可口可乐饮料在中国市场上的成功就是得益于对中国市场的有效细分和对中国消费者购买力的准确测量。因此,有效的市场细分应能使各分市场需求规模及其购买力得到比较准确的测量。

1.4.2 可接近性

细分市场必须能够接近并提供服务。比如一家香水公司发现,用其香水的人多数是单身,这些人很晚还待在外面,社交活动很多,除非公司有办法知道这些人住在哪里,在哪里买东西,或者接触哪些媒体广告,否则就很难达到产品促销的目的。

1.4.3 可进入性

可进入性是指企业有能力进入所选定的子市场。如日本本田公司在向美国消费者推销其汽车时,就遵循了这一原则,从而成功地进行了市场细分,选择了自己的目标市场。同奔驰、奥迪等高级轿车相比,本田汽车不仅价格较低,技术也较高,足以与竞争对手"分粥"。因此，进入美国市场后，取得了巨大成功。

1.4.4 可营利性

可营利性是指企业进入所选定的细分市场后，这一细分市场的规模足以使企业有利可图，或者能够给企业带来足够的盈利。否则，市场细分就没有实际意义了。

1.5 市场细分的方法与步骤

1.5.1 市场细分的方法

市场细分的方法通常有以下三种：

（1）单一因素法。即选用一个市场细分标准，对市场进行细分。

（2）综合因素法。即运用两个或两个以上的市场细分标准对市场进行细分。

（3）系列因素法。系列因素法也是运用两个或两个以上的标准来细分市场，但必须依据一定的顺序由粗到细依次细分，下一阶段的细分是在上一阶段选定的子市场中进行的，细分的过程实质上就是一个比较、选择子市场的过程。

1.5.2 市场细分的步骤

美国营销专家伊·杰·麦卡锡提出了一套逻辑性强、直观明了的七步细分法，被业界广泛接受。其基本步骤如下：

第一步，选定产品的市场范围。即在明确企业任务、目标，对市场环境充分调查分析之后，首先从市场需求出发考虑选定一个可能的产品市场范围。

第二步，估计潜在顾客的基本需求。企业可以在地理、心理和行为等方面，通过"头脑风暴法"对潜在顾客的要求做大致分析。这一步骤掌握的情况也许不够全面，但是可为以后各个步骤准备深入的资料。

第三步，分析潜在顾客的不同需求。企业依据人口因素做抽样调查，向不同的潜在顾客了解上述哪些需求对他更重要。初步形成几个消费需求相近的细分市场。

第四步，剔除潜在顾客的共同需求。即对初步形成的几个细分市场之间共同的需求加以剔除，以它们之间需求的差异作为细分市场的基础。虽然共同需求也重要，但只能作为市场营销组合决策的参考，不能作为市场细分的基础。

第五步，为这些细分市场暂时定名。即为不同的顾客群体定一个称谓。

第六步，进一步认识各细分市场的特点，做进一步细分或合并。企业要对各细分市场的顾客，做更深入细致的考察，明确各顾客群体的特点，已知哪些，还要了解哪些，以便决定各细分市场是否需要再度细分，或加以合并。

第七步，测量各细分市场的大小，从而估算可能的获利水平。经过以上各步骤，细分市场的类型基本确定。企业接着应把每个分市场与人口因素结合，测量各个分市场中潜在顾客的数量。企业进行市场细分，是为了分析营利的机会，这又取决于各细分市场的销售潜力。

视频6-1-2
传统电商转型
"网红"市场
将更加细分

1.6 市场细分应注意的问题

（1）在选择市场细分的标准时，应根据不同企业的自身条件及产品的特点进行切合实际的选择，不能生搬硬套，不讲实效。

（2）市场细分的标准是动态的。

（3）在选择细分市场的方法时，往往选择综合因素法或系列因素法。因为影响消费需求的因素往往是多方面的且是相互关联的。单一因素细分的市场很不具体，缺乏实际意义，一个理想的细分市场往往是由多个因素综合划分来确定的。

任务二 目标市场选择

✉ 营销故事 6-2-1

小红书：从用户画像到社区运营

在2013年上线之初，小红书只是一个单纯的UGC购物笔记分享社区。当时，中国跨境游市场正处于高速上涨阶段，旅游期间的购物选择是一大痛点。小红书正好切中了这个痛点，再加之极其高效的社交网络推广方法（高质量的目的地购物攻略分享），吸引大量用户注册。在此基础之上，建立了自营海外购电商平台，为用户提供精品海外单品的购物服务。

总的来说，小红书的产品定位，是海外购物笔记分享社区，以及自营保税仓直邮电商。

在百度指数中查看关键词"小红书"的用户画像，结果如下：不论是海外购物笔记社区，还是【购物】板块的保税仓/海外直邮电商，小红书这个产品都是围绕着"有奢侈品或高品质商品购买需求"的用户群体来设计的。

将这个用户群体进行拆分，他们呈现以下特征：

（1）女性是最主要的目标用户。女性更爱逛街购物，更倾向于在国外购买比国内更便宜的奢侈品与高品质商品。

（2）年龄集中在20岁至35岁之间。该年龄段人群处于事业稳定期，购买力强。更低龄的用户刚开始工作，收入水平不足以支撑高端商品消费；更高龄的用户（出生于60、70年代）受时代影响，未能培养高端商品购买习惯。

（3）职业分布包括大城市白领、公务员以及留学生。大城市白领与公务员有良好的收入基础，追求生活品质；海外留学生是生产购物笔记的主力军，他们更了解海外商品，也更加乐意分享。

截至2019年3月，小红书用户数额突破3亿，月活量突破1亿。

小红书在社交电商领域有着较大议价优势且与同行业电商平台定位差异明显。其最主要优势源自良好的分享氛围和持续高质量内容输出。虽然传统电商巨头地位难以撼动，但细分领域的平台能满足用户更加个性化的需求。

APP	小红书
上线时间	2013年
产品定位	建立中国最大的生活分享平台，同时也是发现全球好物的电商平台
标语	在小红书，找到全世界的好东西 在小红书，和最会生活的人做朋友。

（资料来源：知乎，《小红书：从用户画像到社区运营，小红书产品最全解析》快传播营销平台，https：//zhuanlan.zhihu.com/p/57751349，有删改）

感想与启发
6-2-1

2.1 目标市场的概念

经过对各细分市场的规模和发展潜力、市场结构吸引力以及对企业目标和资源能力的分析,企业将最终决定选择哪些细分市场作为自己的目标市场。

扫一扫
阅读资料6-2-1
一家小油漆厂
如何选择自己
的目标市场

所谓目标市场,就是企业营销活动所要满足的市场,也是企业为实现预期目标而要进入的市场。具体来说就是企业拟投其所好,为之服务的具有相似需求的目标客户群体。企业的一切营销活动都要围绕这个目标市场来进行。选择和确定目标市场,明确企业的具体服务对象,关系到企业任务和目标的落实,也是企业制定营销战略的首要内容和基本出发点。

2.2 选择目标市场应考虑的因素

根据上述分析,我们可以看出三种目标市场的覆盖策略各有利弊,那么,企业究竟应该选择哪种目标市场策略呢?具体选择时,应考虑以下几个方面的因素。

2.2.1 企业资源

如果企业资源充裕、实力雄厚、经营管理水平高,就可以根据产品的不同特性考虑采用差异性或无差异市场策略;如果实力有限,无力顾及整体市场或多个细分市场的需要,则应采用集中性策略。

2.2.2 产品特点

如果企业的产品差异性小,不同厂家或地区生产的产品之间差别不大,而且消费者对这些产品的差别也不太重视,产品竞争的焦点主要集中在价格和服务上,对这些产品应该采用无差异策略。而有些产品不仅本身的性能、款式、花色等具有较大的差异性,而且顾客对这些产品需求的差异也较大,对这类产品应采用差异性策略或集中性策略。

2.2.3 市场特性

如果消费者对某种产品的需求、购买行为基本相同,对营销刺激的反应也基本一致,也就是说,市场是同质的,企业就应该采用无差异市场策略;反之,如果消费者的需求和偏好有较大的差异,对营销刺激的反应也不一致,则企业就应采取差异性策略或集中性策略。

2.2.4 产品所处的市场生命周期阶段

处于投入期的新产品,一般品种较为单一,竞争者也较少,吸引顾客的主要是产品的新颖性,这时企业宜采用无差异性策略;当产品进入成长期或成熟期时,市场上产品的花色、品种在增多,竞争也在加剧,这时就应采用差异性策略,以刺激新需求,尽量扩大销售;对于处于衰退期的产品,则应采用集中性策略,以维持企业的市场份额并延长产品的寿命周期。

2.2.5 竞争者的状况及策略

主要涉及两个方面的问题:一是竞争者的数量。当同一类产品的竞争者很多时,消费者对不同企业提供的产品所形成的信念和态度很重要。为了使消费者对本企业产品产生偏好,增强本企业产品的竞争能力,就应采用差异性策略。反之,就可采用无差异策略。二是竞争者的策略。一般而言,企业所采取的目标市场策略应该与竞争对手有所区别。当竞争对手采用无差异策略时,本企业就可采用差异性策略;如果竞争对手已经采用差异性策略,则企业可建立更深层次的差别优势或以竞争性策略与之竞争。

✉ 案例 6-2-1

盒马鲜生的"鲜"营销策略

由于电子商务趋于成熟,其便利性和低成本大大地打击了传统的实体零售业。新零售将实体零售与O2O融合,是以人为中心形成的新式闭环零售。盒马鲜生作为阿里巴巴"新零售"布局的重要一步,站在了2017年生鲜零售的风口上。盒马鲜生针对目标顾客提出"新鲜每一刻""所想即所得""一站式购物""让做饭变成一种娱乐"四个新的消费观,收获了良好的口碑,以"未来超市+餐饮"的模式对传统超市造成了很大的冲击。

2016年1月,第一家盒马鲜生在上海开业。盒马鲜生是阿里巴巴"新零售"布局的重要一步,创新性的O2O生鲜零售经营模式,被认为将"颠覆传统超市""改变生鲜业竞争格局"。"盒马鲜生"分为线上与线下两部分业务:线下开设门店,以场景定位的方式销售来自103个国家、超过3 000种的商品;线上依托其实体店,提供五公里以内、半小时送达的快速物流配送服务。

与传统零售业相比,盒马鲜生将目标顾客定位为80后、90后,这批"互联网原住民"数量庞大,能够接受新奇的食物,相较于产品的品质对于价格的敏感度更低,同时这也要求企业提供更加优质的消费体验。能够提供鲜美食物的餐饮体验区为盒马鲜生赚足了眼球,但也存在不足,高价的生鲜食品配备的是大排档的氛围环境,餐桌布置较为拥挤且数量较少,顾客等候时间长,降低了顾客的期待值。

盒马鲜生对于目标顾客以外的中老年群体顾客没有过多关注,中国人口步入老龄化且呈现老龄化加速的趋势,随着淘宝亲情号的推出,越来越多的中老年人开始选择网上购物的方式。同时,中老年人对于三餐的重视程度高于年轻人,且中老年人的思维容易形成定势,易培养顾客忠诚度。

此外,在顾客反馈这一块,盒马鲜生也还没有明确的措施,尽管采用全数字化运营,但缺少顾客对企业的正向信息传递。

根据案例情景中描述的事实,请独立思考并回答:
1. 盒马鲜生的增值潜力在哪里?下一步的目标客户应如何进一步细分耕作?
2. 盒马鲜生的目标销售市场的拓展给你哪些启示?

(资料来源:《消费导刊》侯美倩,2018年6期,有删改)

2.3 目标市场的营销策略

企业在确定自己的目标市场之后,可采用不同的市场营销策略。一般来说,有三种目标市场的营销策略可供企业选择。

2.3.1 无差异性市场营销策略

采用这种市场策略,就是把整体市场当作一个大的目标市场,只向市场推出单一的标准化产品,并以统一的营销方式进行销售。如图6-2-1所示。

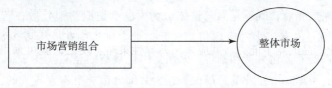

图6-2-1 无差异性市场营销

一般来说，这种策略适用于那些具有广泛需求，从而能够大量生产和大量销售的产品。采用这种策略的企业可以建立单一的大规模生产线，采用广泛的销售渠道，进行大量的、统一的广告宣传和促销活动。

实行无差异性策略的优点是：一是企业可以依靠大量的生产、储运和销售来降低单位产品的成本；二是可以利用无差异的广告宣传以及其他促销手段，从而节约大量的营销费用；三是不做市场细分，减少了市场调研、产品开发等方面的费用。因此，如果面对的整体市场中消费者需求无差异，或者即使他们的需求有差异，但差异很小可以忽略不计，而且产品能够大量生产和销售，那么，采用这种策略就是合理的。

2.3.2 差异性市场营销策略

实行这种策略的企业，需要先对整体市场做市场细分，然后根据每个细分市场的特点，分别为它们提供不同的产品，制订不同的营销计划，并开展有针对性的营销活动。例如，自行车厂为了满足不同消费者的需求和偏好，分别提供男车、女车、赛车、山地车、变速车、载重车、童车等多种产品，就是在自行车市场上实行差异性市场营销策略。如图6-2-2所示。

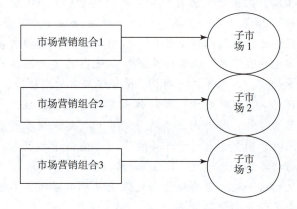

图6-2-2　差异性市场营销

实行差异性策略的优点：一是企业可以采用小批量、多品种的生产方式，并在各个细分市场上采用不同的市场营销组合，以满足不同消费者的需求，实现企业销售量的扩大；二是企业具有较大的经营灵活性，不是依赖于一个市场一种产品，从而有利于降低经营风险。但采取差异性营销策略，缺点也是显而易见的：一是增加了生产成本、管理费用和销售费用，由于需要制订多种营销计划，使生产组织和营销管理大大地复杂化了；二是要求企业必须拥有高素质的营销人员、雄厚的财力和技术力量。为了减少这些因素的影响，企业在实施差异性策略时，一是要注意不可将市场划得过细；二是不宜卷入过多的细分市场。

2.3.3 集中性市场营销策略

实行这种策略的企业，既不是面向整体市场，也不是把营销分散在若干个细分市场，追求在较大的市场上占有较小的市场份额。而是把力量集中在一个或少数几个细分市场上，实行有针对性的专业化生产和销售。采用集中性策略的意义就在于：与其在大市场上占有很小的份额，不如集中企业的营销优势在少数细分市场上占有较大的，甚至是居支配地位的份额，以向纵深发展。如服装厂专为中老年妇女生产服装，汽车制造厂专门生产大客车，等等，均属于集中性策略，如图6-2-3所示。

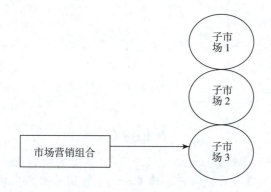

图 6-2-3　集中性市场营销

集中性策略的优点是：有利于企业准确地把握顾客的需求，有针对性地开展营销活动，也有利于降低生产成本和营销费用，提高投资收益率。这种策略特别适用于小企业。因为小企业的资源力量是有限的，如果能够集中力量在大企业不感兴趣的少数细分市场上建立优势就有可能取得成功。集中性策略的缺点是经营风险较大。因为采用这一策略使企业对一个较为狭窄的目标市场过于依赖，一旦这个目标市场上的情况突然发生变化，比如消费者的需求偏好突然发生变化，或者有比自己更强大的竞争对手进入这个市场，企业就有可能陷入困境。因此，采用集中性策略的企业必须密切注意目标市场的动向，随时做好应变的准备。

> **案例 6-2-2**
>
> ## 吴语与她的服装专营店
>
> 吴语与她的两个好姐妹在上海南京路附近合资开了一家流行服装专营店，将 18～25 岁的年轻女性作为她们重点服务的目标客户群体，她们认为这一消费群体对时尚流行元素比较敏感，跟风倾向明显，在服装服饰上舍得花钱，穿衣打扮注重张扬个性，对款式、颜色、质地、美感的要求较高，而对品牌、做工、价格等不太在乎。经销专为这一消费群体设计的服装服饰，她们感觉市场需求大，经营风险小，利润空间也要比大众化服装的高。但她们在实际经营后才发现，这一行业的竞争仍然十分激烈，服装流行趋势变化很快，进货稍有不慎，就会造成积压滞销。一年下来，所赚利润扣除各项开支和积压服装的进货成本后，没有多少剩余，有时还要亏本。吴语绞尽脑汁研究这一消费群体的购买行为，不断改变自己的营销模式，但经营仍没大的起色。后来，有人建议她们专做时尚韩版牛仔服装，原因是韩版牛仔服装在这一特定消费群体中的需求量大，而且相比较而言不会很快过时，还可以做到批量进货，进销差价大，利润率高。即便是因过时在城里卖不出去了，还可以进价转销到周边的农村市场，而不至于彻底砸在自己手里。吴语觉得有道理，便与她的两个姐妹商量，调整了经销流行服装的方向与类型，后来的实践证明，她们的这一举措是非常明智的。
>
> 根据以上营销情境，请独立思考并回答：
> 1. 流行服装的目标客户一般有什么样的消费特点和购买行为？
> 2. 吴语服装专营店经营方向与类型的战略调整，解决了什么问题？
>
> （资料来源：百度文库）

任务三　市场定位

扫一扫
感想与启发
6-3-1

> 阅读资料 6-3-1
>
> ### 秦伯嫁女
>
> 昔秦伯（秦穆公）嫁其女与晋公子（重耳），令晋为之饰装，从衣文之媵七十人。至晋，晋人爱其妾而贱其女。此可为善嫁妾，而未可谓善嫁其女也。
>
> （资料来源：《韩非子·外储说左上》）

当企业选定自己的目标市场以后，就要对目标客户的消费特点和购买行为进行分析。我们知道，消费者市场和产业市场目标客户的购买行为存在较大差距。企业营销人员在此项目实施中的主要工作任务就是对企业特定目标客户的购买行为进行分析，了解其目标客户在每一个阶段的行为特点，在此基础上，协助企业营销部门采取行之有效的措施，引导、影响目标客户的行为，不仅促成目标客户即时交易，而且还要赢得目标客户的重复购买和长期购买。

3.1　市场定位的概念

市场定位是企业根据所选定目标市场的竞争状况和自身条件，确定企业和产品在目标市场上的特色、形象和位置的过程。也就是勾画企业产品在目标市场即目标顾客心目中的形象，使企业所提供的产品具有一定特色，适应一定顾客的需要和偏好，并与竞争者的产品有所区别。

市场定位就是根据所选定目标市场上的竞争者产品所处的位置和企业自身条件，从各方面为企业和产品创造一定的特色，塑造并树立一定的市场形象，以求在目标顾客心目中形成一种特殊的偏爱。这种特色和形象可以通过产品实体方面体现出来，如形状、构造、成分等；也可以从消费者心理上反映出来，如舒服、典雅、豪华、朴素、时髦等，或者由两个方面共同作用而表现出来，如价廉、优质、服务周到、技术先进等。

市场定位实际上是在已有市场细分和目标市场选择的基础上深一层次的细分和选择，即从产品特征出发对目标市场进行进一步细分，进而在按消费者需求确定的目标市场内再选择企业的目标市场。

3.2　企业进行市场定位的步骤

企业的市场定位工作一般应包括三个步骤：

第一步：调查研究影响定位的因素。

这主要包括：

（1）竞争者的定位状况。要了解竞争者正在提供何种产品，在顾客心目中的形象如何，并估测其产品成本和经营情况。

（2）目标顾客对产品的评价标准。即要了解购买者对其所要购产品的最大偏好和愿望以及他们对产品优劣的评价标准是什么，以作为定位决策的依据。

（3）目标市场潜在的竞争优势。企业要确认目标市场的潜在竞争优势是什么，然后才能准确地选择竞争优势。

第二步：选择竞争优势和定位战略。

企业通过与竞争者在产品、促销、成本、服务等方面的对比分析，了解自己的长处和短处，从而认定自己的竞争优势，进行恰当的市场定位。

第三步：准确地传播企业的定位观念。

企业在做出市场定位决策后，还必须大力开展广告宣传，把企业的定位观念准确地传播给潜在购买者。

视频6-3-2 欧莱雅男士市场定位分析

3.3 市场定位战略

3.3.1 针锋相对式定位

针锋相对式定位，又称迎头定位。把产品定在与竞争者相似的位置上，同竞争者争夺同一细分市场。是一种"对着干"的定位方式。

把产品定在与竞争者相似的位置上，同竞争者争夺同一细分市场。实行这种定位战略的企业，必须具备以下条件：一是能比竞争者生产出更好的产品；二是该市场容量足够吸纳这两个竞争者的产品；三是比竞争者有更多的资源和实力。例如，精工表与西铁成、可口可乐与百事可乐、麦当劳与肯德基的竞争等。

3.3.2 另辟蹊径式定位

另辟蹊径式定位，又称避强定位，即避开强有力的竞争对象，根据自己的条件取得相对优势，即宣传自己与众不同的特色，在某些有价值的产品属性上取得领先地位。

当企业意识到自己无力与同行业强大的竞争者相抗衡从而获得绝对优势地位时，可根据自己的条件取得相对优势，即突出宣传自己与众不同的特色，在某些有价值的产品属性上取得领先地位。

例如，七喜汽水宣传自己不含咖啡因的特点，取得非可乐型饮料的领先地位。娃哈哈宣传自己不含激素等。伊利公司面对强有力的竞争对手和路雪、雀巢、新大陆等，以优质低价取胜。

3.3.3 填空补缺式定位

寻找新的尚未被占领，但为许多消费者所重视的位置，即填补市场上的空位。这种定位战略有两种情况：一是这部分潜在市场即营销机会没有被发现，在这种情况下，企业容易取得成功，如亚都加湿器；二是许多企业发现了这部分潜在市场，但无力去占领，这就需要有足够的实力才能取得成功。

✉案例6-3-1

网易云音乐——好的项目是在空白里找市场，还是从市场里找空白？

网易云音乐做在线音乐的时候，市场上已经有了QQ音乐、酷我音乐和老牌的服务商酷狗音乐，其它大大小小的音乐平台更是不计其数，按理说2013年发布这款产品的时候市场已经是一片红海，但是善于分析市场的网易云音乐还是发掘出了空白区。

在分析出了主要竞争对手后，网易云音乐发现了"较为年轻的音乐发烧友"这一人群，而且这类人又愿意为音乐付费，因此，它以此作为运营的切入点，成为音乐平台的后起之秀。

（资料来源：知乎，《好的项目是在空白里找市场，还是从市场里找空白？》）

3.3.4 重新定位

企业产品在市场上的定位即使很恰当，但在出现下列情况时也需考虑重新定位：一是竞争者推出的市场定位于本企业产品的附近，侵占了本企业品牌的部分市场，使市场占有率下降；二是消费者偏好发生变化，从喜爱本企业某品牌转移到喜爱竞争对手的某品牌。

（1）因产品变化而重新定位。

这是因产品进行了改良或发现了新用途，为改变顾客心目中原有的产品形象而采取的再次定位。

因产品改良而重新定位。有的产品因市场竞争等原因，不断地否定自己，又不断地对产品进行改良。当改良产品出现后，其形象、特色等定位也随之改变。

因产品发现新功能而重新定位。许多产品在投入使用过程中会超出发明者当初的设想而发现一些新用途，为了完善产品的形象、扩大市场，产品需要重新定位。

剃须安全刀片是美国吉列公司发明的，近几十年来一直是刀片市场的王牌。20世纪60年代初，吉列刀片受到BIC公司的不锈钢刀片的打击，一些顾客纷纷放弃吉列，转而使用BIC公司的产品。为扭转不利局面，吉列推出世界上第一把双片剃须刀片，其定位改为"剃须更彻底"。之后，吉列公司又推出便携式剃须刀，其定位又改变为"安全便利"。

（2）因市场需求变化而重新定位。

由于时代及社会条件的变化以及顾客需求的变化，产品定位也需要重新考虑。如人们生活富裕了，要养生、要保健减肥，因而希望食品中糖分尽量少些。某一品牌奶粉在20世纪五六十年代针对消费者喜爱强调含糖分，进入80年代则强调不含糖分，正好迎合人们"只要健康不要胖"的心理。

（3）因扩展市场而重新定位。

市场定位常因竞争双方状态变化、市场扩展等而变化。

美国约翰逊公司生产的一种洗发剂，由于不含碱性，不会刺激皮肤和眼睛，市场定位于"婴幼儿的洗发剂"。后来，随着美国人口出生率的降低，婴幼儿市场日趋缩小，该公司改变定位，强调这种洗发剂能使头发柔软，富有色泽，没有刺激性。

万宝路香烟最早是一种女性香烟，其包装采用细腻的图案和柔和的字体，广告中出现的则是女性形象。后来该公司为了扩展市场，将其定位改变为男性香烟，将包装改为红白两色对比鲜明、字体刚劲有力的男性化设计，广告片则聘用外表刚毅的男性明星，其画面大多为荒野、骏马和西部牛仔，并大力赞助赛车、足球等对抗激烈的体育比赛，从此使该产品成为男性喜爱的名牌香烟，销量也随之剧增。

重新定位是重要的，但是变中要求稳，否则频繁改变定位会造成人们对品牌形象认知的混乱，也会加大成本开支。

企业在重新定位前，尚需考虑两个主要因素：一是企业将品牌转移时的全部费用；二是定位在新位置上的收入，而收入又取决于该子市场上的购买者和竞争者情况，取决于在该子市场上销售价格能定多高等。

3.3.5 差异性定位策略

企业一旦选定了目标市场，就要在目标市场上为其产品确定一个适当的市场位置和特殊印象。但在营销实际中，我们经常会发现这样一种情况，即在同一市场上出现许多相同的产品，这些产品往往很难给顾客留下深刻的印象。因此，企业要使产品获得稳定的销路，就应该使其与众不同、创出特色，从而获得一种竞争优势。差异性有以下几个方面的内容。

扫一扫
阅读资料6-3-1
"三只松鼠"的营销定位

(1) 产品实体差异化（如表 6-3-1 所示）。

表 6-3-1　产品实体差异化对照表

差异点	内容
产品特色	产品功能、技术含量、包装、服务
产品质量	使用效果、耐用性能、可靠程度
产品式样	产品特有的样式、风格、对产品的展示方法

(2) 服务差异化。

当实体产品不易与竞争产品相区别时，竞争制胜的关键往往取决于服务。

服务差异化包括送货、安装、用户培训、咨询、维修等方面。送货必须准时、安全，这似乎已成为一个常识，但在实际活动中真正坚持做到这一点的企业并不多，而购买者往往选择那些能准时送货的供应商，设备买主常常希望获得良好的安装服务。随着产品本身在技术方面越来越复杂，其销售也越来越依赖于质量和附带的服务，正是出于这样的考虑，许多公司对服务的重视程度并不亚于对产品实体的重视。

不同行业的服务有不同的内容，也有不同的重点。因而企业应首先对服务事项进行排列，进而确定重点选择。以零售业为例，典型零售服务事项有以下内容（如表 6-3-2 所示）。

表 6-3-2　服务差异化的内容

售前服务	售后服务	附加服务
承接电话订货	送货	支票付款
接受邮购订单	常规包装	一般性解答
广告	礼品包装	免费停车
橱窗展览	调试	餐厅
内部展览	退货	修理
试衣间	换货	内部装潢
营业时间	整修	赊购
时装展览	安装	休息室
折价以旧换新	货到付款	代客照顾小孩

在确定了服务事项后，根据顾客的需求、企业自身特点以及竞争对手策略，来确定服务差异性定位。

(3) 形象差异化。

即使产品实体和服务都与竞争企业十分相似，顾客依然可能接受一种企业产品形象的差异化。如大多数香烟味道差不多，万宝路香烟借助其"西部牛仔"形象夺得一定的市场份额。

(4) 差异性定位要点。

在实施差异性定位过程中，应掌握以下要点：

①从顾客价值提升角度来定位。产品差异化的基础是消费需求的差异化，顾客也因此为各种产品或服务所吸引。消费需求是产品差异化的前提，没有前者也就没有后者，企业不能为了差异化而差异化，每一个差异化定位首先要考虑消费者是否认可，是否使用本企业产品所获得的价值高于其他产品。

②从同类企业特点的差异性来定位。同行企业中每个企业都有它的特殊性，当一个企业特点是其他企业所不具备的，这一差异性即可成为定位的依据，如我国轿车很多，但为什么市场占有率有这样大的反差？上汽为什么能独占鳌头？关键是上汽有一个全国性的销售网络和服务网络。因而，"便利"就成为上汽公司产品定位的要点之一。

扫一扫

视频6-3-3
马云、史玉柱如何分析创业项目的市场定位

③差异性应该是可以沟通的,是顾客能够感受到的,是有能力购买的。否则,任何差异性都是没有意义的。

④差异性不能太多,当某一产品强调特色过多,反而失去特色,也不易引起顾客认同。

重点词语

市场细分　顾客忠诚　　目标市场　市场定位　重新定位
无差异性市场营销策略　差异性市场营销策略　集中性市场营销策略

课后思考

1. 简述市场细分的概念与客观基础。
2. 简述消费者市场与产业市场的细分依据。
3. 企业选择目标市场应考虑哪些因素?
4. 目标市场的营销策略有哪些?各有什么优缺点?
5. 企业市场定位有哪些策略可供选择?
6. 简述企业进行市场定位的步骤。

项目拓展

扫一扫
项目六
资源包

一、看视频,思考问题
1. 视频:[中央电台]财富故事会:给成年人做玩具
思考:给成年人做玩具,使用的是什么市场细分标准?
2. 视频:[中央电台]金融讲堂:沱牌的舍与得
思考:沱牌的"舍"与"得"是什么?
3. 视频:别人淘金我卖水
思考:别人淘金我卖水采取的是什么样的目标市场选择战略?

二、阅读资料,谈感想
资料:一组国外经典广告创意

项目资源

一、课件
二、图片资料
三、延伸阅读
1. 精确锁定目标市场,精准定位,让野马驰骋市场。
2. "慢综艺"《向往的生活》市场营销策略研究。
3. 三只松鼠:休闲食品电商+品牌 IP 业务延伸模式。
4. 抖音和快手最大的区别是什么?
5. 小米手机 2020 年能在中国站稳高端市场吗?
6. 小红书 app 竞品分析。

四、案例集锦
1. 汇源果汁的果蔬汁饮料市场开发。
2. 麦当劳瞄准细分市场需求。
3. 消费升级下,农夫山泉 17.5°橙品牌形象塑造全面解析。

线上学习

1. 请登录:http://v.163.com/movie/2011/7/V/T/M852BE5U0_ M857DPKVT.html (东

田纳西州立大学公开课：市场细分）

2. 请登录：中国大学 MOOC《市场营销学》山东大学梁文玲等（http：//163.lu/YI-JUH3）

3. 请登录：https：//b23.tv/feFGi1（戴尔笔记本之市场细分）

4. 请登录：https：//b23.tv/YqgROG（海底捞、西贝为什么不敢涨价？营销角度深度解析）

线下学习

1. 《定位》.［美］里斯·特劳特著，王恩冕，等译，中国财政经济出版社，2002.

2. 《市场营销原理》.［美］科特勒，［美］阿姆斯特朗著，郭国庆，等译，清华大学出版社，2007.

3. 《市场营销管理：教程和案例》.［美］昆奇，等著，吕一林，等译，北京大学出版社，2004.

4. 《数据挖掘技术：市场营销、销售与客户关系管理领域应用》.［美］贝瑞，［美］莱诺夫著，别荣芳，尹静，邓六爱译，机械工业出版社，2006.

5. 《海底捞你学不会》. 黄铁鹰著，中信出版社，2012.

项目七
竞争者分析

项目概述：

　　竞争是市场经济的基本特性，竞争迫使企业不断研究市场、开发新产品、改进生产技术、更新设备、降低经营成本、提高经济效率和管理水平。在发达的市场经济条件下，企业随时处于竞争者的重重包围之中，企业要在实践中学会识别竞争者并进行科学的评估，了解并能科学的制定企业的竞争战略，并具备竞争管理的能力。

学习目标：

［知识目标］
- 正确认知竞争与竞争对手，理解竞争战略的内涵
- 掌握不同企业应采取的市场竞争策略

［技能目标］
- 能够明确寻找和定位竞争对手
- 能够对竞争对手从目标、战略、优劣势、反应模式等方面进行分析与评估
- 能够准确定位企业在市场竞争中所处的地位及应采取的竞争策略以凸显本企业的竞争优势

［思政目标］
- 具备营销人员的法律意识和职业道德，合法竞争、有序竞争，维护市场秩序
- 树立中国制造的大局观，培养企业家精神、工匠精神和质量意识
- 增强民族企业的担当意识和社会责任感

✉ **听故事，悟营销**

青蛙与老鼠

　　一只青蛙看着自己的老鼠邻居很不顺眼，总想找个机会教训教训它。

　　一天，青蛙见到老鼠，劝它到水里玩。老鼠不敢，青蛙说有办法保证它的安全，用一根绳子把它们连在一起，老鼠终于同意试一试。下了水，青蛙大显神威，它时而游得飞快，时而潜到水底，把老鼠折腾得死去活来。老鼠最后被灌了一肚子水，泡涨了漂浮在水面上。空中飞过的鹞子正在寻找食物，发现了漂浮的老鼠，就一把抓了起来，相连的绳子把青蛙也带了起来，吃掉老鼠后，意犹未尽的鹞子把嘴又伸向青蛙。在被鹞子吃掉之前，青蛙后悔地说：没想到把自己也给害了。

扫一扫
感想与启发1

（资料来源：http：//www.chinadmd.com/营销哲理小故事）

任务一　竞争者识别

　　"知己知彼，百战不殆"，企业要制定正确的竞争战略和策略，就要深入地了解竞争者，需要了解的主要方面有：谁是我们的竞争者，他们的战略和目标是什么，他们的优势与劣势是什么，他们的反应模式是什么，我们应当攻击谁、回避谁等。因而企业制定竞争战略首要的工作是对于竞争对手的识别。

1.1 竞争者识别

企业的现实和潜在竞争者的范围极其广泛，如果不能正确地识别，就会患上"竞争者近视症"。公司被潜在竞争者击败的可能性往往大于现实的竞争者。网上书店的发展使传统书店的市场缩小，提供招聘服务、房地产服务及汽车在线服务的互联网站使传统的报刊业在相应市场上失去了巨大的份额，公司应当有长远的眼光，从行业结构和业务范围的角度识别竞争者。

1.1.1 行业竞争观念

行业是一组提供一种或一类密切替代产品的相互竞争的公司群。密切替代产品指具有高度需求交叉弹性的产品。比如，丰田汽车价格降低会引起其他汽车需求减少，IBM电脑价格上升会引起其他电脑需求增加，两者互为密切替代品。

经济学家认为，行业动态首先取决于需求与供给的基本状况，供求会影响行业结构，行业结构又影响行业的行为，如产品开发、定价和广告策略等，行业的行为决定着行业的绩效，如行业的效率、成长和成就。这里主要讨论决定行业结构的主要因素。

1.1.2 业务范围导向与竞争者识别

每个企业都要根据内部和外部条件确定自身的业务范围并随着实力的增加而扩大业务范围。企业在确定和扩大业务范围时都自觉或不自觉地受一定导向支配，导向不同，竞争者识别和竞争战略不同。

（1）产品导向与竞争者识别。产品导向指企业业务范围限定为经营某种定型产品，在不从事或很少从事产品更新的前提下设法寻找和扩大该产品的市场。

实行产品导向的企业仅把生产同一品种或规格产品的企业视为竞争对手。产品导向的使用条件是：市场产品供不应求，现有产品不愁销路；企业实力薄弱，无力从事产品更新。当原有产品供过于求而企业又无力开发新产品时，营销活动只能从扩大市场需求和市场份额入手，主要经营战略是市场渗透和市场开发。

市场渗透是设法增加现有产品在现有市场的销售量，提高市场占有率。

市场开发是寻找新的目标市场，用现有产品满足新市场的需求。

（2）技术导向与竞争者识别。技术导向指企业业务范围限定为经营用现有设备或技术生产出来的产品。业务范围扩大指运用现有设备和技术或对现有设备和技术加以改进而生产出新的花色品种。

技术导向未把满足同一需求的其他大类产品的生产企业视为竞争对手，易于发生"竞争者近视症"。例如，钢笔的竞争者包括圆珠笔、铅笔、墨水笔、毛笔和掌上电脑等；打字机生产企业的主要威胁不是来自其他同类企业，而是迅速普及的家用电脑和手提电脑；激光照排的普及淘汰了铅字印刷业。当满足同一需要的其他行业迅速发展时，本行业产品就会被淘汰或严重供过于求，继续实行技术导向就难以维持企业生存。

（3）需要导向与竞争者识别。需要导向企业业务范围确定为满足顾客的某一需求，并运用互不相关的多种技术生产出分属不同大类的产品去满足这一需求。

需要导向竞争者的识别应考虑市场需求和企业实力，避免过窄或过宽。过窄则市场太小、无利可图，过宽则力不能及。例如，生产铅笔的公司若将自身业务范围定义为满足低年级学生练习硬笔字的需要则太窄，导致其他铅笔市场被忽视；若定义为满足人们记录信息的需要则太宽，衍生出许多力不能及产品。

实行需要导向的企业把满足客户同一需求的企业都视为竞争者，而不论他们采用何种技术、提供何种产品。其适用条件是市场商品供过于求，企业具有强大的投资能力、运用多种不同技术的能力和经营促销各类产品的能力。如果企业受到自身实力的限制而无法按照需要导向确定业务范围，也要在需要导向指导下密切注视需求变化和来自其他行业的可能竞争者在更高的视野上发现机遇和避免危险。

（4）顾客导向和多元导向与竞争者识别。顾客导向指企业业务范围确定为满足某一群体的需要。业务范围的扩大指发展与原有顾客群体有关但与原有产品、技术和需要可能无关的新业务。

顾客导向要求企业有丰厚的资金和运用多种技术的能力,在某类客户群体中享有盛誉和销售网络等优势,并且能够将该客户群体转移到公司的新增业务上。换句话说,该客户群体出于对公司的信任和好感而乐于购买公司增加经营的与原产品生产技术上有关或无关的其他产品,公司也能够利用原有的销售渠道促销新产品。顾客导向的优点是能够充分利用企业在原顾客群体的信誉、业务关系或渠道销售其他类型产品,减少进入市场的障碍,增加企业销售和利润总量。但新增业务若未能获得顾客信任和满意将损害原有产品的声誉和销售。

多元导向指企业通过对各类产品市场需求趋势和获利状况的动态分析确定业务范围。新发展业务可能与原有产品、技术、需要和顾客群体都没有关系,如宝洁公司经营幼儿食品,菲利普莫里斯公司经营啤酒饮料和冷冻食品等。其适用条件是企业拥有雄厚的实力、敏锐的市场洞察力和强大的跨行业经营的能力。多元导向的优点是可以最大限度地发掘和抓住市场机会,撇开原有产品、技术、需要和顾客群体对企业业务发展的束缚。缺点是新增业务若未能获得市场承认将损害原成名产品的声誉。

1.2 竞争者评估

1.2.1 评估竞争者的优势与劣势

(1) 竞争者类型。

竞争者能否执行和实现战略目标,取决于其资源和能力。

阿瑟·D·利特尔咨询公司把企业在目标市场的竞争地位分为以下六种:

主宰型。这类公司控制着其他竞争者的行为,有广泛的战略选择余地。

强壮型。这类公司可以采取不会危及其长期地位的独立行动,竞争者的行为难以撼动其长期地位。

优势型。这类公司在特定战略中有较多的力量可以利用,有较多机会改善其战略地位。

防守型。这类公司的经营状况令人满意,但它在主宰型企业的控制下生存,改善其地位的机会很少。

虚弱型。这类公司的经营状况不能令人满意,但仍然有改善的机会,不改变就会被迫退出市场。

阅读资料7-1-1 《舌尖上的中国》营销成功的分析

难以生存型。这类公司的经营状况很差且没有改善的机会。

(2) 评估竞争者的步骤。

评估竞争者可分为三步:

第一步,收集信息。收集竞争者业务上最新的关键数据,主要有:销售量、顾客知晓度、市场份额、心理份额、情感份额、毛利、投资报酬率、现金流量、设备利用能力等。其中,"顾客知晓度"指回答"举出这个行业中你首先想到的一家公司"这个问题时提名竞争者的顾客在全部顾客中的比例。"情感份额"指回答"举出你最喜欢购买其产品的一家公司"这一问题时提名竞争者的顾客在全部顾客中的比例。收集信息的方法是查找第二手资料和向顾客、供应商及中间商调研得到第一手资料。

第二步,分析评价。根据所得资料综合分析竞争者的优势与劣势,如表7-1-1所示。表中,5、4、3、2、1分别表示优秀、良好、中等、较差和差。

表7-1-1 竞争者优势与劣势分析

品牌	顾客对竞争者的评价				
	顾客知晓度	产品质量	情感份额	技术服务	企业形象
A	5	5	4	2	3
B	4	4	5	5	5
C	2	3	2	1	2

表 7-1-1 中，公司要求顾客在五个属性上对三家主要竞争者做出评价。评价结果是：竞争者 A 的产品知名度和质量都是最好的，但是在技术服务和企业形象方面逊色一些，导致情感份额下降。竞争者 B 的产品知名度和质量都不及 A，但是在技术服务和企业形象方面优于 A，使情感份额达到最大。公司在技术服务和企业形象方面可以攻击品牌 A，在许多方面都可以进攻品牌 C。

第三步，定点超越。找出竞争者在管理和营销方面的最好做法作为基准，然后加以模仿、组合和改进，力争超过竞争者。

在定点超越中，公司必须确定定点超越的对象，即评价最好的公司。方法是调查客户、供应商和分销商，请他们对本行业主要的公司加以排序；也可询问咨询公司，他们可能有本行业主要公司各项业绩的档案。公司定点超越应当集中在影响顾客满意和成本的关键项目上。

1.2.2 评估竞争者的反应模式

了解竞争者的经营哲学、内在文化、主导信念和心理状态，可以预测它对各种竞争行为的反应。竞争中常见的反应类型有以下四种：

（1）从容型竞争者。指对某些特定的攻击行为没有做出迅速反应或强烈反应。可能原因是：认为顾客忠诚度高，不会转移购买；认为该攻击行为不会产生大的效果；它们的业务需要收割榨取；反应迟钝；缺乏做出反应所必需的条件等。

（2）选择型竞争者。指只对某些类型的攻击做出反应，而对其他类型的攻击无动于衷。比如，对降价行为做出针锋相对的回击，而对竞争者增加广告费用则不做反应。为此，需要了解竞争者在哪些方面会做出反应，将有利于企业选择最为可行的攻击类型。

（3）凶狠型竞争者。指对所有的攻击行为都做出迅速而强烈的反应。这类竞争者意在警告其他企业最好停止任何攻击。

（4）随机型竞争者。指对竞争攻击的反应具有随机性，有无反应和反应强弱无法根据其以往的情况加以预测。许多小公司属于此类竞争者。

扫一扫
案例 7-1-1
瑞士反击日本电子表

1.2.3 竞争平衡的影响因素

竞争平衡状态指同行业竞争的激烈程度，即各企业是和平共处还是激烈争斗。如果相对和平共处，则视为竞争的相对平衡；反之视为相对不平衡。布鲁斯·亨德森认为，竞争平衡状态取决于影响因素的状况。

（1）如果竞争者的产品、经营条件几乎相同，竞争能力处于均势，竞争就是不平衡的，易于发生无休止的冲突。如果有一家公司首先降低了价格，竞争平衡就会打破，价格战就会经常地爆发。

（2）如果决定竞争胜负的关键因素只有一个，就不易实现竞争平衡。产品成本的差异由规模效益、先进技术和其他因素造成，首先取得成本突破的公司会降价竞争，夺取其他公司的市场份额。在这些行业中，成本突破易于经常性地引发价格战。

（3）如果决定竞争胜负的关键因素有多个，就比较容易实现竞争平衡。在这种情况下，各个竞争者都有自己的细分市场，在产品质量、性能、款式、档次、服务等方面都具有某些优势，与竞争者形成差异以吸引特定顾客，易于和平共处。

（4）决定竞争胜负的关键因素越多，能够共存的竞争者数量就越多。决定竞争胜负的关键因素越少，共存的竞争者数目就越少。如果决定因素只有一个，能够共存的竞争者也不过两三个。

（5）任何两个竞争者之间的市场份额之比为 2:1 时，可能是平衡点。任一竞争者提高或降低市场份额可能既不实际也无利益，增加促销和分销成本会得不偿失。

1.2.4 选择要攻击和回避的竞争者

企业可以集中进攻下述几类竞争者之一：

（1）强对弱的竞争者。

很多公司把进攻目标瞄准较弱的竞争者，这样可使它们获得每百分点的市场份额所付出的资源和时间较少。但在这个过程中，公司可能在提高能力方面进展很小。企业也应当同强有力的竞争者进行竞争，以赶超目前的工艺水平。再者，即使同强有力的竞争者进行竞争，也应知道它也有劣势，而企业也可证明自己是一个有价值的竞争者。

（2）近对远的竞争者。

大多数公司会与那些极度类似的竞争者竞争，因此，日产要与本田竞争而不同美洲虎竞争。与此同时，公司应当避免"摧毁"相邻的竞争者。

（3）"好"对"坏"的竞争者。

波特认为每个行业都有"好的"与"坏的"竞争者，一个公司应当明智地去支持好的竞争者并攻击坏的竞争者。好的竞争者有一系列特征：它们遵守行业规则；它们对行业的增长潜力所提出的设想切合实际；它们制定的价格与成本相符；它们喜欢一个健全的行业；它们将自己限定在行业的某一部分或细分市场中；它们推动其他企业降低成本或提高差异化；并且它们接受正常水平的市场份额和利润。坏的竞争者违反规则：它们企图花钱购买而不是赢得市场份额；它们冒着极大风险；它们在生产能力过剩时仍继续投资；它们打破行业均衡。例如，IBM公司发现克雷公司（Cray Research）是一个好的竞争者，因为它遵守规则，经营范围严格限定在细分市场内，并且不侵犯IBM公司的核心市场；但IBM公司发现富士通公司是一个"坏的"竞争者，因为该公司对价格实行补贴，产品差异性小，并攻击IBM公司的核心市场。

案例7-1-2
日本汽车进入美国高端汽车市场

任务二　制定竞争战略

2.1　市场领先者的竞争战略

市场领先者是在行业中处于领先地位的营销者，占有最大市场份额，一般是该行业的领导者。这类企业更关心的是自己市场地位的稳固性和能否有效保持已有的市场份额。作为市场领先者，需要对自身的弱点经常地进行检讨，并正确地选择竞争战略。

市场领先者要保持自己的市场占有额和在行业中的经营优势，有三种主要的战略可供选择：

一是扩大市场总需求，属于发展战略类型。企业需要找到扩大市场总需求的方法，因此，采用"欲望竞争"的观念，是市场领先企业应具有的主要竞争观念。

二是防御战略，属于维持性战略。市场领先企业应采取较好的防御措施和有针对性的进攻，来保持自己的市场地位。尤其需强调的是，市场领先者绝不能一味地采取"防御"，或说是单纯消极的防御。如同军事上所奉行的"最好的防御是进攻"的原则一样，市场领先者也应该使自己具有竞争的主动性和应变能力。

三是扩大市场份额，属于用进攻方法达到防御目的的战略。在市场需求总规模还能有效扩大的情况下，市场领先者也应随市场情况变化调整自己的营销组合，努力在现有市场规模下扩大自己的市场份额。

2.1.1　扩大市场总规模的战略

一般地，在同行业产品结构基本不变时，当市场总规模扩大，市场领先者得到的收益会大于同行业其他企业。因此，市场领先者总是首先考虑扩大现有市场规模。

市场领先者可以通过以下途径扩大市场的总规模：

（1）寻找新用户。

当产品具有吸引新购买者的潜力时，寻找新用户是扩大市场总规模最简便的途径。主要策略有：

①新市场战略。针对一个新的细分市场，说服他们采用产品。比如，说服男性顾客采用化妆品。

②市场渗透战略。针对现有细分市场中还未采用产品的顾客或只偶尔使用的顾客，说服他们采用产品或是增加使用量。如口服滋补品的营销者强调产品日常保健功能，使顾客认为不是只有患病才要使用，如果平时也使用，就可增加产品消费量。

③地理扩展战略。即将产品销售到国外或是其他地区市场。

（2）发现产品的新用途。

现有产品的市场可以通过发现产品新用途并推广这些新用途来扩大市场对产品的需求。比如，为小型普通录音机增添自动录音功能，并能连接到电话线路上使用，使之成为电话录音器，就可使顾客在音响产品进入市场并对小型录音机产品被大量替代以后，再购买小型录音机。

扫一扫
阅读资料7-2-1：
市场领先者的
战略形式

2.1.2 保持现有市场份额的战略

保持现有市场份额的战略是市场领导者经常要实行的战略。一般有以下几种：

（1）阵地防御。

采取阵地防御，是在现有市场四周构筑起相应的"防御工事"。典型的做法是企业向市场提供较多的产品品种和采用较大分销覆盖面，并尽可能在同行业中采用低定价策略。这是一种最为保守的竞争做法，因缺少主动进攻，长期实行，会使企业滋生不思进取的思想和习惯。

（2）侧翼防御。

侧翼防御是指市场领先者对在市场上最易受攻击处，设法建立较大的业务经营实力或是显示出更大的进取意向，借以向竞争对手表明：在这一方面或领域内，本企业是有所防备的。比如，当 IBM 公司在美国连续丢失个人计算机市场和计算机软件市场份额后，对行业或是组织市场的用户所使用的小型计算机加强了营销力度，率先采用改良机型、降低产品销售价格的办法来顶住日本和德国几家计算机公司在这一细分市场上的进攻。

（3）先发防御。

即在竞争对手欲发动进攻的领域内，或是在其可能的进攻方向上，首先挫伤它，使其无法进攻或不敢再轻举妄动。例如，日本精工公司在世界各地市场，分销达 2 300 种钟表产品，使竞争对手很难找到其没有涉足的领域。日本本田公司，素以生产摩托车闻名，该公司保持每年推出几款新型摩托车产品，每当有竞争对手生产同样摩托车产品时，本田公司就采取首先降价的防御措施，使本田在摩托车市场的领先地位得以长久保持。

（4）反击防御。

当市场领先者已经受到竞争对手攻击时，采取主动的，甚至是大规模的进攻，而不是仅采取单纯防御做法，就是反击式防御。如日本的松下公司，每当发现竞争对手意欲采取新促销措施或是降价销售时，总是采取增强广告力度或是更大幅度降价的做法，以保持该公司在电视、录像机、洗衣机等主要家电产品的市场领先地位。

（5）运动防御。

运动防御指市场领先者将其业务活动范围扩大到其他领域中，一般是扩大到和现有业务相关的领域中。如美国施乐公司为保持其在复印机产品市场的领先地位，积极开发电脑复印技术和相应软件，并重新定义本公司是"文件处理"公司而不再是"文件复制"公司，以防止随着计算机技术对办公商业文件处理领域的渗入而使公司市场地位被削弱。

（6）收缩防御。

当市场领先者的市场地位已经受到来自多个方面的竞争对手的攻击时，企业自己可能受到短期资源不足与竞争能力限制，只好采取放弃较弱业务领域或业务范围，收缩到企业应主

案例7-2-1
吉列的防御战

要保持的市场范围或业务领域内,就是收缩防御。收缩防御并不放弃企业现有细分市场,只是在特定时期,集中企业优势,应付来自各方面竞争的威胁和压力。可口可乐公司放弃了公司曾经新进入的房地产业和电影娱乐业,以收缩公司力量对付饮料业越来越激烈的竞争。

2.1.3 扩大市场份额的战略

市场领先者也可以在有需求增长潜力的市场中,通过进一步地扩大市场占有额来寻求发展。对于市场领先者来说,实行扩大市场份额的战略能取得有效结果的条件是:一是具有较陡峭的行业经验曲线(经验曲线是指随着一个企业生产某种产品或者从事某种业务的数量的增加,经验不断地积累,其生产成本将不断下降,并且呈现出某种下降的规律),通过扩大市场占有额可以取得成本经济性;二是顾客对产品具有"质量响应"特点。所谓"质量响应",是指随产品质量的提高,顾客愿意为之支付更高的产品售价,在此前提下,企业就可能为质量的提高而获取质量溢价。

扩大市场份额战略的主要做法有以下几种:

(1) 产品创新。

产品创新是市场领先者主要应该采取的能有效保持现有市场地位的竞争策略。如为了在手表市场上站稳脚跟,斯沃琪始终保持与时俱进的风格。由生产上的要求主导的创作动力,是斯沃琪享有"潮流先锋"美誉的关键原因,斯沃琪一直强调的风格是——"唯一不变的是,我们一直在改变",公司每年都要向社会公开征集钟表设计图,根据选中的图案生产不同的手表系列,其中包括儿童表、少年表、少女表、男表、坤表、春天表、夏天表、秋天表、冬天表,后来又推出了每周套表,从星期一到星期天,每天一块,表面图案各不相同。由于公司的产品不断翻新,迎合了社会不同层次、不同年龄、不同爱好、不同品位顾客的需要,因此深受广大消费者的欢迎和喜爱,销售量年年攀升,市场份额不断扩大,公司的效益自然也越来越好。

(2) 质量领先。

质量领先也是市场领先企业采用较多的市场竞争策略,即不断向市场提供超出平均质量水平的产品。这种做法或者是为了直接从高质量产品中得到超过平均投资报酬率的收入;或者是为了维持品牌声誉或保持企业产品的市场号召力,从而能为企业主流产品保持较大的市场份额。

(3) 多品牌策略。

此策略为美国的 P&G(宝洁)公司首创,即在企业销路较大的产品项目中,采用多品牌营销,使品牌转换者在转换品牌时,都是在购买本企业的产品。如宝洁的洗发水有海飞丝、飘柔、潘婷、沙宣、伊卡璐等品牌。其中,海飞丝针对去头屑,飘柔主要使头发更加柔顺,潘婷则着重于头发的营养,三者各有特点,各有特定消费群体,也各有自己独立的品牌。此外,宝洁公司在细分市场的基础上对广告策略的调研上也采取了独特的做法,即消费者利益细分法,由于不同消费者对产品的兴趣不同,关注点也不同。宝洁公司针对不同的消费群体推出不同特点的产品时配以不同特点的广告,从而令消费者印象深刻,使产品深入人心。

(4) 密集广告策略。

市场领先企业往往可以在一定的时期采用高强度多密度的广告来促使消费者经常保持对自己的品牌印象,增加其对品牌熟悉的程度,产生较强的品牌偏好。

(5) 强力销售促进。

通过更多销售改进工作来维持市场份额。如不断加强售后服务、提供更多质量保证,建立更多的销售和顾客服务网点等。

2.2 市场挑战者的竞争战略

市场挑战者是市场占有率位居市场领先者之后而在其他的竞争对手之上的企业。但是并不能简单地认为市场挑战者的竞争实力一定次于市场领先者,因为有可能是挑战者暂时对某项业务还没有投入更多精力,或者还没有将其作为主要业务来发展。市场挑战者往往可以采取两种竞争战略:一是向市场领先者发起进攻,夺取更多的市场份额;二是固守已有的市场地位,使自己成为不容易受到其他竞争者攻击的对象。

市场挑战者在本行业中要寻求进一步的发展,一般要依靠采取进攻战略。因此,进攻战略是市场挑战者主要奉行的竞争战略。市场挑战者的进攻战略主要有以下五种。

2.2.1 正面进攻

该战略是正面地向对手发起进攻,攻击对手真正实力所在,即便不能一役以毙之,也可极大消耗对手实力。进攻的结果,取决于谁的实力更强或更有持久力,即正面进攻采取的是实力原则。正面进攻的常用做法有:

(1)产品对比。

将自己的产品和竞争对手的产品用合法形式进行特点对比,使竞争者的顾客相信应重新考虑是否有必要更换品牌。如七喜汽水面世之初,面临可口可乐超级大国,七喜为自己的汽水精心设计了简短的广告词:"七喜——非可乐",一下把饮料市场一分为二:一边是可口可乐等含咖啡因的可乐型饮料;另一边是刚刚面世的、非可乐的七喜,在众多的可乐饮料市场上为自己创造出一个新的市场。这场非可乐广告宣传的结果是:七喜汽水在第一年的销售量提高了10%,而且以后每年都有所增加。

(2)攻击性广告。

使用与竞争者相同的广告媒介,拟定有对比性的广告文稿,针对竞争者的每种广告或广告中体现的营销定位因素进行攻击。如在巴西占市场份额第二的剃刀片制造商,向占市场第一位的美国吉利公司发动进攻时,用了这样的广告:"它的价格是最低的吗?""不!";"它的包装是最好的吗?""不!";"它是最耐用的吗?""不!";"它给经销商最优惠的折扣吗?""不!";表现出咄咄逼人的攻势。

(3)价格战。

价格战既是传统竞争手法,也是今天为市场挑战者在比较极端的情况下仍会考虑采用的竞争战略。价格战的后果是难以预料的,可能使参战的每一方都受到损失。所以,在现代营销活动中,价格战并不是市场挑战者所首选的战略。

价格战有两种做法:一是将产品的价格定得比竞争者价格更低,或是调整到低于竞争者的价格。如果竞争者没有采取降价措施,而且消费者相信本企业所提供的产品在价值上和其他竞争者,尤其和市场领先者的产品相当,则此种方法会奏效。二是采用相对降低价格的做法。即企业通过改进产品的质量或提供更多的服务,明显提高产品可觉察价值,但保持原销售价格。这要求企业必须在提高质量的同时降低成本,以能够保持原来的盈利水平,并必须能使顾客建立相应的价值感觉,使顾客能认为本企业的产品质量高于竞争者。

2.2.2 侧翼进攻

侧翼进攻采取的是"集中优势兵力攻击对方弱点"的战略原则。当市场挑战者难以采取正面进攻或正面进攻风险太大时,往往会考虑采用侧翼进攻。侧翼进攻包括两个战略方向:

(1)地理市场战略方向。

向同一地理区域市场范围竞争对手发起进攻。常用的做法有两种:一是在竞争对手所经营的相同市场范围内,建立比竞争对手更强有力的分销网点,以拦截竞争对手的顾客;二是在同一地理区域内,寻找到竞争对手产品没有覆盖的市场空白,组织营销并占领这些区域。

(2)细分市场的战略方向。

是指利用竞争对手产品线的空缺或是因营销组合定位单一而留下的空缺,冲入这些细分市场,迅速用竞争对手所缺乏的产品品种加以填补。美国微软就是利用了各大型电脑公司DOS操作系统互不兼容的特点,创新出通用性很好的个人微机操作系统而发展起来的。

实际上，当年微软公司的 DOS 产品，是向所有市场领先者发动攻击。但盖茨并没有专门针对任何特定竞争对手的产品，而攻击的是这些对手的共同弱点所在。因此使这些各自为政的大公司都束手无策，以致造就了微软世界电脑软件产品的领袖地位。

2.2.3 包围进攻

包围进攻是在对方市场领域内，同时在两个或两个以上的方面发动进攻的做法，使被攻击者首尾难顾。该战略要求具有的条件是：

（1）竞争对手留下的市场空白不止一处，因而提供比竞争对手更多的产品或服务，使消费者愿意接受或迅速采用。

（2）本企业确实具有比竞争对手更大的资源优势。包围战略奉行的是速决速胜原则，尽快使攻击奏效，不陷入持久战的泥潭中。

2.2.4 绕道进攻

绕道进攻即尽量避免正面冲突，在对方没有防备或不可能防备的市场发动进攻。对于市场挑战者来说，有三种可行方法：一是绕过竞争者，开发新产品去满足未被竞争者开发的市场；二是开展多角化经营，进入与竞争者不相关的行业；三是寻找新的、未被竞争者列入经营区域的地区市场。

2.2.5 游击进攻

游击进攻是采用骚扰对方、拖垮对方的战略方法。适宜实力较弱、短期内没有足够财力的企业，在向较强实力对手发起攻击时采用。此做法的特点是：进攻不是在固定的地方、固定方向上展开，而是打一枪换一个地方，如采用短期促销、降价、不停变换广告等方式。

游击进攻不是企图取得直接胜利，企业不可能靠游击方法彻底地战胜竞争对手。所以，有时市场挑战者往往是在准备发动较大的进攻时，先依靠游击进攻作为全面进攻的战略准备，迷惑对手，干扰对手的战略决心。

2.3 市场追随者的竞争战略

对于市场份额大大小于市场领先者的追随者来说，如果没有产品在技术上的真正进步或营销组合上有效改进的办法与机会，就应该更多考虑采用以保持现有市场份额，以便能够伴随行业同步发展的策略。因此，要在已经取得的市场份额内，不断改进营销，通过增加顾客的满意度来维持顾客。市场追随者如果主动细分市场、集中力量于最希望的顾客群，向他们提供比所有竞争对手都好的营销服务，进行有效市场与产品开发，着重实际的盈利水平并采取有效的营销管理，也可成为非常成功的企业。市场追随者的战略类型主要有以下几种：

2.3.1 紧密追随

紧密追随是指在尽可能多的细分市场和营销组合中模仿市场领先者的做法。在这种情况下，市场追随者采取避免直接发生冲突的做法，使市场领先者的既有利益不受威胁。比如，在产品功能上，市场追随者可以和市场领先者一致；但是却在品牌声望上，和市场领先者保持一定差距。

2.3.2 距离追随

市场追随者总是和市场领先者保持一定的距离，如在产品的质量水平、功能、定价的性价比、促销力度、广告密度以及分销网点密集度等方面，都不使市场领先者和挑战者觉得市场追随者有侵入的态势。市场领先者往往很乐意有这种追随者存在，并让它们保持相应的市场份额，因为一定程度上，这可以使市场领先者更符合"反垄断"的法律规定。采取这种策略的市场追随者一般靠兼并更小的企业来获得增长。

2.3.3 选择追随

采取在某些方面紧跟市场领先者，而在另外一些方面又有独特创新的做法。这类企业

扫一扫
案例7-2-2
王老吉的逆袭

具有创新能力，但是它在整体实力不如对方的时候，需要避免直接冲突，以便企业有时间培养自己的市场和竞争实力，以期实现可持续增长。

2.4 市场补缺者的竞争战略

除了寡头竞争行业，其他行业中都存在一些数量众多的小企业，这些小企业基本都是为更小的细分市场或者是为一个细分市场中存在的空缺提供产品或服务。如我国台湾地区有不少照相器材产品制造商，专为世界大公司的主流产品生产配套产品，如快门线、镜头盖、脚架等，同时我国台湾地区也是目前世界上最大的计算机配套产品生产地。由于这些企业对市场的补缺，使许多大企业集中精力生产主要产品，也使这些小企业获得很好的生存空间。

作为市场补缺者，在竞争中最关键的是寻找到一个或多个安全并有利可图的补缺基点。理想的市场补缺基点应该具有的特点是：

第一，有足够的市场需求量或购买量，从而可以获利；

第二，有成长潜力；

第三，是大的竞争者所不愿经营或者是忽视的细分市场；

第四，企业具有此方面的特长，可以提供补缺基点所需要的技术，为顾客提供合格的产品或服务。

补缺战略的关键是"专业化"，即利用分工原理，专门生产和经营具有特色的或拾遗补阙的产品或服务。由于是在一个较小的领域内追求较大市场份额，补缺也可以使那些小企业获得发展，取得较高的投资盈利。一般而言，在以下几方面可以找到专业化的竞争发展方向：

（1）最终使用者的专业化。

企业专门为最终使用用户提供服务或配套产品。如一些较小的计算机软件公司专门提供防病毒软件，成为"防病毒专家"。

（2）纵向专业化。

企业专门在营销链的某个环节上提供产品或服务。如专业性的设备搬运公司、清洗公司等。

（3）顾客类型专业化。

市场补缺者可以集中力量专为某类顾客服务。如在产业用品的市场上，存在许多为大企业所忽视的小客户，市场补缺企业专为这些小客户服务。某些小型装修公司，专门承接家庭用户的住房装修业务，这些是大型装修公司所不愿意为之的。

（4）地理区域专业化。

企业将营销范围集中在比较小的地理区域，这些地理区域往往具有交通不便或较为分散等特点，为大企业所不愿经营。

（5）产品或产品线专业化。

企业专门生产一种产品或一条产品线，而所涉及的这些产品，是被大企业看作市场需求不够、达不到经济生产批量要求而放弃的。这就为市场补缺者留下很好的发展空缺。如家用电器维修安装业务。

（6）定制专业化。

当市场领先者或挑战者比较追求规模经济效益时，市场补缺者往往可以碰到许多希望接受定制业务的顾客，专门为这类客户提供服务，构成一个很有希望的市场。近年来，我国城市中的许多家庭，在住房装修、家具等产品和服务方面，越来越倾向于定制，就为许多小企业或个体业主提供虽是分散，却是数量极大的营销机会。

（7）服务专业化。

专门为市场提供一项或几项有限的服务。近年来，我国城市中出现的许多搬家服务公司、家教服务中心，农村中的农技服务公司、种子服务公司等，就是小企业采用这类专业化发展的做法和实例。

扫一扫

阅读资料7-2-3 中小企业快速发展的有效途径

任务三　竞争管理

3.1　竞争环境分析

竞争环境分析是在营销环境分析的基础上，就竞争因素进行具体深入分析。分析内容包括四个方面：行业情况、市场演进状况、市场结构和竞争对手。

3.1.1　行业情况分析

行业情况分析的重点，是了解企业所在行业基本竞争情况、行业发展情况以及行业中潜在的发展机会。具体的分析内容包括：

（1）行业的产品或服务当前满足顾客需要的情况。

即行业当前向市场提供的产品和服务，满足顾客需要的程度和不足之处。通过此项分析可预见行业产品或服务发展潜力与方向。如录像机产品出现后，因为其影像还原的清晰度差而决定了 VCD 产品的市场生命力，同样，DVD 也是因为技术上的先进性很快取代了 VCD 产品。

（2）行业总体需求情况、需求可能改变的方向及改变的可能性大小。

比如，当前在行业中，如果总体需求处于饱和状态，而行业的技术更新和产品改进可能性小，该行业就不具有更大发展潜力。如果企业处在这类行业中，就应采取维持目前市场地位的策略，这比采取进攻性策略要更适应些。

（3）新技术的出现或技术变革对行业的影响。

当前如果有重大技术进步或新技术出现的可能，就有可能为整个行业带来巨大发展机会，同时也对整个行业带来威胁。比如，现代计算机技术的新突破，对于信息、通信、影视等行业带来了巨大机会，同时也对普通的邮政业、运输业等带来威胁。

（4）行业的竞争密集度。

行业的竞争密集情况如何，对企业选择营销发展方向有决定作用。竞争密集度可用两个指标测量：一是行业的总品牌数量。一般地，品牌数量越多，竞争密集度就越高，竞争就越激烈。二是以行业中企业数量与行业总投资规模相比而得到的竞争密集指数，即行业中现有企业数占行业现有投资总量的比重，其主要含义是目前行业中每单位的投资量，该指数越大，表明竞争密集度越高。

扫一扫
拓展学习7-3-1
MU5735空难事件中的营销道德底线

（5）行业的资源短缺度。

如果某一行业所使用的资源，如原材料、劳动力、设备等的供应充足，就比资源短缺的行业更容易吸引新的竞争者加入。在资源比较充裕的行业中，企业虽然有资源保证，但却容易受到竞争者攻击；相反，在资源短缺的行业，企业遭受别的竞争者攻击的可能性虽小，但因会受到资源短缺的困扰，维持生存和发展较困难。

3.1.2　市场演进情况分析

随着市场的演进，竞争的诸因素会发生相应变化。对市场演进分析，是为了找到那些因为变化出现的可利用的机会，从而在制定企业竞争战略时，利用这些变化带来的机会。同样，产业变化也对企业的营销和竞争地位带来挑战，因此需要分析当前企业所在产业是处于市场演进的哪个阶段。

扫一扫
拓展学习7-3-2
五力模型与市场竞争结构

3.1.3　行业结构分析

企业在制定竞争战略时，需要考虑自己在产业中的影响力和对产业环境变化的控制能力，企业对自己在产业中拥有相对地位与竞争实力进行对比分析后，才能制定有效的竞争战略。制定竞争战略时对行业结构分析的主要内容有以下几个方面：

(1) 定位分析。

定位分析是分析企业所在产业拥有的主要优势与劣势所在。通过定位，企业可以知道在产业中应该回避的竞争力量。如果企业定位在高端，它需要通过不断满足顾客对高质量的要求来获取营销成果，而不需要太在意那些对于份额更为关注的竞争者不断发动的价格战。

(2) 对竞争均衡的影响。

拓展学习7-3-3
五力模型变化影响行业吸引力

企业如果试图采用进攻性的竞争战略，需要分析对竞争均衡的影响。在一个产业中，竞争从任何时点上观察，它都是"均衡"的。即在特定的时间段中，各种竞争力量相互牵制。只有当其中某些企业采用新的竞争策略时，均衡才会被打破，从而进入到新的均衡。企业如果能够对均衡状态及影响均衡的因素进行分析，就可知道采用某项战略后企业将会处在什么地位；同时也能知道通过改变当前的均衡，企业可获得的预期成果。

(3) 竞争对手分析。

拓展学习7-3-4
重塑行业边界

分析竞争对手，是制定竞争战略重要的环节。军事上有所谓的"知己知彼，百战不殆"之说，这对于企业参与市场竞争也是适用的。分析竞争对手一般包括分析其营销战略目标和实力，分析预见竞争对手的营销发展方向和未来的变化情况，帮助企业更好地理解竞争对手当前所采取的竞争策略和发展意图，以便本企业做出恰当的应对措施。

3.2 确定市场竞争战略目标

竞争战略目标是企业对市场竞争所规定的一个任务体系，在服从总体营销战略目标的要求下，为取得竞争胜利或消除竞争对手的威胁制定的一系列目标。

3.2.1 目标体系

企业的市场竞争战略目标应是营销战略目标的分目标，是以有利于实现营销战略目标为前提、用以对付竞争环境变化的一系列目标。包括竞争战略总目标、营销组合目标及各细分市场的目标等。

拓展学习7-3-5
市场环境变化下的价值链重塑

3.2.2 制定市场竞争战略目标应遵循的原则

为保证竞争战略目标能够顺利完成，制定时，应遵循以下要求：

(1) 可行性。

这是对市场竞争战略目标的最基本也是最重要的要求。如果企业提出的竞争战略目标没有实现的可能性，只会浪费企业的资源，丧失市场机会。

(2) 有资源保证。

实现任何竞争目标都要耗费相应资源。因此，企业所制定的市场竞争战略目标，必须要以资源保证为前提。没有资源保证的目标，也谈不上可行性。

(3) 具有一定弹性。

制定市场竞争战略目标时，应充分考虑竞争环境具有的多变性和复杂性的特点，同时在制定战略目标和战略方案时，对未来情况的估计不可能完全准确。所以，目标应在一定范围内有调节的灵活性。

(4) 易于理解。

企业所制定的市场竞争战略目标，是高层营销管理决策人员所做出的决策，需要企业各级部门和人员相互配合，共同实施完成。因此，竞争战略目标应能被各部门、各级人员很好地理解，使企业上下明确目标的实质性意图或方向。

3.3 通用竞争战略

根据所涉及的营销组合因素分类，有三种不同的竞争战略，一般称为通用竞争战略。

3.3.1 总成本领先战略

总成本领先战略指企业尽可能降低自己的生产和经营成本，在同行业中取得最低的生产成本和营销成本的做法。实现的途径主要是改进生产制造工艺技术、设计合理的产品结构、扩大生产规模、提高劳动生产率等。

要想实现总成本领先，一般要求取得一个比较大的市场份额，因此低成本和低价策略需要结合使用。企业在考虑采用这种竞争战略的时候，需考察行业的经验曲线形状，如果没有成本经济性上的优势，那么，企业的营销利润会受到较大侵蚀。

（1）总成本领先战略需要的基本条件：持续的资本投资和良好的融资能力；较高的工艺加工能力；对工人严格的监督与管理；产品的制造工艺设计领先；可以实现规模效应；低成本的分销系统。

（2）总成本领先战略需要的基本组织条件：结构分明的组织结构与责任；以严格的定量目标为基础的激励机制；严格的成本控制体系与制度；严密的内部监控体系。

阅读资料7-3-1
全面认识成本
领先战略

总成本领先有时可能造成产业技术基础改变并引起产业革命，在产业革命中，那些不能采用或没有能力采用新技术的企业，将被淘汰出局。

（3）总成本领先战略具有的风险：经过多年积累得到的降低成本与投资的方法、制度、技术等可能因为新技术的出现而变得毫无用处；后来的加入者或竞争追随者可能通过模仿掌握到降低成本的方法，使后来者可能具有更大的成本竞争力而抵消率先实行这种战略的企业的竞争优势；过于注重成本的结果往往导致对市场需求变化反应迟钝，因而产品滞后不能适应需求，往往是因为定价处于成本的最低界限边缘，因此当竞争对手发动进攻时，缺少回旋余地。

案例分析7-3-1
零售巨头沃尔
玛的成本领先
案例

3.3.2 差异竞争战略

差异竞争战略是指从产品定位因素、价格因素、渠道因素、促销因素及其他营销因素上造就差异，形成企业对于整个产业或主要的竞争对手的独特性。差异竞争是当前在市场营销活动中占主流的竞争做法。

（1）差异性竞争战略具有的竞争特点。

一是构筑企业在市场竞争中的特定的进入障碍，有效地抵御其他的竞争对手的攻击。因为一旦企业在营销中形成了差别，如品牌的高知名度和特色、产品独特的功能、专有的销售渠道、分销方式、顾客熟悉的广告刺激及营销沟通方式等，就很难为其他的竞争对手模仿。

二是减弱顾客和供应商议价能力。顾客从接受差异中形成了某种或若干方面的偏好，顾客购买"喜欢的品牌"而不是购买"便宜的品牌"的行为一旦确立，就不会更多地转换消费习惯，到了顾客依赖于特定的品牌时，企业的市场优势地位就确立了，顾客的议价能力被大大减弱。而企业一经在行业中确立了这样的营销优势或"独占"地位，也会使某些供应商更难在市场中寻找到其他更好的交易对象，供应商的议价能力也会被大大削弱。

三是企业可以获取超额利润。品牌差异增大时，顾客转换品牌困难，议价能力低，这就使不少在差异竞争中得到成功的企业，可以向顾客索取较高的溢价。如日本索尼公司，在创业之初，就是把其全部经营所获利润用于树立品牌市场形象和开发新产品，取得成功以后，索尼的产品在国际市场上，几乎都可以用比竞争对手高5%～10%的定价销售。

（2）差异竞争战略需要的一般条件。

企业拥有强大的生产经营能力；有独特的具有明显优势的加工技术；有很强的产品研发能力；有质量与技术领先的企业声誉；拥有产业公认的独特的资源优势；能得到渠道成员的高度合作。

（3）差异竞争战略需要的基本组织条件。

营销部门、研究开发部门、生产部门之间能进行密切协作；重视主观评价与激励，而不是采用制度式的定量指标进行评价与激励；组织内具有轻松愉快的气氛，以能够吸引高技能的工人、技术人员、科技人才大量加入并努力工作。

(4) 差异竞争战略具有的主要风险。

与低成本的竞争对手比较，可能成本太高，以至于差异对顾客的吸引力丧失；顾客偏好变化，导致差异不能对顾客再有吸引力；竞争对手对于顾客偏好差异的模仿。

3.3.3　目标集中竞争战略

目标集中竞争战略是指主攻某个特定顾客群、产品系列的一个细分区段或某个地区市场。目标集中竞争战略可能涉及少数几个营销组合因素，也可能涉及多个营销组合因素。其主要特点是：所涉及的细分市场都是专一的、针对一组特定顾客的。其战略含义是：企业集中力量以更好的效果、更高的效率为某一狭窄的服务对象提供产品或服务。

目标集中竞争战略的主要风险是：

（1）当其他竞争对手因为规模经济而大幅降低成本，或积极细分市场增加产品组合或产品线长度，可能导致采用集中竞争战略的企业的成本优势不复存在。

（2）指向的特定细分市场的需求变小，转移产品到其他的细分市场相对困难。

（3）在过度细分的市场上，因为市场容量很小，目标集中企业是没有明显的优势的。

案例7-3-2
贝因美的差异化运营

重点词语

市场竞争　　　　市场领导者　　　市场挑战者　　　市场追随者
市场补缺者　　　成本领先战略　　差异竞争战略　　目标集中战略

课后思考

1. 开展有效的市场竞争需要哪些条件？
2. 行业的进入与流动障碍有哪些？退出与收缩障碍有哪些？
3. 确定企业业务范围的导向有几种？不同导向如何识别竞争者，分别适用于何种条件？
4. 分析竞争者的反应类型有何意义？
5. 试述企业市场竞争的总体战略。
6. 试述市场领导者可采用的防御战略。
7. 试述市场挑战者可采用的进攻战略。
8. 市场追随者可分为哪些类型？理想的利基市场具备哪些特征？

实践与技能

资料：什么是企业竞争战略？——猴子和狮子的故事

猴子和狮子同在一个岛上。狮子想把猴子吃掉，于是猴子爬到树上不下来。过了两天，树上的猴子也饿得不行了，于是猴子说："与其我们两个都饿着，不如你游到对岸去，那个岛上有很多东西吃。"狮子认为有道理，于是来到了海边，但它发现海水很深，非常危险。于是狮子又回来找到猴子问："我怎么过去呢？"这时猴子大笑着说："游到对岸是一个战略问题，而如何游过去是一个战术问题。"

故事的目的是要说明"企业竞争战略"应该是在中长期目标下的具体的行动方案。而战略和战术是两回事。

那么竞争战略对于企业到底有多重要？"瑞士表反击日本电子表"和"日本汽车进入美国高端汽车市场"两个案例可以解释制定战略对于企业的意义。

讨论：通过以上的两个案例，你对战略管理这一课程的研究目的有何理解？

项目拓展

看视频，思考问题

1. 视频：如何与熊共舞

思考：熊市中，股民如何过冬，在选择进场抄底还是斩仓离场时，如何分析股市中的

项目七
资源包

同类竞争者?

扫一扫
案例7-3-3
天虹:数字化突围

2. 视频:联合与垄断

思考:与卡特尔相比,辛迪加的垄断形式有何不同?

3. 视频:斗鸡博弈

思考:使用斗鸡博弈策略的企业如何在气势上压倒对手?试举例说明。

4. 视频:竞争性贬值

思考:竞争性贬值如何促进商品出口?试列举国际竞争中可采取的其他竞争手段。

5. 视频:先动优势

思考:何为先动优势?如何充分发挥企业的先动优势,请举例说明。

项目资源

一、课件

二、视频资料

1. 动漫十万火急。

2. 同一片蓝天下的中国心。

3. 创业投资过冬攻略。

4. 中国出口大作战。

5. 劳斯莱斯与沃尔沃。

6. 商魂——麦当劳。

7. 曲折并购路。

8. 进口葡萄酒新势纪。

9. 钢与美的竞争力。

三、习题

四、案例集锦

1. 斯沃琪——唯一不变的是,我们一直在改变。

2. 宝洁的品牌战略及其优劣势。

3. 联合利华的品牌名片。

线上学习

1. 请登录:http://my.tv.sohu.com/us/180712077/61237845.shtml(IMO 正式起诉腾讯恶意竞争)

2. 请登录:http://www.56.com/u46/v_ MjkyMjMyNTE.html(市场竞争策略分析与最佳策略选择 余世维)

3. 请登录:http://www.56.com/u59/v_ NDU1MDE2ODA.html(韩庆祥:中国企业管理营销新概念)

线下学习

1.《竞争战略》.[美]迈克尔·波特著,陈小悦译,华夏出版社,2005.

2.《蓝海战略(扩展版)——超越产业竞争,开创全新市场》.[韩]W.钱·金,[美]勒妮·莫博涅,商务印书馆,2016.

3.《竞争的艺术》.[澳]塞巴斯蒂安·斯密,江苏凤凰文艺出版社,2017.

学习单元五

营销组合决策

学完本单元后,你应该能够:

1. 掌握市场营销组合理论的含义。
2. 了解市场营销组合理论的发展阶段与背景。
3. 了解产品的概念、产品组合以及产品生命周期理论。
4. 掌握新产品开发的程序与策略。
5. 了解价格的含义以及影响企业定价的因素。
6. 掌握企业常用的定价方法与定价策略。
7. 正确认识分销渠道。
8. 能够进行分销渠道的设计与管理。
9. 了解促销与促销组合。
10. 掌握四大促销方式特点与运用策略。

项目八
市场营销组合及其发展

项目概述：

通过本项目的学习，你将会了解市场营销组合理论的产生与发展历程，理解市场营销组合的概念、特点及作用，能够对营销实践有一定的指导意义；掌握4P理论的基本框架与含义，知悉其与传统的4P理论之间的关系及发展路径；熟悉营销组合理论的新发展，并熟悉运用以应对企业营销管理的挑战。

学习目标：

［知识目标］
- 全面理解市场营销组合及其对营销工作实践的指导意义
- 熟悉掌握市场营销组合理论的发展及其背景

［技能目标］
- 能够在市场营销组合理论的指导下，掌握企业市场营销方案的制定框架与步骤
- 能够运用市场营销组合理论分析解决企业中遇到的相关问题

［思政目标］
- 培养学生文化自信和人文精神，将精益求精和追求卓越的品质的"工匠精神"渗透在营销工作中

⊠ 看资料，悟营销

海尔的4P营销组合

"市场营销组合"（Marketing Mix），其意是指市场需求或多或少地在某种程度上受到所谓"营销变量"或"营销要素"的影响。为了寻求一定的市场反应，企业要对这些要素进行有效的组合，从而满足市场需求，获得最大利润。

产品（Product）

海尔集团根据市场细分的原则，在选定的目标市场内，确定消费者需求，有针对性地研制开发多品种、多规格的家电产品，以满足不同层次消费者需要。如海尔洗衣机是我国洗衣机行业跨度最大、规格最全、品种最多的产品。在洗衣机市场上，海尔集团根据不同地区的环境特点，考虑不同的消费需求，提供不同的产品。针对江南地区"梅雨"天气较多，洗衣不容易干的情况，海尔集团及时开发了洗涤、脱水、烘干于一体的海尔"玛格丽特"三合一全自动洗衣机，以其独特的烘干功能，迎合了饱受"梅雨"之苦的消费者。此产品在上海、宁波、成都等市场引起轰动。针对北方水质较硬的情况，海尔集团开发了专利产品"爆炸"洗净的气泡式洗衣机，即利用气泡爆炸破碎软化作用，提高洗净度20%以上，受到消费者的欢迎。针对农村市场，研制开发了下列产品：①"大地瓜"洗衣机——适应盛产红薯的西南地区农民图快捷省事，在洗衣机里洗红薯的需要；②小康系列滚筒洗衣机——针对较富裕的农村地区；③"小神螺"洗衣机——价格低、宽电压带、外观豪华，非常适合广大农村市场。

价格（Price）

海尔产品定价的目的是树立和维护海尔的品牌和品质形象。海尔的定价策略还依托于其强大的品牌影响力，这点在大中城市尤为明显。海尔在每个城市的主要商场，都是选择最佳、最大的位置，将自己的展台布置成商场内最好的展台形象；在中央和地方媒体上常年坚持不断的广告宣传，这其中几乎全是企业品牌形象宣传和产品介绍，对于价格则从没"重视"过。正因为如此，"海尔"两个字已经成为优质、放心、名牌的代名词。海尔的定价策略概括起来，即价值定价策略；创新产品高价策略，如撇脂定价。

海尔产品定价的原则：

1. 产品价格即消费者认可的产品价值；
2. 消费者关注产品价值比关注产品价格多得多；
3. 真正的问题所在是价值，而不是价格。

海尔的价格策略从来都不是单纯地卖产品策略，而是依附于企业品牌形象和尽善尽美服务之上的价格策略。这种价格策略赢得了消费者的心，也赢得了同行的尊重与敬佩，更赢得了市场。

渠道（Place）

海尔的渠道组合策略如下：

1. 采取直供分销制，自建营销网络。

所谓直供分销制就是由厂商自主独立经营，不通过中间批发环节，直接对零售商供货。海尔直供分销制的具体做法是根据自身产品类别多、年销售量大、品牌知名度高等特点，进行通路整合，在全国每个一级城市设有海尔工贸公司；在二级城市设有海尔营销中心，负责当地所有海尔产品的销售工作；在三级市场按"一县一点"设专卖店。建立起一个庞大、完善的营销网络，实行逐级控制，终端的销售信息当天就可反馈到总部。

2. 采取特许经营方式，建立品牌专卖店。

海尔设立品牌专卖店的主要目的是通过全面展示产品，提升品牌形象，提高海尔品牌的知名度和信誉度，同时促进产品的销售。海尔设立专卖店有利于品牌的树立，专卖店以其统一的形象出现在消费者面前，有利于企业整体品牌的塑造。专卖店采用统一的标识、统一的布置、统一的服务标准，保证了产品的质量和服务的质量，防止了假冒伪劣产品，保证了产品的货真价实，避免了伪劣产品造成的冲击。专卖店由被选定的经销商自己投资改造，这其中利用的实际上就是海尔的品牌价值。海尔试图以品牌优势达到经销商和自己的双赢：自己节省开支，而经销商借海尔提升形象。海尔的专卖店一般开在社区、郊区和居民小区等比较"边缘"的地带，避免了与海尔另一大营销体系——综合商场、大型百货"重复建设"，发生"商圈"冲突。

促销（Promotion）

1. 海尔的品牌广告。广告是品牌传播的主要方式之一，它通过报纸、杂志、电视、户外展示和网络等大众传媒向消费者或受众传播品牌信息，诉说品牌情感，在建立品牌认知、培养品牌动机和转变品牌态度上发挥着重要作用。海尔品牌广告的广告语有："海尔，中国造""真诚到永远"等，建立起与消费者以心换心的关系，增强了消费者对海尔的信任度。

2. 海尔多年来的广告策略注重树立其品牌形象。海尔制作完成国内第一部212集大型系列儿童教育动画片《海尔好兄弟》，通过动画片创造了一个与未来的家电购买者——少年儿童共通、互动、共鸣、共感的机会，并最终达成共识，进而在海尔未来最有潜力的目标社会群中塑造、传播和维护了海尔的企业形象。

3. 海尔结合市场细分，把广告细分为：企业形象广告、品牌形象广告和产品性能广告等若干类别。在不同时期、不同市场、不同的产品和不同的消费者中进行不同形式的宣传。由于每一产品类别中有众多产品，公司将每类产品归纳出一形象用语，如海尔冰箱的"为您着想"、海尔空调的"永创新高"、海尔洗衣机的"专为您设计"、海尔电脑的"为您创造"，等等，使消费者对该类产品有一个总体认知。在此基础上，公司将主要产品型号根据其主要功能制作出产品"功能广告"片，对"共性"的认识做个性的说明，供不同需求的消费者选择。通过上述的广告策略，成功塑造了海尔大型名牌家电企业集团的形象，提高了海尔品牌的知名度。

（资料来源：《现代营销（学苑版）》，2011 年第 6 期，有删减）

任务一　了解市场营销组合理论

1.1　市场营销组合理论的提出

1.1.1　市场营销组合概念的由来

市场营销组合（Marketing Mix）是现代营销学理论中的一个重要概念，1953 年，美国哈佛大学教授尼尔·鲍登（Neil Borden）首先开始使用"市场营销组合"这一概念，他在美国市场营销学会就职演说中创造了"市场营销组合"这一术语，其意是指市场需求或多或少地在某种程度上受到所谓"营销变量"或"营销要素"的影响，为了寻求一定的市场反应，企业要对这些要素进行有效的组合，从而满足市场需求，获得最大利润。

为了指导企业的营销实践，他将众多的营销要素简化为固定的 12 因素"营销组合"即产品计划、定价、厂牌、供销路线、人员销售、广告、促销、包装、陈列、扶持、实体分配和市场调研。这一组合策略的提出使人们在进行市场营销运作时可以较为清晰地从这些方面入手，成为企业进行市场研究与开拓所必不可少的工具，市场营销组合策略这一概念自此开始成为以后几十年内最为流行的词汇之一并受到学术界和企业界的普遍重视和广泛应用。

杰罗姆·麦卡锡（E. Jerome McCarthy）于 1960 年在其《基础营销》（*Basic Marketing*）一书中第一次将企业的营销要素归结为四类变量，即产品（Product）、价格（Price）、分销（Place）和促销（Promotion），形成著名的"4P"理论。在影响企业经营的诸因素中，市场营销环境是企业不可控制的因素（或变量），而 4P 则是公司可控制的营销变量，公司可综合运用这些变量以实现其营销目标。

1967 年，菲利普·科特勒在其畅销书《营销管理：分析、规划与控制》（第一版）进一步确认了以 4P 为核心的营销组合方法。即：

产品（Product）：注重开发的功能，要求产品有独特的卖点，把产品的功能诉求放在第一位。

价格（Price）：根据不同的市场定位，制定不同的价格策略，产品的定价依据是企业的品牌战略，注重品牌的含金量。

分销（Place）：企业并不直接面对消费者，而是注重经销商的培育和销售网络的建立，企业与消费者的联系是通过分销商来进行的。

促销（Promotion）：企业注重销售行为的改变来刺激消费者，以短期的行为（如让利；买一送一；营造现场气氛；等等）促成消费的增长，吸引其他品牌的消费者或导致提前消费来促进销售的增长。

1.1.2 市场营销组合分析

市场营销组合是一个多层次的复合结构。在四个大的变量中，又各自包含着若干个小的变数（如表8-1-1所示），每一个变数的变动，都会引起整个营销组合的变化，形成一个新的组合。

表8-1-1 营销组合及其变量

产品策略	分销策略	促销策略	价格策略
品质、品牌名称、规格、式样、特色服务、特性	分配渠道、区域分布、中间商类型、储存、营业场所、物流运输、服务标准	广告、人员推销、公共关系、营业推广	样本价格、价格水平、幅度折扣、折让、支付期限、信用条件

在现代企业的实践活动中，围绕4P建立企业的市场营销战略已愈加成熟，已成为一种模式化的决策方法。

现通过两个实例说明组合后的企业策略态势：

美国麦当劳（McDonald's）公司是举世公认、发展迅速的快餐连锁企业。麦当劳公司的巨大成功，关键在于其采用了结构良好的市场营销组合，其组合情况如表8-1-2所示：

表8-1-2 麦当劳公司的市场营销组合

产品策略	标准的、稳定的、高质量的产品，服务时间长，服务速度快
价格策略	低价策略
分销策略	营业场所选择在顾客密集区域——无论城市或郊区，组织特许连锁经营，扩展新店
促销策略	强有力的广告宣传，广告媒体以电视为主，内容针对年轻人的口味

日本索尼公司是世界上著名的家用电器制造企业。同许多成功的日本企业一样，该公司十分注重市场营销战略，能够根据顾客的需要和竞争者策略，调整其市场营销组合。该公司在20世纪50年代中期率先开发出第一代晶体管收音机，并以美国为主要目标市场。该公司当时的市场营销策略如表8-1-3所示：

表8-1-3 索尼公司的市场营销组合

产品策略	便携、实用、优质、新颖。不惜代价，坚持自己的商标进入国外市场
价格策略	单价29.95美元，以5 000台为批量作价起点，10 000台为折扣价格最低点，以后购买量越多价格越高，避免新市场的需求不稳定、生产能力不足带来的风险，以提高质量而不以降低售价为主要手段
分销策略	直接寻找美国企业为经销商，而不通过在美国设立分支机构的贸易公司
促销策略	通过熟悉美国市场和法律的代理商，重点宣传产品的新技术信息和巨大效益

企业经营的成败，在很大程度上取决于上述的营销策略的选择和综合运用的效果。

1.1.3 市场营销组合的特点

（1）可控性。市场营销手段是企业可以控制和运用的各种因素。比如，一个企业可根据目标市场决定生产什么，制定什么价格，选择什么渠道，采用什么促销方式。市场营销手段的这一特性，决定了市场营销组合的可控性。市场营销的各种不可控因素构成了市场营销环境的内容，单个企业谈不上对它们的整合、协调使用。市场营销管理的核心，正是通过艺术地运用市场营销的可控因素，在动态适应不可控因素的过程中实现预期目标。

（2）动态性。市场营销组合不是固定不变的静态组合，而是变化无穷的动态组合。构成特定市场营销组合的工具或因素，受到内部条件、外部环境变化的影响，必须能动地做出相应的反应。比如同样的产品、同样的价格和同样的销售渠道，企业根据需要改变了促销方式；或其他因素不变，企业提高或降低了产品价格等，都会形成新的、效果不同的市场营销组合。

（3）复合性。构成市场营销组合的四大类因素，各自又包括了多个次一级或更次一级的因素。以产品因素为例，它由质量、外观、品牌、包装、服务等因素构成，每种因素又由若干更次一级因素构成，如品牌便有多种使用方式。又如促销手段，包括人员促销、广告、公共关系和营业推广；其中，广告依据传播媒体的不同，有电视广告、广播（电台）广告、报纸广告、杂志广告和网络广告等，每一种还可继续细分。要求各因素之间必须协调配合。

（4）整体性。市场营销组合的各种组成因素，不是简单地相加或拼凑集合，而应成为一个有机整体。在统一的目标指导下，彼此配合、相互补充，进而取得大于局部功能之和的整体效应。

（5）艺术性。即在组合时不但要按着科学的方法进行组合，而且还要根据丰富的实践经验，确定最佳组合，这就需要具有一定的组合艺术。

1.1.4 市场营销组合的作用

市场营销组合对于企业战略目标的实现以及企业的自下而上发展有着重要的作用。

（1）市场营销组合是制定营销战略的基础。众所周知，营销战略是企业为实现其长期营销目标而设计的行动规划，它是企业经营管理的整体战略。这种营销战略，主要同企业的营销目标与营销组合的多种因素协调组成，是目标与手段的有机统一体。对于一个企业而言，要真正实现这一战略，就必须把各种营销因素进行科学的组合，否则就不可能实现这一战略。

（2）市场营销组合是企业在竞争中取胜的重要手段。竞争取胜之道，就在于扬长避短，灵活运用市场营销组合策略。在不同的市场环境与竞争格局中，应采取不同的营销组合，使营销组合各因素相互配合，充分发挥其作用，才能在竞争中克敌制胜，取得较好的经营成果。

（3）市场营销组合是协调企业各部门工作的桥梁和纽带。市场营销组合本身是同各种因素组合而成的，这些因素与企业各部门的市场营销活动彼此联系。因此，市场营销组合的制定和实施，可以使企业内部各职能、业务有机地联系起来，使其各项工作相互协调、相互促进、统一行动、共同满足目标市场的需求，实现企业的战略目标。

（4）市场营销组合便于合理分配企业的销售费用预算。企业在总的销售预算确定之后，如何将其在各个有关因素之间进行合理分配，也是一个十分复杂的问题。有了市场营销组合策略计划，就可以根据各种因素在计划中的作用进行分配。

1.2 4P 的基础理论框架

1.2.1 4P 的基本框架

4P 的提出奠定了营销管理的基础理论框架，该理论以单个企业作为分析单位，认为影响企业营销活动效果的因素有两种：一种是企业不能够控制的，如政治、法律、经济、人文、地理等环境因素，称之为不可控因素，这也是企业所面临的外部环境；另一种是企业可以控制的，如生产、定价、分销、促销等营销因素，称之为企业可控因素。企业营销活动的实质是一个利用内部可控因素适应外部环境的过程，即通过对产品、价格、分销、促销的计划和实施，对外部不可控因素做出积极动态的反应，从而促成交易的实现和满足个人与组织的目标，用科特勒的话说就是"如果公司生产出适当的产品，定出适当的价格，利用适当的分销渠道，并辅之以适当的促销活动，那么该公司就会获得成功"。所以市场营销活动的核心就在于制定并实施有效的市场营销组合（如图 8-1-1 所示）。

4P 为营销提供了一个简洁和易于操作的框架，因此，提出以后便为人们广泛接受，成为长期占据统治地位的无可置疑的市场营销学基本理论。美国市场营销学会甚至认为市场营销乃是"通过对观念、产品和服务的设计、定价、促销和分销进行计划和实施，以促成

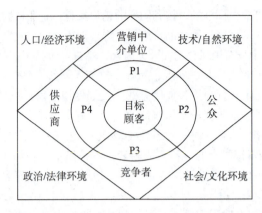

P1—Product（产品）；P2—Price（价格）；P3—Place（分销）；P4—Promotion（促销）

图 8-1-1　企业的 4P 营销组合模型

交易和满足个人与组织目标的过程"（Christion Gronroos，1994）。而且，如何在 4P 理论指导下实现营销组合，实际上也是公司市场营销的基本运营方法。即使在今天，几乎每份营销计划书都是以 4P 的理论框架为基础拟订的，几乎每本营销教科书和每个营销课程都把 4P 作为教学的基本内容，而且几乎每位营销经理在策划营销活动时，都自觉不自觉地从 4P 理论出发考虑问题。

扫一扫●
阅读资料8-1-1
"李锦记"蒸鱼豆豉油的营销策划

1.2.2　4P 的基本框架批判

尽管营销组合概念和 4P 观点被迅速和广泛地传播开来，但同时在有些方面也受到了一些营销学者特别是欧洲学派的批评。这主要有以下几点：

（1）要素只适合于微观问题。因为它只从交易的一方即卖方来考虑问题，执着于营销者对消费者做什么，而不是从顾客或整个社会利益来考虑，这实际上仍是生产观念的反映，而没有体现市场导向或顾客导向，而且它的重点是短期的和纯交易性的。

（2）4P 理论是对鲍登提出的市场营销组合概念的过分简化，是对现实生活不切实际的抽象。鲍登认为，提出市场营销组合的这个概念并不是要给市场营销下个定义，而是为营销人员提供参考，营销人员应该将可能使用的各种因素或变量组合成一个统一的市场营销计划（Neil Borden，1964）。但在 4P 模式中没有明确包含协调整合的成分，没有包括任何相互作用的因素，而且，有关什么是主要的营销因素，它们是如何被营销经理感受到并采纳等这些经验研究也被忽视了，"对于结构的偏好远胜于对过程的关注"（Kent，1986）。同时，营销是交换关系的相互满足，而 4P 模型忽略了交换关系中大量因素的影响作用。

（3）4P 主要关注的是生产和仅代表商业交换一部分的迅速流转（Fast Moving）的消费品的销售。况且，消费品生产者的顾客关系大多是与零售商和批发商的工业型关系，消费品零售商越来越把自己看成是服务的提供者。在这种情况下，4P 在消费品领域的作用要受到限制。

（4）4P 观点将营销定义成了一种职能活动，从企业其他活动中分离出来，授权给一些专业人员，由他们负责分析、计划和实施。"企业设立营销或销售部具体承担市场营销职能，当然，有时也吸收一些企业外的专家从事某些活动，比如像市场分析专家和广告专家。结果是，组织的其他人员与营销脱钩，而市场营销人员也不参与产品设计、生产、交货、顾客服务和意见处理及其他活动"（Christion Gronroos，1994），因此导致了与其他职能部门的潜在矛盾。而且它缺乏对影响营销功能的组织内部任务的关注，"如向企业内部所有参与营销或受营销影响的人员传播信息的人力资源管理以及设计激励和控制系统"（Vanden Bulte，1991）。

（5）市场营销组合和 4P 理论缺乏牢固的理论基础。格隆罗斯认为，作为一种最基本的市场营销理论,在很大程度上是从实践经验中提炼出来的,在其发展过程中很可能受到微观经济学理论的影响,特别是20世纪30年代垄断理论的影响。然而,与微观经济学的联系很快被切断了,甚至完全被人们忘记了。因此,市场营销组合只剩下一些没有理论根基的P因素堆砌成的躯壳(Christion Gronroos)。

针对这些批评,后来的学者们不断对4P模型进行充实,在每一个营销组合因素中又增加了许多子因素,从而分别形成产品组合、定价组合、分销组合、沟通和促销组合,这四个方面中每一个因素的变化,都会要求其他因素相应变化。这样就形成了营销组合体系,如图8-1-2所示。

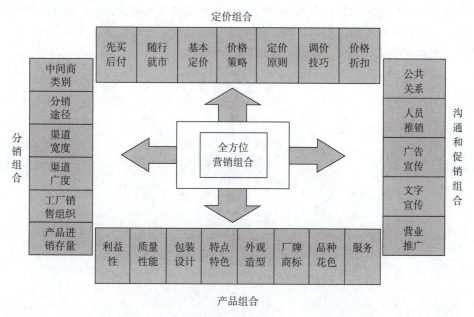

图8-1-2 4P的扩展模型——全方位的营销组合

根据实际的要求而产生的营销因素组合,变化无穷,推动着市场营销管理的发展和营销资源的优化配置。营销因素组合的要求及目的就是:用最适宜的产品,以最适宜的价格,用最适当的促销办法及销售网络,最好地满足目标市场消费者的需求,以取得最佳的信誉及最好的经济效益。因此,4P理论至今仍然是营销决策实践中一个非常有效的指导理论。

扫一扫
阅读资料8-1-2
华莱士 4P营销
理论案例分析

任务二 市场营销组合理论的发展

4P理论统治了营销学界几十年。随着经济的发展和市场环境的变化,加之4P在企业实践中存在一些问题,西方营销学者又不断地对以4P为核心的营销组合因素进行改动与扩充。这些改动与扩充大多是对4P加上一个或更多的P而形成的。

2.1 7P营销管理理论

在20世纪70年代,服务业迅速发展起来。传统营销组合理论的经验酷似标准化消费者商品的批量制造。"但服务所独有的特性使它对服务业来讲永远不可能获得巨大成功"(Event Gummesson)。正因为服务营销与传统的4P产品营销有所不同,为了克服这一理论上的缺陷,布姆斯和比特纳于1981年在原来4P的基础上增加了三个"服务性的P":参与者(Participants,有的学者也称之为人——People,即作为服务提供者的员工和参与到服务过程中的顾客），物质环境（Physical Evidence，服务组织的环境以及所有用于服务生产过程及与顾客沟通过程的有形物质），过程（Process，构成服务生产的程序、机制、活动流程和与顾客之间的相互作用及接触沟通），从而形成了服务营销的7P。与此相对应，格隆鲁斯也主张服务营销不仅需要传统的4P外部营销，还要加上内部市场营销和交互作用的市场营销。他认为，外部市场营销是指公司为顾客准备的服务、定价、分销和促销等常规工作。内部营销是指服务公司必须对直接接待顾客的人员以及所有辅助人员进行培养和激励，使其通力合作，以便使顾客感到满意。每个员工必须实行顾客导向，否则便不可能提高服务水平并一贯坚持下去。交互作用营销是指雇员在与顾客打交道时的技能。服务质量与服务供应者密不可分。顾客评价服务质量，不仅依据其技术质量，而且也依据其职能质量。特别是顾客在购买服务之前，他们更多的是通过价格、人员和物质设施等来判断其服务质量。服务营销的7P理论如图8－2－1所示。

图8－2－1　服务营销的7P模型

"7P说"虽然是基于服务营销特殊性并在4P的基础上扩充与发展起来的，但其却受到了一些营销学者的批评，沃特斯库特（Walter Van Walterschoot）认为，严格上说，所加入的三个"P"或者可以在4P中找到相对应的部分，或者其不属于营销组合变量。在服务营销情况下，参与者可以在很大程度上提高或损害服务效果，然而，执行服务的个人活动属于第一个"P"（Product），这一P实际已经包含了目的在于使需要得以满足的产品的生产过程，员工参与生产过程是营销组合要素"产品P"所蕴含的应有之义。

将顾客作为整个营销活动的参与者，这是7P的创新之处，但顾客本身按照定义并不构成营销组合要素，他只是营销活动的满足目标。服务的物质环境加上用于支持服务的有形要素，显然能影响需求，但这类要素在营销者控制之下时，他们实际上是产品或分销要素的部分，作为营销组合要素，没有必要将其单独列出来。对于过程P（Process），4P执行与实现的过程，就是满足顾客需求的过程。

虽然服务营销7P是针对服务营销的特殊性而提出的，但其理论价值和实践上的指导意义却不仅局限于服务营销的范畴，它对整个营销理论乃至企业理论的发展都有启迪。

（1）7P提出了员工的参与对整个营销活动实现的重要意义。4P理论中对企业内部员工的态度在很大程度上秉承了西方主流企业理论和古典管理理论的思想。新古典经济学假设企业的目标函数是追求利润最大化，并先验性地认为在企业中是"资本雇佣劳动"，企业是资本家的企业，股东利益最大化构成了企业的终极目标，企业的治理结构采取的是单边治理，即企业中的决策权集中在所有者及其代理人手中，企业内部员工只是处于被管理、被支配的地位。古典管理理论则将人视为是被动与消极的因素，只把他们看成是"经

扫一扫●
视频8-2-1
男乘客不满航班晚点，与女服务员互抽

济人"，忽视了人的情感、心理因素，将人视为机械的附属物。

所以传统 4P 营销理论没有为企业员工在经营战略决策中提供应有的地位，它将员工只是当成决策的具体执行者，忽视人力资本的价值，所重视的仅是"管理者当局"的作用。实际上，我们现在越来越认识到：企业的本质是各种生产要素的所有者通过一系列契约关系而联结在一起所形成的特殊的组织——这种组织不但为各种要素提供了某种发挥生产经营作用的场所，更重要的是通过这种组合能够形成某种"集体生产力"，创造出可观的"组织租金"（杨瑞龙，周业安，2001）。组织的存在和发展是以合作为基础的，因此企业内部的组织安排，产权配置都将影响到相关当事人的工作积极性及与其他当事人的合作态度，即影响到整个"团队"的协作态度和"集体生产力"的大小。而且，随着经济的发展对技术依赖程度的增加，对企业的生存和发展来说，雇员的知识和人力资本同物质资本一样重要，甚至许多企业是通过知识雇佣资本来完成的。

因此，这就要求给予企业内部员工以相应的决策权，以提高其生产积极性和协作的主动性。服务营销 7P 理论中对企业中营销活动参与者"人"（People）的重视，在一定程度上体现了"人本管理"的思想，即企业员工是企业组织的主体，员工在企业里对企业有各种各样的要求，企业只有不断满足员工的需要，员工才有积极性，企业才能成长。管理者必须面对"完整的社会人"，而不仅是他们的技术和能力，组织要认识到员工的需要、想法和愿望，满足他们的物质需求和精神需求，并让员工积极参与到企业的经营管理决策中来，真正发挥员工的主人翁积极性；企业应追求通过员工的成长来实现组织的成长，应该将人的发展放在第一位，通过开发人力资源，加大人力资本投资，促进企业的整体发展。

（2）重视营销活动中顾客的参与配合。在 4P 理论中，顾客只是处于被动地适应企业营销活动的地位。7P 理论虽然只是针对服务的特殊性而提出顾客参与和配合，但这实际上是关系营销思想中"与顾客关系"的雏形。关系营销理论认为，根据经济的发展和市场环境的变化，企业需要从更高层次上建立与顾客之间的互动关系，顾客不仅是被动地得以满足，而且应该主动加入企业生产过程中，企业与顾客之间必须建立起事业和命运共同体，形成一种互相适应、互助互利、和谐一致的关系，这样才能真正建立起顾客的忠诚，稳定顾客群。

（3）对过程的重视。这不仅重视企业针对顾客的外部营销活动的过程，而且启示我们，企业营销也应重视内部各部门之间分工与合作过程的管理，因为营销是一个由各部门执行的全员参与的活动，而部门之间的有效分工与合作是营销活动实现的根本保证。

2.2　10P 营销管理理论

进入 20 世纪 80 年代，市场营销学在理论研究的深度上和学科体系的完善上得到了极大的发展，市场营销学的概念有了新的突破。1986 年，菲利普·科特勒在《哈佛商业评论》（3—4 月号）发表了《论大市场营销》。他提出了"大市场营销"概念，即在原来的 4P 组合的基础上，增加两个 P："政治力量"（Political Power）、"公共关系"（Public Relations）。他认为现在的公司必须掌握两种技能：一是政治权力（Political Power），就是说，公司必须懂得怎样与其他国家打交道，必须了解其他国家的政治状况，才能有效地向其他国家推销产品；二是公共关系（Public Relations），营销人员必须懂得公共关系，知道如何在公众中树立产品的良好形象。

这一概念的提出，是 80 年代市场营销战略思想的新发展。用菲利普·科特勒自己的话说，这是"第四次浪潮"。1984 年夏，他在美国西北大学说："我目前正在研究一种新观念，我称之为'大市场营销'：第四次浪潮。我想我们学科的导向，已经从分配演变到销售,继而演变到市场营销,现在演变到'大市场营销'。"

营销者必须借助政治技巧和公共关系技巧,以便在全球市场上有效地开展工作。这即是我们所说的6P。

同时,随着对营销战略计划过程的重视,科特勒又提出了战略营销计划过程必须优先于战术营销组合(即传统4P)的制定,战略营销计划过程也可以用4个"P"来表示:

(1) 探查(Probing)。

Probing是一个医学用语,本意是指医生对病人进行深入细致的彻底的检查。在营销学上,Probing实际上就是市场营销调研,其含义是在市场营销观念的指导下,以满足消费者需求为中心,用科学的方法,系统地收集、记录、整理与分析有关市场营销的情报资料,比如市场由哪些人组成,市场是如何细分的,都需要些什么,竞争对手是谁以及怎样才能使竞争更有效等,从而提出解决问题的建议,确保营销活动顺利地进行。市场营销调研是市场营销的出发点。"真正的市场营销人员所采取的第一个步骤,总是要进行市场营销调研"(科特勒,1986)。

(2) 分割(Partitioning)。

实际上就是市场细分,其含义就是根据消费者需要的差异性,运用系统的方法,把整体市场划分为若干个消费者群的过程。每一个细分市场都是具有类似需求倾向的消费者构成的群体,因此,分属不同细分市场的消费者对同一产品的需求有着明显的差异,而属于同一细分市场的消费者的需求具有相似性。

(3) 优先(Prioritizing)。

优先就是对目标市场的选择,即在市场细分的基础上,企业要进入的那部分市场,或要优先最大限度地满足的那部分消费者。企业资源的有限性和消费者需求的多样性决定了企业不能经营所有的产品并满足所有消费者的需求。任何企业只能根据自己的资源优势和消费者的需求,经营一定的产品,满足消费者的部分需要。

(4) 定位(Positioning)。

定位即市场定位,其含义是根据竞争者在市场上所处的位置,针对消费者对产品的重视程度,强有力地塑造出本企业产品与众不同的、给人印象鲜明的个性或形象,从而使产品在市场上、企业在行业中确定适当的位置。

视频8-2-2
伊利谈更换标志及企业的社会责任

科特勒认为,只有在搞好战略营销计划过程的基础上,战术性营销组合的制定才能顺利进行。因此,为了更好地满足消费者的需要,并取得最佳的营销效益,营销人员必须精通产品(Product)、地点(Place)、价格(Price)和促销(Promotion)四种营销战术;为了做到这一点,营销人员必须事先做好探查(Probing)、分割(Partitioning)、优先(Prioritizing)和定位(Positioning)四种营销战略;同时还要求营销人员必须具备灵活运用公共关系(Public Relations)和政治权力(Politics Power)两种营销技巧的能力。这就是科特勒的10P理论。

同时,科特勒又重申了营销活动中"人(People)"的重要作用,认为这或许是所有P中最基本和最重要的一个。企业营销活动可分为两个部分:外部营销(External Marketing)是满足顾客的需求,让其在购买和消费中感到满意;内部营销(Internal Marketing)是满足员工的需求,让其在工作中感到满意。同时,企业的成长和利润也应该使股东及其他利益相关者感到满意。

10P建立起了一个比较完整的营销管理理论分析框架。我们可以用图来表示(如图8-2-2所示)。

另外,有些学者在P中还加入包装(Packaging)、人员推销(Personal Selling or Peddling)等P因素,但这些基本上可归结到分销渠道或促销中,不再多述。

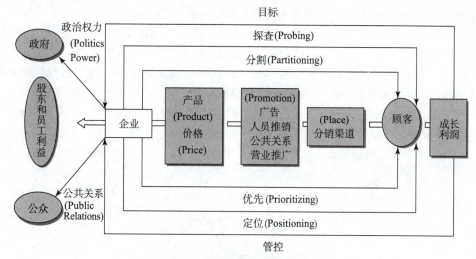

图 8-2-2 10P 的营销管理理论框架

总的来说，P 理论特别是科特勒 10P 理论的形成与发展对整个市场营销理论的发展做出了杰出的贡献，也为企业市场营销分析奠定了较为完整的理论基础，这在营销理论发展史上必将留下光辉的一笔。但是，随着市场竞争日趋激烈，媒介传播速度越来越快，4P 理论越来越受到挑战，并在挑战中得到发展并形成新的组合理论。

2.3 4C 营销组合理论

> ☒ **阅读资料 8-2-1**
>
> 太太药业的成功之处在于用贴心的广告打动了千千万万的女性消费者。从太太口服液的"十足女人味""做女人真好"到静心口服液的"女人更年要静心"都堪称是我国保健品广告的经典之作。之所以能想出贴心的广告创意，是因为太太药业在进行营销活动时是以顾客为中心的。
>
> 太太口服液在 1993 年上市时中国职业妇女正不断增多。太太口服液针对这一消费群体时尚、注重外表的特点把产品定位为养颜、打造魅力女性这一新鲜诉求。这立即吸引了职业女性的视线。
>
> 1999 年太太药业推出第二种保健产品——静心口服液。该口服液针对中年女性的生理特征，在广告中强调关怀和理解，这很好地契合了目标消费群的心理需求，同样取得了极大的成功。
>
> （资料来源：世界经理人网站 2006.11.08）

扫一扫
阅读资料8-2-2
经典4C角度下
分析拼多多
营销策略

早在 1970 年，美国著名未来学家 Alvin Tohler 在其著名的 *Future shock* 中曾预言："未来的社会将要提供的并不是有限的、标准化的商品，而是有史以来最大多样化的、非标准化的商品和服务。"大规模定制作为一种现代生产和管理的模式，将大规模生产和定制生产两种生产模式结合起来，以低成本向多元化细分市场生产和销售满足客户个性化要求的产品和服务，最终形成"销售—生产—服务"一体化模式。

为了实现向客户提供低成本、高质量的个性化定制产品和服务的目标，必须迅速发现和准确捕捉细分市场中个性化客户需求信息，与客户直接进行交流。传统的以推销为中心的市场营销方式已经不再适应大规模定制生产模式的要求。

大规模定制作为一种崭新的生产和管理模式必然要求有一种新的市场营销方式与之对应。大规模定制营销需要以市场为起点，发现和挖掘客户的个性化需求，以此制定综合的市场营销组合策略，以实现顾客价值和企业效益的双赢。

在以消费者为核心的商业世界中，厂商所面临的最大挑战之一便是：这是一个充满"个性化"的社会，消费者的形态差异太大，随着这一"以消费者为中心"时代的来临，传统的营销组合4P似乎已无法完全顺应时代的要求，于是营销学者提出了新的营销要素。1990年，美国著名的营销专家罗伯特·劳朋特教授提出了以顾客为中心的一种新的营销模式——4C理论（如图8-2-3所示）。它以消费者需求为导向，重新设定了市场营销组合的四个基本要素：

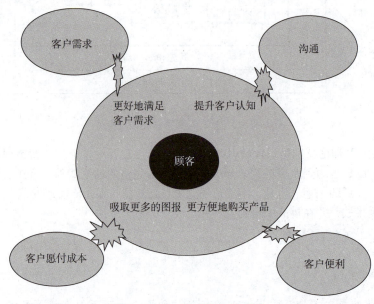

图8-2-3　4C营销组合理念

（1）消费者的需要与欲望（Customer's needs and wants）：主要指顾客的需求。企业必须首先了解和研究顾客，根据顾客的需求来提供产品。同时，企业提供的不仅是产品和服务，更重要的是由此产生的客户价值（Customer Value）。

（2）消费者获取满足的成本（Cost and Value to satisfy consumer's needs and wants）：不单是企业的生产成本，或者说4P中的Price（价格），它还包括顾客的购买成本，同时也意味着产品定价的理想情况，应该是既低于顾客的心理价格，亦能够让企业有所盈利。此外，这中间的顾客购买成本不仅包括其货币支出，还包括其为此耗费的时间，体力和精力消耗，以及购买风险。

（3）用户购买的方便性（Convenience to buy）：为顾客提供最大的购物和使用便利。4C营销理论强调企业在制定分销策略时，要更多地考虑顾客的方便，而不是企业自己方便。要通过好的售前、售中和售后服务来让顾客在购物的同时，也享受到了便利。便利是客户价值不可或缺的一部分。

（4）与用户沟通（Communication with consumer）：企业应通过同顾客进行积极有效的双向沟通，建立基于共同利益的新型企业/顾客关系。这不再是企业单向的促销和劝导顾客，而是在双方的沟通中找到能同时实现各自目标的通途。

与传统的4P理论相比，4C理论不再以产品为中心，更强调从消费者需求的角度出发，依据消费者的需求和欲望，通过为消费者提供合适的产品，按照消费者为满足自己的需要和欲望愿意付出的成本来确定产品价格，根据消费者的购买地域或购买方式的偏好，构建通畅的营销渠道，为顾客方便购买提供条件，并加强与消费者的双向沟通增进相互理解，从而形成了以消费者为引力中心的拉引式市场营销组合。

在4C理论的指导下，企业的营销管理需做如下调整：

（1）针对客户的个性化期望和需求，企业应该与顾客亲密接触，关注客户的潜在需求和实际需求，诱导出客户的特殊需求，然后进行客户需求分析，包括对产品个性化需求、对服务个性化需求、对价格的要求进行分析。最后，拟定满足客户需求的方案以满足这些需求。而不是从企业自身的角度出发，想当然地生产客户不满意的产品和服务。企业应该改变原有的单纯的与客户交易的经营理念，来自客户的定制需求不仅意味着订单，而是重要的市场信息。根据这些需求，改进原有的产品系列，开发更适合客户需求和市场的新产品，以更快的速度响应需求的变化。

（2）在了解客户的期望费用的基础上，企业着手设计开发产品和制定价格。而不是先开发设计出产品之后，根据成本和价值制定价格。传统的基于成本和公平性的定价策略不再适用于大规模定制环境。大规模定制企业的定制策略应该基于客户价值评估，针对不同的场合定制价格。

（3）从客户购买的方便性出发，企业应该建立方便客户购买的大规模定制营销渠道。大规模定制是多样化、个性化产品满足客户多样化需求的极限，把个性化产品准确、低成本、快速地按照客户的要求送到客户手中是一件非常困难的事情。在客户定制阶段，为了帮助客户熟悉定制的流程，制造商需要建立一个面向最终客户的个性化定制平台。企业需要建立自己的网站与客户进行零距离交流，并建立面广、量大的营销网点来提高客户购买的方便性。

（4）从积极与客户沟通的角度出发，加强与客户信息和情感上的交流。这是企业保持老客户和开拓新客户的有效手段。

①整合客户进入企业设计生产领域。建立企业与客户交互学习的机制，以获取客户信息，清晰定义客户需求，并将客户的个性化需求和期望转变为具体的产品和特定的服务。通过这种方法，客户被整合进入企业的价值创造过程，客户参与进入曾经被认为是属于企业活动的领域，其结果是形成一种合作系统，达到共同增加价值的目的。

②与客户建立学习型关系。学习型关系指企业与客户之间进行频繁的交互以使企业能准确地了解客户要定制的内容。选择最有价值的客户与之建立学习型关系。但学习型关系的建立需要较高的成本，企业只能与最有价值的那部分客户建立学习型关系。而客户价值评估的一种方法是估算客户的终身价值以及客户口碑效应带给企业的价值。客户终身价值是把客户交易产生的预期未来收益按贴现率扣除成本后的净现值。客户口碑效应指客户将企业的产品推介给别的客户而引起的购买行为。

③企业与客户沟通的有效手段是开通免费咨询电话呼叫中心，并将客户的累积购买信息、购买时间、目的建立系统的数据库，实行数据库管理，并将客户作为企业最宝贵的资源看待。

④鉴于中国地域面积大的限制，多数企业只能将营销网络延伸到大中型城市，广大城镇及农村地区处在营销网络外延的实际，企业可以借助电子商务B2C业务实现直销模式，提高客户购买的方便性。

案例 8-2-1

7天连锁酒店的 4C 营销策略分析

7天连锁酒店集团发展现状：

7天连锁酒店集团（7DaysInn Group）创立于2005年，目前已建立了覆盖全国的经济型连锁酒店网络，在营分店超过330家，遍布北京、广州、深圳、上海、南京、武汉、成都、长沙、重庆等国内50余个城市和地区。据盈蝶最新的行业调研数据，按照拥有的在营酒店数量排名，7天已经成为中国经济型连锁酒店行业第二大品牌。同时，截至2009年12月31日，7天已拥有中国经济型酒店中规模最大的会员体系，会员数量超过975万个。

营销策略：基于消费者需求的营销策略

目前，连锁酒店最大的顾客群体主要集中在中小企业商务人士及"背包族"。对于这类消费者而言，酒店环境舒适卫生安全、价格经济实惠、出入交通便利、手续办理快捷高效，是他们选择酒店时最为关注的几个因素。对此，7天连锁酒店将"顾客感受第一"的理念贯彻始终，以将核心消费者锁定，并提供个性化服务。

1. 以消费者需求为核心，注重品牌体验式服务

全面提高产品质量。7天高度关注顾客"天天睡好觉"的核心需求，并以此为根本出发点力求为顾客打造一个舒适如家的住宿环境。坚持不懈以顾客切身感受为导向，不遗余力在细节上用心，在保持原有价格优势的前提下，通过配置高质量淋浴设备、五星级标准大床。改善营养早餐搭配、提供睡前牛奶；实现洁净毛巾封包。升级隔音设施、室内拖鞋等措施，全面提高各项产品品质及舒适度。

营造快乐服务氛围。7天酒店服务人员数量不多，但年龄基本都是20岁左右的年轻人，充满朝气、善于沟通，不管是前台接待，还是电话咨询都给人热情大方的感觉，有效减少了顾客对异地的陌生感，有助于顾客放松心情，营造一种轻松氛围。

2. 以"经济"性为中心，力求控制客户成本

为了满足消费者的"实惠"要求，7天全面控制成本，在硬件设施配置上用心斟酌。摒弃了传统酒店客房中大衣柜、笨重书桌、浴缸等物品，转而将简约、实用、清新、便利的宜家式板式组合家具融入客房设计中，注重增添客房"家"的温馨感和实用性。

3. 以"便捷"为重心，为客户创造方便快捷

交通便捷。7天分店一般位于交通便利的地方：市内交通枢纽附近（市内长途汽车站、火车站等）；主要会所附近（会展中心等）；市内各大地标附近（如重庆解放碑、成都春熙路等），极大程度上满足了顾客出行方便的要求。

预订方式高效。7天酒店成功缔造了中国酒店业第一电子商务平台，同时还建立了互联网络、呼叫中心、短信预订、手机WAP及店务管理等一体化系统，顾客足不出户就能通过4种便捷方式完成客房资源的实时查询、预订、确认、支付等流程。既节约了顾客的时间、精力，又节约了7天的人力资源成本，而且非常符合当代消费者"网络化"的生活特点。

网络信息分享便利。①连锁分店信息全面化。7天在其主页上提供了各家分店的详细信息，包括整体情况介绍、电子地图、会员评价、预订情况、房间价格、设施配套情况、乘车路线等，让顾客在预订之前能做出有效的选择，提前熟悉异地环境。②城市资讯向导化。为了给顾客提供更加丰富的信息，使其有个精彩的异地游经历，7天联合口碑网将相关城市的特色餐饮、娱乐、交通及其他的生活资讯通过网络与消费者实现共享，成为名副其实的"网络导游"。

4. 以"真诚相待"为宗旨，实现交流方式多样化

网络信息丰富实用。7天酒店主页设置了"会员分享"板块，为非会员顾客提供了一个入住经验分享的自由平台。同时，"24小时客服小秘书"及时在线回答最新活动、积分管理、预定导航、入住宝典等各类业务问题，让顾客通过网络与7天零距离接触。

信息反馈积极互动。针对网上预订且本人入住的顾客，7天设计出了"7天连锁酒店服务质量调查"问卷，并配备了增加积分政策，鼓励顾客在亲身入住体验之后积极填写反馈；同时，7天通过不定期召开会员主题座谈会、《7天四季》刊物面向全体顾客征稿等面对面、心连心的接触形式认真倾听来自顾客的声音，以作为它不断改进的重要参考。

精彩活动推陈出新。7天通过开展一系列公益捐款、会员优惠、半价兑换、获取电子抵用券、征稿等增值活动，有效调动顾客的参与积极性。这种做法是比较明智的，既保护连锁酒店的价格体系的稳定，又对消费者变相提供不同质量水平的服务。

策略分析：

7天连锁酒店作为目前业界发展势头迅猛的酒店，4C营销策略的发展是必然之势，这对整个经济型连锁酒店的长远发展也有一定的积极作用。在经营中他们实现了三大转型，助推了集团的快速发展。

1. 实现了由"提供满意"向"提供惊喜"转型

当今，消费者需求多元化日益明显，有的顾客能够直接表达出来，有的顾客则不能表达，只能间接传递。酒店可根据不同顾客群的不同特征，对所提供产品、服务进行调整，在满足顾客基本需求的基础上达到提供额外的增值需求服务：如在传统大床房、双人房的基础上，又可根据客户关系的不同变换客房布局、整体色调：设置三人居的亲子房、上下铺的修学旅游房、安装简易扶手的夕阳红房、红色浪漫的蜜月房等主题客房。同时，根据客户习惯的不同，设置可吸烟房、无烟房以供选择，达到满足客户需求多元化的目的。

2. 实现了由"服务到店顾客"向"创造到店顾客"转型

4C策略的最高境界不在于满足顾客的要求，而在于创造顾客的需求。因此，可以从多元化的市场细分入手，为顾客提供更多的、定制化的增值产品、服务：如除普遍的商务活动和"背包游"需求外，结合当地生活资讯，开辟城市购物游、美食游、婚纱摄影游、健康保健游等主题，积极整合城市特色产业，引导消费者的消费欲望，拓宽连锁酒店的消费者市场。

3. 实现了由"联合式"信息获取向"一站式"信息获取转型

要达到良好的市场引导效果，离不开资讯的详尽与宣传。这对经济型连锁酒店的网络系统提出了更高的要求：在原有资讯平台的基础上更要做到细节，如在酒店主页上开辟主题专栏，提前发布当地购物资讯、美食推荐、城市专题地图、当地天气预报、公交路线查询等多种文字、图片综合信息，将原来联合各网络资源的形式逐渐转变为让消费者在酒店网站上就能查看到各类信息，最大程度发掘潜在顾客，特别是吸引周边城市消费者从被动出门到期待背包游。

正式凭借先进的经营理念和实践中的创新应用，打造出以客户需求为核心的企业核心竞争力，才使7天连锁酒店集团得到了快速发展，赢得商机。

（资料来源：迈点网，2011-01-11，作者：查克玲，有删减）

总体来看，4C营销理论注重以消费者需求为导向，与市场导向的4P相比，4C营销理论有了很大的进步和发展。但从企业的营销实践和市场发展的趋势看，4C营销理论依然存在以下不足：

（1）4C营销理论以顾客需求为导向，但顾客需求有个合理性问题。顾客总是希望质量好、价格低，特别是在价格上要求是无界限的。同时，顾客需求的多变性与个性化发展,导致企业不断调整产品结构、工艺流程,不断采购和增加设备,其中的许多设备专属性强,从而使专属成本不断上升,利润空间大幅缩小。只看到满足顾客需求的一面,企业必然付出更大的成本,久而久之,会影响企业的发展。所以从长远看,企业经营要遵循双赢的原则,这是4C需要进一步解决的问题。

(2)4C营销理论是顾客导向,而市场经济要求的是竞争导向,中国的企业营销也已经转向了市场竞争导向阶段。顾客导向与市场竞争导向的本质区别是:前者看到的是新的顾客需求;后者不仅看到了需求,还更多地注意到了竞争对手,冷静分析自身在竞争中的优、劣势并采取相应的策略,在竞争中求发展。

(3)4C营销理论仍然没有体现既赢得客户,又长期地拥有客户的关系营销思想。没有解决满足顾客需求的操作性问题,如提供集成解决方案、快速反应等。

总之,4C营销理论总体上虽是4P的转化和发展,但被动适应顾客需求的色彩较浓。根据市场的发展,需要从更高层次以更有效的方式在企业与顾客之间建立起有别于传统的新型的主动性关系,如互动关系、双赢关系、关联关系等。

2.4 4R营销组合理论

针对4C存在的上述问题,20世纪90年代,美国学者Don E. Schultz将关系营销思想简单总结,提出了4R营销组合理论。艾略特·艾登伯格(Elliott Ettenberg)在2001年出版了《4R营销——颠覆4P的营销新论》一书,对4R营销理论进行了详细的阐述。

4R营销理论以关系营销为核心,注重企业和客户关系的长期互动,重在建立顾客忠诚。从而阐述了一个全新的营销四要素(如图8-2-4所示)。

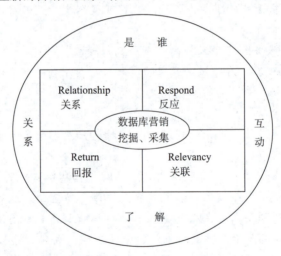

图8-2-4 4R营销组合模型

(1)关联(Relevancy)。即认为,企业与顾客是一个命运共同体,在经济利益上是相关的、联系在一起的,建立保持并发展与顾客之间的长期关系是企业经营中的核心理念和最重要的内容。

(2)反应(Respond)。在今天的相互影响的市场中,对经营者来说最现实的问题不在于如何控制、制订和实施计划,而在于如何站在顾客的角度及时地倾听顾客的希望、渴望和需求,并及时答复和迅速做出反应,满足顾客的需求。当代先进企业已从过去推测性商业模式,转移成高度回应需求的商业模式。

(3)关系(Relationship)。在企业与客户的关系发生了本质性变化的市场环境中,抢占市场的关键已转变为与顾客建立长期而稳固的关系。同时,因为任何一个企业都不可能独自提供运营过程中所必需的资源,所以企业必须和与经营相关的成员建立起适当的合作伙伴关系，形成一张网络（这是企业经营过程中除了物质资本和人力资本以外的另一种不可或缺的资本——社会资本），充分利用网络资源，挖掘组织间的生产潜力，基于各自不同的核心竞争优势的基础之上进行分工与合作，共同开发产品、开拓市场、分担风险、提高竞争优势，更好地为消费者和社会服务。

（4）回报（Return）。任何交易与合作关系的巩固和发展，对于双方主体而言，都是一个经济利益问题，因此，一定的合理回报既是正确处理营销活动中各种矛盾的出发点，也是营销的落脚点。

视频8-2-3
股价3年涨7倍
星巴克烹制
"金咖啡"

对企业来说，市场营销的真正价值在于其为企业带来短期或长期的收入和利润的能力。一方面，追求回报是营销发展的动力；另一方面，回报是企业从事营销活动，满足顾客价值需求和其他相关主体利益要求的必然结果。企业要满足客户需求，为客户提供价值，顾客必然予以货币、信任、支持、赞誉、忠诚与合作等物质和精神的回报，而最终又必然会归结到企业利润上。

在4R理论的指导下，企业的营销管理需做如下调整：

（1）紧密联系顾客。企业必须通过某些有效的方式在业务、需求等方面与顾客建立关联，形成一种互助、互求、互需的关系，把顾客与企业联系在一起，减少顾客的流失，以此来提高顾客的忠诚度，赢得长期而稳定的市场。因此，企业应认真听取顾客提出的各种建议，关心他们的情况，了解他们存在的问题和面临的机会，通过提高顾客在购买和消费中的产品价值、服务价值、人员价值及形象价值，降低顾客的货币成本、时间成本、精力成本及体力成本，从而更大限度地满足顾客的价值需求，让顾客在购买和消费中得到更多的享受和满意。特别是企业对企业的营销与消费市场营销完全不同，更需要靠关联、关系来维系。

（2）提高对市场的反应速度。面对迅速变化的市场，要满足顾客的需求，建立关联、关系，企业必须建立快速反应机制，提高反应速度和回应力。多数公司倾向于说给顾客听，却往往忽略了倾听的重要性。在相互渗透、相互影响的市场中，对企业来说最现实的问题不在于如何制订、实施计划和控制，而在于如何及时地倾听顾客的希望、渴望和需求，并及时做出反应来满足顾客的需求。这样才利于市场的发展。

网络的神奇在于迅速，企业必须把网络作为快速反应的重要工具和手段。在及时反应方面日本公司的做法值得借鉴。日本企业在质量上并不一味单纯追求至善至美，而是追求面向客户的质量，追求质量价格比。他们并不保证产品不出问题，因为那样成本太高。而是在协调质量与服务关系的基础上建立快速反应机制，提高服务水平，能够对问题快速反应并迅速解决。这是一种企业、顾客双赢的做法。

（3）重视与顾客的互动关系。抢占市场的关键已转变为与顾客建立长期而稳固的关系，把交易转变成一种责任，建立起和顾客的互动关系。而沟通是建立这种互动关系的重要手段。与此相适应产生5个转向：从一次交易转变为强调建立友好合作关系，长期地拥有用户；从着眼于短期利益转向重视长期利益；从顾客被动适应企业单一销售转向顾客主动参与到生产过程中来；从相互的利益冲突变成共同的和谐发展；从管理营销组合变成管理企业与顾客的互动关系。

菲利普·科特勒在其《营销管理》（第8版）中也写道"精明的营销者都会试图同顾客、分销商和供应商建立长期的、信任的和互利的关系，而这些关系是靠不断承诺和给予对方高质量的产品、优良的服务和公平的价格来实现的，也是靠双方组织成员之间加强经济的、技术的和社会的联系来实现的。双方也会在互相帮助中更加信任、了解和关心"。在此，我们可以将"P说"与关系营销的"R说"进行整合成一个综合的营销理论框架（如图8-2-5所示）。

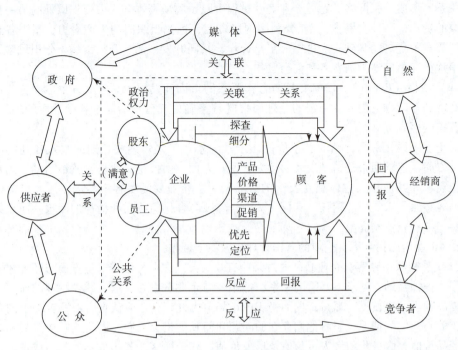

图 8-2-5 两大营销理论的整合

> **案例 8-2-2**
>
> ## 潘石屹的现代城 4R 营销策略
>
> 　　京城经典的房地产营销案例——潘石屹的现代城,在整个的营销推介过程中,都能看到 4R 的影子,并且发挥了显著的影响力。首先从开发理念上看,老潘第一个引进国外的 SOHO 观念,针对了大批的自由职业者"在家办公"的消费需求,抓住了消费者的需求变化,及时适应了一批消费者的房产需求变化,将 4R 的关联(Relevancy)要素转变为销售核心价值,制造出有核心竞争力的产品。其次,在现代城的售卖过程中,随着消费者的需求变化,现代城的图纸也在建筑过程中不断地修改,最初现代城为解决顶层物业销售的难度,将顶层的户型设计成复式结构的,结果一下子供不应求,所有的顶层复式的房子都卖完了,还是有顾客不断地来问还有没有复式的了,潘石屹当机立断,将下面本来平层的房子改成复式的,以适应消费者变化的购房需求,就这样一层挨一层的从顶层往下改去,设计院说,怎么改个没完,潘石屹回答说,消费者的需求是最完美的设计,只要消费者有需求变化,设计就要改。这正是 4R 中的反应(Response)要素。再次,现代城的营销中后期建立了业主沟通网站,所有业主的意见都可以在第一时间到达公司的最高领导那里,对所有业主的资料建立详细的资料库,附以无理由退房等有力的售后保障,开发商与消费者之间建立长效稳固的关系、关系(Relationship)要素,把对业主的管理变成了责任,消费者从顾客变成了品牌忠诚者,从管理营销组合变成管理和顾客的互动关系。最后,回报可当然不只是现代城一个项目的成功,潘石屹和他的红石公司声名鹊起,其后开发的其他项目在企业品牌和客户关系的积累中无往不利,且营销费用也节省了不少,短期利润与长期回报双效回笼,大获全胜。
>
> 　　(资料来源:王君.4Rs 制胜术——用新鲜的营销理论来武装房产销售　有删减)

关系营销的 4R 理论以竞争为导向，在新的哲学层次上概括了营销的新框架。

4R 根据市场不断成熟和竞争日趋激烈的形势，着眼于企业与顾客互动与双赢，不仅积极地适应顾客的需求，而且主动地创造需求，运用优化和系统的思想去整合营销，通过关联、关系、反应等形式与客户形成独特的关系，把企业与客户联系在一起，形成竞争优势。

4R 将企业的营销活动提高到宏观和社会层面来考虑，更进一步提出企业是整个社会大系统中不可分割的一部分，企业与顾客及其他的利益相关者之间是一种互相依存、互相支持、互惠互利的互动关系，企业的营销活动应该是以人类生活水平的提高、以整个社会的发展和进步为目的，企业利润的获得只是结果而不是目的，更不是唯一目的，因此，该理论提出企业与顾客及其他利益相关者应建立起事业和命运共同体，建立、巩固和发展长期的合作协调关系，强调关系管理而不是市场交易。

可以说 4R 是新世纪营销理论的创新与发展，必将对营销实践产生积极而重要的影响。但是，4R 营销同任何理论一样，也有其不足和缺陷。如与顾客建立关联、关系，需要实力基础或某些特殊条件，并不是任何企业可以轻易做到的。同时，在追求回报的同时如何做好风险控制，对企业来说也是一个挑战。但不管怎样，4R 营销提供了很好的思路，是经营者和营销人员应该了解和掌握的。

2.5　4P、4C、4R 三者之间的关系

通过以上分析，我们知道 4P 理论的核心是企业，4C 理论的核心是消费者，4R 理论的核心是竞争者。4P、4C、4R 三者之间不是取代关系而是完善、发展的关系。4P 是一个基础框架，4P 所提出的产品、价格、渠道和促销的组合，是任何企业的营销活动都无法回避的。当然 4C、4R 也是很有价值的理论和思路，因而，这两种理论也具有适用性和借鉴性。4C、4R 都不能取代 4P，而是对 4P 在新形势下的创新与发展，不可把三者割裂开来甚至对立起来。所以，在了解、学习和掌握了新世纪市场营销组合理论发展的同时，根据企业的实际，把三者结合起来指导营销，会取得更好的效果（如表 8-2-1 所示）。

表 8-2-1　营销组合理论比较分析

类别 项目	4P 组合	4C 组合	4R 组合
营销理念	生产者导向	消费者导向	竞争者导向
营销模式	推动型	拉动型	供应型
满足需求	相同或相近需求	个性化需求	感觉需求
营销方式	规模营销	差异化营销	社会营销
营销目标	满足现实的、具有相同或相似需求的顾客的需求，并获得目标利润最大化	满足现实和潜在的个性化需求，培养顾客忠诚度	适应需求变化，并创造需求，追求各方互惠关系最大化
营销工具	4P	4C	4R
顾客沟通	"一对多"单向沟通	"一对一"双向沟通	"一对一"双向沟通或多项沟通或合作
投资成本和时间	短期低，长期高	短期较低，长期较高	短期高，长期低

理论源于实践，并给予实践以指导意义。正因如此，科特勒在其《营销管理》一书中写道："营销是经营管理学中最富能动作用的一个领域，市场上经常出现新的挑战，公司必须做出反应。因此，毫不奇怪，新市场观念应不断出现以迎接市场新挑战。"企业经营环境的变化是营销组合理论演进的根本推动力量。在过去的几十年中，企业营销环境发生了巨大的变化：首先，公众大市场已不复存在，它已经细分为更小的市场，甚至细分到每个顾客，市场已完全是买方市场。对每个顾客，都要按其特殊要求生产产品或提供服务。其次，贸易壁垒的消除，使各个国家、各个厂商的产品在同一个市场上出现，公司的竞争

已经白热化。最后，变化已经成为常规，不变是例外，变化在加速，急剧的技术变革推进了创新，产品生命周期从以年计算到按月计算。正是在这样的背景下，营销组合理论经历了 4P、4C、4R 的演进。

> **案例 8-2-3**
>
> ### 把梳子卖给和尚
>
> 甲是这样推销的：他跑了三座寺院，受到了无数次和尚的臭骂和追打，但仍然不屈不挠，终于感动了一个小和尚，买了一把梳子。
>
> 乙是这样推销的：他来到一座名山古寺。由于山高风大，把前来进香的善男信女的头发都吹乱了。乙找到住持，说："蓬头垢面对佛是不敬的，应在每座香案前放把木梳，供善男信女梳头。"住持认为有理。那庙共有 10 座香案，于是买下 10 把梳子。
>
> 丙是这样推销的：他来到一座颇负盛名、香火极旺的深山宝刹，对方丈说："凡来进香者，多有一颗虔诚之心，宝刹应有回赠，保佑平安吉祥，鼓励多行善事。我有一批梳子，您的书法超群，可刻上'积善梳'三字，然后作为赠品。"方丈听罢大喜，立刻买下 1 000 把梳子。
>
> （资料来源：依据 http://www.people.com.cn/GB/paper447/11653/1050515.html 资料编写）

扫一扫
感想与启发 8-2-1

市场营销经过了数十年的发展和丰富，形成了一套以经典 4P 理论为基础的形式多样、不断丰富的综合体系。不管是 4P、4C 还是 4R，都是来自实践，又反过来指导着企业的营销实践。

信息化和全球化的影响、企业竞争规则的转变、消费理念和消费习惯的变化，都成为新思想涌现的加速器，未来必然还会出现更多创新的营销理念和实践方案，来共同完善和发展营销体系，为市场上的不同企业提供丰富的营销思路。

重点词语

市场营销组合　　　　4P 营销组合理论　　　　7P 营销组合理论
10P 营销组合理论　　4C 营销组合理论　　　　4R 营销组合理论

课后思考

1. 什么是市场营销组合？
2. 市场营销组合的特点有哪些？
3. 市场营销组合的作用是什么？
4. 什么是 4P、7P、10P、4C、4R 营销管理理论？
5. 简述 4P、4C、4R 营销管理理论之间的关系。

实践与技能

资料：

宝马汽车公司位于德国南部的巴伐利亚州。宝马公司拥有 16 座制造工厂、10 万余名员工。公司汽车年产量 100 万辆，并且生产飞机引擎和摩托车。宝马集团（宝马汽车和宝马机车加上宝马控股的路华与越野路华公司，以及从事飞机引擎制造的宝马—劳斯莱斯公司）1994 年的总产值在全欧洲排第七，营业额排第五，成为全球十大交通运输工具生产厂商。

汽车工业自形成以来，一直稳定发展，现已成为全球最重要、规模最大的工业部门之一。但是，20 世纪 80 年代中期，美国国内汽车市场趋于饱和，竞争非常激烈，汽车行业出现不景气；90 年代之后，日本、欧洲等国家的汽车制造业都发展缓慢，全球汽车行业进入了调整阶段。汽车行业需要新的经济增长点。而此时亚洲经济正以惊人的速度发展，被喻为"四小龙"的新加坡、中国香港、中国台湾、韩国的人均收入水平已接近中等发达国家水平，此外中国、泰国、印尼等国的具有汽车购买能力的中产阶级的数量正飞速增长。世界汽车巨头都虎视着亚洲，尤其是东亚这块世界汽车业最后争夺的市场。宝马公司也将目标定向了亚洲。

1. 产品策略

宝马公司试图吸引新一代寻求经济和社会地位成功的亚洲商人。宝马的产品定位是：最完美的驾驶工具。宝马要传递给顾客创新、动力、美感的品牌魅力。这个诉求的三大支持是：设计、动力和科技。公司的所有促销活动都以这个定位为主题，并在上述三者中选取至少一项作为支持。每个要素的宣传都要考虑到宝马的顾客群，要使顾客感觉到宝马是"成功的新象征"。要实现这一目标，宝马公司欲采取两种手段：一是区别旧与新，使宝马从其他品牌中脱颖而出；二是明确那些期望宝马成为自己成功和地位象征的车主有哪些需求，并去满足它。

宝马汽车种类繁多，分别以不同系列来设定。在亚洲地区，宝马公司根据亚洲顾客的需求，着重推销宝马三系列、宝马五系列、宝马七系列、宝马八系列。这几个车型的共同特点是：节能。

（1）宝马三系列。三系列原为中高级小型车，新三系列有三种车体变化：四门房车、双座跑车、敞篷车和三门小型车，共有七种引擎。车内空间宽敞舒适。

（2）宝马五系列。备有强力引擎的中型房车。五系列是宝马的新发明，五系列除了在外形上比三系列大，它们的灵敏度是相似的。拥有两种车体设计的五系列配有从1 800马力到4 000马力的引擎，四个、六个或八个汽缸。五系列提供多样化的车型，足以满足人们对各类大小汽车的所有需求。

（3）宝马七系列。七系列于1994年9月进军亚洲，无论从外观或内部看都属于宝马大型车等级。七系列房车的特点包括了优良品质、舒适与创新设计，已成为宝马汽车的象征。七系列除了有基本车体以外，还有加长车型可供选择。

（4）宝马八系列。八系列延续了宝马优质跑车的传统，造型独特、优雅。

2. 定价策略

宝马的目标是追求成功的高价政策，以高于其他大众车的价格出现。宝马公司认为宝马制定高价策略是因为：高价也就意味着宝马汽车的高品质，高价也意味着宝马品牌的地位和声望，高价表示了宝马品牌与竞争品牌相比具有的专用性和独特性，高价更显示出车主的社会成就。总之，宝马的高价策略是以公司拥有的优于其他厂商品牌的优质产品和完善的服务特性，以及宝马品牌象征的价值为基础的。宝马汽车的价格比同类汽车一般要高出10%～20%。

3. 渠道策略

宝马公司早在1985年就在新加坡成立了亚太地区总部，负责新加坡、中国香港、中国台湾、韩国等分支机构的销售事务。

在销售方式上，宝马公司采取直销的方式。宝马是独特、个性化且技术领先的品牌，宝马锁定的顾客并非是大众化汽车市场，因此，必须采用细致的、个性化的手段，用直接、有效的方式把信息传递给顾客。直销是最能符合这种需要的销售方式。宝马公司在亚洲共有3 000多名直销人员，由他们直接创造宝马的销售奇迹。

宝马在亚洲直销的两个主要目标是：一是要有能力面对不确定的目标市场；二是要能把信息成功地传递给目标顾客。这些目标单靠传统的广告方式难以奏效。直销要实现的其他目标还有：加强宝马与顾客的沟通，使宝马成为和顾客距离最近的一个成功企业；利用与顾客的交谈，和顾客建立长期稳定的关系；公司的财务状况、销售状况、售后服务、零件配备情况都要与顾客及其他企业外部相通者沟通；利用已有的宝马顾客的口碑，传递宝马的信息，树立宝马的品牌形象；利用现有的顾客信息资料，建立起公司内部营销信息系统。宝马还把销售努力重点放在提供良好服务和保证零配件供应上。对新开辟的营销区域，在没开展销售活动之前，便先设立服务机构，以建立起一支可靠的销售支持渠道。

4. 促销策略

宝马公司的促销策略并不急功近利地以销售量的提高为目的，而是考虑到促销活动一定要达到如下目标：成功地把宝马的品位融入潜在顾客中；加强顾客与宝马之间的感情连接；在宝马的整体形象的基础上，完善宝马产品与服务的组合；向顾客提供详尽的产品信息。最终，通过各种促销方式使宝马能够有和顾客直接接触的机会，相互沟通信息，树立起良好的品牌形象。

宝马公司考虑到当今的消费者面对着无数的广告和商业信息，为了有效地使信息传递给目标顾客，宝马采用了多种促销方式。所采用的促销方式包括：广告、直销、公共关系活动。

（1）广告。宝马公司认为：当今社会越来越多的媒体具备超越国际的影响力，因而要使广告所传达的信息能够一致是绝对必要的。宝马为亚洲地区制订了一套广告计划，保证在亚洲各国通过广告宣传的宝马品牌形象是统一的。同时这套广告计划要通过集团总部的审查，以保证与公司在欧美地区的广告宣传没有冲突。宝马公司借助了中国香港、新加坡等地的电视、报纸、杂志等多种广告媒体开展广告宣传活动。这些活动主要分为两个阶段：第一阶段主要是告知消费者宝马是第一高级豪华车品牌，同时介绍宝马公司的成就和成功经验；第二阶段宝马用第七系列作为主要的宣传产品，强调宝马的设计、安全、舒适和全方位的售后服务。

（2）公关活动。广告的一大缺陷是不能与目标顾客进行直接的接触，而公关活动能够达到这一目的。宝马公司在亚洲主要举办宝马国际高尔夫金杯赛和宝马汽车鉴赏巡礼两个公关活动。宝马国际金杯赛是当时全球业余高尔夫球赛中规模最大的。这项赛事的目的是促使宝马汽车与自己的目标市场进行沟通，这是因为高尔夫球历来被认为是绅士运动，即喜欢高尔夫球的人，尤其是业余爱好者多数是较高收入和较高社会地位的人士，而这些人正是宝马汽车的目标市场。宝马汽车鉴赏巡礼活动的目的是在特定的环境里，即在高级的展览中心陈列展示宝马汽车，把宝马的基本特性、动力、创新和美感以及它的高贵、优雅的品牌形象展示给消费者，并强化这种印象。此外，宝马公司还定期举行新闻记者招待会，在电视和电台的节目中与顾客代表和汽车专家共同探讨宝马车的功能，让潜在顾客试开宝马车，这些活动也加强了宝马与顾客的沟通。

训练要求

1. 试用所学的市场营销组合理论分析企业设计营销组合策略的步骤是什么。
2. 宝马公司的营销组合策略是如何组织得有机统一的？

项目拓展

看视频，思考问题

1. 视频：［中央电视台］财经：可口可乐希望小学：知识改变命运

   思考：可口可乐为什么赞助中国希望小学？
2. 视频：［中央电视台］财经词典：国美模式

   讨论：用市场营销组合理论分析"国美模式"。
3. 视频：［中央电视台］经济半小时：飞天茅台酒价飞天　要买酒先消费两千

扫一扫

项目八
资源包

思考：飞天茅台大幅涨价是明智之举吗？

4. 视频：［中央电视台］财富故事会：风中有朵汽车云

讨论：吉利汽车的市场营销组合。

项目资源

一、课件

二、图片资料

三、延伸阅读

1. 4P 营销理论案例分析——联想。
2. 服务，秉持以客户为中心——分析现代服务营销"7P"理论在上海网建中的运用。
3. 7P 营销组合的时代。
4. 礼品营销的 7P 组合增值策略。
5. 红罐王老吉品牌定位战略。
6. 后市场营销管理。
7. 企业如何搭建营销管理体系。
8. 中国营销策划及营销创新的十大发展趋势。
9. 宝马中国的整合营销策略研究及启示。
10. 用"愿意推荐"指数测量公司未来的发展速度。

四、案例集锦

案例一：日本企业的营销组合。

案例二：日本电视机厂商根据目标市场制定战略。

案例三：康佳市场营销战略。

案例四：动感地带——我的地盘听我的。

案例五：天创数码 2008 奥运联动计划。

案例六：携程网卖的是什么？

案例七：欢迎进入三星的数码世界。

案例八：光彩四溢的香奈尔。

案例九：诺基亚的 4P 营销组合策略。

案例十：形散神不散——宝马汽车的组合营销策略。

线上学习

请登录：http://v.youku.com/v_show/id_XNDg5NDk5NjEy.html（韩冬专访：年度最佳营销管理创新奖 青岛澳柯玛）

请登录：http://v.youku.com/v_show/id_XMjYwOTIxMjA0.html（郑翔洲：新商业模式创新实战）

请登录：http://v.163.com/movie/2010/1/D/N/M7543LR4J_M75446PDN.html（网易公开课——巴黎高等商学院公开课：Web2.0 时代的营销沟通 数字革命背景下的营销沟通）

请登录：http://v.163.com/movie/2010/1/F/2/M7543LR4J_M75442AF2.html（巴黎高等商学院公开课：Web2.0 时代的营销沟通 口碑营销 2）

请登录：http://v.163.com/movie/2011/3/V/B/M6UTV95NR_M6V2DORVB.html（宾夕法尼亚大学公开课：沃顿的学问 走下坡路，使美国汽车制造商暗战？）

线下学习

《管理人手册：顾客至上》.［英］安迪·布鲁斯著，世界图书出版公司，2011.

《需求：缔造伟大商业传奇的根本力量》.［美］亚德里安·斯莱沃斯基，［美］卡尔·韦伯著，黄昕编，龙志勇，魏薇译，浙江人民出版社，2013.

项目九

产品策略

项目概述：

通过本项目的学习，你将会理解产品的整体概念及其分类；理解并掌握产品组合策略，并能够进行产品组合策略分析；理解并掌握产品生命周期的阶段特性及其营销策略；理解并掌握产品品牌与包装策略，能够应用新产品开发策略、品牌与包装策略的知识以及产品生命周期理论解决企业实践中的相关问题，包括站在全球营销角度思考同样的问题。

学习目标：

［知识目标］
- 正确认识产品组合与产品组合策略
- 理解产品生命周期理论及基于此而进行的新产品开发、品牌与包装策略

［技能目标］
- 具备产品组合策略分析能力，熟悉新产品开发流程与要求
- 能够运用产品组合理论分析解决企业中相关问题

［思政目标］
- 树立产品质量观，创建国货品牌，推动中国产品向中国品牌转变
- 培养学生积极创新，开拓进取的精神，提升国货在世界市场上的竞争力，从而提升民族自豪感与自信心

看资料，悟营销

潍柴动力：多项技术全球首创，做最好的发动机

2022年1月份，潍柴发布全球首款本体热效率51.09%柴油机，提升了我国在全球内燃机行业的话语权，引起全球行业震动。4月23日，中国首款商业化240马力CVT智能拖拉机——雷沃P7000拖拉机举行了交付仪式，由潍柴自主研发的CVT无级变速动力传动总成，填补了国内拖拉机无级变速技术的空白。从传统发动机领域，到新能源、智能驾驶、车联网、电控、软件开发等前沿和基础研究领域，潍柴的科研阵线越拉越长，钻研领域越来越深，持续引领中国装备，掌控核心技术。

"行业发展有周期，研发投入无周期。越是下行周期越要加大研发投入，即使牺牲短期利润也在所不惜。"潍柴集团董事长谭旭光说。潍柴研发费用占到年销售收入的6%，其中研发费用的20%以上是基础研究和前沿研究，特别是近两年，累计投入研发费用超100亿元，持续推动潍柴以钉钉子精神搞创新，取得了一大批突破性科技成果。

潍柴提出，2030年打造万亿集团。围绕这一战略目标，潍柴确定了三大科技战略定位：立志做全球行业科技引领者、立志做行业解决方案提供者、立志做多元动力总成系统工程管理创新者。

资料来源：根据齐鲁晚报齐鲁壹点（2022年7月14日）相关报道整理

分析与感想：

潍柴坚持科技自立自强，构建四位一体的新科技创新体系，打破多个国外核心技术垄断，推出一系列引领行业升级的高端产品，用实力和担当撑起了中国自主品牌的脊梁，极

大提升了民族自豪感和自信心。

产品是市场营销组合中最重要也是最基本的因素。企业在制定市场营销组合策略，首先必须决定发展什么样的产品满足目标市场需求。产品策略还直接或间接影响到其他营销组合因素的管理。从这个意义上说，产品策略是整个营销组合策略的基石。

任务一 认识产品

产品是企业与消费者进行价值交换的载体。在这个交换过程中，企业把产品送到消费者手里，消费者则把货币支付给企业。这个交换过程能不能成功，关键之一是消费者是否认可企业生产的产品，或者说消费者是否喜欢企业的产品。消费者总是愿意购买他们所喜欢的产品。因此，企业就要认真研究什么样的产品才能赢得消费者的认可并使他们来购买自己的产品。

1.1 产品及产品整体概念

1.1.1 产品

在现代市场营销学中，产品概念具有极其宽广的外延和深刻的内涵。一般来讲，产品是指能够通过交换满足消费者或用户某一需求和欲望的任何有形物品和无形的服务。有形物品包括产品实体及其品质、款式、特色、品牌和包装等；无形服务包括可以使顾客的心理产生满足感、信任感以及各种售后支持和服务保证等。

通过上述对产品的定义，我们能够发现，产品实际上是一种载体，通过它消费者得到了使用价值，企业得到了价值的增值。所有能给双方带来价值的东西都是产品。为了更好地把握产品整体概念，我们有必要进一步了解有关产品层次的思想。

1.1.2 产品整体概念

关于产品整体概念，学术界曾用三个层次来表述，即核心产品、形式产品和延伸产品（附加产品）。这种研究思路与表达方式沿用了多年。但近年来，以菲利普·科特勒为首的北美学者更倾向于按以下五个层次来表述产品整体概念，认为这样做能够更深刻而逻辑地表达产品整体概念的含义。

（1）核心产品。

核心产品是指向顾客提供的基本效用或利益，从根本上说，每一种产品实质上都是为解决问题而提供的服务。譬如，人们购买电冰箱不是为了获取装有各种电器零部件的物体，而是为了满足家庭冷藏、冷冻食品的需要。

（2）形式产品。

形式产品是指产品的基本形式，或核心产品借以实现的形式，或目标市场对某一需求的特定满足形式。形式产品由五个特征所构成，即品质、式样、特征、品牌及包装。即使是纯粹的劳务产品，也具有类似的形式上的特点。市场营销者应首先着眼于顾客购买产品时所追求的利益，以求更完美地满足顾客需求，从这一点出发再去寻求利益得以实现的形式，进行产品设计，比如同样是满足人们留住生活记忆的需求，产品形式却可以是书画、照片、摄像机等多种产品形式。

（3）期望产品。

期望产品是指购买者在购买该产品时，期望得到的与产品密切相关的一整套属性和条件。比如，旅馆的客人期望得到清洁的床位、洗浴香波、浴巾、衣帽间的服务等。

（4）延伸产品。

延伸产品是指顾客购买形式产品和期望产品时，附带获得的各种利益的总和，包括产品说明书、保证、安装、维修、送货、技术培训等。国内许多企业的成功，在一定程度上应该归功于他们更好地认识了服务在产品整体概念中所占的重要地位。

（5）潜在产品。

潜在产品是指现有产品包括所有附加产品在内的，可能发展成为未来最终产品的潜在状态的产品，指出了现有产品的可能演变趋势和前景，如彩色电视机可发展为电脑终端机等。

产品整体概念的五个层次，清晰地体现了以顾客为中心的现代营销观念，见图9-1-1产品整体概念的五个层次。这一概念的内涵和外延都是以消费者需求为标准的，并由消费者的需求来决定。可以说，产品整体概念是建立在"需求=产品"这样一个等式基础之上的。没有产品整体概念，就不可能真正贯彻现代经营观念。

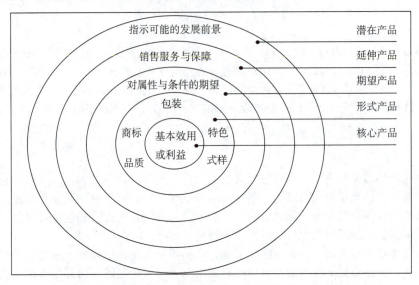

图9-1-1 产品整体概念的五个层次

1.2 产品分类

在产品导向下，企业只是根据产品的不同特征对产品分类。在现代营销观念下，产品分类的思维方式是，每个产品类型都有与之相适应的市场营销组合策略。如表9-1-1所示。

表9-1-1 产品习惯分类法

产品习惯分类法	根据其耐用性及是否有形	非耐用品
		耐用品
		服务
	消费品分类（根据产品及其购买特性）	便利品
		选购品
		特殊器
		非渴求品
	产业用品分类（根据产品特性）	材料和部件
		资本项目
		供应品和服务

消费品的分类我们在项目四中已做了介绍，现在重点介绍产业用品分类。各类产业组织也需要购买各种各样的产品和服务。我们可以把产业用品分成三类：材料和部件、资本项目以及供应品与服务。

（1）材料和部件，指完全转化为制造商品的一类产品，包括原材料、半制成品和部件，如农产品、构成材料（铁、棉纱）和构成部件（马达、轮胎），上述产品的销售方式有所差异。

（2）资本项目，指部分进入产成品中的商品，它包括两部分：装备和附属设备。装备包括建筑物（如厂房）与固定设备（如发电机、电梯）。

（3）供应品和服务，指不构成最终产品的那类项目，如打字纸、铅笔等。商业服务包括维修或修理服务和商业咨询服务，维修或修理服务通常以签订合同的形式提供。

任务二　产品组合策略

现代企业为了满足目标市场的需求，扩大销售，分散风险，往往生产或经营多种产品。

那么，究竟生产经营多少种产品才算合理，这些产品应当如何搭配，才能做到既满足不同消费者的需求，又使企业获得稳定的经济效益？企业营销需要对产品结构进行研究和选择，根据企业自身能力条件，确定最佳的产品组合。

2.1　产品组合及其相关概念

2.1.1　产品组合

产品组合也称为产品品种搭配，是指企业提供给市场的全部产品线和产品项目的组合或结构，即企业的业务经营范围。企业为了实现营销目标，充分有效地满足目标市场的需求，必须设计一个优化的产品组合。柯达公司的产品组合是信息和形象产品；米其林公司有三条产品线：轮胎、地图和餐饮服务。

2.1.2　产品线

产品线是指产品组合中的某一产品大类，是一组密切相关的产品。比如，以类似的方式发挥功能、售给相同的顾客群、通过同样的销售渠道出售、属于同样的价格范畴等。

2.1.3　产品项目

产品项目是指产品线中不同品牌和细类的特定产品。例如，某自选采购中心经营家电、百货、鞋帽、文教用品等，这就是品牌组合；而其中"家电"或"鞋帽"等大类就是产品线；每一大类包括的具体品种、品牌为产品项目。

2.1.4　产品组合宽度、长度、深度和关联度

对于企业产品组合的衡量一般可从四个方面予以反映，即产品组合的宽度、长度、深度和关联性。产品项目是衡量产品组合各种变量的一个基本单位。这些概念借助宝洁公司的消费品为例来说明，如表9-2-1所示。

产品组合的宽度是指产品组合中所拥有的产品线数目。表9-2-1表明，产品组合的宽度是5条产品线（清洁剂、牙膏、条状肥皂、纸尿布、纸巾）。

表9-2-1　宝洁公司产品线的宽度和长度

	产品组合的宽度				
	清洁剂	牙膏	条状肥皂	纸尿布	纸巾
产品线长度	象牙雪（1930）	格利（1952）	象牙（1879）	帮宝适（1961）	媚人（1928）
	德来夫特（1933）	佳洁士（1955）	柯克斯（1885）	露肤（1976）	粉扑（1960）
	汰渍（1946）		洗污（1893）		旗帜（1982）
	快乐（1950）		佳美（1926）		绝顶（1992）
	奥克雪多（1914）		爵士（1952）		
	达什（1954）		保洁净（1963）		
	波尔德（1965）		海岸（1974）		
	盖恩（1966）		玉兰油（1993）		
	伊拉（1972）				

扫一扫
阅读资料9-2-1 米其林集团发布2019年上半年财报

产品组合的长度是指产品组合中产品项目的总数,以产品项目总数除以产品线数目即可得到产品线的平均长度。表9-2-1所显示的产品组合总长度为25,产品线的平均长度为25除以5等于5。

扫一扫
案例9-2-1
可口可乐产品组合

产品组合的深度指产品项目中每一品牌所含不同花色、规格、质量产品数目的多少,如"佳洁士牌牙膏有三种规格和两种配方,其深度就是6"。通过计算每一品牌的产品品种数目,我们可以计算出该公司的产品组合的平均深度。

产品组合的关联度是指各条产品线在最终用途、生产条件、分销渠道或其他方面相互关联的程度。例如,某家用电器公司拥有电视机、收录机、空调机、饮水机等多条产品线都与电子有关,这一产品组合具有较强的相关性。相反,实行多元化特别是非相关多元化经营的企业,其产品组合的相关性则可能较小或无相关性。

根据产品组合的四种尺度,企业可以采取四种方法发展业务:

(1) 可以增加新的产品线,以扩大产品组合的宽度;

(2) 公司也可以延长其现有的产品线;

(3) 加强产品组合的深度,占领同类产品的更多细分市场,满足更广泛的市场需求,增强行业竞争力;

(4) 可以推出关联性较强的产品线。

2.2 产品组合分析

产品组合的状况则直接关系到企业效益的好坏,故企业必须不断优化产品组合结构。为了优化产品组合,使每一产品线、每一产品线下的产品项目都取得良好效益,企业应对现行产品组合做出系统的分析和评价。分析和评价产品组合的方法主要有:产品项目分析法和产品品种定位图分析法。

扫一扫
阅读资料9-2-2
华为斩获5G RAN
产品组合整体
第一 全球
首位5G RAN
排名出炉

2.2.1 产品项目分析法

产品线上的每一个产品品种对总销售额和利润所做的贡献是不同的。图9-2-1显示了拥有5个产品项目的产品线以及各产品的销售与盈利情况。

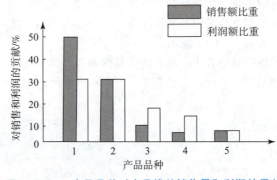

图9-2-1 产品品种对产品线总销售量和利润的贡献

图9-2-1所示:第一个产品项目的销售额、利润额分别占整个产品线总销售额和总利润额的50%和30%;第二个产品项目销售与利润占总销售额和总利润额的比重均为30%。这两个项目的销售和利润额共占总销售额的80%和总利润额的60%。如果这两个项目遇到强烈的竞争,整条产品线的销售额和利润额将急剧下降。为此,企业一方面应采取切实措施,巩固第一、第二两个产品项目的市场地位;另一方面,应根据市场环境变化加强对第三、第四产品项目的市场营销。第五个产品项目只占整个产品线销售额和利润额的10%,如发展前景不大,企业可考虑停止这种产品生产,以便抽出力量加强其他产品项目的营销或开发新产品。

2.2.2 产品品种定位图分析法

适用于分析各产品线的产品项目与竞争者同类产品的对比状况,全面衡量各产品项目与竞争产品的市场地位,现举例说明如下:

A 家具公司的一条产品线是沙发,顾客对沙发最重视的两个属性是价格和功能(图 9-2-2)。价格分为高、中、低三个档次;功能分为单功能(只能坐)、双功能(既能坐也能睡)、多功能(坐、睡和带箱子)。A 公司有 B 和 C 两个竞争者,B 公司生产两种沙发:高、中档的单功能沙发;C 公司也生产两种沙发:低档的双功能和三功能沙发。A 公司根据市场竞争情况,权衡利弊,决定生产三种沙发:高档的双功能沙发、中档的双功能和三功能沙发,因为这三个市场位置没有竞争者。从图 9-2-2 可以看出,仍有两个市场空白点,各公司没有生产的原因,可能是目前生产这种沙发的费用太高或需求不足,或经济上暂时无可行性等。

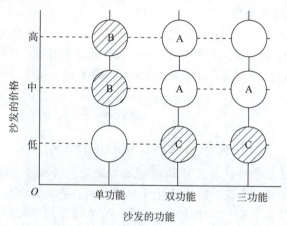

图 9-2-2 产品项目市场地位分析

2.3 产品组合策略

分析产品组合的宽度、长度、深度和关联性,有助于企业更好地制定产品组合策略。

企业在进行产品组合决策时,应根据市场需求、企业资源、技术条件、竞争状况等因素,经过科学分析和综合权衡,确定合理的产品结构。由于这些因素都是处在不断的发展变化之中,同时产品本身又具有市场生命周期,所以产品组合不是静态的而是动态的,即使是极其合理的产品组合都是暂时的。因此,企业必须对现有产品组合进行评价,不断调整产品组合,增删部分产品线及产品项目,使产品组合经常处于一种较佳或最佳的状态。企业决定调整产品组合时,根据情况的不同,可选择以下策略。

2.3.1 扩大产品组合

扩大产品组合包括开拓产品组合的宽度和加强产品组合的深度。前者指在原产品组合中增加产品线,扩大经营范围;后者指在原有产品线内增加新的产品项目。企业首先要进行生产线分析,确定其销售额和利润,其次要确定其市场轮廓,对市场行情和竞争者状况进行分析,在此基础上,如企业预测现有产品线的销售额和盈利率在未来可能下降时,就需要考虑在现有产品组合中增加新的产品线或加强其中有发展潜力的产品线。

2.3.2 缩减产品组合

在市场繁荣时期,较长或较宽的产品组合会为企业带来更多的盈利机会。但是,在市场不景气或原材、能源供应紧张时期,缩减产品线反而能使总利润上升,因为剔除那些获利小甚至亏损的产品线或产品项目,企业可集中力量发展获利多的产品线和产品项目。

> **案例 9-2-2**
>
> ### 农夫山泉战略转移："放下"咖啡加码茶饮，释放何种信号？
>
> 农夫山泉 8 月 25 日召开的 2022 中期业绩会上，农夫山泉执行董事兼财务负责人周震华透露了农夫山泉未来的发展方向：由于疫情，农夫山泉上半年将资源重点向包装水和茶饮料倾斜，"策略性地放下了"苏打水、含气风味饮料、咖啡、鲜果等非主要产品。对此，互联网产业分析师张书乐表示，包装水和茶饮料本身就是农夫山泉的营收主力，在此前农夫山泉多点出击中，茶饮料和苏打水、含气饮料等都是近乎同一起跑线的赛马，但茶饮料实现一骑绝尘，也让农夫山泉在该轮广种薄收中，选定了头马，而选择性的扬弃了落后者。
>
> 资料来源：根据新浪财经（2022 年 8 月 26 日）相关报道整理

2.3.3 产品线延伸策略

每一企业的产品线只是该行业整个范围的一部分。如宝马汽车公司的汽车在整个汽车市场上的定价属于中高档范围，而"斑马"则定位于低档车市场。如果公司超出现有范围来增加它的产品线长度，这就是产品线延伸策略，具体有向下延伸、向上延伸和双向延伸三种实现方式。

> **案例 9-2-3**
>
> ### 得克萨斯仪器公司的延伸策略
>
> 在得克萨斯仪器公司的便携式计算机进入市场前，该市场主要由玻码公司低价、低质的计算机和惠普公司高质、高价的计算机所控制。得克萨斯仪器公司以中等价格和中等质量向市场推出了第一批计算机。然后，它又逐步向市场的高低两端增加计算机品种。该公司推出了质量优于玻码公司但价格与之持平，甚至更低的计算机品种，击败了玻码公司；该公司还设计了高质量的但售价低于惠普公司的计算机，夺走了惠普公司高端产品的大部分市场，控制了高档市场。双向延伸策略使得克萨斯仪器公司占据了便携式计算机市场的领导地位。
>
> （资料来源：百度文库 http://wenku.baidu.com/view/5acdbbc45fbfc77da269b123.html）

2.3.4 产品线现代化决策

产品线现代化决策是强调把现代化的科学技术应用到生产过程中。这是因为，产品组合的宽度、深度和长度虽然适宜，但产品线的生产方式落后也会影响企业的生产和市场营销效率。在这种情况下，企业必须对现有产品线的技术进行更新改造。

2.3.5 产品线特征决策

通过选择产品线中一个或几个产品项目，赋予其有别于其他产品项目，甚至是市场上所有同类产品没有的特点和属性，就是产品线的特征决策。如一家名叫思特森的公司推销一种男士帽子，售价 150 美元，几乎无人问津。但是这种帽子却起了"王冠上的宝石"的作用，改善了整条产品线的形象。

阅读资料 9-2-3
娃哈哈，品牌延伸的得与失

任务三　产品生命周期策略

3.1 产品生命周期

20 世纪 50 年代，乔尔·笛安在他的关于有效定价政策的讨论中采用了"产品生命周期"的概念。他阐述了市场开拓期、市场扩展期和成熟期等阶段,是对产品从进入市场到被淘汰退出市场的全部运动过程的理论分析。1965 年,西奥多·莱维特(Theodora Levitt)在发表于《哈佛管理评论》上的《利用产品生命周期》一文中对这一概念给予了高度的肯定。美国哈佛大学教授雷蒙德·弗农(Raymond Vernon)1966 年在其《产品周期中的国际投资与国际贸易》一文中首次提出产品生命周期理论。从此,产品生命周期理论经过多位学者完善和推广,成为一种比较成熟的理论,为提高市场营销活动的效率提供了很好的理论支持。

3.1.1 产品生命周期的概念

产品生命周期(Product Life Cycle,PLC),是指产品从投入市场到被市场淘汰所经历的全部运动过程,亦即要经历一个开发、引进、成长、成熟、衰退的阶段,是产品的市场寿命周期或经济寿命周期。产品生命周期是相对于产品的物质生命或使用生命而言的。物质生命反映商品物质形态消耗的变化过程,市场生命则反映商品的经济价值在市场的变化过程。产品物质生命的长短,取决于消费过程的方式(如使用频率、使用强度、维修保养状况等)和时间以及自然力的作用等因素。产品的市场生命是指产品在市场上的延续时间。产品市场生命的长短,取决于产品的性质和用途、消费习惯和民族特点、科技进步速度、市场竞争情况、国民收入水平等。

扫一扫
知识拓展9-3-1
客户生命周期理论

3.1.2 产品生命周期阶段划分

美国营销专家菲利普·科特勒在《市场营销》中把产品的生命周期划分为五个阶段,并描绘不同生命阶段的产品销售和利润的变换过程,如图 9-3-1 所示。

(1)产品开发期。始于企业找到并开发新产品构思。在产品开发期销售员为零,企业投资逐渐增加。

(2)导入期。产品进入市场,销售量缓慢增长时期。由于产品导入费用很高,所以这个时期还没有出现利润。

(3)增长期。市场快速接受和利润快速增长时期。

(4)成熟期。由于产品已被绝大多数潜在购买者接受,所以销售量增长速度减慢。为了在竞争中保护产品,市场营销支出增加,利润因此持平或下降。

(5)衰退期。销售急剧下降,利润跌落。

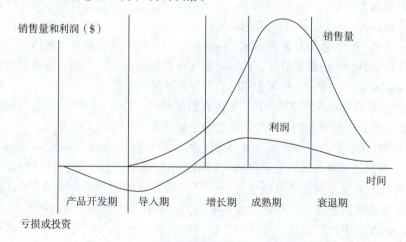

图 9-3-1 产品生命周期各阶段的销售和利润

当然并非所有的产品都有这种 S 形的产品生命周期。一些产品进入市场便很快消失;另外一些产品则有很长的成熟期。还有一些产品在进入衰退期后能通过大量促销或产品重新定位返回到增长期等。

3.2 产品生命周期各阶段的特征与营销策略

产品生命周期现象使企业营销面临两个主要问题：一是因为所有产品最终都会衰亡，企业必须开发新的产品来代替衰老的产品，即产品生命周期的第一个阶段，我们放在任务四专门来讲解新产品开发问题；二是当产品投入市场后各周期阶段是如何调整市场营销战略，这是产品生命周期战略问题，这是本节需要解决的问题。

3.2.1 导入期的市场特点与营销策略

3.2.1.1 导入期的市场营销特点

商品的导入期，是指从新产品试制成功到进入市场试销的阶段。新产品初次进入市场，产品导入需要时间，销售量增长往往比较缓慢。这一阶段的主要特征如下：

（1）只有少数企业生产，市场上竞争者较少；

（2）消费者对新产品尚未接受，销售量增长缓慢；

（3）需做大量广告宣传，推销费用大；

（4）企业生产批量小，试制费用大，产品成本高；

（5）产品获利较少或无利可图，甚至亏损。但这个阶段市场竞争者较少，企业若建立有效的营销系统，即可以将新产品快速推进导入阶段，进入市场发展阶段。

3.2.1.2 导入期的市场营销策略

根据上述特点，导入阶段一般有四种可供选择的策略，如图9-3-2所示：

图9-3-2 导入阶段的营销策略

（1）快速撇脂策略。即以高价格和高促销推出新产品。实行高价格是为了在每一单位销售额中获取最大的利润，高促销费用是为了引起目标市场的注意，加快市场渗透。成功地实施这一策略，可以赚取较大的利润，尽快回收新产品开发的投资。实施该策略的市场条件是：市场上有较大的需求潜力；目标顾客具有求新心理，急于购买新产品，并愿意为此付出高价；企业面临潜在竞争者的威胁，需要及早树立名牌。

（2）缓慢撇脂策略。即以高价格、低促销费用将产品推入市场。高价格和低促销水平结合可以使企业获得更多利润。实施该策略的市场条件是：市场规模相对较小，竞争威胁不大；市场上大多数用户对该产品没有过多疑虑；适当的高价能为市场所接受。

（3）快速渗透策略。即以低价格和高促销费用推出新产品。目的在于先发制人，以最快的速度打入市场。该策略可以给企业带来最快的市场渗透率和最高的市场占有率。实施这一市场策略的条件是：产品市场容量很大；潜在消费者对产品不了解，且对价格十分敏感；潜在竞争比较激烈；产品的单位制造成本可随生产规模和销售量的扩大迅速下降。

（4）缓慢渗透策略。即企业以低价格和低促销费用推出新产品。低价格是为了促使市场迅速地接受新产品，低促销费用则可实现更多的净利润，企业坚信该市场需求价格弹性较高，而促销弹性较小。实施这一策略的基本条件是：市场容量较大；潜在顾客易于了解此项新产品且对价格比较敏感；有相当的潜在竞争者准备加入竞争行列。

各策略的异同如表9-3-1所示：

表9-3-1 导入期的四种策略

策略类型	市场容量	消费者的价格敏感性	对产品的知晓度	竞争状况
快速撇脂策略	大	不敏感	低	较大
缓慢撇脂策略	有限	不敏感	高	较小
快速渗透策略	大	敏感	低	大
缓慢渗透策略	大	敏感	高	较大

3.2.2 成长期的特点与营销策略

3.2.2.1 成长期的市场营销特点

成长期是指产品经过试销取得成功后，转入批量生产和扩大销售的阶段。这一阶段的特征是：

（1）消费者对产品已经熟悉并接受，销售量迅速上升，一般来说，销售增长率超过10%。

（2）产品已基本定型，生产规模扩大，产品成本下降，企业利润不断增加。

（3）同行业竞争者纷纷介入，竞争趋向激烈。

3.2.2.2 成长期的营销策略

成长期营销策略的核心是尽可能地延长产品的成长期，提高产品质量，具体可以采取以下策略：

（1）根据客户需求和市场信息，不断提高产品质量，努力发展产品的新款式、新型号，增加产品的新用途。

（2）加强促销环节，树立强有力的产品形象。促销策略的重心应从建立产品知名度转移到树立产品形象上面；主要目标是建立品牌偏好，争取新的顾客。

（3）重新评价渠道选择决策，巩固原有渠道，增加新的销售渠道，开拓新的市场。

（4）选择适当的时机调整价格，以争取更多的顾客。

企业采用上述部分或全部市场扩张策略，会加强产品的竞争能力，但也会相应加大营销成本。因此，在成长阶段面临着"高市场占有率"或"高利润率"的选择。一般来说，实施市场扩张策略会减少眼前利润，但加强了企业市场地位和竞争能力，有利于维持和扩大企业的市场占有率，从长期利润观点看，高市场占有率更有利于企业发展。

3.2.3 成熟期的特点与营销策略

3.2.3.1 成熟期阶段划分和市场特点

产品销售增长达到某一点后就会慢下来，产品将进入成熟期。成熟期一般比前两个阶段更长，并向营销管理机构提出了挑战。绝大多数产品处在产品生命周期的成熟阶段，因此大部分营销机构要处理的是成熟产品的问题。

（1）成长成熟期。此时期各销售渠道处于饱和状态，增长率缓慢上升，还有少数后续的购买者继续进入市场等。

（2）稳定成熟期。由于市场饱和，消费平稳，产品销售稳定，销售增长率一般只与购买人数成正比例，如无新购买者则增长率停滞或下降。

（3）衰退成长期。销售水平显著下降，原有用户的兴趣已开始转向其他产品和替代品。全行业产品出现过剩，竞争加剧，一些缺乏竞争能力的企业渐渐被取代，新加入的竞争者较少，竞争者之间各有自己特定的目标顾客，市场份额变动不大，突破比较困难。

3.2.3.2 熟期的营销策略

鉴于上述情况，有三种基本策略可供选择，即调整市场、调整产品和调整营销组合。

（1）调整市场。企业通过寻找新的使用者和细分市场，努力增加现期产品的消费量。例如，强生公司把成人市场也作为其婴儿香粉和洗发水的目标市场。经理人员还寻找增加现有顾客产品使用量的方法。康宝公司便是这么做的，它向消费者提供菜单并使他们相信"汤是一种好食品"。企业还可以想办法重新对品牌定位，以便吸引更大或增长更快的细分市场。

（2）调整产品。即改变产品特征，如质量、特色或式样，来吸引新的使用者或引发更大量的使用。企业可改进产品的质量和性能，如耐用性、可靠性、速度、味道等。企业还可以增加新特色，用来扩展产品的有用性、安全性或便利性。

（3）调整营销组合。即通过改变一个或多个营销组合因素来改进销售。企业可以用减价来吸引新的使用者或竞争对手的顾客，也可以开展更好的广告运动或采用进攻性的促销手段，例如暂时降价、舍零头、赠奖和竞赛等。如果较大的市场渠道处在增长之中，那么企业还可以利用大规模推销进入这些渠道。最后，企业可以提供新的或改善的服务给购买者。

3.2.4 衰退期的特点与营销策略

大部分产品形式和品牌的销售量最终都会下降，有些产品的销售是慢慢衰退的，例如燕麦片；有些产品的销售量会急骤下跌，例如唱片。销售量可能下降到零，或者下降到某个水准之后再在那儿持续多年。

3.2.4.1 衰退期的市场特点

衰退期的市场特点主要包括：

（1）产品销售量由缓慢下降变为迅速下降，消费者的兴趣已经完全转移。

（2）价格下降到最低水平。

（3）多数企业无利可图，被迫退出市场。

（4）留在市场上的企业逐渐减少产品的附带服务，削减促销预算，以维持最低水平的经营。

3.2.4.2 衰退期的营销策略

衰退期的营销策略主要包括：

（1）集中策略，即把资源集中使用在最有利的细分市场，最有效的销售渠道和最易销售的品种、款式上。简言之，缩短战线以最有利的市场赢得尽可能多的利润。

（2）维持策略，即保持原有的细分市场和营销组合策略，把销售维持在一个低水平上。待到适当时机，便停止该产品的经营，退出市场。

（3）榨取策略，即大幅降低销售费用，如广告费用削减为零、大幅精简推销人员等，虽然销售量可能迅速下降，但是可以增加眼前利润。如果企业决定停止经营衰退期的产品，应在立即停产还是逐步停产的问题上慎重决策，并应处理好善后事宜，使企业有秩序地转向新产品经营。

扫一扫
案例9-3-1
从产品生命周期看小米产品战略

任务四　新产品决策

4.1　新产品的概念与种类

由于消费者品位、技术和竞争的快速变化，企业必须持续地开发新产品和服务。企业可通过两条途径获得新产品：一是通过收购，即购买整家企业、专利或他人产品的生产许可证；二是利用企业自己的研发部门从事新产品开发。

4.1.1 新产品的概念

所谓新产品，是指一种产品只要在功能或形态上得到改进，与原有产品产生差异，并为顾客带来新的利益，即可视为新产品。简单地说，就是指在结构、功能或形态上发生改变，并推向了市场的产品。主要指新发明的产品、产品性能的改进、产品形态的调整以及新品牌，这些都需要企业的研究与开发才能取得。

4.1.2 新产品的分类

美国学者菲利普·凯特奥拉根据新产品与消费者固有消费模式的差异程度，将新产品分为相合性新产品、连续性新产品、动态连续性新产品、非连续性新产品。

（1）相合性新产品。

该产品与某社会群固有的消费模式基本一致，消费者对其不存在陌生感，与原有产品相比较，只是在式样、质量、功能等方面略有变化。

（2）连续性新产品。

该产品与固有的消费模式差异程度不大，是对现有产品进行改进的结果，这种产品能更好地满足消费者的需求。不同市场上的连续性产品与消费模式的差异程度可以不同。某些地区、国家的市场，产品变化比较迅速，消费者接受新产品的速度也较快。例如，不断翻新的家具式样、音视频设备等。

（3）动态连续性新产品。

该产品与固有的消费模式的差异程度较大，但还没有要求建立新的消费模式。人们的生活环境总是处于不断变化之中，这种变化累积到一定程度就会要求人们改变固有的消费习惯。由于不同的消费者对这种变化的敏感性有较大差异，决定了消费者对这种新产品不同的态度。例如，电动剃须刀、冷冻食品等。

（4）非连续性新产品。

该产品提供了一种新的消费方式，它的诞生往往是由于科学技术的突破而使人类的某一种千百年来可望而不可即的需求最终得以实现。例如：汽车、飞机、收音机、电视机等的问世，都属此类产品。

4.2 新产品开发

4.2.1 新产品开发的必要性

《史记·货殖列传》曾说："富者必用奇胜。"要实现"奇胜"，就需做到："人无我有，人有我廉，人廉我新，人新我专。"因而，不断研究和开发新产品，是使企业永葆竞争活力的关键，新产品是企业战胜竞争者的秘密武器。企业开发新产品的必要性主要体现在以下四个方面：

（1）产品生命周期的现实要求企业不断开发新产品。
（2）消费需求的变化需要不断开发新产品。
（3）科学技术的发展推动着企业不断开发新产品。
（4）市场竞争的加剧迫使市场不断开发新产品。

4.2.2 新产品开发的程序

企业如果想在激烈竞争中生存下去，就必须不断开发新产品。创造一种成功的新产品，企业必须理解它的消费者、市场和竞争对手，开发对顾客具有卓越价值的产品。这就需要企业认真策划新产品开发计划，并找到和建立起与系统相适应的新产品开发程序。当然不同行业生产条件与产品项目不同，开发产品的程序也会有所差异，但一般企业开发新产品的程序步骤大致如图9-4-1所示。

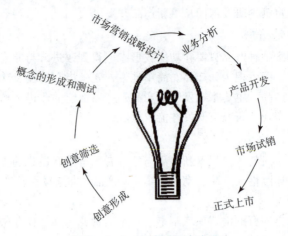

图9-4-1 新产品开发步骤

(1) 创意形成(新产品构思)。

新产品开发始于创意形成,即系统化地搜寻新产品主意。为了找到几个好主意,企业一般都要进行许多创意。在对产品经理的一次调查中发现:100个新产品创意中,有39个能开始产品开发程序,17个能通过开发程序,8个能真正进入市场,只有1个能最终实现商业目标。新产品创意的主要来源包括内部来源、顾客、竞争对手、销售商和供应商及其他来源。

(2) 创意筛选。

大量的创意是成功地开发新产品的基础。但面对众多的创意,受资源、精力等限制,企业只能对数量有限的一部分详加考虑。为此,就要对新产品的创意进行筛选,尽可能地找到好的创意放弃坏的创意。甄别创意可采用创意分等的方法。具体地说,创意的分等主要采用指数加权法进行。例如,某企业创意甄别的创意分等如表9-4-1所示。

表9-4-1 创意分等的指数加权法

产品成功的必要因素	相对权数(1)	产品能力水平(2)	评分(1×2)
产品的独特优点	0.40	0.8	0.32
高的绩效成本比率	0.30	0.6	0.18
高的营销资金支持	0.20	0.7	0.14
较少的强力竞争	0.10	0.5	0.05
合计	1.00	2.6	0.69
注:分等标准为0.00~0.30为差,0.31~0.60为尚可,0.61~0.80为佳,最低标准为0.61。			

表9-4-1中第一列表示产品成功地导入市场的必要因素,第二列是管理层根据这些因素的相对重要性而给予的权数。下一步测试是在每一个因素上对企业的能力进行0~1.0的分等处理。最后是将每一成功因素的权数与本企业的能力水平相乘,得到企业成功地把产品导入市场的能力总评分。

在进行创意筛选时一般遵循四个原则:一是市场成功的条件。包括产品的潜在市场成长率,竞争程度及前景、企业能否获得较高的利益。二是企业内部条件。主要衡量企业的人、财、物资源,企业的基础条件及管理水平是否适合生产这种产品。三是销售条件,企业现有的销售结构是否适合销售这种产品。四是利润收益条件。产品是否符合企业的营销目标,其获利水平及新产品对企业原有产品销售的影响。很多企业都设计了很好的系统来评定和筛选新产品构思。在筛选阶段,应当注意避免两类错误:删减了有价值的新产品构思，保留了过多的无价值构思。

（3）概念的形成与测试。

首先，筛选出的产品创意必须发展成为产品概念。在这里我们要区分产品创意、产品概念和产品形象。产品创意是指企业可以考虑向市场提供的一种可能产品的主意；产品概念是指用有意义的消费者术语对构思的详尽描述，即指已经成型的产品构思，用文字、图像、模型等予以清晰阐述，使之在顾客心目中形成一种潜在的产品形象。产品形象是指消费者观察实际产品或者潜在产品的方式。

其次，概念测试。一个产品构思能够转化为若干个产品概念，所以每一个产品概念都要进行定位，以了解同类产品的状况，优选最佳的产品概念，这就需要概念测试。即通过对消费者的调查，了解消费者对产品概念做出的反应，以便企业了解哪个概念对消费者有较强的吸引力。可采取问卷方式将产品概念提交目标市场有代表性的消费者群进行测试、评估。消费者将会对表9-4-2中的问题做出回答，来看他们对产品概念做何反应，从而确定对消费者吸引力最强的产品概念。

表9-4-2 电动汽车概念测试题

1. 你理解电动汽车的概念吗？
2. 你相信关于电动汽车性能的说法吗？
3. 与传统汽车相比，电动汽车有什么主要益处？
4. 在汽车特色方面你会建议做哪些改进？
5. 因为什么用途使你喜欢电动汽车甚于喜欢传统汽车？
6. 电动汽车的合理价格应为多少？
7. 谁会参与你买这种车的决定？谁会驾驶这种车？
8. 你会买这种车吗？（肯定、可能、可能不、肯定不）

（4）市场营销战略设计。

新产品概念确定后，需要把新产品推向市场，需要设计出最初的市场营销战略。企业选择了最佳的产品概念之后，必须设计出把这种产品引入市场的初步市场营销战略，并在未来的发展阶段中不断完善。初拟的营销战略报告书包括三个部分：

①描述目标市场的规模、结构、消费者的购买行为，计划中的产品定位以及短期（如三个月）的销售量、市场占有率、利润率预期等；

②概述产品第一年的计划价格、分配渠道及营销预算；

③分别阐述较长时期（如3~5年）的销售额和投资收益率以及不同时期的市场营销组合战略。

（5）业务分析。

企业一旦对产品概念和营销战略做出决策，接下来便是估计这项建议的商业吸引力。业务分析是指考察新产品的预计销售、成本和利润，以便查明它们是否满足企业的目标。如果满足，产品就能进入产品开发阶段了。它包括两个具体步骤：预测销售额和推算成本与利润。预算新产品销售额可参照市场上类似产品的销售发展历史，并考虑各种竞争因素，分析新产品的市场定位、市场占有率等。

（6）产品开发。

业务分析通过的产品概念，就可以进入产品开发阶段，从而把产品概念发展成实体产品。即将通过商业分析后的新产品概念交送研发部门或技术工艺部门试制成为产品模型或样品（具有产品概念所规定的所有特征），同时进行包装的研制和品牌的设计。这是新产品开发的一个重要步骤，只有通过产品试制，投入资金、设备和劳力，才能使产品概念实体化，并发现不足与问题,再经过改进设计,才能证明这种产品概念在技术和商业上的可行性如何。

> **阅读资料 9-4-1**
>
> 《鱼牛的故事》是一个德国童话故事,大意是:在一个小池塘里住着鱼和青蛙,它俩是好朋友,都想出去看看。因鱼不能离开水,只好让青蛙独自走了。青蛙在外面周游一番后回来了,它告诉鱼:"外面有许多新奇有趣的东西。比如说牛吧,它的身体很大,头上长着两只弯弯的犄角,主要是吃青草,身上有着黑白相间的斑块,长着四只粗壮的腿……"小鱼听着听着,这时在它的脑海里,出现了"鱼牛"的形象。
>
>
>
> 我们或许看到小鱼脑中的牛的形象后,会觉得很滑稽。但是,对于鱼来说这种结果是合理的,它根据从青蛙那里得到的关于牛的部分信息,并将这些信息与头脑中已有的知识相结合,构建出了鱼牛的形象。但对于青蛙来说,鱼理解的牛根本不是它所要表述的牛,或者说鱼认识的并不是真正意义上的牛。所以我们应该把概念转化为产品实体,以供消费者判断。

(7)市场试销。

试销是将产品投放到具有代表性的市场进行销售,以了解消费者对新产品的反应态度,并进一步估计市场。通过试销,企业可获取大量的信息,如新产品的目标市场情况、营销方案的合理性、产品设计、包装方面的缺陷、新产品销售趋势等。利用这些信息,企业可进一步完善产品,选择更好的营销方案,保证大规模销售的成功。也有相当多的产品是在试销过程中才发现其具有严重缺陷而中止开发的。

(8)正式上市。

新产品试销为管理部门提供所需要的信息以做出最终决策,如果试销是成功的,就可以正式批量生产,全面推向市场。但在推向市场时,企业首先必须决定推出时机;其次要决定推出区域,是地区市场、全国市场还是国际市场。新产品初投市场,企业要支付大量费用,而新产品投放市场的初期往往利润微小,甚至亏损。因此,企业在此阶段应对产品投放市场的时机、区域、目标市场的选择和最初的营销组合等方面做出慎重决策。

4.2.3 新产品开发策略

对新产品创意的搜寻必须系统进行而不能任意化。否则,尽管企业会发现许多创意,但绝大多数与企业所在的行业不对口。企业高层管理机构可通过审慎地定义新产品开发战略来避免这种错误。新产品开发战略的类型是根据新产品战略的维度组合而成,产品的竞争领域、新产品开发的目标及实现目标的措施三维构成了新产品战略。对各维度及维度的诸要素组合使形成各种新产品开发战略。几种典型的新产品开发战略如下:

（1）冒险或创业战略。

冒险战略是具有高风险性的新产品战略，通常是在企业面临巨大的市场压力时为之，企业常常会孤注一掷地调动其所有资源投入新产品开发，期望风险越大，回报越大。实施该新产品战略的企业须具备领先的技术、巨大的资金实力、强有力的营销运作能力。中小企业显然不适合运用此新产品开发战略。

（2）进取战略。

进取战略是由以下要素组合而成：竞争领域在于产品的最终用途和技术方面，新产品开发的目标是通过新产品市场占有率的提高使企业获得较快的发展；创新程度较高，频率较快；大多数新产品选择率先进入市场；开发方式通常是自主开发；以一定的企业资源进行新产品开发，不会因此而影响企业现有的生产状况。

（3）紧跟战略。

紧跟战略是指企业紧跟本行业实力强大的竞争者，迅速仿制竞争者已成功上市的新产品，来维持企业的生存和发展。许多中小企业在发展之初常采用该新产品开发战略。实施该新产品战略的关键是紧跟，要及时、全面、快速和准确地获得竞争者有关新产品开发的信息，是仿制新产品开发战略成功的前提；对竞争者的新产品进行模仿式改进会使其新产品更具竞争力；强有力的市场营销运作是该战略的保障。

（4）保持地位或防御战略。

保持或维持企业现有的市场地位，有这种战略目标的企业会选择新产品开发的防御战略。该战略的产品竞争领域是市场上的新产品，新产品开发的目标是维持或适当扩大市场占有率，以维持企业的生存；多采用模仿型新产品开发模式；以自主开发为主，也可采用技术引进方式；产品进入市场的时机通常要滞后；新产品开发的频率不高；成熟产业或夕阳产业中的中小企业常采用此战略。

扫一扫

知识拓展9-4-1 降低新产品开发的高费用高风险的策略

任务五　品牌与包装策略

> **阅读资料 9-5-1**
>
> ### 2022年中国自有品牌白皮书发布：盒马品牌认知度排名第一
>
> 近年来，国内的零售商正掀起一股"自有品牌"热，以盒马为代表的新零售、以叮咚为代表的生鲜电商、以永辉为代表的传统零售，纷纷发力自有品牌商品。与此同时，国内消费者对于自有品牌的认知度也在显著提升。
>
> 近日，达曼国际咨询与自有品牌产业研究院、数字100合作，在第十四届全球自有品牌产品亚洲展上发布的《2022年中国自有品牌蓝海战略白皮书》（以下简称《白皮书》）揭示，自有品牌将成为零售商成长的超级引擎，其中9成消费者知道自有品牌的概念，并愿意尝试，盒马成为认知度最高的自有品牌。
>
> 白皮书显示，在所有零售商自有品牌中，盒马以41%的主动提及率和93%的品牌认知度，排名第一；永辉农场是线下商超渠道认知度最高的自有品牌；便利店渠道中，罗森的认知度最高。
>
> 拿下自有品牌知名度第一的盒马，是国内最会"玩"商品的企业之一。用互联网的思维重新做商品，屡出爆款，精酿鲜啤、网红调味乳、漏奶华八宝饭……近年跟老字号、网红茶饮等企业联手推出各种脑洞大开的新品，在社交媒体上被用户纷纷"种草"。最近还跟中国美术馆推出了"齐白石墨韵月饼"，把一块普通的月饼变成墨色生香的工艺品。

视频9-5-1
记忆牛的柯达经典广告

公开信息显示，截止2021年底，盒马自有品牌的销售额占比达到了17%，几乎覆盖各个垂直品类，形成了一个成熟的体系，如盒马工坊，主打熟食、面点、半成品；盒马原标，覆盖冷冻、冷藏、常温不同温层的近千款商品；盒马日日鲜，以"不卖隔夜菜"为主打心智，覆盖了鲜奶、蔬菜、肉禽、鸡蛋等民生品；还有主打高端和进口的盒马黑标；盒MAX，是专供盒马X会员店的自有品牌，目前在会员店的商品体系中占比约40%。

资料来源：根据中国科技网（2022年8月24日）相关报道整理

5.1 品牌策略

品牌（Brand）与商标（Trademark）都是用以识别不同生产经营者的不同种类、不同品质产品的商业名称及其标志。但在企业的营销实践中，品牌和商标并不完全等同。商标是指受法律保护的品牌，是获得商标专用权的品牌，是品牌的一部分。

5.1.1 品牌的含义

知识拓展9-5-1
品牌与产品的区别

品牌是用以识别销售者的产品或服务，并使之与竞争对手的产品或服务区别开来的商业名称及其标志，通常由文字、标记、符号、图案和颜色等要素或这些要素的组合构成。它是卖方做出的不断为买方提供一系列产品特点、利益和服务的一贯性承诺。

品牌是一个集合概念，它包括品牌名称（Brand Name）和品牌标志（Brand Mark）两部分。品牌名称是指品牌中可以用语言称呼的部分，也称"品名"，如大众（Volkswagen）、可口可乐（Coca-Cola）等；品牌标志，也称"品标"，是指品牌中可以被认出、易于记忆但不能用言语称呼的部分，通常由图案、符号或特殊颜色等构成。例如，大众的品牌标志由V和W组成，Volks德文意思为国民，Wagen德文意思为汽车，全称意思为国民的汽车，因此简称为"VW"。

知识拓展9-5-2
"奔驰"品牌表达的六种含义

5.1.2 商标

（1）商标的概念。

商标是指经政府有关部门登记注册后受法律保护的品牌，具有专门使用权和排他性。所以，商标实际上是一个法律名词，是受法律保护的品牌或品牌的一部分。

（2）品牌与商标的区别与联系。

名词介绍9-5-1
品牌管理

品牌与商标是极易混淆的一对概念，两者既有联系，又有区别。有时，两个概念可等同替代；但更多的情况下，我们必须准确认识和使用这两个概念。品牌与商标都是用以识别不同生产经营者的不同种类、不同品质产品的商业名称及其标志。但品牌和商标的外延并不相同。品牌并不完全等同于商标，或者说，品牌有别于商标。显然，商标是品牌的法律形式。从这个意义上说，商标是品牌的一部分。其主要区别有以下几个方面：

①概念上的区别：品牌是市场概念，是产品和服务在市场上通行的牌子，它强调与产品及其相关的质量、服务等之间的关系，品牌实质上是品牌运营者对顾客在产品特征、服务和利益等方面的承诺；而商标属于法律范畴，是法律概念，它是经过注册获得商标专用权从而受到法律保护的商业名称及其标志。企业品牌注册成商标，即获得了商标专用权，并受到法律保护。

阅读资料9-5-2
连续16年跟踪研究——世界品牌实验室发布2019年世界品牌500强

②价值评估上的区别：商标无论其是否被标在商品上使用，也不管商标所标定的商品是否有市场，只要采用成本法对其评估，它就必然有商标价值；而品牌则不同，品牌的价值是其使用中通过品牌标定的产品或服务在市场上的表现来进行评估的。

③管理的重点不同：品牌管理的重点在于赋予品牌以形象意义和建立品牌资产；商标管理的重点在于组成商标的文字、图案、颜色或者其组合的设计和保护。

5.1.3 品牌策略

在进行品牌策略选择时候，需要考虑连贯的几个问题，如图9-5-1所示：

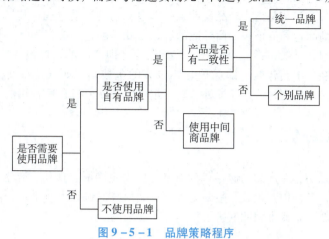

图9-5-1 品牌策略程序

（1）品牌化战略。

企业为其产品规定品牌名称、品牌标志，并向政府有关主管部门注册登记的一切业务活动，叫作品牌化战略。

（2）品牌归属战略。

在确定产品需要品牌之后，需要进一步确定这一品牌归谁所有，由谁负责和管理，即进行品牌归属决策，在自有品牌与中间商品牌中做出抉择。制造企业可以直接用本企业的品牌。也可以将产品出售给中间商，标上中间商的品牌。

（3）品牌名称战略。

企业在决定其产品使用自己的品牌之后，还要决定其产品是分别使用不同的品牌名称，还是统一使用一个品牌名称。

（4）品牌扩展战略。

它是指企业利用其成功品牌名称的声誉来推出改良产品或新产品，包括推出新的包装规格、香味和式样等。还有一种品牌扩展，即企业在其耐用品类的低档产品中增加一种式样过于简单的产品，以宣传其品牌中各种产品的基价很低。

（5）多品牌战略。

它是指企业决定同时经营两种或两种以上互相竞争的品牌。

（6）品牌重新定位战略。

不论一个品牌在市场上的最初定位如何适宜，在一个动态的环境中，随着时间的推移，品牌往往需要重新定位。当竞争者推出一个竞争性的品牌，削减了本企业品牌的市场份额时，需要考虑品牌重新定位的问题；当顾客的偏好发生转移，使企业品牌的需求减少时，也需要考虑品牌的定位问题。

5.2 包装策略

> **阅读资料9-5-3**
>
> ### 买椟还珠
>
> "楚人有卖其珠于郑者，为木兰之柜，熏以桂椒，缀以珠玉，饰以玫瑰，辑以羽翠。郑人买其椟而还其珠。"
>
> ——《韩非子·外储说左上》

5.2.1 包装的含义

包装是指对某一品牌商品设计并制作容器或包扎物的一系列活动。也就是说，包装有两方面含义：其一，包装是指为产品设计、制作包扎物的活动过程；其二，包装即指包扎物。一般来说，商品包装应该包括商标或品牌、形状、颜色、图案和材料等要素。市场营销学认为，产品包装一般包括三个部分：首要包装（即产品的直接包装），如牙膏皮、啤酒瓶都要这种包装。次要包装，即保护首要包装的包装物，如纸盒、纸板箱等。装运包装，即为了便于储运识别某些产品的外包装。按包装在流通过程中作用的不同，可以分为运输包装和销售包装。

5.2.2 包装的作用

（1）保护产品。

包装主要用以防止在产品的储存和流通过程中发生渗漏、损耗、散落、收缩、变质和偷盗等。近年来，各种创新包装，主要是用于食品保鲜的包装大量出现，使消费者利益继续得到增进。创新的企业也因此获得了相当可观的利润。

（2）提供方便。

扫一扫

案例9-5-1
罗林洛克啤酒的独特包装策略

包装为储存、运输过程中的搬运工作提供了方便。有些产品包装还须考虑到消费者携带的方便性。

（3）提高产品效用。

包装已成为产品有形实体的一个组成部分。装饰美观、造型别致的包装给人以款式新颖、质量上乘、高档产品的印象。

（4）作为有效的营销手段。

提示产品效用的包装能起到广告牌的作用，包装又成了企业推广产品、显示产品知名度的竞争手段。

5.2.3 包装标签与包装标志

包装标签是指附着或系挂在商品销售包装上的文字、图形、雕刻及印制的说明。标签中载有许多信息，可以用来识别、检验内装商品，同时也可以起到促销作用。

包装标志是在运输包装的外部印制的图形、文字和数字以及它们的组合，包装标志主要有运输标志、指示性标志、警告性标志三种。

5.2.4 包装策略

符合设计要求的包装固然是良好的包装，但良好的包装只有同科学的包装决策结合起来才能发挥其应有的作用。可供企业选择的包装策略主要有以下几种。

（1）类似包装策略。

亦称统一包装，指企业所有产品的包装，采用共同或相似的图案、标志和色彩等。这种策略的优点是可以壮大企业的声势，扩大影响，促进销售。同时，可以节省包装成本。这种策略一般只适用于质量水平大致相当的产品。如果质量相差过于悬殊，再使用这一包装策略就会增加低档产品的包装费用，或使优质产品蒙受不利的影响，需要区别对待。

（2）等级包装策略。

等级包装策略是指企业将产品分成若干等级，对高档优质产品采用优质包装，一般产品则采用普通包装，使包装产品的价值和质量相称，表里一致，等级分明，以方便购买力不同的消费者或用户选购。

（3）再使用包装。

原包装内的商品用完后，包装物还能移作其他用途。如盛装产品的包装袋可以作为手提袋。这种策略能引起顾客的购买兴趣，使顾客得到额外的使用价值。同时，包装物在再使用过程中，还能起到广告宣传作用。但这种包装成本较高，实施时需权衡利弊，防止本末倒置。

（4）成套包装策略。

成套包装策略是指使用时将有关联的多种产品纳入一个包装容器内，同时出售。这种包装策略的好处是：便于用户购买，也有利于新产品推销，如将新产品与其他相关产品放在一起出售，可以使用户在不知不觉中接受新观念、新设计，从而习惯于新产品的使用。如化妆品盒内同时装入几种化妆品。

（5）附赠品包装策略。

这是目前国外市场上比较流行的包装策略。如儿童市场上玩具、糖果等商品附赠连环画、认字图；化妆品包装中附有赠券，积累到一定数量，可以得到不同的赠品。

（6）方便包装策略。

企业在设计、购置产品包装时，要处处考虑给消费者带来购买、携带、使用、保管等方面的方便。如为方便消费者购买，企业将不同样式、用途、口味的产品，组成多种包装或组合包装。

（7）廉价包装策略。

这种包装策略，就是企业使用成本低廉、构造简单的包装，通常用于大量使用的日常用品。如一般的服装、鞋袜、食用的盐、味精、熬服的中药、袋装鲜奶等。当然，企业采用这种包装策略，不能因为消费者要求低而随意购置，而应考虑其适用、经济实惠的特点。

（8）系列包装策略。

这种包装与成套包装的不同之处是：系列包装为同类商品，成套包装为不同商品。如旅行用品盒、化妆盒、传统的文房四宝——笔、墨、纸、砚等，就属成套包装。

（9）改变包装策略。

商品包装上的改变，正如产品本身的改进一样，对于扩展销路同样具有重要的意义。当企业的某种产品在同类产品中质量相近而销路不畅时，就应注意改进这种包装设计。如果一种产品的包装已采用较长时间，也应考虑推陈出新，变换花样。当然，这种通过改变包装的办法来达到扩大销路目的的策略是有条件的，即产品的内在质量必须达到使用要求。如果不具备这个条件，产品的内在质量不好，那么，即使在包装上做了显著的改进也无助于销售的增加。

扫一扫
知识拓展9-5-3
包装设计及其原则、要求

（10）创新包装策略。

企业产品的包装，尽量不搞仿制，不与别的包装雷同，而采用新材料、新工艺、新图案、新形状，给消费者一种新感觉。如利用可再生及可降解材料制成的包装就比较受欢迎，这一方面方便了消费者，同时也符合环保潮流，为企业树立良好形象。

重点词语

产品　产品整体概念　产品组合　产品线　产品项目
包装　品牌　产品生命周期　产品组合策略　新产品开发

课后思考

1. 什么是产品整体概念？产品的分类有哪些？
2. 什么是产品组合？说明产品组合的宽度、长度、深度和关联度对营销活动的意义。
3. 简述产品组合分析方法及产品组合策略。
4. 什么是产品生命周期，分为哪几个阶段？
5. 阐述导入期和成熟期的市场营销策略。
6. 阐述新产品开发的程序。
7. 简述品牌与商标的区别与联系。
8. 品牌策略包括哪些方面？
9. 阐述包装策略。

实践与技能

资料：泡泡玛特布局中高端产品线打造多元化产品组合

近期，泡泡玛特推出《新神榜：哪吒重生》系列手办，受到广泛关注。据悉，2020年开始，泡泡玛特加强了产品线扩充，不断丰富产品品类。除盲盒外，泡泡玛特还加大了公仔手办、BJD、衍生品等品类的开发力度。

2020年，泡泡玛特共推出超过120款手办模型产品，Molly、Dimoo、The Monsters、PUCKY、Skullpanda五大头部IP均推出了手办产品。Molly高达、Dimoo潮鞋收藏家、Labubu野营、PUCKY米奇合作款手办、Skullpanda牛仔等手办产品一经发售，便受到粉丝的热情关注。

此外，泡泡玛特在2020年共推出了近30款BJD（球型关节人偶）产品。米奇系列Molly着装人偶、雪宝系列ViyaDoll、中国风Molly等产品均广受市场欢迎。衍生品也是泡泡玛特重点布局的品类。据悉，2020年泡泡玛特共推出135款衍生品产品，包括徽章、挂件、毛绒玩具、3C周边、日用品等。此外，泡泡玛特在2020年推出了4款1000%超大手办。在设计和材质选择上更加独特，也更具有艺术收藏价值。潮流玩具通常分为5种尺寸：50%（3.5厘米）、70%（5厘米）、100%（7厘米）、400%（28厘米）、1000%（70厘米）。1000%即在100%的基础上放大10倍，规格最大，通常为特别限定款。

近期，中信证券发布的《泡泡玛特投资价值分析报告》称，泡泡玛特产品矩阵已初见成效，手办、BJD等高单价产品满足消费者多层次需求。所有产品均基于IP，且均已达到系列化开发阶段。手办与BJD的平均售价较高，分别为258元和342元（截止2020年6月），主要面向潮玩深度爱好者，盲盒与衍生品平均单价较低，分别为47元和29元（截止2020年6月），主要面向大众消费者。

报告认为，泡泡玛特以盲盒起家，不断丰富设计系列、IP系列，正逐步构建多元化的产品组合。随着公司在IP运营领域进一步深化，在产品矩阵上不断进行阶梯化、差异化布局，泡泡玛特为旗下IP构建起持久的生命力。

资料来源：根据中国财经网（2021年2月4日）相关报道整理

训练：

根据所学相关知识，对泡泡玛特的产品组合进行分析并撰写分析报告。

项目拓展

扫一扫
项目九
资源包

一、看视频，思考问题

1. 视频：[上海卫视] 新闻：果粉不买账，全新iPad首日上市遇冷

思考：分析新产品iPad遇冷的原因。

2. 视频：[中央电视台] 财富故事：李书福：风中有朵汽车云

讨论：李书福为何拆汽车？

思考：吉利的新产品开发之路，从中受到什么启发？

3. 视频：[中央电视台] 财经词典：生鱼片理论

思考：分析三星是如何运用生鱼片理论走出困境的？

讨论：你如何看待高科技电子产品的生命周期？

4. 视频：[中央电视台] 品牌奥秘——家乐氏

讨论：分析家乐氏品牌的崛起

二、阅读资料，谈感想

资料：欧洲各国新产品导入时间（资料来源：The Economist）

项目资源

一、课件
二、图片资料
三、延伸阅读
1. 新产品扩散中的参与者类型。
2. 产品独特性能否激发消费者的购买兴趣。
3. 西奥多·莱维特(Theodore Levitt)。
4. 国际品牌商标设计禁忌。
5. 当地产品、国际产品和全球产品。
6. 商标分类。

四、案例集锦
1. 企业如何让产品拥有一张身份证?
2. 用户能说清楚需要的产品需求吗?
3. 可口可乐新配方饮料的失败。
4. 爱迪塞尔。
5. 提前占位,雀巢联手京东推首款人工智能产品——产品线。
6. 哈利·波特的品牌营销魔法。
7. 谈恒寿堂之包装策略。
8. 买房时应该考虑的五种因素。
9. 汰渍洗衣粉的出生——先有概念后有产品。

线上学习

1. 请登录:https://www.icourse163.org/learn/CUFE-1002430002?tid=1206928211#/learn/content?type=detail&id=1211893761&cid=1214891868(中国大学慕课网:中央财经大学,市场营销学,产品策略)

2. 请登录:http://open.163.com/newview/movie/free?pid=MEF13QOIB&mid=MEFE3A0N5(四川大学公开课:产品认知)

3. 请登录:http://open.163.com/newview/movie/free?pid=MEF13QOIB&mid=MEFE3943A(四川大学公开课:产品的组合策略)

线下学习

《市场营销学(第12版 全球版)》.[美]加里·阿姆斯特朗,[美]菲利普·科特勒著,中国人民大学出版社,2017.

《品牌创新:伟大的品牌如何建设、推出新产品、新服务和新商业模式》.[美]G.迈克尔·马多克等著,姚山季译,经济管理出版社,2017.

项目十
价格决策

项目概述：

通过本项目的学习，正确理解价格的含义、构成要素以及影响产品定价的内部因素和外部因素；了解需求、成本和竞争对企业定价的影响；熟悉成本导向、需求导向和竞争导向等几种主要的定价方法；熟悉并掌握不同的定价策略。

学习目标：

[知识目标]
- 正确认识价格，了解影响产品定价的内、外部因素，知晓需求、成本和竞争对企业定价的影响
- 熟悉成本导向、需求导向和竞争导向等主要的定价方法和不同的定价策略

[技能目标]
- 具备对产品价格影响因素的分析能力
- 具备运用定价方法和定价策略对产品进行定价的能力

[思政目标]
- 结合案例、资料分析、实训等环节，帮助学生树立诚信意识和法律意识
- 正确认识新形势下价格工作对稳定我国经济和社会发展的重要意义

✉ 听故事，悟营销

13岁那年，父亲有一天突然递给他一件旧衣服。

"这件衣服能值多少钱？"

"大概一美元。"他回答。

"你能将它卖到两美元吗？"父亲用探询的目光看着他。

"傻子才会买！"他赌着气说。父亲的目光真诚中透着渴求："你为什么不试一试呢？你知道的，家里日子并不好过，要是你卖掉了，也算帮了我和你的妈妈。"他这才点了点头："我可以试一试，但是不一定能卖掉。"

他很小心地把衣服洗净，没有熨斗，他就用刷子把衣服刷平，铺在一块平板上阴干。第二天，他带着这件衣服来到一个人流密集的地铁站，经过六个多小时的叫卖，他终于卖出了这件衣服。

他紧紧攥着两美元，一路奔回了家。以后，每天他都热衷于从垃圾堆里淘出旧衣服，打理好后，去闹市里卖。如此过了十多天，父亲突然又递给他一件旧衣服："你想想，这件衣服怎样才能卖到20美元？""怎么可能？这么一件旧衣服怎么能卖到20美元，它至多值两美元。""你为什么不试一试呢？"父亲启发他，"好好想想，总会有办法的。"终于，他想到了一个好办法。他请自己学画画的表哥在衣服上画了一只可爱的唐老鸭与一只顽皮的米老鼠。他选择在一个贵族子弟学校的门口叫卖。不一会儿，一个管家为他的小少爷买下了这件衣服，那个孩子十分喜爱衣服上的图案，一高兴又给了他5美元的小费。

25美元，这无疑是一笔巨款！相当于他父亲一个月的工资。回到家后，父亲又递给他一件旧衣服："你能把它卖到200美元吗？"父亲目光深邃。这一回，他没有犹疑，他沉静地接过了衣服，开始了思索。两个月后，机会终于来了：当红电影《霹雳

娇娃》的女主角拉佛西来到纽约做宣传。记者招待会结束后,他猛地推开身边的保安,扑到了拉佛西身边,举着旧衣服请她签名。拉佛西先是一愣,但是马上就笑了,没有人会拒绝一个纯真的孩子。拉佛西流畅地签完名。他笑着说:"拉佛西女士,我能把这件衣服卖掉吗?""当然,这是你的衣服,怎么处理完全是你的自由!"他"哈"的一声欢呼起来:"拉佛西小姐亲笔签名的运动衫,售价200美元!"经过现场竞价,一名石油商人以1 200美元的高价买了这件运动衫。回到家里,他和父亲,还有一家人陷入了狂欢。父亲感动得泪水横流,不断地亲吻着他的额头:"我原本打算,你要是卖不掉,我就叫人买下这件衣服。没想到你真的做到了!你真棒,我的孩子,你真的很棒……"一轮明月升上山头,透过窗户柔柔地洒了一地月光。这个晚上,父亲与他抵足而眠。父亲问:"孩子,从卖这三件衣服中,你明白了什么吗?""我明白了。您是在启发我,"他感动地说,"只要开动脑筋,办法总是会有的。"父亲点了点头,又摇了摇头:"你说得不错,但这不是我的初衷。""我只是想告诉你,一件只值一美元的旧衣服,都有办法高贵起来。何况我们这些活着的人呢?我们有什么理由对生活丧失信心呢?我们只不过黑一点、穷一点,可这又有什么关系?""是的,连一件旧衣服都有办法高贵,我还有什么理由妄自菲薄呢?"

20年后,他的名字传遍了世界的每一个角落。他的名字叫——迈克尔·乔丹。

(资料来源:根据鼎翰智库网络资料整理)

有感而发:

故事中的小孩一次接一次地以更高的价格卖出旧衣物,在使旧衣物"高贵"的同时,使自己也变得"高贵"了。商品的价格是外在的,它体现的是商品的价值。

做人亦如此。当社会以及周围的环境决定了价值观的取向,而每个人身处的家庭以及环境都不太一样,对个人而言价值观并不相同,也就决定了个人的行为有所差异。作为一个有独立思想的人最重要的是首先肯定自己的价值。他会坚持自己心中的价值,因为他知道自己所坚持的是正确的。

任务一　价格的内涵

在经济学及市场发展的过程中,价格是一项以货币为表现形式,为商品、服务及资产所订立的价值数字。在需求方和供给方之间分配资源的过程中,价格是重要的变数之一。

1.1　价格的含义

在经济社会当中,价格一般指进行商品交易时,买方所需要付出的代价。从市场本身的角度来说,价格泛指买卖双方就买卖商品时订立的兑换比率。

1.2　价格的本质

经济学告诉我们,价格是一种从属于价值并由价值决定的货币表现形式。价值的变动是价格变动的内在的、支配性的因素,是价格形成的基础。商品的价格虽然是表现价值的,但是,仍然存在着商品的价格和价值不相一致的情况。在市场经济条件下,商品价格往往受市场供求状况的影响,围绕它的价值上下波动。如图10-1-1所示。

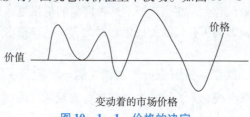

变动着的市场价格

图10-1-1　价格的决定

名词介绍1
商品价值

感想与启发1

阅读资料10-1-1
价格理论

知识拓展10-1-1
价值规律

1.3 价格的职能

1.3.1 标度职能

在商品的生产中，劳动时间往往是商品的内在价值度量的表现形式，而货币是商品价值度量的外部表现形式。商品的价值表现是借助价格来实现的，价格承担了表现商品的价值量大小的职能。

名家论点10-1-1
价格分歧再阐释

1.3.2 调节职能

由于商品的价格和价值经常存在不相一致的情况，价格的每一次变动都会引起交换双方利益关系的转换，因而使价格成为有效的经济调节手段。

1.3.3 信息职能

即价格变动可以向人们传递市场信息，反映商品的供求状况，引导企业进行生产、经营决策。价格的信息职能，是在市场交易的过程中形成的，是市场上多种因素共同作用的结果。

1.3.4 表价职能

即价格表现商品价值的职能。表价职能是价格本质的反映，它用货币形式把商品内含的社会价值表现出来，从而使交换行为得以顺利实现，也向市场主体提供和传递了信息。商品交换和市场经济越发达，价格的表价职能越能得到充分体现，也越能显示出其重要性。

1.3.5 核算职能

即通过价格对商品生产中企业乃至部门和整个国民经济的劳动投入进行核算、比较和分析的职能，它是以价格的表价职能为基础的。价格的核算职能不仅为企业计算成本和核算盈亏创造了可能，而且也为社会劳动在不同产业部门、不同产品间进行合理分配，提供了计算工具。

阅读资料10-1-2
疫情期间正确看待和处理物价对百姓生活的影响

1.3.6 分配职能

即价格对国民收入再分配的职能，它是由价格的表价职能和调节职能派生出来的。国民收入再分配可以通过税收、国家预算等手段实现，也可通过价格这一调节手段来实现。当价格实现调节职能时，它同时也已承担了国民经济收入在企业和部门间的再分配职能。

1.4 价格的作用

随着市场经济的发展，价格的作用主要体现在：

1.4.1 价格是商品供求变化的指示器

借助于价格，可以不断地调整企业的生产经营决策，调节资源的配置方向，促进社会供给和需求的平衡。在市场上，借助于价格，可以直接向企业传递市场供求的信息，各企业根据商品价格组织生产经营。与此同时，价格的水平又决定着价值的实现程度，是市场上商品销售状况的重要标志。

阅读资料10-1-3
管仲楚国购鹿计划

1.4.2 价格是商品供求的调节器

通常，在购买力既定的情况下，市场上某种商品的价格越高，此种商品的需求量就越小；反之，商品的需求量就越大。而当市场上这种商品的价格过高时，消费者就可能做出少买或不买这种商品，或者购买替代品的决定。因此，商品价格水平的变动起着改变消费者需求水平的作用。

1.4.3 价格是实现国家对经济进行宏观调控的一个重要手段

价格所显示的供求状况变化，为国家对经济进行宏观调控提供了信息。当某种商品的价格变动幅度预示着这种商品供求状况时,国家就可以利用利率、工资、税收等工具,鼓励和诱导企业生产增加或减少,从而调节商品的供求平衡。

阅读资料10-1-1

居民消费价格指数

居民消费价格指数(Consumer Price Index,CPI)是一个反映居民家庭一般所购买的消费商品和服务价格水平变动情况的宏观经济指标。它是度量一组代表性消费商品及服务项目的价格水平随时间而变动的相对数,是用来反映居民家庭购买消费商品及服务的价格水平的变动情况。

居民消费价格统计调查的是社会产品和服务项目的最终价格,一方面同人民群众的生活密切相关,同时在整个国民经济价格体系中也具有重要的地位。它是进行经济分析和决策、价格总水平监测和调控及国民经济核算的重要指标。其变动率在一定程度上反映了通货膨胀或紧缩的程度。一般来讲,物价全面地、持续地上涨就被认为发生了通货膨胀。

(资料来源:中华人民共和国国家统计局官网,2013.11)

扫一扫
名词介绍10-1-1
宏观调控

扫一扫
名家论点10-1-2
瓦尔拉斯的价格论

任务二 影响定价的因素

案例10-2-1

周大福"一口价"策略

珠宝饰品价格是消费者与商家能否达成交易的关键所在,针对这一敏感的问题,在价格策略上,周大福创出了一套有别于其他同行的新路子。周大福创新性地推出了"珠宝首饰一口价"的销售政策,并郑重声明:产品成本加上合理的利润就是产品的售价,通过"薄利多销"的经营模式,节省了消费者讨价还价的时间,让顾客真正体验货真价实的感受。

为了降低经营成本,从而更好地参与市场竞争,周大福还自己创立了首饰加工厂,生产自己所售卖的各类首饰,减少中间环节,使生产成本降至最低,并获得了全球最大钻石生产商——国际珠宝商贸公司DTC配发钻石原石坯加工琢磨和钻石坯配售权,保证了它最低的原料成本和较强的竞争实力。

(资料来源:中国珍珠网,2013.12)

扫一扫
拓展学习10-2-1
红军用六枚铜钱买群众一碗霉豆腐

案例分析:

产品的定价决策是每个企业都十分关注的问题,好的定价决策既能增加企业的产品利润,更能全面提高企业的竞争实力。周大福的成功就是一个典型的案例,它既让消费者感到"货真价实",又"保证了它最低的原料成本和较强的竞争实力"。

价格决策和产品决策一样,是构成营销组合策略的重要内容,是企业营销管理的一项重要工作。

影响定价的因素主要包括内部因素和外部因素。

扫一扫
感想与启发
10-2-1

2.1 内部因素

2.1.1 企业的营销目标

如果企业已经确定好目标市场和市场定位,那么确定营销组合战略,包括价格,便会变得相对容易。企业对其目标越清楚,就越容易制定价格。企业的目标主要有以下几种。

(1) 维持生存。

如果市场对企业的能力要求很高,竞争很激烈,消费者的欲望又不断地变化,此时企业往往把生存作为自己的主要目标。为了生存,企业可以制定较低的价格,以便增加需求。只要价格能够补偿可变成本和固定成本,企业就能继续留在行业中。

(2) 现期利润最大化。

许多企业把现期利润最大化作为它们的定价目标。它们估计不同价格所对应的需求和成本,然后选择能够产生最大现期利润、现金流动和投资回报的价格。

(3) 市场份额领导。

它们相信拥有最大市场份额的企业会享有最低的成本和最高的长期利润。为了成为市场份额的领导者,这些企业把价格尽可能定得低一点。

(4) 产品质量领导。

企业决定取得产品质量领导地位。这种情况一般要求制定较高的价格来补偿较高的性能质量,从而可以改善市场调研和降低开发成本。

2.1.2 企业的营销组合策略

价格只是企业用来实现营销目标的营销组合工具中的一种。价格决策必须与产品设计、促销以及渠道决策相配合,才能形成一个连续有效的营销方案。对其他营销组合变量所进行的决策同样会影响定价决策。

企业经常先制定定价策略,然后再依据制定的价格来决策其他营销组合。许多企业采用目标成本设定的有效方法来支持这一价格定位战略。通常的价格制定程序是,先设计一种新产品,然后决定它的成本,最后决定:"我们能够卖多少钱?"

一些企业则没有着重强调价格,而是采用其他营销工具进行非价格定位,做差异化。如果产品是采用非价格定位的,那么有关质量、促销和销售的决策就会极大地影响价格。如果价格是一个重要的定位因素,那么价格就会极大地影响其他营销组合因素的决策。

2.1.3 产品成本

成本是企业能够为其产品设定的底价。企业想设定一种价格,既能够补偿所有生产、分销和直销产品的成本,又能够带来可观的利润。低成本的企业能设定较低的价格,从而取得较高的销售量和利润额。

(1) 固定成本。

固定成本(Fixed Cost,FC)指那些不随生产或销售水平变化的成本。例如,企业必须支付每月的租金、利息、管理人员的薪金等。

(2) 可变成本。

可变成本(Variable Cost,VC)指直接随生产水平发生变化的成本。例如,每台电脑包括电脑芯片、电线、包装及其他投入成本,其总量会随着生产的电脑数而变化。

(3) 总成本。

总成本(Total Cost,TC)指在任何生产水平下固定成本和可变成本之和。

总成本、固定成本和可变成本之间的关系如图 10-2-1 所示。

企业希望制定的价格至少能够补偿在既定生产水平下的生产总成本。如果企业生产和销售产品的成本大于竞争对手,那么企业将不得不设定较高的价格或减少利润,导致自己处于竞争劣势。

扫一扫
名家论点10-2-1
我国水资源短缺,水价不存在降价可能

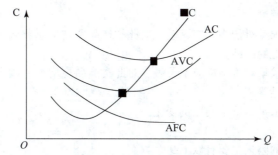

图 10-2-1 总成本、固定成本和可变成本之间的关系

2.2 外部因素

2.2.1 市场因素

在不同市场类型中,销售者定价的自由程度随不同的市场类型发生变化,不同类型的市场对产品定价提出了不同的要求。

(1) 完全竞争的市场。

市场由众多进行均质商品交易(如小麦、金融证券等)的购买者和销售者组成。没有哪个购买者或销售者有能力来影响现行市场价格。在完全竞争的市场中,市场营销调研、产品开发、定价等活动几乎没有什么作用。

(2) 垄断竞争的市场。

市场由众多按照系列价格而不是单一市场价格进行交易的购买者和销售者组成。系列价格产生的原因是购买者看到销售者产品之间的差异,并且愿意为这些差异支付不同的价格。除了价格之外,销售者还广泛地采用品牌、广告和直销来使他们的市场供应相互区分开来。由于存在众多的竞争对手,因此和少数几个制造商控制的市场相比,垄断竞争市场中,企业较少受到竞争对手营销战略的影响。

视频10-2-1
完全竞争市场的含义和特点

(3) 寡头竞争的市场。

市场由几个对彼此的定价和营销战略高度敏感的销售者组成。产品可能均质(如钢、铝)或非均质(如汽车、电脑)。市场中销售者很少,新的销售者很难进入,产品价格非常稳定。

(4) 完全垄断的市场。

市场只存在一个销售者。销售者可以是政府垄断者(如美国邮政管理局),或私人受控垄断者(如能源公司),或私人非控垄断者(如在开发尼龙时期的杜邦公司)这三种。完全垄断市场的产品对于消费者很重要,产品的价格可能只用来抵补成本,也可能用来创造良好的收益,甚至还可以抬高价格来减少消费。

视频10-2-2
完全垄断市场的特点

2.2.2 消费者心理因素

企业的定价决策和其他营销组合决策一样,最终由消费者决定产品的定价是否正确。有效的购买者导向型定价包括了解消费者为他们从产品中得到的利益支付多少价值,以及设定与这个价值相适应的价格。

企业经常发现很难衡量顾客对它的产品设定的价值。例如,在一个高级饭店里计算一餐饭中配料的成本,相对来说还比较容易,但是,对其他诸如口味、环境、娱乐等因素的满意程度却很难进行价值评估,因为这些因素的价值会随着不同的消费者发生变化。如果顾客认为价格高于产品价值,他们就不会买该产品。如果顾客认为价格低于产品价值,他们就会买该产品,但销售者也就失去了赚取利润的机会。

案例10-2-2
东西越贵越有人买吗?

2.2.3 需求因素

(1) 价格与需求量的关系。

价格与需求量的关系主要表现于需求的价格弹性这一指标,需求的价格弹性是指需求量对价格反应的灵敏程度。

①充分弹性。需求量对价格反应灵敏。对此类产品要增加总收入可实施降价,能薄利多销的就是有充分弹性的商品。

②缺乏弹性。需求量对价格反应不灵敏。对此类产品要增加总收入可实施涨价,例如稀缺药品、生活必需品等。

③单一弹性。需求量与价格同比例变化。

(2) 确定需求。

影响价格敏感度的因素主要有以下9个方面:

①独特价值效应:产品越是独特,顾客对价格越不敏感。

②替代品知名效应:顾客对替代品知之越少,他们对价格的敏感性越低。

③难以比较效应:顾客越难以对替代品的质量进行比较,他们对价格就越不敏感。

④总开支效应:开支在顾客收入中所占比重越小,他们对价格的敏感性越低。

⑤最终利益效应:开支在最终产品的全部成本费用中所占比越低,顾客的价格敏感性越低。

⑥分摊成本效应:如果一部分成本由另一方分摊,顾客的价格敏感性就会越低。

⑦积累投资效应:如果产品与以前购买的产品合在一起使用,顾客对价格不敏感。

⑧价格质量效应:假设顾客认为某种产品质量更优、声望更高或是更高档,顾客对价格的敏感性就越低。

⑨存货效应:顾客如无法储存商品,他们对价格的敏感性就越低。

案例10-2-3

中国在线直播平台:抖音、KK直播、小鹅通、马蜂窝

随着市场经济的快速发展,消费者线上消费支出的逐年上涨为直播电商提供了积极的社会消费环境,在直播关注度进一步提升的同时也催生了一大批直播平台。

一、抖音直播

在抖音平台上,网络主播根据高超的舞台表演、动人的故事剧情、杰出的选购工作经验,吸引了大量的粉丝。

1. 网络主播

网络主播是抖音直播的主角,一定程度上决定了直播间的品质。抖音直播规定网络主播有一定的语言表达风采,能与粉丝创建强关联,把握基本的推广技巧。

2. 广告商

很多广告商会挑选网络红人或亲自直播,一般必须相互配合高超的营销策略,才可以获得良好的直播实际效果,塑造优良的企业形象。

二、KK直播:

1. 探索"直播+公益"新模式着力正能量内容建设

KK直播平台建设正能量内容,放大"娱乐直播X电商直播"的融合效应,探索"直播+公益"新模式。2020年,KK直播不断延伸文娱直播、教育直播、电商直播等直播生态链路,完善直播培训机制,优化产品供应链体系,紧紧围绕"人""货""场"的工作布局,构建出一个完善的直播生态圈。基于平台与用户资源优势,助力企业复工复产,促进更多用户就业。

2. 构建农村电商直播生态圈赋能三农发展

在直播行业的转型探索过程中,KK直播逐渐形成"高粘性流量池+达人直播+精细化运营"的农特产品孵化模式,立足地方优势资源,从深层次挖掘高性价比产品。除了推进农村农产品的电商化,也注重农村第三产业发展,重点挖掘其文化和旅游价值,推动农村文化、旅游产业融合进程加速发展。

三、小鹅通

小鹅通平台集品牌传播、商业变现、用户运营于一体，为企业客户搭建专属知识服务，覆盖教培机构、医疗健康、互联网科技、快消零售等多个垂直细分行业。通过打造在线直播、知识付费等形式，建立完善的线上知识服务系统，协助商家构建专属私域流量池，实现数字化商业闭环。

四、马蜂窝

马蜂窝平台深耕旅游短内容领域，在试水直播与短视频后开始布局"视频化攻略"，通过直播栏目为用户提供更有深度、更具品质的旅游内容。"马蜂窝攻略LIVE"的结构化、精品化进程不断推进，通过旅游直播展现全球景点的自然风光、历史文化和民俗风情，为用户提供"种草"目的地和玩法。

资料来源：根据艾媒网（2021年3月23日）相关资料整理

2.2.4 竞争者因素

竞争对手的成本、价格和供应影响企业定价决策。

企业要估计竞争对手的成本、价格以及竞争对手对该企业定价可能会做出的反应，企业的定价策略会直接影响到企业产品的竞争力。

2.2.5 国家有关政策法规因素

企业对产品定价要考虑到国家有关政策及法律法规，一旦违反政策法规，一切的定价策略都将受到限制甚至惩罚。

扫一扫

阅读资料10-2-1 为什么粮食价格要保持稳定

2.3 定价方法

定价工作复杂，企业必须全面考虑各方因素，并采取一系列步骤和措施。一般来说，定价决策有六个步骤，即选择定价目标、估算成本、测定需求的价格弹性、分析竞争产品与价格、选择适当的定价方法和确定最后价格。

企业产品价格的高低受市场需求、成本费用和竞争费用等因素的影响和制约，企业在制定价格时应全面考虑这些因素。但是在实际工作中，企业往往只侧重某一方面。大体上，企业定价有三种导向，即成本导向、需求导向和竞争导向。

2.3.1 成本导向定价法

成本导向定价法是一种主要以成本为依据的定价方法，包括成本加成定价法、增量分析定价法和目标定价法。

（1）成本加成定价法。

所谓成本加成定价，是指按照单位成本加上一定百分比的加成制定的销售价格。加成的含义就是一定比率的利润。所以，成本加成定价公式为：

$$P = C(1 + R)$$

其中：P为单位产品售价，C为单位产品总成本，R为成本加成率。

最适合加成与价格弹性成反比。如果某品牌的价格弹性高，最适合加成就应相对低些；价格弹性低，最适合加成就应相对高些；价格弹性保持不变时，加成也应保持相对稳定。

成本加成定价之所以受到企业界欢迎，主要是由于：

①成本的不确定性。将价格盯住单位成本，可以大大简化企业定价程序，而不必根据需求情况的变化进行调整。

②只要行业中所有企业都采用这种定价方法，则各企业产品的价格在其成本与加成相似的情况下也大致相似，价格竞争也会因此降至最低。

③成本加成法对买方和卖方都比较公平。当买方需求强烈时，卖方不利用这一有利条件谋求额外利益也能获得公平的投资报酬。

（2）增量分析定价法。

增量分析定价法主要是分析企业接受新任务后是否有增值利润。增量利润等于接受新任务引起的增量收入减增量成本。此定价法与成本加成定价法的共同点都是以成本为基础，不同点是前者以全部成本为基础，后者则是以增量成本（或变动成本）为定价的基础。只要增量收入大于增量成本（或价格高于变动成本），这个价格就是可以接受的。

在企业经营中，增量分析定价法大致适用于以下 3 种情况：

①企业是否要按较低的价格接受新任务。接受新任务不用追加固定成本，只要增加变动成本即可，所以新任务的定价就以变动成本为基础，条件是接受新任务不会影响原来任务的正常实施。

②为减少亏损，企业可以通过降价来争取更多任务。在这种情况下进行定价决策就要使用增量分析法。

③企业生产互相替代或互补的几种产品。其中一种产品变动价格会影响到其他有关产品的需求量，因而价格的决策不能孤立地只考虑一种产品的效益，而应考虑对几种产品的综合效益，这时也宜采用增量分析定价法。

（3）目标收益定价法。

所谓目标收益定价法，是企业试图确定这样一个价格，它能带来企业所追求的投资收益率。投资收益率（ROI）等于利润（销售总收入 – 总成本）除以投资额（I）。

$$目标投资收益价格：P = AC + (ROI \times I) \div QE$$

其中：P 为产品价格，QE 为产品预期销量，AC 为平均总成本。

美国通用汽车公司最先采用这一定价法。大企业和公用事业部门（只能获得一个公平报酬）也多用这种方法。如果成本测算得准确，预期销量又能够达到，该公司就能够实现预期投资收益率。

2.3.2 需求导向定价法

需求导向定价法是一种以市场需求强度及消费者感受为主要依据的定价方法，包括认知价值定价法、反向定价法和差别定价法（又叫作需求差异定价法）。

（1）认知价值定价法。

所谓认知价值定价法，就是根据购买者对产品的认知价值制定价格。企业为目标市场开发新产品时，在质量、价格、服务等方面都需要体现特定的市场定位。因此企业首先要决定所提供的价值及价格；其次，要估计依此价格所能销售的数量，再根据销售量决定所需产能、投资及单位成本；最后，还要计算依此价格和成本能否获得满意的利润。

认知价值定价的关键在于准确计算产品提供的全部市场认知价值。如果价格大大高出认知价格，消费者会感到难以接受；如果价格大大低于认知价值，也会影响产品在消费者心目中的形象。

✉ 阅读资料 10 - 2 - 2

认知价值定价

为了准确地把握市场认知价值，必须进行市场营销研究。

假设有 A、B、C 三家企业均生产同一种开关。现抽一组产业用户为样本，要求他们分别就三家企业的产品予以评比，有三种方法可供使用：

(1) 直接价格评比法。要求用户为三家企业的产品确定能代表其价值的价格。例如，他们可能将 A、B、C 三家企业的产品分别定价为 2.55 元、2 元和 1.52 元。

(2) 直接认知价格评比法。要求用户根据他们对三家企业开关价值的认知，将 100 分在三者之间进行分配，假设分配结果为 42、33、25。如果这种开关的平均市场价格为 2 元，则可得到三个反映其认知价值的价格：2.55 元、2 元和 1.52 元。

(3) 诊断法。要求产品用户能明确产品中的四种属性（假定有产品耐用性、产品可靠性、交货可靠性、服务质量四种属性）分别予以评分。对每一种属性分配 100 分给三家企业，同时根据四种属性重要程度不同，也将 100 分分配给四种属性，假设结果如下表所示。把每个企业的评分乘以重要性权数，我们可以发现：A 企业提供的产品的认知价值为 42，高于平均数；B 企业提供的产品的认知价值为 33，相当于平均数；C 企业提供的产品的认知价值为 25，低于平均数。如果这种开关的平均市场价格为 2 元，如果 A 企业想根据其产品的认知价值的比例定价，则可以将价格定位为 2.55 元左右（2 元 ×42/33 = 2.55）。

假如三家企业都按其认知价值的比例定价，则每家企业都可以享受到部分的市场占有率，因为它们提供的价值与价格之比均相等。

诊断法定价

重要性权数	属性	产品 A	产品 B	产品 C
25	产品耐用性	40	40	20
30	产品可靠性	33	33	34
30	交货可靠性	50	25	25
15	服务质量	45	35	20
100	认知价值	41.65	32.65	25.70

如果某一家企业的定价低于其认知价值，则它将得到一个高于平均数的市场占有率，因为当购买者与企业打交道时，其支付的货币可换回更多的价值。

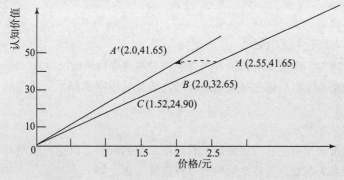

A、B、C 三家企业最初位于相同的价值/价格线，各自的市场占有率取决于围绕这三个定点的理想点的相对密集度。现在假设 A 企业将价格由 A（2.55, 41.65）降至 A'（2.0, 41.65），其价值/价格将是一条较高的线段（虚线表示），将冲击 B、C 两家企业的市场占有率。尤其是 B 企业，因为 A 企业与 B 企业相同的价格提供了更多的价值，B 企业将可能被迫降价和提高其认知价值。提高认知价值的主要措施，包括增加服务项目、提高服务质量和产品质量、进行更有效的沟通传播等。如果这样做的成本低于因降价而引起的收入损失，则 B 企业很可能会增加投资来提高其认知价值。

（资料来源：《湖南财政经济学院学报》，2011.03）

（2）反向定价法。

反向定价法是指企业依据消费者能够接受的最终价格，在计算自己经营的成本和利润后，逆向推算产品的批发价和零售价。这种方法不是以实际成本为主要依据，而是以市场需求为定价出发点，力求价格为消费者所接受。在分销渠道，批发商和零售商多采取这种定价方法。

（3）差别定价法。

差别定价法就是指同一产品对不同的细分市场采取不同的价格，是差异化营销策略在价格制定中的体现，是一种较为灵活的定价方法。

实行差别定价法必须具备以下四个条件：

①企业对价格有一定的控制能力。

②产品有两个或两个以上被分割的市场。

③不同市场的价格弹性不同。

④价格歧视不会引起顾客的反感。

差别定价的几种形式：

①因需求对象而异。如因职业、年龄等原因，在定价时给予相应的优惠等。

②因需求强度而异。如航空公司可以针对公务顾客和假期旅行者制定不同的价格。

③因需求时间而异。如电视广告不同时段的价位不同。

④因需求地点而异。如国内机场的商店向乘客提供的商品价格普遍要远高于市内的商店。

2.3.3 竞争导向定价法

通常有以下几种方法，即随行就市定价法、限制进入定价法和投标定价法。

（1）随行就市定价法。

随行就市定价法指企业按照行业的平均现行价格水平定价。下述情况，企业往往采取这种定价法。

①难以估算成本。

②企业打算与同行和平共处。

③如果另行定价，很难了解购买者和竞争者对本企业价格的反应。

不论是在完全竞争市场还是寡头竞争市场，随行就市定价都是同质产品市场惯用的定价方法。

（2）限制进入定价法。

限制进入定价法是指企业的定价低于利润最大化的价格，以达到限制其他企业进入的目的，是垄断和寡头垄断企业经常采用的一种定价方法。

（3）投标定价法。

招标机构刊登广告或发函说明拟购品种、规格、数量等的具体要求，邀请供应商在规定的期限内投标。采购机构在规定日期开标，一般选择报价最低、最有利的供应商成交，签订采购合同。投标价格根据对竞争者报价的估计制定，而不是按供货企业自己的成本费用，目的在于赢得合同，所以一般低于对手报价。

企业不能将报价定得过低。如果将报价定得低于边际成本，经营状况就会恶化，如果报价远远高出边际成本，虽然潜在利润可能增加，又会减少获得合同机会。

知识拓展10-2-1
价格歧视

任务三　定价策略分析

✉ 案例 10-3-1

格兰仕的定价策略

信奉"价格竞争是最高层次的竞争"理念的格兰仕在短短六年时间内，连续对竞争对手发动了 7 次价格竞争。把微波炉行业的利润降到很低点，提高了行业进入门槛，使许多欲进入该行业的企业丧失兴趣，避免了强大潜在竞争对手的出现。

序次	时间	降价品种及调价幅度	降价成果
1	1996 年 8 月	WP800S、WP750 型等 3 个非烧烤型微波炉价格平均下调 24.6%	总体市场占有率上升 14%，达到 50.2%
2	1997 年 7 月	最小型号产品 17 立升微波炉降价 40.6%	带动格兰仕整个产品的畅销，占有率上升 12.6%，达到 56.4%
3	1997 年 10 月 18 日	5 大机型价格下调，13 个产品品种全面降价，平均降幅 32.3%	市场份额再上升 11.6%，达到 58.7%
4	1998 年 7 月	两个 17 升型号降价，平均降幅 24.3%	总体产品市场占有率上升 4.8%，达到 55.7%
5	2000 年 5 月	"新世纪"系列产品价格大幅下调并实施疯狂的赠送行动	在全国引起强烈反响；6 月份市场占有率为 73.74%
6	2000 年 6 月初	中档改良型 750 "五朵金花"系列降幅达 40%，高档"黑金刚"系列买 1 送 15	
7	2000 年 10 月 20 日	所有产品（包括高档产品）全部锁定在 1 000 元以内，市场降价平均幅度达到 40%	微波炉市场价格体系受到摧毁，市场占有率最高

案例分析：格兰仕降价特点及策略为：

第一，不断拉高竞争壁垒。格兰仕历次降价的目的很明显，即消灭散兵游勇、驱逐竞争对手，"清除市场杂音"。规模每上一个台阶，价格就大幅下调。当生产规模达到 125 万台时，就把出厂价定在规模为 80 万台的企业成本价以下；当规模达到 300 万台时，又把出厂价调到 200 万台规模的企业成本价以下。此时，格兰仕还有利润，而规模低于这个限度的企业，多生产一台就多亏损一台。

第二，降价幅度大。格兰仕多次的降价幅度均在 30%～40%，规模小、实力弱的微波炉生产厂商是很难抵御这样的价格攻击的。

第三，进攻性价格策略。格兰仕的价格策略是"运用降价——增加销量、扩大生产规模——规模经济、成本下降——进一步降价"。

（资料来源：定价策略．豆丁网，2011.05）

依据成本、需求和竞争等因素决定的产品基础价格，是单位产品在生产地点或者经销地点的价格，并未计入折扣、运费等的影响。企业利润空间的确定，如图 10-3-1 所示。

在实践中，企业还需考虑和利用灵活多变的定价策略，修正或调整产品价格。

3.1　折扣定价策略

企业为了鼓励顾客及早付清货款、大量购买、淡季购买等，可酌情降低基本价格，这

扫一扫
感想与启发
10-3-1

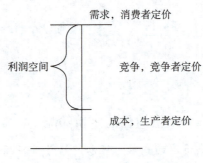

图 10-3-1 利润空间的确定

种价格调整叫作价格折扣。

3.1.1 折扣定价策略类型

（1）现金折扣，是企业给及时付清货款顾客的一种减价。例如，顾客在 30 天内必须付清货款；如果 10 天内付清货款，则给 2% 的折扣（2/10，net/30）。

（2）数量折扣，是企业给大量购买某种产品顾客的一种减价，以鼓励大量购买。大量购买能使企业降低生产、销售、储运、记账等环节的成本费用。

（3）功能折扣，又称贸易折扣，是制造商给批发商或零售商的一种额外折扣，促使他们执行某种营销功能（如推销、储存、服务）。

（4）季节折扣，是企业给购买过季商品或者服务顾客的减价。

（5）价格折扣，也称折让，例如，一台冰箱标价 4 000 元，顾客以旧冰箱折扣 500 元，购买时只需支付 3 500 元，称为以旧换新折让。又如，经销商同意参加制造商的促销活动，制造商卖给经销商的物品可以打折，叫作促销折让。

3.1.2 影响折扣定价策略的主要因素

（1）竞争对手及竞争实力。同行业竞争的实力强弱会影响折扣的成效。一旦竞相折扣，要么两败俱伤，要么被迫退出市场。

（2）折扣的成本均衡性。销售中的折价并不是简单遵守单位价格随订购数量的上升而下降这样的规律。对生产厂家来说，有两种情况例外：一种是订单量大，很难看出连续订购的必然性，企业扩大再生产后，一旦下季度或来年订单陡减，投资难以收回；另一种是订单达不到企业的开机指标，开工运转与分批送货的总成本可能无法用增加的订单补偿。

（3）市场总体价格水平下降。由于折扣策略有长期的稳定性，当消费者利用折扣但超过需要购买以后，再转手将超需部分以低于折扣价卖给第三者，就会扰乱市场，导致总体价格下降，给采用折扣策略的企业带来损失。

实行折扣策略除需要考虑以上因素外，还应考虑企业流动资金的成本、金融汇率变化、消费者对折扣的疑虑等。

> **阅读资料 10-3-1**
>
> ## "折扣"的困惑
>
> 目前在我国商界，总代理、总经销方式越来越普遍，折扣在经销方中的运用也非常普遍。一种现象极为突出，即厂家和大经销商不注意在地区影响范围内消除折扣的差异性，市场内同一厂商的同种商品折扣标准混乱，消费者或用户难以确定应该选择哪一种价格。其结果是，折扣差异性在自己市场内形成了冲抵，影响了经销总目标的实现。
>
> （资料来源：世界大学城/空间栏目：市场营销，2013.10）

3.2 地区定价策略

一个企业的产品不仅卖给当地，同时也可能卖到外地。如果卖到外地，企业要将产品装运。所谓地区定价策略是：在将产品卖给不同地区的顾客时，是分别制定不同价格还是相同价格，也就是说，是否制定地区差价。

3.2.1 按产地在某种运输工具上交货定价（FOB origin pricing）

FOB origin 是一种贸易条件，是指企业（卖方）负责将某种产品运到产地的某种运输工具（如卡车、火车、船舶、飞机等）上交货，并承担一切风险和费用；交货后一切风险和费用（包括运费）概由买方承担。这种定价对企业有不利之处，远地顾客可能不愿购买这个企业的产品，转而购买其他企业的产品。

3.2.2 统一交货定价

所谓统一交货定价，就是企业将产品卖给不同地区的顾客，按照相同的厂价加相同的运费（按平均运费计算）定价。不同地区的顾客不论远近，实行一个价格。这种定价又叫邮资定价。

3.2.3 分区定价

企业把整个市场（或某些地区）分为若干价格区，卖给不同价格区顾客的产品分别制定不同的地区价格。距离较远的价格区定价较高，较近的价格区定得较低，同一价格区范围实行统一价格。

采用分区定价存在的问题：

（1）即使在同一价格区，也有的顾客距离企业较近，有的距离企业较远，前者就会感觉不合算。

（2）处在两个相邻价格区边界上的顾客，距离不远，但要按不同的价格购买同一产品。

3.2.4 基点定价

所谓基点定价，是指企业选定某些城市作为定价基点，然后按一定的出厂价加从基点城市到顾客所在地的运费定价，而不管货物实际是从哪个城市起运。有些企业为了提高灵活性，选定多个基点城市，按照离顾客最近的基点计算运费。基点定价的产品价格结构缺乏弹性，竞争者不易进入，利于避免价格竞争。顾客可在任何基点购买，企业也可将产品推向较远市场，有利于市场扩展。

基点定价方式比较适合下列情况：

（1）产品运费所占比重较大。

（2）企业产品市场范围大，许多地方有生产点生产。

（3）产品的价格弹性较小。

3.2.5 运费免收定价

企业负担全部或部分运费。有些企业认为如果生意扩大，平均成本就会降低，足以抵偿这些开支，运费免收定价可使企业加深市场渗透，并在竞争日益激烈的市场上立足。

3.3 心理定价策略

3.3.1 声望定价

声望定价指企业利用消费者仰慕名牌商品或名店的声望所产生的心理，把价格定成整数或高价。在现代社会，消费高价位商品是财富、身份和地位的象征。质量不易鉴别的商品定价适宜此法，因为消费者崇尚名牌，往往以价格判定质量，认为高价格代表高质量。

3.3.2 尾数定价

尾数定价是利用消费者数字认知的某种心理,尽可能在价格数字上不进位、保留零头,使消费者产生价格低廉和卖主认真核算成本的感觉,使消费者对企业产品及价格产生信任感。该策略一般适用于非名牌或中低档商品。尾数定价会产生如下的特殊效果:

(1) 便宜。标价99.96元的商品和100元的商品,虽然仅差不足0.1元,但前者给消费者的感觉是还不到"100元",而后者却使人产生"100多元"的想法,因此前者可以使消费者认为商品价格低,更令人易于接受。

(2) 精确。带有尾数的价格会使消费者认为价格制定非常认真、精确,连零头都算得清清楚楚,进而会对商家或企业的产品产生一种信任感。

(3) 中意。由于民族习惯、社会风俗等影响,某些特殊数字常常会被赋予一些独特的含义,企业在定价时如能加以巧用,其产品就会因之而得到消费者的偏爱。例如,"8"字常作为价格尾数,人们认为"8"即"发",因此企业经常采用。

3.3.3 招徕定价

招徕定价即零售商利用顾客求廉心理,将某些品牌的商品作为牺牲品,以接近成本甚至低于成本的价格来销售,以便吸引顾客前来购买,并寄希望于他们还会买商店里的其他商品,以获得额外的销售。

3.3.4 中间价格定价法

一般来讲,多数消费者倾向于选择中间价格商品,他们认为中间价格商品质量过得去且价格也合理。企业可在高价与低价间取一个中间价格,以适应多数消费者的心理倾向。

3.3.5 便利定价法

利用消费者求方便的心理,对某些价值较小、消费者经常购买的日用品,制定不带尾数的价格。比如定价0.50元较之0.48元,消费者购买时会显得更方便。

另一种便利定价的方法,是把不同品牌、规格及型号的同一类商品分为若干等级,对每个等级制定一种价格,而不是一物一价。这样简化了购买过程,便于消费者挑选。不足之处在于等级之间的价差不好把握,价差过小消费者会怀疑分级的可信度,价差过大部分期望中间价格的消费者会感到不满。

3.3.6 习惯定价法

即按消费者的习惯制定价格。消费者在长期的购买实践中,对一些经常购买的商品,心目中已形成习惯性的价格标准,不符合其标准的价格易引起疑虑,影响购买。

3.4 差别定价策略

所谓的差别定价或需求差异定价,是指企业按照两种或两种以上不反映成本费用的比例差异的价格销售产品或服务。

3.4.1 差别定价的主要形式

(1) 顾客差别定价。即企业按不同的价格把同一产品或服务卖给不同顾客。

(2) 产品形式差别定价。即企业对不同型号或形式的同类产品,分别制定不同价格,但是不同型号或形式产品的价格差额和成本费用之间的差额并不成比例。

(3) 产品地点差别定价。企业对处在不同位置的产品或服务,分别制定不同的价格即使这些产品或服务的成本费用没有任何差异。例如,体育场里的不同座位票价有所不同。

(4) 销售时间差别定价。即企业对不同季节、不同时期甚至不同钟点的产品或服务分别制定不同价格。

3.4.2 差别定价的适用条件

（1）市场可以细分，而且各个细分市场必须表现出不同的需求程度。
（2）以较低价格购买的顾客，没有可能以较高价格把产品转卖。
（3）竞争者不可能在企业以较高价格销售的市场上低价经销。
（4）细分市场和控制市场的成本费用，不应超过因实行差别定价而得到的额外收入，否则得不偿失。
（5）差别定价不会引起顾客反感，以至于放弃购买。
（6）差别定价符合有关价格管理的法规和条例。

3.5 新产品定价策略

3.5.1 撇脂定价

撇脂定价是在产品生命周期的最初阶段，把价格定得很高，以获取最大利润，犹如在鲜奶中撇取奶油一样。企业之所以能这样做，是因为有些购买者主观认为某些商品具有很高价值。

从实践看，具有以下条件时企业可采取撇脂定价：

（1）市场有足够的购买者，需求缺乏弹性。即使把价格定得较高，市场需求也不会大量减少。
（2）高价使需求减少，因而产量减少，单位成本增加，但不致抵消高价所带来的利益。
（3）高价情况下可以独家经营，别无竞争者。例如，有专利保护的产品。
（4）某种产品价格很高，可使人产生高档产品的印象。

> **阅读资料 10-3-2**
>
> ### 索尼公司的撇脂定价策略
>
> 索尼公司经常使用撇脂定价这一策略。1990 年，索尼在日本市场上推出第一台高清电视时，这种高技术含量的产品定价为 43 000 美元，只有那些能够为新技术支付高额价格的顾客才能买得起。索尼接下来的几年内迅速地降低价格来吸引新的购买者，到 1993 年一台 28 英寸①的高清电视日本消费者只需要花 6 000 美元就能买到，2001 年，日本消费者可以用 2 000 美元买到 40 英寸的高清电视，这个价格很多人都能支付得起。现在美国一台基本水平的高清电视的售价低于 1 000 美元，而且价格还在继续下降。通过这种方法，索尼公司从细分市场上获得了最大的利润。
>
> （资料来源：百度百科）

3.5.2 渗透定价

所谓渗透定价，是企业把其创新产品价格定得相对较低，以吸引大量顾客，提高市场占有率。

从实践看，渗透定价需要具备以下条件：

（1）需求对价格极为敏感，低价可以刺激市场需求迅速增长。
（2）企业的生产成本和经营费用会随生产经营经验的增加而下降。
（3）低价不会引起实际或潜在的竞争。

---

① 1 英寸 = 25.4 毫米。

✉ **阅读资料 10-3-3**

戴尔公司使用市场渗透定价法进入个人电脑市场，通过低成本的直销渠道销售高质量的电脑。由于当时 IBM、苹果和其他竞争者通过零售商店销售计算机，无法达到较低的价格，因此它的销售量飞速上升。

（资料来源：百度百科）

3.6 产品组合定价策略

当产品成为产品组合的一部分时，必须对定价方法进行调整，企业要研究出一系列价格，使整个产品组合方面的利润最大化，由于各种各样的产品存在需求和成本之间内在的相互关系和受到不同程度竞争的影响，所以产品组合定价十分困难。

3.6.1 产品大类定价

通常企业开发出来的是产品大类，而不是单一产品。企业生产的系列产品存在需求和成本的内在关联性，为了充分发挥这种内在关联性的积极效应，需要采用产品大类定价策略。

在定价时首先确定某种产品的最低价格，它在产品大类中充当领袖价格，以吸引消费者购买产品大类中的其他产品；其次，确定产品大类中某种商品的最高价格，它在产品大类中充当品牌质量和收回投资的角色；最后，产品大类中的其他产品也分别依据其在产品大类中的角色不同而制定不同的价格。

✉ **阅读资料 10-3-4**

产品系列定价

松下公司设计出 5 种不同的彩色立体声摄像机，简单型的只有 4.6 磅①，复杂型的有 12.3 磅，包括自动聚焦、明暗控制、双速移动目标镜头等。

产品大类上的摄像机依次增加新功能来获取高价，管理部门要确定各种摄像机之间的价格差距。制定价格差距时要考虑摄像机之间的成本差额、顾客对不同特征的评价以及竞争对手的价格。如果价格相差很大，顾客就会购买价格低的摄像机。

（资料来源：百度百科）

在许多行业，企业都为产品大类中某一产品事先确定价格点。例如，男士服装店可能经营三种价格档次的男士服装：1 500 元、2 500 元和 3 500 元。顾客会从三个价格点上，联系到高、中、低三种质量水平。即使三种价格同时提高，男士可能依然会按自己偏爱的价格点购买。营销管理的任务就是确立认知质量差别，使价格差别合理化。

3.6.2 选择品定价

许多企业提供产品的同时，会附带一些可供选择的产品或服务，如汽车用户可订购电子开窗控制器、扫雾器等。但是对于选择品的定价，公司必须确定价格中应当包括哪些，又有哪些可作为选择对象。例如，饭店定价，顾客除了饭菜，也会购买酒水。许多饭店酒水价格高，食品价格相对低。食品收入可弥补食品成本和饭店其他成本，酒水收入可带来利润。

3.6.3 补充产品定价

有些产品需要附属或补充品配合才能使用，如剃须刀刀架与刀片、打印机与墨盒或色

---

① 1 磅 =0.453 6 千克。

带。许多制造商喜欢为主产品（如打印机）制定较低价格，给附属品（如墨盒、色带）制定较高价格。

✉ **阅读资料 10-3-5**

高价的烦恼

卡特匹勒公司对其部件和服务制定了高价格，以便在售后市场获取高额利润。该公司设备的加成率为30%，部件的加成率有时达到300%。

这给"非法仿制者"带来了机会。他们仿制这些部件，然后将它们售给那些"不老实"的负责安装的技师。这些技师仍以原价计算，而不把节省的成本转让给顾客。

卡特匹勒公司的销售额下降很多。公司为了控制这种情况，劝说设备所有者只从被许可的经销商处购买部件，以保证设备的性能。

很显然，该问题是制造商对售后市场的产品定价过高造成的。

（资料来源：百度百科）

3.6.4 分部定价

服务性企业经常收取一笔固定费用，再加上可变的使用费。例如，游乐园一般先收门票费，如果游玩的地方超过规定，就要再交费。

✉ **阅读资料 10-3-6**

新加坡的新车定价

在新加坡，新车定价包括两部分：进口税在内的汽车成本和获取驾驶执照的价格——拥有新车的权利。

后者在拍卖行可以购得，那儿每月都提供一些数量的用于不同车辆的驾驶执照，成功的驾车执照投标人要为享有买车的权利支付费用。

服务性公司面临着与补充品定价同样的问题，即收多少基本服务费和可变使用费。固定成本较低，可以推动提升顾客购买的服务水平，利润从使用费中获取。

（资料来源：百度百科）

3.6.5 副产品定价

在生产加工肉类、石油产品和其他化工产品的过程中，经常产生副产品，如果副产品价值低、处置费用昂贵，就会影响主产品定价——其价格必须能弥补副产品处置费用。如果副产品能够发挥用处，可按其价值定价。副产品如果能带来收入，则有助于企业在应对竞争时制定较低价格。

✉ **阅读资料 10-3-7**

好时有最甜美的花泥

好时食品公司在制造糖果的生产过程中，每年会产出1万多吨的可可豆壳。好时公司没有花钱把它们拉走扔掉，而是做成了每袋28磅的花泥，并且通过园林设计商、家居花园中心和杂货商店销售出去。好时公司声称可可花泥非常适合花园和园林，它可以防虫、肥沃土壤，而且闻起来好像巧克力。可可花泥还能为种植蘑菇提供非常棒的土壤——好时公司以20吨的卡车容量向蘑菇业销售这种很香的副产品。公司网站上说："好时有最甜美的花泥。"

（资料来源：百度百科）

3.6.6 产品系列定价

也有企业经常以一种价格出售一组产品或服务，如化妆品、计算机、假期旅游公司提供的系列活动方案。这就是产品系列定价，也称价格捆绑，目标是刺激产品线的需求，充分利用整体运用的成本经济性，同时努力提高利润贡献率。

在实践中，价格捆绑可以有多种形式：

（1）纯粹的捆绑。只能一次买下所有东西，不能分开购买。如微软将视窗操作和 IE 捆绑。

知识拓展10-3-1
公共产品定价的两个基本原则

（2）混合捆绑。顾客可以选择捆绑购买，也可分开购买。通常，产品系统的捆绑价格低于单独购买其中每一产品的费用总和。混合捆绑包括：混合引导捆绑——消费者全价购买一种产品，则在其购买另一种产品时给予折扣。混合联合捆绑——只对一系列产品或服务的组合给出一个价格。

3.7 基于互联网的定价策略

互联网的产生和发展，使收集信息的成本大大降低。市场资源朝着最优方向发展，意味着市场的主动权不再掌握在卖方手中，所以由需求引导市场资源配置是互联网时代的重要特征。同时，互联网也以其独特技术优势提供了从事商业的新渠道。它创造出了电子市场，购买者和销售商在网上会见、收集信息、提交标书、商议订单和跟踪订单处理，以电子手段完成交易。

企业基于互联网的定价策略有：

3.7.1 低价定价策略

（1）直接低价定价策略：采用成本加较低利润，有的甚至是零利润。这种方式一般是企业在网上进行直销时采用的定价方式，前提是通过互联网可以节省大量销售费用。

（2）折扣策略：在原价基础上进行折扣定价。这种方式可以让买方直接了解产品降价幅度，主要用在一些网上商店。

3.7.2 定制生产定价策略

通过互联网确定定制产品的过程，在计算机帮助下由买方自己完成，使企业有可能以较低成本给买方提供定制服务，满足买方个性化需求。

定制生产定价策略主要包括：

（1）定制定价策略。在企业定制生产的基础上，利用网络技术和辅助设计软件，帮助买方选择配置或者自行设计能满足自己需求的个性化产品，买方同时承担自己愿意付出的价格成本。

（2）按需定价策略。企业通过定制服务，根据买方选择的产品功能与配置实行不同的价格。

（3）买方出价，卖方应价策略。由买方先提出愿意为某种产品或服务支付的价格，再由卖方决定是否接受这一价格。

3.7.3 使用定价策略

该策略指买方通过互联网注册后可直接使用企业的产品，根据使用次数付费，不需要将产品完全购买。采用按使用次数定价，产品应能通过互联网传输。目前比较适合的产品有软件、电影等。

3.7.4 拍卖竞价策略

网上拍卖是发展较快的领域。英式拍卖是目前网上拍卖最流行的一种方式，一旦竞买人发现感兴趣的物品，就能浏览当前最高出价，并决定是否竞价。当竞买人提交竞价后，可继续观察拍卖状况。当目前竞价高于竞买人的竞价时，拍卖站点会自动通过 E-mail 通知竞买人。

网上英式拍卖与传统英式拍卖有所差别。传统英式拍卖对于每件拍卖品来说，不需要事先确定拍卖时间，一般数分钟即可结束拍卖；对于网上拍卖来说，则事先需要确定拍卖起止时间，一般是数天或数周。如果拍卖在某个固定的时间关闭，则许多竞买人往往直到拍卖结束前数分钟才开始竞价，试图提交一个能击败所有其他竞买人的竞价，并使其他竞买人没有时间反击。解决在拍卖最后时刻竞价的一种方式，是在固定时间内增加扩展期，通常是 5 分钟。这就意味着，如果最后 5 分钟内有竞价，则拍卖的关闭时间自动延长 5 分钟。这一过程一直持续下去，直到 5 分钟以内没有新的竞价，拍卖才终止。另一种方式是实施代理竞价机制。通常每个竞买人都有一个代理帮助竞价，竞买人只需告诉代理希望为该物品支付的最高价格，代理会自动帮其定价，直至达到最高价格。

3.7.5 数字化产品的免费定价策略

目前电子市场上，数字化产品主要指信息产品，如计算机软件、股票行情等。这些数字化产品具有非毁坏性、可改变性和可复制性等特点，所以生产的边际成本几乎为零。

数字化产品除了前面的使用定价策略，许多网络公司更热衷于采用免费价格策略进行网络销售。数字化产品免费价格策略主要有：

（1）数字化产品限制免费策略。指数字化产品被免费下载后，顾客可以使用它的全部功能，但要受到一定限制。限制主要表现为两种：一种是使用期限，就是只能让顾客下载后免费使用一段时间，超过这个时间继续使用需要付费；另一种是使用次数，规定顾客免费使用几次，超过几次就要付费。

（2）数字产品部分免费策略。可以让消费者免费试用其中一种或几种功能，想要获得全部功能则必须付费购买正式产品。数字产品提供的付费功能可以归为两类：一类是必要的，就是顾客要得到产品的全部功能，产品才能发挥实质性功效，如免费的杀毒软件只能处理一些简单的病毒，对真正影响计算机的较为关键的病毒往往起不到作用，这时就要购买正版杀毒软件。企业提供这类产品的免费功能，主要是为了扩大产品的知名度，利用免费功能为产品做广告。另一类是个性化的，产品的免费功能能够很好满足顾客某一方面需求，但有其他方面的需求则要购买付费功能。如腾讯公司的即时聊天软件，所有注册用户都可享受免费服务以满足即时通信的需求，但为了享受更为个性化的服务（如 QQ 秀等），用户就必须付出相应费用。企业正是通过增加产品附加服务来使产品差别化，这类付费服务都是更具诱惑力的体验性增值服务，能使核心产品更具个性化。

（3）数字产品捆绑式免费策略。指购买某产品或服务时，赠送其他产品和服务。数字产品的捆绑策略有两种：一是"软硬捆绑"，即把软件安装在指定设备上出售。如 3721 网站为推广其免费中文域名系统软件，与 PC 制造商合作，提供捆绑预装中文域名软件；二是"软软捆绑"，即不同的软件产品打包出售。

（4）数字产品完全免费的策略。指数字产品从购买、使用和售后服务所有环节实行免费。完全免费的是无差异的产品，也就是各个网站提供的基本相同。如果某个网站收费，消费者就会转向别的网站。

重点词语

| 价格 | 定价目标 | 需求导向定价 | 竞争导向定价 | 定价策略 |
| 折扣定价 | 心理定价 | 撇脂定价 | 尾数定价 | 招徕定价 |

课后思考

1. 如何理解价格的含义与本质？

2. 影响企业定价的因素有哪些？
3. 举例说明消费者心理对于产品定价的影响。
4. 新产品的定价策略有哪几种？
5. 价格折扣有哪几种策略？

实践与技能

案例分析：怎样销售这批珠宝？

位于美国加州的一家珠宝店专门经营由印第安人手工制成的珠宝首饰。

几个月前，珠宝店进了一批由珍珠质宝石和白银制成的手镯、耳坏和项链。该宝石同商店以往销售的绿松石宝石不同，它的颜色更鲜艳，价格也更低。很多消费者还不了解它。对他们来说，珍珠质宝石是一种新的品种。副经理希拉十分欣赏这些造型独特、款式新颖的珠宝，她认为这个新品种将会引起顾客的兴趣，形成购买热潮。她以合理的价格购进了这批首饰，为了让顾客感觉物超所值，她在考虑进货成本和平均利润的基础上，为这些商品确定了销售价格。

一个月过去了，商品的销售情况令人失望。希拉决定尝试运用她本人熟知的几种营销策略。比如，希拉把这些珠宝装入玻璃展示箱，摆放在店铺入口醒目的地方。但是，陈列位置的变化并没有使销售情况好转。

在一周一次的见面会上，希拉向销售人员详细介绍了这批珠宝的特征，下发了书面材料，以便他们能更详尽、更准确地将信息传递给顾客。希拉要求销售员花更多的精力来推销这个产品系列。

不幸的是，这个方法也失败了。希拉对助手说，"看来顾客是不接受珍珠质宝石。"希拉准备另外选购商品了。在去外地采购前，希拉决定减少商品库存，她向下属发出把商品半价出售的指令后就匆忙起程了。然而，降价也没有奏效。

一周后，希拉从外地回来。店主贝克尔对她说："将那批珠宝的价格在原价基础上提高两倍再进行销售。"希拉很疑惑，"现价都卖不掉，提高两倍会卖得出去吗？"

回答下列问题：

1. 希拉对这批珠宝采取了哪些营销策略？销售失败的关键原因是什么？
2. 贝克尔为什么建议提高售价？
3. 结合案例，说明影响宝石产品定价的主要因素、基本的定价方法及定价策略。

项目拓展

扫一扫
项目十
资源包

一、看视频，思考问题

1. 视频：[广东电视台]新闻：白酒轮番涨价 发改委约谈要求不能再涨

思考：分析白酒涨价的原因。

2. 视频：[山东电视台]新闻：饮料涨价消息风传 厂家超市予以否认

讨论：如何看待厂家超市否认饮料涨价风传？

3. 视频：[中央电视台]新闻：广东新惠医院医疗价格

讨论：如何看待医疗价格的问题？从企业的角度你能感悟到什么？

4. 视频：[中央电视台]新闻：拯救大豆

讨论：中国大豆为什么遇到了危机？如何应对？

二、阅读资料，谈感想

资料：女子手机号是7的整数次幂 有人欲出价77万元购买（《华商晨报》）

项目资源

一、课件

二、视频资料

三、图片资料

四、延伸阅读

1. 20美元的问题。
2. 和氏璧。
3. 美容院服务如何定价?
4. 奢侈服装定价全过程。
5. 中国价格战标志性事件——彩电行业七次降价大事记。

五、案例集锦

1. 品牌服装如何定价?
2. 制定"隐形鞋架"的价格策略。
3. 餐饮店菜单定价技巧。
4. 网上开店的定价策略。
5. 格兰仕能否拖垮韩国"老虎"?
6. 金山公司的"红色正版风暴"。
7. 百货商店的商品定价。
8. 英特尔公司的定价政策。
9. "无积压商品"的蒙玛公司。
10. 大卖场商品便宜的"思维定式"。

线上学习

请登录：http://v.youku.com/v_show/id_XNTAwNDUwMzM2.html（时代光华课程：产品定价新方法和实施条件 优酷网）

请登录：http://www.hjenglish.com/wangyiopencourse/p348214/（网易公开课 宾夕法尼亚大学公开课：沃顿的学问——利润，全球化和领导者）

请登录：http://www.hjenglish.com/wangyiopencourse/p348249/（巴黎高等商学院公开课：对话领袖——奢侈品在生活中的意义）

线下学习

《企业价格决策》. 郭湘如主编, 东南大学出版社, 2009.

《定价策略》. 骆品亮著, 上海财经大学出版社, 2013.

《定价与分销策略》, 傅浙铭编著, 南方日报出版社, 2004.

项目十一

渠道决策

项目概述：

通过本项目的学习，能够正确认识分销渠道及其类型；了解各类分销渠道的优、缺点以及企业选择分销渠道时应考虑的因素；熟悉对分销渠道进行设计时应考虑的因素及其设计流程；掌握渠道管理的内容和相关技巧。

学习目标：

[知识目标]
- 熟悉分销渠道及其结构类型
- 掌握分销渠道设计的流程及影响因素

[技能目标]
- 具备对不同类型企业分销渠道进行设计的能力
- 掌握分销渠道管理中的激励、评估以及冲突调解等相关技巧

[思政目标]
- 从事渠道开发工作中应坚守的科学价值观和道德观
- 正确认识新形势下销售渠道创新对于国民经济发展的重要意义

📨 看资料，悟营销

中国的新四大发明

"新四大发明"，2017年诞生的网络流行词，具体是指"高速铁路、扫码支付、共享单车和网络购物"。2017年5月，来自"一带一路"沿线的20国青年评选出了"中国的新四大发明"：高铁、扫码支付、共享单车和网购。事实上这四项并非由中国发明，只是在中国推广应用较为领先。

高铁

我国第一辆高铁诞生是在2008年，虽然通车时间晚，却是具有完全自主知识产权的，"复兴号"的整体设计以及车体、转向架、牵引、制动、网络等关键技术都是中国自主研发。

中国高铁突破各类技术难题，甚至"走出国门"，为美国西部、墨西哥、莫斯科、土耳其、印尼等国家建设高铁，真正成为当之无愧的新国家名片。数据显示，中国高铁约占全球30%的市场份额，中国高铁实现了从跟跑到并跑到领跑，使我国成为世界上高速铁路系统技术最全、建设规模最大、集成能力最强、运营里程最长、运行速度最高的国家。

扫码支付

"新四大发明"中的支付宝，不如称之为新一代的支付方式——扫码支付，正是移动支付方式的进步，让消费者解放双手，不再需要大包小包出门，真正做到"无现金出行"。当然扫码技术不仅限于支付领域，在交通出行、食品溯源、电子票务、防伪标签等方面都有涉及，只是在支付领域，应用更为广泛。

谈到扫码支付，不得不提到另一种新的支付方式——"刷脸支付"，其运用到的生物识别技术，大数据分析等，更为先进，应用场景更广泛。在教育领域、医疗领域、交通行业、支付领域等，人脸识别技术都提供了很大帮助。

共享单车

为了解决人们出行的"最后一公里",共享单车出现了,从前人们城市内出行只能靠地铁、公交、打车等。而短途出行的方式却相对个人化,不能依赖公共设施,除了自购自行车、电瓶车,只能依靠双腿。

这时共享单车出现了,它最大化地利用了公共道路通过率,缓解了道路交通的压力,让人们的出行更加方便。共享单车让共享经济概念在交通出行领域做出了很好的诠释,"最后一公里"解放了人们的双腿,在较大限度上降低出行难度。

网购

自从网购平台的出现,创新了我们的消费模式,让人不出门也能购物,还能一目十行地查找和选购,提升购物效率。

"网购"在中国的高度普及也离不开物流行业的飞速发展,从过去的七日达到如今当日送货到家,"网购"是连通线上商家与线下消费者的重要纽带,物流则是二者之间的桥梁。有网友戏言,"还没等我后悔,快递就到了"。我国已经从人工分拣发展到现在大规模运用自动分拣设备,用以提高物流效率。

看完这些"中国新四大发明"我们不难发现,其实每一项发明,都不在中国源起,世界上第一条高速铁路是日本新干线;世界上第一家网购公司是美国 eBay;共享单车的概念最早也是起源于1965年的荷兰;二维码技术的发明者则来自于日本的腾弘原。但它们却在中国扬名,将它们称作中国的"新发明"显然是不合适的,但称作四项中国运用地最好的技术,应该是当之无愧。科学技术应当服务于人,能把技术结合到生活中,真正让人类受益,才是中国人的智慧。

资料来源:中国"新四大发明"是哪个搞出来的?能跟真正的四大发明比吗?—知乎(zhihu.com)

引导问题:

谈一下新形势下新销售渠道对国民经济的重要影响,您所了解的"新销售渠道"还有那些?

"渠道为王"是营销界的一句名言,其含义是谁拥有了强大的销售网络,谁就能在激烈的市场竞争中拥有主动权。因此,企业营销竞争的一个重要方面是销售渠道的竞争。"胜也渠道,败也渠道",概括了渠道竞争的重要性。

任务一 认识分销渠道

分销策略是4P中第三个可控制的营销要素。企业所拥有的渠道资源已经成为参与市场竞争,获取竞争的优势资源。在市场竞争中,企业若能有效管理渠道成员和协调渠道成员利益,就能构筑竞争壁垒,实现产品的流通,获取竞争优势。分销渠道承担着将所要销售的产品准确、快捷、方便、经济地送达到消费者手中的职责。价格策略和促销策略在很大程度上要依靠企业的分销渠道模式来实现。

1.1 分销渠道的概念与类型

1.1.1 认识分销渠道

1.1.1.1 分销渠道的定义

分销渠道是指某种商品和劳务从生产者向消费者转移的过程中,取得这种商品和劳务的所有权或帮助所有权转移的所有企业和个人。因此,分销渠道包括商人中间商和代理中间商,它还包括处于渠道起点和终点的生产者和最终消费者或用户。如图11-1-1所示。

阅读资料11-1-1 一篇故事带你理解渠道、经销、分销、代理等概念

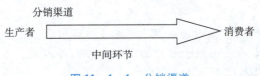

图 11 – 1 – 1　分销渠道

1.1.1.2　分销渠道的特点

（1）分销渠道的起点是生产者，终点是个人消费者或用户。反映某一特定产品价值实现的全过程所经由的通道。

（2）分销渠道是一组线路，其参与者是由商品流通过程中各种类型的组织或个人所组成。

（3）在分销渠道中，产品或服务从生产领域转移到消费者领域的前提是所有权的转移，并且所有权至少转移一次。

（4）在分销渠道中，除商品所有权转移方式外，在生产者与消费者之间还隐含其他的物质流动形式，如物流、信息流、货币流等。它们相辅相成，但在时间和空间上并非完全一致。

1.1.1.3　分销渠道的作用

（1）分销渠道是企业生产经营活动得以正常进行的基础。

（2）分销渠道的选择，直接制约和影响着企业其他方面营销策略的确定。分销渠道的选择目标与市场策略、市场定位策略、产品策略、价格策略、促销策略等方面密切相关。

（3）分销渠道反馈回来的市场信息，是企业调整生产经营行为的重要依据。

1.1.1.4　分销渠道的功能

制造商通过分销渠道将商品转移到消费者手里，在这个过程中，分销渠道成员间需要承担一系列重要功能（如表 11 – 1 – 1 所示）。

表 11 – 1 – 1　分销渠道的功能

渠道的功能	渠道的作业
研究	收集制订计划和进行交换所必需的信息
促销	为了吸引和说服消费者购买产品和服务而进行的沟通活动
谈判	达成有关产品的价格和其他条件的最终协议，以实现所有权的转移
接洽	寻找可能的购买者并与其进行沟通
融资	收集和分配资金，供分销渠道的不同层次工作之所需
风险承担	承担与渠道工作相关的风险
物流	从事商品实体的运输和储存
配合	使所供应的货物符合购买者需要，包括制造、分等、包装等活动

1.1.2　分销渠道的结构类型

分销渠道可以从不同角度划分成多种类型，了解这些类型可以使企业做出正确的渠道类型选择。

1.1.2.1　按渠道的长度分类

在商品流通过程中，从生产者开始生产商每经过一个直接或间接地转移商品所有权的营销机构就称之为一个流通环节或一个中间层次。分销渠道的长度取决于商品在整个流通过程中经过的流通环节或中间层次的多少，经过的流通环节或中间层次越多，分销渠道就越长，反之分销渠道就比较短。

按渠道长度的不同，即按其有无中间环节和中间环节的多少，有四种基本类型（如图 11 – 1 – 2 所示）。

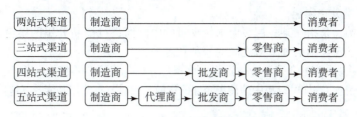

图 11 – 1 – 2　销售渠道类型示意图

（1）两站式渠道（直接渠道）。

两站式渠道也叫零阶渠道，指产品不经任何中间环节，直接由生产者供应给消费者。

（2）三站式渠道（一阶渠道）。

三站式渠道指仅有一个中间机构的渠道。这个中间机构，在消费者市场上通常是零售商，在产业市场上通常是代理商或经纪人。采用这种分销渠道的企业通常生产耐用消费品和高级选购品。

（3）四站式渠道（二阶渠道）。

四站式渠道指包括两个中间环节的渠道。这两个环节，在消费者市场是批发商和零售商，在产业市场则可能是代理商与批发商。这种分销渠道是传统的渠道模式。

（4）五站式渠道（三阶渠道）。

五站式渠道指包含三个中间环节的渠道。除了批发商和零售商之外，中间环节应再加一个代理商或一个更大的批发商。

扫一扫

阅读资料11-1-2
娃哈哈营销
模式三阶段

1.1.2.2　按流通环节多少分类

（1）直接渠道是指生产者不经过任何中间环节，将产品直接销售给最终消费者或用户的分销渠道。

（2）间接渠道是指生产者通过若干中间环节，包括代理商、批发商、零售商等，把产品销售给最终消费者或用户的分销渠道。

分销渠道长度决策的关键在于，企业选择的渠道类型应具有较高的分销效率和经济效益。一般情况是，在长渠道中商品分销的职能分散在多个市场营销机构的身上，在短渠道中商品分销的职能相对集中地由少数市场营销机构来承担。

1.1.2.3　按渠道的宽度分类

营销渠道的宽度结构，是根据每一层级渠道中间商的数量的多少来定义的一种渠道结构。渠道的宽度结构受产品的性质、市场特征、用户分布以及企业分销战略等因素的影响。渠道的宽度结构分成三种类型：独家分销型渠道、密集型分销渠道、选择型分销渠道。

（1）独家分销渠道。

独家分销，指的是在某一层次上选用唯一的一家中间商的渠道。这是一种最为极端的专营型分销渠道。

由于产品本身技术性强，使用起来复杂而独特，所以需要一系列的售后服务和特殊的推销措施相配套，使企业在一个目标市场只选择一个中间商来经销或代销他的产品。采用这一渠道的生产企业必须与被选中的独家经销商签订协议，协议保证作为独家经销商，只能经销该生产企业的产品，不得同时经销其他厂家的同类产品。

（2）密集型分销渠道。

密集型分销也称广泛型或普通型分销，即制造商在同一渠道层次选用尽可能多的中间商经销自己的产品，使产品在目标市场有铺天盖地之势，达到使自己产品品牌充分显露、实现路人皆知和随处可买、最广泛地占领目标市场的目的。

在市场上，日用品中大部分食品，工业品中的标准化和通用化商品，需要经常补充和替换或用于维修的商品、替代性强的商品等，多采用这种分销渠道。

(3) 选择型分销渠道。

选择性分销，是指在某一层级上选择少量的中间商进行商品分销的渠道，是介于密集型分销渠道与独家经销两种渠道之间的一种宽度渠道。

制造商从愿意合作的众多企业中选择一些条件好的批发商、零售企业作为自己的中间商。与密集型分销相比，这样可以集中地使用企业的资源，相对节省费用并能较好地控制渠道行为。

1.2 分销渠道的流程

在发达的商品流通条件下，企业产品的营销渠道可以相对独立，成为不同的流程，主要有以下几种（11-1-3 所示）：

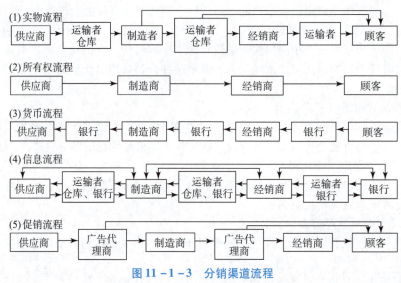

图 11-1-3 分销渠道流程

（1）实物流程，也称物流，是指产品实体从制造商开始，经过储存商、运输商，到达顾客手中的流程。

（2）所有权流程，也称商流，是指产品所有权从制造商开始，经过代理商、分销商、零售商转移给顾客的整个流程。其实质是商品所有权的流动过程。

（3）货币流程，是指销售产品的收入由顾客经银行到达制造商手中的流程。

（4）信息流程，是指产品供求信息在制造商、经销商、储存商、运输商、银行、顾客之间互相流动的过程。

（5）促销流程，是指促销活动由制造商发起，经广告代理商、推销代理商，传递给顾客的流程。

任务二　如何对分销渠道进行设计

2.1 影响渠道选择的因素

分销渠道类型的选择，即决定渠道的长度和宽度问题，是渠道战略中的一个重要内容，对企业营销的成败关系甚大。渠道的长短宽窄是不能随心所欲的，它受多种因素的制约。

影响渠道类型选择的主要因素包括以下几点：

2.1.1 产品因素

2.1.1.1 产品的理化性质

产品的理化性质主要包括：

（1）产品的体积和重量。产品体大量重，一般宜采用较短的分销渠道，以减少运输和储存成本,如重型机械、家具的销售等。产品体小量轻,一般宜采用间接性广泛分销的渠道,以扩大市场覆盖面,如日用商品的销售等。

(2) 产品的易毁程度。凡易腐产品、易毁产品,客观上都要求快速、短距离、少装卸次数的流通。因此,企业所选渠道越短越好,如肉、禽、蛋、奶、菜、花卉、玻璃器皿等的销售。反之,非易腐、易毁产品,则可以选择较长的分销渠道。

2.1.1.2 产品的技术性质

设备、家电等产品,一般都具有程度不同的技术性,用户需要安装、操作、维修等售后服务。这类产品的分销渠道应该是短而窄的。对这类产品,许多制造商都自设门市部销售或在大商场租赁一块场地销售。反之,技术性不强的日用品、易耗品,则更多地选用长而宽的渠道。

2.1.1.3 产品的价值量高低

产品价值表现为价格,产品单价高低,对分销渠道的选择也有影响。人员推销,从沟通信息上看是最好的销售方式,但费用较高。只有单价高的产品,其毛利扣除推销费用仍有利可图,可以采取直接性销售渠道销售。而单价低的产品,制造商必须大量推销方能获利,零售商又往往进货批量较小,因此,就需要借助包含较多批发商的较长的分销渠道推销了。

2.1.1.4 产品的产销特点

产品在生产上和消费上所表现出来的特点,也影响着制造商分销渠道的选择。

(1) 产销的时间性。一般来说,季节性生产且常年消费(如粮食)和常年生产且季节性消费的产品(如电风扇、羽绒服),需要大批存货,而储存责任交由批发商来承担,会有利于制造商资金的周转,因而宜采用间接性的长渠道。而常年生产、常年消费的产品,在企业有能力的条件下,则宜采用短渠道。

(2) 产销的地区性。一地生产多地消费和多地生产一地消费的产品,需要调拨、运输,宜采用间接性的长渠道;反之,地产地销的产品,则可采用直接性的或较短的渠道。

(3) 产品的市场生命周期。产品处于市场生命周期的不同阶段,分销的选择应有所不同。新产品为了开拓市场,往往采用自销或代销方式,以适应中间商不愿承担风险和企业需要了解市场信息的特点。成长期、成熟期的产品则宜采用间接、广泛分销的渠道。衰退期的产品就应该缩减分销渠道。产品的市场生命周期的长短,也关系着分销渠道的选择。一般来说,流行类商品应尽可能选择短而广的渠道,以求速销,市场寿命周期较长的产品,渠道的选择就比较自如。

(4) 产品的生产批量。产品生产批量大,宜采用宽而长的渠道;反之,则宜采用窄而短的渠道。

2.1.2 市场因素

2.1.2.1 潜在顾客的情况

(1) 顾客的类型。如果顾客是产品使用者,一般来说,零售商就不必包括在所选的渠道之中。

(2) 顾客的数量。如果企业的潜在购买者较少,就可以考虑使用较短的或直接性渠道;反之,如果潜在购买者较多,就只能使用较长而宽的营销渠道。

(3) 顾客的集散程度。消费者越分散,销售就越费时费力,成本也就会相应增加。所以,企业越需要利用中间商进行间接性销售。反之,如果产品的最终消费者或用户集中在一个地区或少数几个地区,制造商就可以用直接的分销渠道。

(4) 顾客的购货批量。面对一次订货量很大、产品数量很多的购买者或社会集团,企业就可以直接供货;反之,面对每次购物数量很小的消费者,企业就不得不用间接性分销渠道。

(5) 消费者的购买习惯。顾客对各类商品的购买习惯,诸如愿意付出的价格、购买场所的偏好以及对服务的要求等,都影响着制造商分销渠道的选择。

案例11-2-1 空调渠道模式比较

2.1.2.2 竞争对手的分销渠道状况

企业在选择分销渠道时,还应研究竞争对手选择渠道的状况,在了解对方的情况下,选好本企业的分销渠道。一般来说,企业应避开竞争对手已用的销售渠道,以避免正面对抗。如对手占用了常规渠道,企业可以新辟渠道。但是,企业有时也采用与竞争对手完全相同的分销渠道,以适应消费者比较品牌、价格的要求。

2.1.3 企业自身因素

(1) 总体规模。企业的总体规模决定了其市场范围、客户规模及强制中间商合作的能力。

(2) 资金实力。资金实力的强弱决定了哪些市场营销职能可由自己执行,哪些应给中间商执行。财力薄弱的企业一般采用"佣金制"的分销方法,尽量利用愿意并能吸收部分存储、运输、融资等成本费用的中间商。

(3) 产品组合。企业的产品组合宽度越大,顾客直接交易的能力越大;产品组合的深度越大,使用独家专售或选择性代理商就越有利;产品组合的关联性越强,越应使用性质相同或相似的渠道。

(4) 渠道经验。企业过去的渠道经验也会影响渠道设计。曾经通过某种特定类型中间商销售产品的企业,会形成渠道偏好。

(5) 营销政策。例如,对最后购买者提供快速交货服务,会影响到生产者对中间商执行的职能。

2.1.4 经济效益因素

经济效益的高低与分销渠道的长短密切相关,一般来说,缩短渠道能减少环节,加速流通,节约社会劳动,提高经济效益。

2.1.5 中间商因素

设计渠道时必须考虑执行不同任务的中间商结构的优、缺点,在成本、可获得性以及提供的服务三方面对中间商进行评估。例如,由制造商代表与顾客接触,花在每一顾客身上的成本较低,因为总成本由若干顾客分摊。但制造商代表对顾客所付出的努力,不如中间商的推销员。一般来讲,中间商在执行运输、广告、储存及接纳顾客等方面以及信用条件、退货特权、人员训练和送货频率等方面,都有不同的特点和要求。

2.1.6 社会环境因素

社会环境方面的情况,主要是指有关的政策、法规、经济形势对制造商选择渠道的制约和影响。例如,在中国,经济体制改革前,关系国计民生的重要生产资料、农产品和消费品,必须由国家规定的国营中间商统一经营。制造商在选择渠道时就必须遵守国家的政策规定。因此,整体经济形势也会影响制造商分销渠道的选择。

2.2 分销渠道的设计

合适的分销渠道是提升公司销售力的重要基础。一个公司的渠道系统是在适应当地市场机会和条件的过程中逐步形成的。设计一个渠道系统要分析服务产出水平,建立渠道目标,选择渠道方案,并对其做出评价(如图11-2-1所示)。

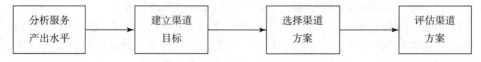

图11-2-1 分销渠道设计流程

2.2.1 分析顾客需要的服务产出水平

设计渠道的第一步,是了解消费者在目标市场购买什么商品、在什么地方购买、为何购买、何时购买和如何购买。营销人员必须了解目标顾客需要的服务产出水平,人们购买一个产品时，想要的和期望的服务类型和水平。

通常渠道可提供以下服务产出：

（1）批量大小：是分销渠道在购买过程中提供给顾客的单位数量。

（2）等候时间：等待收到货物的平均时间，顾客一般喜欢快速交货渠道，快速服务需要一个高的服务产出水平。

（3）空间便利：空间便利是渠道为顾客购买提供的方便程度。

（4）产品齐全：一般来说，顾客喜欢较多的花式品种，这使顾客有更多的选择机会。

2.2.2 建立分销渠道目标

渠道设计问题的中心环节是确定到达目标市场的最佳途径。每一生产者都必须在顾客、产品、中间商、竞争者、企业政策和环境等形成的限制条件下，确定渠道目标。所谓渠道目标，是企业预期到达的顾客服务水平（何时、何处、如何对目标顾客提供产品和实现服务）以及中间商应执行的职能等。图11-2-2表明了企业确定分销渠道目标的导向和典型目标。

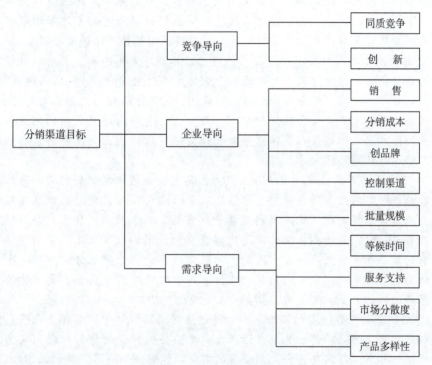

图 11-2-2 分销渠道目标

2.2.3 选择渠道方案

一个渠道选择方案由三个方面的要素确定：中间机构的类型、中间机构的数目、每个渠道成员的条件及其相互的责任。

2.2.3.1 识别中间机构的类型

识别中间机构类型要求公司识别有哪些类型的中间商组织供选择。比如一家专门生产汽车用的调频收音机的消费电子产品公司，可供选择的中间机构有：OEM 市场、汽车经销商市场、汽车部件零售商、汽车电话专业经销商和邮购市场等。

2.2.3.2 确定中间机构的数目

公司必须决定在每个细分市场，每个渠道层次使用多少个中间商。一般有三种策略可供选择：独家分销、选择性分销和密集分销。

✉阅读资料 11-2-2

九阳公司是如何选择经销商的

济南九阳电器有限公司 1993 年设立,起步资金千余元。1994 年 12 月份推出豆浆机后,市场连年大幅增长,逐步发展成全国最大的家用豆浆机生产厂家,市场遍及全国大部分省市。这样一家品牌知名度并不高的中型企业,六年来把豆浆机从无到有,做成了一个产业,创造了每年近百万台的市场需求。虽然现在市场上有了 100 多家生产豆浆机的企业,但无论从产品性能还是市场营销,都不能对九阳构成真正的威胁。九阳公司销售总经理许发刚说,九阳有技术优势,但是九阳在市场营销上更为成功,特别是全国 160 多个地级城市的营销网络,不仅是实现销售和利润的渠道,而且是构筑自身的安全体系,锤炼企业核心竞争力的"法宝"。通过 160 多个地级市场的建设,九阳形成了一套寻找和管理经销商的思路。

九阳公司根据自身情况和产品特点采用了地区总经销制。以地级城市为单位,在确定目标市场后,选择一家经销商作为该地独家总经销。为达到立足长远做市场、做品牌、共同发展的目标,九阳公司对选择总经销商提出了较严格的要求:

1. 总经销商要具有对公司和产品的认同感,具有负责的态度,具有敬业精神,这是选择的首要条件。经销商只有对企业和企业的产品产生认同,才能树立起开拓市场、扩大销售的信心。同时,对企业经营理念的认同,有助于经销商与企业的沟通和理解,自觉施行企业营销策略,与企业保持步调一致。这些是企业建立成功的网点和良好的合作关系的根本。九阳销售人员注意帮助经销商分析认识企业的发展前景和产品的市场潜力,培养经销商的认同感。

2. 总经销商要具备经营和市场开拓能力,具有较强的批发零售能力。这涉及到经销商是否具备一定的业务联系能力,分销通路是否顺畅,人员素质高低及促销能力的强弱。企业选择总经销商,就是要利用其开拓市场、扩散产品的能力。总经销商的市场营销能力直接决定着产品在该地市场能够在多大范围和程度上实现其价值,进而影响到企业的生产规模和生产速度。同时,总经销商作为企业产品分流中的一个重要环节,不仅要能够实现一部分终端销售,掌握第一手的市场消费资料,更重要的是要具有经销产品的辐射力,批发能力,拓宽产品流通的能力。

3. 总经销商要具备一定的实力。实力是销售网点正常运营,实现企业营销模式的保证,但是要求实力并不是一味地求强求大。九阳公司在如何评价经销商实力上,采用一种辩证的标准,即只要符合九阳公司的需要,能够保证公司产品的正常经营即可,并不要求资金最多。

4. 总经销商现有经营范围与公司一致,有较好的经营场所。由于经销商直接面对顾客,经销商的形象往往代表着企业的形象和产品的形象,对顾客心理产生影响,所以对经销商的经营场所亦不能忽视。九阳公司要求总经销商设立九阳产品专卖店,由九阳公司统一制作店头标志,对维护公司及经销商的形象产生了积极的作用。

九阳公司与其经销商的关系,不是简单的立足于产品买卖的关系,而是一种伙伴关系,谋求的是共创市场、共同发展。因而公司在制定营销策略时,注意保证经销商的利益,注重的是利益均衡,不让经销商承担损失。如公司规定总经销商从公司进货,必须以现款结算,一方面保证公司的生产经营正常进行,另一方面可促使总经销商全力推动产品销售。那么,如何化解经销商的经营风险?一是公司的当地业务经理可以协助总经销商合理确定进货的品种和数量及协助到货的销售,二是公司能够做到为经销商调换产品品种,直至合同终止时原价收回经销商的全部存货,通过这些措施解除经销商的疑虑。公司这种追求双赢的方针，切实履行的保障措施，配合优良的产品和完善的服务，大大提高了合作成功的可能性，使销售网点迅速铺开。

资料来源：九阳营销模式-MBA智库文档（mbalib.com）

2.2.3.3 确定渠道成员的条件和责任

制造商必须确定渠道成员的条件和责任。而这些渠道成员应具备的条件和需要承担的责任主要受价格政策、销售条件、地区权利及每一方所应提供的具体服务等一系列的要素影响。

2.2.4 评估渠道方案

每一渠道备选方案都是产品送达最后顾客的可能路线。生产者所要解决的问题，就是从那些似乎很合理但又相互排斥的备选方案中，选择最能满足企业长期目标的一种。因此，生产者必须对各种可能的渠道备选方案进行评估。其评估标准有三个，即经济性、控制性和适应性。

（1）经济性标准。三项标准中，经济性标准最为重要。因为企业是追求利润的，而不是追求渠道的控制性与适应性。这可用许多企业经常遇到的一个决策问题来说明，即应使用自己的推销力量，还是使用销售代理商。假设某企业希望其产品在某一地区取得大批零售商支持，现有两种方案可供选择：一是向该地区营业处派出10名销售人员，除了付给基本工资，还根据推销业绩付给佣金；而利用该地区的销售代理商，该代理商已和零售商建立密切联系，并可派出30名推销员，推销员的报酬按佣金制支付。两种方案可能导致不同的销售收入和成本。判断一个方案好坏的标准，不应只是能否导致较高销售和较低成本费用，而是能否取得最大利润。

图11-2-3是采用公司自建推销队伍与采用经销商两个渠道方案的销售与成本分析的示意图，两条线相交点表示在某一销售水平时两种渠道的成本相等。当销售量小于该点时，利用经销商较为有利；而当销售量大于该点时，利用公司自建销售队伍的方案较为有利。

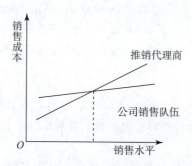

图11-2-3 两种不同渠道方案的销售与成本分析

（2）控制性标准。使用代理商，无疑会带来控制的问题。代理商是一个独立的企业，其所关心的是自己如何取得最大利润。可能不愿与相邻地区同一委托人的代理商合作；可能只注重那些与其推销产品有关的顾客，忽略对委托人很重要的顾客；代理商的推销员可能无心了解与委托人产品相关的技术细节，也很难正确认真对待委托人的促销资料。

（3）适应性标准。评估各渠道备选方案时，还要考虑自身是否具有适应环境变化的能力。每个渠道方案都会有规定期限，某一制造商利用销售代理商推销产品时，可能要签订5年合同。在这段时间内，即使采用其他销售方式会更有效，制造商也不得任意取消销售代理商。所以，一个涉及长期承诺的渠道方案，只有在经济性和控制性方面都很优越的条件才可予以考虑。

> **案例11-2-2**

格力渠道管理

格力电器的渠道呈现多样化发展的态势，截至2018年年底，公司在全国拥有26家区域性销售公司，4万多家网点，与阿里、京东、苏宁和国美等电商及KA均保持良好合作伙伴关系。目前公司销售主要依赖于专卖店模式，专卖店销量占总销量的80%左右。格力线下专卖店分为销售公司直营专卖店、代理商直营专卖店及经销商专卖店三种。公司销售由区域性销售公司负责，区域性销售公司负责区域内代理商及经销商的对接与管理，从销售层级来看，经销商门店层级最长，需要经过"格力电器—区域性销售公司—代理商—经销商"多个层级，而电商渠道相对较短，只需经过"格力电器—电商"或者"格力电器—区域性销售公司—电商"，层级明显缩减。

返利政策是格力渠道布局的重要举措。1995年格力自创"淡季返利"的销售政策，鼓励客户在淡季投入资金，依据经销商淡季投入资金数量，给予相应价格优惠或补偿等，既解决了公司淡季生产资金短缺问题，又缓解了旺季供货压力。淡季返利在一定程度上能够平滑公司生产和销售的季节性波动，根据产业在线数据显示，2008—2018年期间格力家用空调每月产销的波动性明显小于美的。产销季节性的平滑有利于公司充分利用生产资源，提高公司整体的产能利用率。

公司而后推出销售返利政策。销售返利指经销商一定期内累计购买货物达到一定数量，或者由于市场价格下降等原因，公司给予经销商相应的价格优惠或补偿等。董明珠在《棋行天下》一书中提及"1996年凉夏之年结束时，为弥补经销商的损失，返利1亿元，不付现金，按每位经销商销售额的多少，分别打入下一个年度"。销售返利以返还部分利益的方式拉动经销商销售积极性，在一定程度上能够助力公司营收增长。

问：格力所采取的渠道政策与成员激励措施正确吗？你认为可以从哪些方面加以改进？

（资料来源：https://xueqiu.com/2442105821/131953024）

2.2.5 选择渠道成员

选择中间商首先要确定其能力的标准。对于不同类型的中间商以及它们与企业的关系，应确定不同的评价标准。这些标准包括四个基本方面：

（1）销售能力。

要了解该中间商是否有训练有素的销售队伍，其市场渗透力有多强，销售地区有多大，曾经营过哪些其他产品，能为顾客提供哪些服务，等等。

（2）支付能力。

为确保销售商的财务实力，要了解该中间商是否有足够的支付能力。

（3）经营管理能力。

要了解包括中间商的管理人员是否有足够的才干、知识水平和业务经验等。

（4）信誉。

要了解包括中间商在社会上是否得到信任和尊敬，是否愿意和生产厂商真诚合作，等等。

要了解中间商的上述情况，企业必须收集大量的有关信息。如果有必要的话，企业还可以派人对被选中的中间商进行直接调查。

扫一扫
拓展学习11-2-1
渠道成员选择
的原则

任务三 渠道管理

分销渠道管理决策主要包括：选择和激励渠道成员、评估其绩效以及调解渠道冲突。

> **案例 11-3-1**
>
> ### 好的代理商给公司带来运气
>
> 斯地勒公司是美国一家办公设备的生产商，其虽然拥有优质的产品、有竞争力的价格以及有效的促销手段，但是最终还是通过使用了一家优秀的代理商，为顾客提供了满意的服务，从而取得了较好的成果。
>
> 事情发生在一个星期二的晚上，斯地勒公司在纽约地区的代理商麦克正与家人共进晚餐时接到纽约一家大银行的设备经理打来的电话。这位设备经理在电话里冲着麦克大叫大嚷，暴跳如雷。原来这家银行通过麦克向斯地勒公司订购了一批价值50万元的米色开放式办公室用隔板系统，可是刚收到的第一批500张隔板却全是深橘红色的！当时，墙壁已经粉刷好了，门已经漆好，地毯也已铺好，就等银行董事长前来视察安装情况了。
>
> 时间只有一个星期。
>
> 麦克接到电话后，本可以推卸责任的，因为颜色出问题并不是他的过错，他只是代理。但麦克没有这样做，他在电话里向设备经理真心诚意地道歉并保证马上纠正错误，在董事长视察之前安装好500块米色隔板。
>
> 麦克积极想办法协助公司解决问题：①尚未交货的部分隔板立即改成生产米色的；②已运到银行的500张深橘红色隔板暂不退货，但必须尽快运来1800码米色纤维布。
>
> 待米色纤维布运到后，麦克组织人力，在500块隔板上刮掉了深红色纤维布，全部套上了米色纤维面并安装好，银行对此十分满意。
>
> 显而易见，正是纽约这位代理商第一流的经营素质为斯地勒公司挽回了名誉，斯地勒公司才能在竞争中占一席之地。
>
> (资料来源：http://wenku.baidu.com/view/ad2510bf1a37f111f1855b4a.html)

对于顾客而言，营销渠道成员代表着制造商，因此对企业来说选择营销渠道成员十分重要。

3.1 选择渠道成员

营销渠道成员选择包括零售商、批发商。

3.1.1 零售商

零售商，是指将商品直接销售给最终消费者的中间商，其基本任务是直接为最终消费者服务，它的职能包括购、销、调、存、加工、拆零、分包、传递信息、提供销售服务等，在地点、时间与服务方面，方便消费者购买。零售商是联系生产企业、批发商与消费者的桥梁，在分销渠道中具有重要作用。

📧 阅读资料 11-3-1

零售业及其分类

零售业是由许许多多零售商构成的行业，是流通产业的基础。它是由多业种、多业态、多种经济形式构成的，担负着促进生产、繁荣市场、满足消费者多方面生活需要的繁重任务，直接关系到商品价值和使用价值的实现。

按零售店铺的结构特点，根据其经营方式、商品结构、服务功能，以及选址、商圈、规模、店堂设施、目标顾客和有无固定营业场等标准，国家质量监督检验检疫总局（今为国家市场监督管理总局）、国家标准化管理委员会在 2010 年颁布了新的零售业态分类标准，即将零售业从总体上分为有店铺零售业态和无店铺零售业态两大类，具体包含了食杂店、便利店、折扣店、超市、大型超市、仓储会员店、百货店、专业店、专卖店、家居建材商店、购物中心、厂家直销中心、电视购物、邮购、网上商店、自动售货亭、直销、电话购物等 16 种零售业态。

有店铺零售是有固定的进行商品陈列和销售所需要的场所和空间，并且消费者的购买行为主要在这一场所内完成的零售业态。无店铺零售即不通过店铺销售，由厂家或商家直接将商品递送给消费者的零售业态。

（资料来源：国家统计局网站）

3.1.2 批发商

批发包括将商品销售给那些为了转卖或再生产而购买的顾客所发生的一切活动。批发商就是那些主要从事批发活动的企业，主要有以下三种类型：

（1）商人批发商。

商人批发商是指自己进货，取得产品所有权后再批发出售的商业企业，也就是人们通常所说的独立批发商。这是批发商的主要类型。

（2）经纪人和代理商。

经纪人和代理商是专门从事购买、销售或两者兼备，但不取得产品所有权的企业或个人。

经纪人的主要作用是为买卖双方牵线搭桥、协助谈判，买卖达成后向雇佣方收取费用。他们并不持有存货，也不参与融资或承担风险。

代理商主要有制造商代表、销售代理商、采购代理商以及佣金商等类型。

制造商代表。他们代表两个或若干个互补产品线的制造商，分别和每个制造商签订有关定价政策、销售区域、订单处理程序、送货服务和各种保证及佣金比例等的正式合同。他们了解每个制造商的产品线，并利用其广泛关系来销售制造商的产品。

销售代理商。在签订合同的基础上，为委托人销售某些特定产品或全部产品，对价格、条款及其他交易条件可全权处理。

采购代理商。一般与顾客有长期关系，代理采购，往往负责为其收货、验货、储运并将物品运交买主。他们消息灵通，可向客户提供市场信息，而且能以最低价格买到物品。

佣金商。又称佣金行，是对产品实体具有控制力并参与销售协商的代理商。大多数从事农产品代销业务，农场主将其农产品委托佣金商代销，付给佣金。委托人和佣金商的业务，一般只包括一个收获和销售季节。

（3）制造商及零售商的分店和销售办事处。

批发的第三种形式，是买方或卖方自行经营批发业务，不通过独立的批发商。这种批发业务分为两种类型：销售分店和销售办事处，即生产者设计销售分店和办事处，以改进其存货控制、销售和促销业务。有些销售分店有自己的存货，此类大多经营木材和自动设备零件等，有些不持有存货，这在织物制品和针线杂货业最突出。采购办事处，即许多零售商在大城市设立采购办事处，办事处的作用与经纪人或代理商相似，但却是买方的一个组成部分。

> **阅读资料 11-3-2**
>
> ## 小米线下布局
>
> 2016 年，小米开始在线下布局，建设"小米之家"。小米的目标是力争 5 年内开 1 000 家门店，营收达到 700 亿元。同时，小米进入三、四、五线城市，采用粉丝化的模式开设小米小店，店主基本上是小米忠实粉丝，从小米获得商品，进行零售。小米小店分布达到中国 2 630 个区县和 18 049 个乡镇。
>
> 小米线下布局基本分为这样几种类型：小米之家，自建自营，线下直营，一二线城市，进驻大型商城，旗舰店（1 000～2 000 平方米），一般店（250～300 平方米），集形象展示，产品体验咨询和销售功能于一体。小米专卖店，他建自营，三四线城市，150～200 平方米，小米与各地优秀服务商、零售商合作，小米直供产品、直接管理运营。小米体验店，他建他营，小米指导，类似代理商模式，四线城市以下主推，在产品 SKU 选取上因地制宜，对城市中心店和郊区店做出了区隔。小米直供点，当作 C 端客户，店主在线申请即可获得销售资质，直接从小米小规模订货，店主可通过微信、电商、抖音等方式推广。
>
> （资料来源：https://mp.weixin.qq.com/）

中间商的选择直接关系到市场营销的效果，因而企业在选择中间商时，应评估其从业年限、所经营的产品线、成长情况和经营业绩、合作态度、协作性和声誉等，应该回避缺乏良好声誉的中间商。

3.1.3 选择渠道成员标准

在选择渠道成员上，要建立一套选择标准，企业可在此参考标准的基础上，制定出与公司分销目标相一致的更细致实用的标准。

（1）市场覆盖范围。中间商的经营范围和销售活动涉及的地区应与公司分销目标相一致。

（2）产品政策。考察中间商的产品线、经销的产品组合有无竞争品牌的产品。一般应避免选用经销竞争品牌产品的代理商和批发商。

（3）地理区位优势。应选择处在理想区位即顾客流量较大的地点的零售商。应考虑批发商所处位置是否有利于产品的批量储存与运输，通常以处于交通枢纽为宜。

（4）产品知识。许多中间商被大公司选中，往往是因为他们在销售产品方面有专门的经验。选择有经验的中间商有利于很快打开销路。

（5）预期合作程度。中间商与制造商双方应很好地合作，对双方都有益处。有些中间商希望厂商参与促销，扩大市场需求，因为这样会带来高利润。

（6）财务及管理状况。中间商能否按时结算，包括在必要时预付货款，这取决于其财力的大小。整个企业销售管理是否规范、高效，关系着中间商营销的成败。

（7）促销政策和技术。采用何种方式推销商品及运用选定促销手段的能力，要考虑中间商是否愿意承担一定的促销费用，是否具备必要的物质、技术基础和相应的人才。

（8）综合服务能力。有些产品需要中间商提供售后服务，有些在销售中要提供技术指导或财务支持（如赊购或分期付款），有些还需要专门的运输存储服务。

(9) 中间商的信誉。目前，我国市场经济不十分健全，相关法律法规不完善，中间商的信誉显得尤为重要。这不仅直接影响回款，还关系到市场的网络建设。

3.2 激励渠道销售成员

渠道成员的激励是指厂商为使渠道成员执行销售策略而采取的策略。激励中间商的方式有两类，即直接激励与间接激励。

3.2.1 直接激励

直接激励是通过给予物质或金钱奖励，如返利政策、价格折扣、促销活动等，促使经销商做出更好的销售业绩（见图11-3-1）。

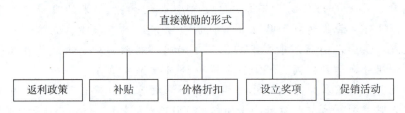

图11-3-1 直接激励的形式

3.2.2 间接激励

间接激励是指通过帮助中间商进行销售管理，从而提高销售的效果和效率。如帮助分销商做好零售终端的管理、铺货和商品陈列等，帮助管理其客户网、建立客户档案等。上述激励措施都具有一定的短期性，从长远看制造商和中间商应该结成合作伙伴，形成风险共担、利益共享的共同体。

> 案例11-3-2
>
> **百事可乐公司的返利政策**
>
> 百事可乐公司对返利政策的规定细分为五个部分：年扣、季度奖励、年度奖励、专卖奖励和下年度支持奖励，除年扣为"明返"外（在合同上明确规定为1%），其余四项奖励为"暗返"，事前无约定的执行标准，事后才告知经销商。
>
> （1）季度奖励：既是对经销商前三个月销售情况的肯定，也是对经销商后三个月销售活动的支持，这样就促使厂家和经销商在每个季度合作完后，对前三个月合作的情况进行反省和总结，相互沟通，共同研究市场情况。且百事可乐公司在每季度末派销售主管对经销商业务代表进行培训指导，帮助落实下一季度销售量及实施办法，增强相互之间的信任，兑现相互之间的承诺。季度奖励在每一季度结束后的两个月内，按一定比例进货以产品形式给予。
>
> （2）年扣和年度奖励：是对经销商当年完成销售情况的肯定和奖励。年扣和年度奖励在次年的一季度内，按进货数的一定比例以产品形式给予。
>
> （3）专卖奖励：是经销商在合同期内，在碳酸饮料中专卖百事可乐系列产品，在合同结束后，厂方根据经销商销量、市场占有情况以及与厂家合作情况给予的奖励。在合同执行过程中，厂家将检查经销商是否执行专卖约定。专卖约定由经销商自愿确定，并以文字形式填写在合同文本上。
>
> （4）年度支持奖励：是对当年完成销量目标，继续和百事可乐公司合作，且已续签销售合同的经销商的次年销售活动的支持，此奖励在经销商完成次年第一季度销量的前提下，第二季度的第一个月以产品形式给予。

因为以上奖励政策事前的"杀价"空间太小，经销商如果低价抛售造成的损失和风险，厂家是不会考虑的，且百事可乐公司在合同文本上还规定每季度对经销商进行如下项目的考评：

（1）考评期经销商实际销售量；
（2）经销商销售区域的市场占有率情况；
（3）经销商是否维护百事产品销售市场及销售价格的稳定；
（4）经销商是否在碳酸饮料中专卖百事可乐系列产品；
（5）经销商是否执行厂家的销售政策及策略；
（6）季度奖励发放之前，经销商必须落实下一季度销售量及实施办法。

为防止销售部门弄虚作假，公司规定考评由市场部、计划部抽调人员组成联合小组不定期进行检查，确保评分结果的准确性、真实性，做到真正奖励与厂家共同维护、拓展市场的经销商。

（资料来源：http://baike.1688.com/doc/view-d1503556.html）

点评：返利运用技巧总结：
（1）多用于过程返利，少用于销量返利，明返暗返相结合；
（2）根据产品阶段调整返利侧重点；
（3）返利不仅是一种奖励手段，而且应成为一种管理工具。它不仅要起到激励经销商的作用，又要起到管理和控制经销商的作用。

3.3 评估渠道成员的效益

企业应定期按一定标准评估中间商的业绩，如销售定额的完成情况、平均存货水平、向顾客交货时间、对损坏和遗失商品的处理、与公司促销和培训的合作情况。如果渠道成员的绩效低于既定标准，应找出原因并考虑采取措施改善（如图11-3-2所示）。

图11-3-2　渠道绩效评估流程

衡量中间商的绩效主要有以下两种办法。

（1）将中间商的销售绩效与上期比较，并以渠道全体成员的升降百分比作为评价标准。同时将每一中间商的本期销售绩效与整个群体的平均销售绩效进行比较。

（2）将中间商的绩效与该地区基于销售潜量分析而设立的销售配额相比较，然后将各个中间商按先后名次进行排列。

中间商的销售绩效低于群体平均水平或未达到既定比率的可能原因有：当地经济衰退、某些顾客不可避免地流失、主力推销员的跳槽等。因此，制造商应根据具体情况采取有针对性措施来改善。图11-3-3为经济效益评估图。

3.4 渠道冲突与合作

在分销渠道中总会发生某些形式或某种程度的冲突。冲突可能发生在同一营销渠道不同成员之间，或者发生在不同制造商的分销渠道中间。这里主要讨论发生在同一渠道不同成员之间的渠道冲突。这种渠道冲突是指不同的成员之间因目标或利益上的争执、碰撞或利益侵犯而导致行为上的不协调的状况。

扫一扫
名词解说11-3-1：
窜货及其危害

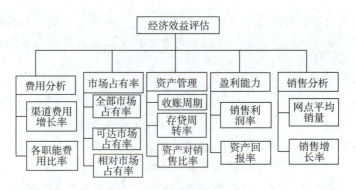

图 11－3－3　经济效益评估

渠道冲突在分销渠道中是十分常见的现象。虽然多数冲突并不会导致诉讼，但可能会很激烈。一般来说，渠道冲突具有显著的负面影响，会影响顾客的购买、品牌形象和销售业绩，分散了制造商的注意力、精力和资源。所以，营销者应该正视渠道冲突。从另一角度来看，发生适度的渠道冲突未必完全是一件坏事。因为如果没有冲突，渠道成员就会故步自封、不求创新。营销者必须区分渠道冲突的类型，分析导致冲突的原因，寻找解决冲突的对策。

> **阅读资料 11－3－3**
>
> ## 渠道权力的两面性
>
> 惠普在利用延迟化原则来达到较低成本的大规模定制过程中，就非常好地运用了渠道权力。惠普曾经在工厂里制造出完整的打印机并运到分销商处进行销售，但消费者需要许多个性化的打印机，产销不对路，于是导致了大量的库存。
>
> 对此，惠普把打印机设计成标准化的相互独立的模块，这些模块可以容易地组装起来以形成核心产品的许多变形。同时，惠普运用渠道权力把外围部件的制造和装配工作从工厂推向渠道。
>
> 虽然惠普这样做产生了冲突，但其结果却是更低的存货和更少的缺货。终端消费者由于有了更多的选择，甚至更低的价格而受益；下游渠道成员则由于更好地满足了消费者的个性化需求并且保持了较低的库存而获益；惠普由于拓展了市场，取得了更大的市场份额，同时还提高了品牌价值。而且惠普并没有试图去占有下游渠道成员创造的财富，而保持了公平的竞争，因此被渠道的其他成员所理解和接受。
>
> 在面对渠道变革的时候，总是有一些渠道成员因为不能预计到其良好的效果，而进行抵触。惠普打印机的其他渠道成员开始时也没有意识到采取延迟制造策略会使渠道运营如此有效。在那时延迟策略和大规模定制只是一种先进的思想、理念，应用较少，在很难统一渠道成员认识的前提下，惠普不得不运用渠道权力。可见，渠道权力的正确运用，对有效管理和控制渠道的总体运作，提高效率，实现渠道目标有重要意义。
>
> （资料来源：http://www.doc88.com/p－5088788391001.html）

3.4.1　渠道冲突的类型

一般而言，分销渠道中有三种类型的渠道冲突。

（1）垂直渠道冲突，是指同一分销渠道中不同层次的渠道成员之间的冲突。1998年年初，长虹公司和济南七家商场的冲突即属于这种类型。分销渠道中前端的成员和后端的成员的冲突是比较常见的。批发商可能会抱怨制造商留给自己的利润空间太小，而销售支持（如广告、推销等）又太少；厂商也会抱怨零售商或批发商开发市场不力，有太多的积压货品，为最终消费者提供的售后服务太差；等等。

（2）横向渠道冲突，是指分销渠道中同一层次的渠道成员之间发生冲突。如同一城市有多家批发商，或同一大型批发市场中有多家批发商或零售商，他们为争夺下游客户或最终顾客而发生冲突。如国美电器与百货大楼、大型超市在家电产品销售中就存在潜在的冲突。百货商场会抱怨国美的家电售价太低，使得他们无法吸引顾客。

（3）多渠道冲突，是指当厂商在同一地域使用两种及以上分销渠道时发生的冲突。这种冲突主要表现为新兴渠道对传统渠道的冲击。如在一些市场上，厂商可能会越过原有的独家代理商，向大型连锁零售商直接供货，从而引发原渠道成员的强烈不满；或由于某些渠道成员不执行价格政策而擅自降价，争夺其他分销商的顾客等。

3.4.2 渠道冲突的原因

导致渠道冲突的原因很多，因为渠道成员都是各自独立的公司或个人，有着自己的目标和利益追求，当他们的目标和利益发生矛盾时，就会导致渠道冲突。

（1）目标和利益不一致是导致冲突的根源。当供应商希望索取高价并要求现金交易时，分销商则极力压低进价并要求赊销；制造商想要通过低价渗透市场并取得销售增长，而分销商则想通过高毛利而获取最大化地短期收益；制造商希望通过密集分销提高市场覆盖率，最大化地占有市场，而大多数零售商则希望守着一隅市场获得长期的满意利润；制造商希望中间商只经销自己品牌的产品，但中间商却追求宽深的产品组合，以此来为自己带来销售额的增长；制造商希望给最终消费者的优惠却被中间商截留；制造商希望中间商帮助做促销，而中间商则希望制造商提供更多的广告或销售促进支持；制造商和分销商都希望自己的库存少一些，而让对方多保持一些库存等。

（2）不明确的任务与权利也会导致冲突的发生。如联想公司可能会通过自己的销售队伍向大客户供货，但联想的授权经销商也努力争取大客户的购买。由于增加了新的渠道，新老渠道也会产生冲突。

（3）中间商对制造商一定程度的依赖，如汽车的独家经销因受制造商严格的产品和定价策略的影响，而缺乏活动的空间，也会导致产生冲突。

3.4.3 渠道冲突管理

某些渠道冲突会起到一种良好的作用，它会迫使厂商不断积极地考虑如何适应变化的环境。管理冲突的目标不在于杜绝冲突，而是在于更好地管理它。其主要任务是预防渠道冲突的发生和及时有效地解决现实的冲突，以提高渠道的整体运转效果。图 11-3-4 为渠道冲突管理程序示意图。

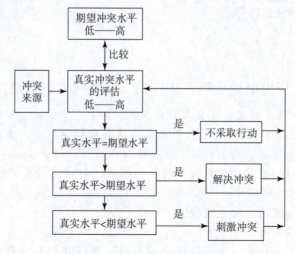

图 11-3-4　渠道冲突管理程序

管理冲突的方法如下：

（1）设立超级目标。当企业面临对手竞争时，树立超级目标是使渠道成员团结起来的有效方法。超级目标是指渠道成员通过共同的努力，以达到单个成员无力实现的目标，包括生存、市场份额、高品质和顾客满意。超级目标不是单个成员所能承担的，只有通过成员的协同合作才能实现。当面临外部威胁时，树立超级目标会有助于解决冲突。

（2）互换人员。在垂直冲突中，交换冲突双方的人员到对方的公司去任职，如让制造商的销售主管去经销商那里工作一段时间，同时也让经销商的经理到制造商的有关部门去任职。通过换位思考，有望解决垂直冲突。

（3）参加制造商的有关会议。邀请渠道成员参加制造商的有关高层会议，促进相互间的信息交流，达到相互尊重和理解，有助于减少冲突。如奔驰公司的营销委员会有七个经销商成员，他们经常就奔驰公司新车型提出意见，并为公司的营销战略出谋划策。

（4）协商谈判。当冲突发生时，通过谈判来解决冲突是一种最常用的方法。在谈判中，成员之间可以通过协调磋商，有效地避免冲突发生。但谈判是否成功有效主要取决于沟通能力。

视频11-3-1
国美和永乐
合并案

（5）调解。第三方调解人可以通过劝说，使争执的双方继续谈判，或考虑接受调解建议而化解冲突。有效的调解可以澄清事实，保持双方的接触，寻求达成共识的可能的基础，促使双方同意某些建议。

（6）退出。解决冲突最后的办法就是退出该渠道。从现有渠道中退出即意味着中断与某个或某些渠道成员的合同关系。事实上，退出是解决冲突最普遍的方法。当水平冲突或垂直冲突不可调解时，只有选择退出。

总之，渠道冲突管理的最终目标是希望通过渠道合作，有效地了解目标市场，为其服务，最终达到提高利润、多方共赢的目的。

重点词语

分销渠道　　分销渠道长度　　分销渠道宽度　　独家分销　　选择性分销
密集型分销　　零售商　　批发商　　间接激励　　垂直渠道冲突

课后思考

1. 分销渠道的含义及结构类型是什么？
2. 影响分销渠道选择的主要因素有哪些？
3. 简述分销渠道的设计流程。
4. 选择渠道成员的标准有哪些？
5. 如何对渠道冲突进行管理？

实践与技能

资料：

华为渠道战略：从直销、分销到生态营销

2019年6月10日，外交部发言人耿爽在例行记者会上披露，华为公司已经在全球30个国家获得了46份5G商用合同，越来越多的国家和公司，根据自身利益和长期与华为合作的经验，做出独立自主的决断。公道自在人心，得道多助，这是华为30多年持续技术创新的自信，更是从直销模式的纵向深耕，到分销模式的横向扩展，最终到"生态营销"战略的苦难辉煌。

直销模式：纵向深耕，建立根据地

起兵农村，围攻城市

华为创立之初，国内通信市场被"七国八制"所垄断：美国的朗讯、加拿大的北

电、德国的西门子、瑞典的爱立信、比利时的BTM、法国的阿尔卡特、日本的NEC和富士通，跨国巨头占据了90%以上的市场。任正非看到，在跨国巨头把持的国内通信市场，县级和乡镇级市场是其空白，这里线路条件差，利润微薄，跨国巨头忽视或没有精力开拓，而这恰恰是华为生存的空间和机会。生存才是一切的开始，到农村去建立根据地，培育和深耕低端渠道，华为采取"农村包围城市"的渠道模式。

华为通过直销方式，采取了人海战术，划分区域，密集拜访与培育客户，将关系营销策略、服务营销策略发挥到极致，帮助乡镇与县域客户解决通信运营与技术上的各类难题，持续积累了宝贵的渠道与产品经验，为之后的"进城"建立了自信，积累了资金，也打下了综合性的基础。

小国练兵，大国征战

早在1995年任总就意识到要实现持续的增长战略必须走出去，去拓展国际市场。但一眼望去，国际的中高端市场已被通信巨头抢占殆尽，留给华为的只有处于市场中低端的非洲、亚太、拉美等发展中国家。任总的直觉是：先走出去，做"亚非拉"。

"没有背景，只有背影"，国外渠道的拓展必须进行整体规划，并在借鉴国内经验的基础上进行策略创新，这就是借助国家的品牌做"背景"，走出去，引进来。"走出去"就是华为高管随国家领导人出访，考察国外渠道，深入调研，搜集资料，掌握目标国家的技术标准、入网测试程序、市场准入的资格条件、运营商背景、采购方式等信息，回国后组织专家研究，确定进入整体布局与策略。"引进来"就是把外国运营商请到中国，参观上海、北京与华为总部，直觉感受中国的变化与崛起，增强客户的信心。

2005年，华为海外合同额占比58%，首次超过了国内合同额。英国电信宣布华为入选其21世纪网络供应商名单，是入选的独家中国厂商，这标志着华为在拓展海外高端渠道的进程是稳健的，也是卓有成效的。

根深叶茂，厚积薄发

在华为成长的中前期，渠道战略以直销模式为主，在这一模式的实践中，华为完成了两次战略的跨越，一次是从国内低端向高端渠道，一次是从国际低端向高端，实现两次跨越的关键策略正是"根深叶茂"与"厚积薄发"。前者体现了华为在空间布局上的智慧，而后者体现了其在时间拿捏上的得当。

华为在国内农村市场的"深耕"，在国外亚非拉市场的"精耕"，都是为了保障生存、打好基础、积累经验、培育客户，积攒口碑与树立品牌，中低端渠道的"深耕与精耕"是一种量的积累，成为进军高端市场的动力源泉，华为在中低端渠道的"根深"付出创造了在高端渠道的"叶茂"成果。华为面对国内农村与国外亚非拉市场，不畏艰苦，勇于开拓，兢兢业业，体现了华为战略的持久耐力，慢就是快，要在中低端渠道探索出成熟的业务模式，需要产研销与人财物的高效协同，需要团队历练与干部成长，需要价值观与文化的持续塑造，非短期之功。华为在农村与小国的"厚积"终于造就了其在城市与大国的"叶茂"硕果。

分销模式：横向扩展，培育同盟军

战略升级，偏中纠错

1998年10月，华为渠道拓展部成立，标志着华为渠道战略开始升级，从直销模式转向"直销+分销"模式，这一转型有着客观的必要性。

华为理性地认识到，通过部分利益的让渡可以建立其庞大的分销渠道，培育和发展合作伙伴，建立同盟军，共同发展，形成利益共同体，分销被确定为华为新战略，大力推进，计划用2—3年时间，建成规模化的分销体系，拉起华为渠道的第二条生命线。

华为的分销之路坎坷而曲折。从开始鼓励内部员工创业、转成代理商到后来收购港湾，华为快速地进行渠道调整，利用自身优势稳住了市场与客户，克服了一次巨大的渠道危机。痛苦的教训让华为认识到对分销体系必须保持自身的引导力、支配力与影响力。

构建联盟，和谐共赢

华为迅猛发展的国际化步伐，使全球最大的网络设备制造商思科公司感到了威胁。2003年1月，思科公司向美国一家地方法院起诉华为侵犯其知识产权，思科称这是该公司成立17年来首次主动起诉另一家公司，华为则称这是公司成立15年来首次被起诉，业内称为"IT第一案"。面对这场世纪诉讼，华为积极应对，不仅聘请了美国最著名的律师，关键是请到了最懂美国通信与思科公司的顶级权威，3Com前CEO以业界专家身份出庭为华为作证，化解了这一"世纪冲突"。当然这也得益于华为长期以来对美国市场的敬畏、研究与学习，得益于华为对行业前辈（企业）的尊重、真诚的交往与文化的融合。2004年7月，华为、思科和3Com向美国地方法院共同提出终止诉讼的申请，这场知识产权纠纷案以和解告终。

这场诉讼使华为认识到，孤军作战，必然四面受敌，而自身快速的发展也必然会冲击原有的利益结构。为战略性地化解矛盾、减少冲突，必须以更博大的胸怀、真诚的心态，培育同盟军，构建产业链联盟，与产业伙伴共赢，形成持久的利益共同体。

高端引领，整体演进

分销模式是华为战略的关键抉择，这一"挺进"充满着困苦与磨难，可谓九死一生，最终浴火重生，实属不易。"高端引领，整体演进"是这一战略的精髓，高端渠道是整体渠道的驱动器，高端技术又是高端渠道的发动机。华为只有不断挺进高端、奋斗高端，才能将非高端的大量利益让渡给渠道伙伴、产业链伙伴；华为只有敢于冲击部分技术尖端，才能将另外的尖端让渡给"友商"，与合作者长期共同分享整体渠道的利益、整条产业链的利益。

启示一：引领高端需要战略视野与定力，战略视野源于华为对产业趋势、行业进程与商业模式的把控，战略定力源于其对高端技术的执着的投入与前沿探索。

启示二：构建同盟需要战略胸怀与智慧，华为的胸怀就是保障经销商的利益，助力其成长与成功，智慧就是持续梳理与选择伙伴，最终聚焦于深度联姻战略性伙伴。

启示三："管控"联盟需要妥善处理渠道冲突，华为抓大放小，善于控制和协调联盟内的利益分配，对于知识产权，要增强对自身知识产权的保护，也要尊重对方的知识产权。

生态营销：共荣共长，营造大世界

全新时代，全新模式

华为30年的发展战略在渠道维度上演绎了三个阶段：前期是以直销模式为主，纵向深耕诠释了生存秘密；中期是分销模式为主，横向扩张揭示了成长密码；后期是生态营销的战略，纵横捭阖演绎了发展基因。华为开辟了一个全新的营销时代，这就是"生态营销"模式，这一全新的营销战略是基于移动互联网的时代呼唤，也是基于华为全球战略觉悟的高屋建瓴的抉择。回顾产业发展史，从福特的直销到通用与丰田的分销，这都属于工业时代的传承，互联网时代来临，华为开启了一个全新的"生态营销"的时代。

任正非强调，构建一个开放和谐的生态圈，让广大合作伙伴实现资源共享、能力互通，打造越来越多创新的、更具竞争力的行业解决方案，为客户创造价值。面对全连接的"台风"，华为明确自身的战略定位是全球领先的ICT（信息与通信）基础设施和智能终端提供商，致力于把数字数据带入每个人、家庭与组织，构建万物互联的智能世界，与供应商、合作伙伴、产业组织、开源社区、标准组织、大学、研究机构等构建共赢的生态圈。

生态融合，命运与共

全连接、大数据与高流量已成必然趋势，华为聚焦于主管道、高端技术开发，在引领合作伙伴共同成长的方式上将"情有独钟"与"洒向人间都是爱"有机结合。30多年来，华为和运营商一起建设了1500多张网络，帮助世界超过30亿的人口实现连接。在2019年华为中国生态伙伴大会上，华为宣布将"平台+生态"战略演进为"平台+AI+生态"，为合作伙伴提供"+AI"的支持。目前华为正孵化智慧园区，未来三年，智慧园区的核心伙伴达3000家。华为将与生态合作伙伴一起，推动智能时代的到来。

在企业业务领域，华为搭建和不断完善一个强有力的支撑平台，成立华为中国合作伙伴大学，致力于支持合作伙伴的运营和销售，帮助他们降低成本、提高效率、培养人才，有效结合华为和合作伙伴的各自优势，创新渠道服务模式。并依托华为商业分销授权服务中心，更好地服务分销客户。

在消费者服务领域，华为与国际著名品牌在手机、智能家居、智能车载、运动健康领域开展跨界合作。

在产学研领域，华为与产业界、学术界、产业标准组织等开展密切合作交流，推动一个公平竞争的产业健康发展生态圈的建立。

宏观格局，共创未来

当前国际形势风起云涌，华为面对险恶挑战的底气在哪里？底气恰恰源于华为近十年来实施的"生态营销"战略，核心就是以开放、合作、共赢的理念，与客户、伙伴共建健康良性的产业生态圈。

启示一：全新的时代，需要全新的理念，商业的本质是价值，但其表现形式往往是效率，任总与华为恰恰最早洞察到了这一伟大时代的来临，用互联网的高效率不断聚焦用户的高价值，将高理性与高感性融合为"生态营销"的战略布局，稳操未来大时代演进的方向舵。

启示二：绿水青山就是金山银山。建设生态就是创造未来，华为致力于生态圈中合作伙伴的能力培育，长期坚持让利于合作伙伴的渠道政策；同时，华为明白仅靠利益连接是脆弱的，必须提升合作伙伴们的能力，通过华为中国合作伙伴大学，持续给同盟赋能，促进共同成长，从而营造与壮大整个生态圈。

启示三：伙伴是华为的生存之本，时刻关注生态伙伴的满意度。华为对于新上任的区域总裁的KPI考核的第一项指标，就是在半年内，面对面听取100个以上合作伙伴的意见，多听少说，以充分了解渠道现状。每年对合作伙伴进行渠道满意度调查，其结果由华为公司常务董事会进行审阅和处理，以最大限度地保证合作伙伴的意见得到尊重和落实。

华为董事长梁华先生充满自信地说，不管外部环境如何变化以及存在何种困难，我们仍然会沿着公司的战略方向继续前行，与客户和合作伙伴一起构建共生共赢的产业新生态，为技术进步和人类文明做出更大贡献。一个没有华为的世界是不可想象的，华为让世界更美好！

（资料来源：https：//www.sohu.com/a/327446407_482466）

技能训练：
1. 华为在渠道维度上演绎了几个阶段？
2. 华为现在所采取的渠道策略正确吗？你从中得到的启示是什么？
3. 制作PPT，以小组为单位讲述华为公司的渠道战略。

项目拓展

一、看视频，思考问题

1. 视频：金瞳奖报奖－合生元 2017 渠道赋能模式案例

   思考：合生元如何突破行业瓶颈？

2. 视频：苏宁易购：打通商品全渠道　打造智慧零售新模式

   讨论：智慧零售是什么？苏宁如何做的？

3. 视频：互联网运营工作环节：渠道投放

   思考：如何巧用数据分析精细化运营互联网广告投放？

4. 视频：吴军：5G 时代，互联网和电信网络将第一次融合

   讨论：互联网和电信网络第一次融合，最大受益者是谁？

二、阅读资料，谈感想

资料："三只松鼠"营销渠道

项目资源

扫一扫●
项目十一
资源包

一、课件
二、图片资料
三、延伸阅读

1. "直播＋"营销模式可否成为有线网新渠道？
2. 九阳公司是如何选择经销商的？
3. 美的公司的渠道营销管理。
4. TCL 集团：构建深广兼容的分销渠道。
5. 戴尔直销。
6. 加多宝如何对渠道精耕细作？

四、案例集锦

1. 抖音推广有哪些渠道？
2. 宝洁公司渠道模式。
3. LG 电子公司的渠道策略。
4. 丝宝集团决胜终端。
5. 西安杨森的销售渠道。

线上学习

请登录：https：//www.bilibili.com/video/av925155250？fromvsogou＝1&bsource＝sogou（由央视主持人朱广权和淘宝直播顶级流量李佳琦联手，在央视新闻和淘宝直播连线开展湖北美食公益直播）

请登录：http：//my.tv.sohu.com/u/vw/30846299（如何永远赢得顾客）

请登录：http：//www.iqiyi.com/v_19rrhg9840.html（友商网冯颉解读"势法术三段"渠道管理法则）

请登录：https：//v.youku.com/v_show/id_XMzM3MDcyMTQ4.html（渠道品牌化下的经营突破 4）

线下学习

《重构——新商业模式》．周导主编，哈尔滨工业大学出版社，2019．

《渠道为王——销售渠道建设 3 部曲》．影响力商学院著，电子工业出版社，2012．

《渠道管理的第一本书》．［美］琳达·哥乔斯，爱德华·马里恩，查克·韦斯特著，机械工业出版社，2013．

《经销商激励》．梅明平著，电子工业出版社，2018．

项目十二 促销策略

项目概述：

通过本项目的学习，了解促销的含义和促销组合的方式及策略，你将会明白企业是如何通过人员推销、广告、公共关系和营销推广等各种促销手段，向消费者传递产品信息，引起他们的注意和兴趣，激发他们的购买欲望和购买行为，以达到扩大销售的目的。

学习目标：

［知识目标］
- 正确认识人员促销工作及其特点
- 正确认识广告、营业推广、公共关系等非人员促销种类、特点及其主要工具

［技能目标］
- 掌握人员推销和非人员促销的策略、工作程序及常用技巧
- 学会结合具体业务，综合利用人员促销和非人员促销策略制定企业的促销组合方案

［思政目标］
- 树立诚信经营、合法竞争的理念，了解《中华人民共和国广告法》等相关法律法规，恪守社会公德和商业道德
- 继承中华民族的优良传统，树立正确的义利观。培养企业家的家国情怀，恪守社会主义核心价值观，自觉营造和谐的营商环境

看资料，悟营销

由于不能适应美国的废气排放标准，20世纪60年代宝马小型汽车在美国仅仅销售了7年就撤离市场了。2002年3月，宝马决定在美国重新启动一个新计划，推出现代化的迷你库珀（Mini Cooper）车型，它定位于那些打算花2万美元以下，购买一辆够酷的、有趣的小型汽车的新潮城市消费者。宝马的销售商只用了2 000万美元在宣传上，他们决定开展一次极具特色的、不同于传统的广告宣传活动，使用一些布告板、海报打印广告和草地宣传板，而不做电视广告。迷你库珀被放在3辆福特SUV越野车之上，在全国汽车展览会和21个主要城市周边做巡回驾驶展示。这种汽车还在一些特殊的地方做广告，如一些体育场的座椅上和《花花公子》杂志的中间插页上。那些只有文字的广告牌上写着："SUV丢人现眼了"，"巨人被打败了"和"大、中、小都来了，当然还是小的好"。许多传播可以通过一个巧妙设计的提供必要产品信息的网站进行。这次富有想象力的活动带来了2002年春天长达6个月的等候购买迷你库珀的名单。

（资料来源：［美］扬米·穆恩．《哈佛最受欢迎的营销课》，王旭译．有改编）

分析：

正确的促销策略能给企业带来巨大的回报，促销在向消费者传递企业及其产品或服务、信息的同时，能使消费者对企业的产品产生兴趣，并建立起好感和信任，从而为其做出购买决策起到了关键性的作用。

扫一扫

视频12-1
都是返券惹的祸

任务一　促销组合

1.1　促销的含义与作用

1.1.1　促销的含义

促销即促进销售，是指企业利用各种促销方式向市场传递有关产品和服务的信息，以启发、推动和创造对企业产品的需求，并引起消费者购买欲望和购买行为的综合性活动。一般具有以下特点：

（1）促销的实质是买卖双方之间的信息沟通。

一方面，企业作为产品的供应者或卖方，面对广泛的消费者，需要把有关企业自身及所生产的产品、服务的信息传达给消费者，使他们充分了解企业及其产品或服务的性能、特征、价格等，借以进行判断和选择。另一方面，在促销过程中，作为买方的消费者，又把对企业及产品或服务的认识和需求反馈到卖方，促使卖方根据市场需求进行生产。可见促销的实质是卖方与买方的信息沟通，这种沟通不是单向式沟通，而是一种由卖方到买方和由买方到卖方的不断循环的双向式沟通。因此，促销也称为营销沟通。

（2）促销的目的在于促成消费者的购买行为。

企业运用各种媒体，通过信息沟通，引起消费者的注意和刺激消费者的购买欲望，进而采取购买行为，实现产品或服务的销售。

（3）促销要通过一定的方式进行。

促销方式主要有以下几种：人员推销、广告、营业推广、公共关系、赞助营销、售点以及网络站点促销和 E-mail 促销等。企业要让促销对象接受和理解所发出的信息，从而实现促销的目的，应针对不同促销对象和其需求特点、动机，选择适合的促销方式。

1.1.2　促销的作用

（1）传递信息。

在产品进入市场之前，企业必须把有关产品的信息传递给目标市场中的消费者（用户）和中间商，信息的传递与沟通是销售成功的前提条件。

（2）创造需求。

企业在促销活动中向消费者介绍自己的产品，不仅可以诱导需求，还可以创造需求。促销的重要作用就在于通过介绍新产品，展示符合潮流的消费模式，提供满足消费者生存和发展需要的承诺，从而唤起消费者潜在的购买欲望，创造新的消费需求。

（3）突出特点。

面对市场上琳琅满目的产品，消费者往往难以准确地辨别出或觉察到许多同类产品的细微差别，企业通过促销活动宣传自己产品的"与众不同"之处，使促销对象认识到本企业的产品可能给他们带来的效用和利益，从而乐于购买本企业的产品。

（4）稳定销售。

企业通过适当的促销活动，可以根据得到的市场信息反馈及时做出相应的对策，树立良好的产品形象和企业形象，使更多的消费者形成对本企业产品的偏爱，达到稳定销售，巩固企业市场地位的目的。

1.2　促销组合及促销策略

1.2.1　促销组合

由于各种促销方式都有其优、缺点，因而在促销过程中，企业常常多种促销方式并用。所谓促销组合，就是指企业根据产品的特点和营销目标，在综合分析各种影响因素的基础上，对各种促销方式的选择、编配和运用。

促销组合体现了现代市场营销理论的核心思想——整体营销。促销组合是一种系统化的整体策略，四种基本促销方式则构成了这一整体策略的四个子系统。每个子系统都包括了一些可变因素，即具体的促销手段或工具，某一因素的改变意味着组合关系的变化，也就意味着一个新的促销策略。

1.2.2 促销策略

促销策略，即各种促销方式和手段在不断变化的市场环境中的灵活运用和系统谋划。也就是说，企业如何通过人员推销、广告、公共关系和营业推广等各种促销手段，向消费者传递产品信息，引起他们的注意和兴趣，激发他们的购买欲望和购买行为，以达到扩大销售的目的。

一个好的促销策略，往往能起到多方面作用，如提供信息情况，及时引导采购；激发购买欲望，扩大产品需求；突出产品特点，建立产品形象；维持市场份额，巩固市场地位；等等。

根据促销手段的出发点与作用的不同，可分为以下几种促销策略。

（1）推式策略。

推式策略是指利用推销人员与中间商促销，将产品推入渠道的策略。其作用过程为，企业的推销员把产品或劳务推荐给批发商，再由批发商推荐给零售商，最后由零售商推荐给最终消费者（如图12-1-1所示）。这一策略需利用大量的推销人员推销产品，它适用于生产者和中间商对产品前景看法一致的产品。推式策略风险小、推销周期短、资金回收快，但其前提条件是须有中间商的共识和配合。

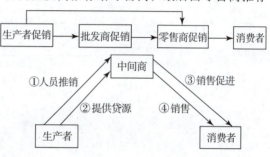

图 12-1-1　推式策略

推式策略常用的方式有：派出推销人员上门推销产品，提供各种售前、售中、售后服务等。该策略适用于以下几种情况：

①企业经营规模小，或无足够资金用以执行完善的广告计划。

②市场较集中，分销渠道短，销售队伍大。

③产品具有很高的单位价值，如特殊品、选购品等。

④产品的使用、维修、保养方法需要进行示范。

（2）拉式策略。

拉式策略是指企业针对最终消费者展开广告攻势，把产品信息介绍给目标市场的消费者，使人产生强烈的购买欲望，形成急切的市场需求，然后"拉引"中间商纷纷要求经销这种产品。其作用路线为，企业将消费者引向零售商，将零售商引向批发商，将批发商引向生产企业（如图12-1-2所示）。

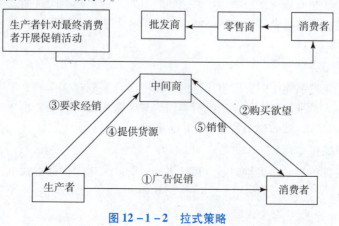

图 12-1-2　拉式策略

拉式策略常用的方式有：价格促销、广告、展览促销、代销、试销等。这种策略适用于：

①市场广大，产品多属便利品。
②商品信息必须以最快速度告知广大消费者。
③对产品的初始需求已呈现出有利的趋势，市场需求日渐上升。
④产品具有独特性能，与其他产品的区别显而易见。
⑤能引起消费者某种特殊情感的产品。
⑥有充分资金用于广告。

（3）推拉结合策略。

在通常情况下，企业也可以把上述两种策略配合起来运用，在向中间商进行大力促销的同时，通过广告刺激市场需求。在"推式"促销的同时进行"拉式"促销，用双向的促销努力把商品推向市场，这比单独地利用推式策略或拉式策略更为有效（如图12-1-3所示）。

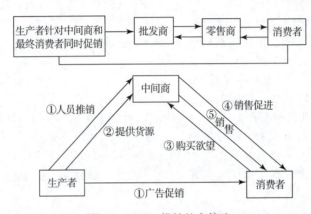

图12-1-3 推拉结合策略

大多数消费品企业，在销售其产品时，都采用"推拉"策略，或称混合策略，但由于企业处在不同的发展阶段，其经营目标不同，因而推力和拉力所占的比例不同。

1.3 促销策略的选择

由于不同的促销手段具有不同的特点，企业要想制定出最佳的促销组合策略，就必须对影响促销组合的各类因素进行综合考虑与分析。

1.3.1 促销目标

促销目标，即企业从事促销活动所要达到的目的。企业在不同时期或不同地区的经营目标不同，因此，促销组合和促销策略的制定要符合企业的促销目标，采用不同的促销组合与促销策略。

1.3.2 产品类型

一般来说，消费品促销时，因市场范围广而更多地采取拉式策略，主要依靠广告，然后是营业推广、人员推销和宣传；生产资料因购买者购买批量较大，市场相对集中，则以人员推销为主要形式，然后是销售促进、广告和宣传。

1.3.3 产品生命周期

处在不同时期的产品，促销的重点目标不同，所以采用的促销方式也有所区别（如表12-1-1所示）。

表 12-1-1　产品生命周期阶段与促销方式

生命周期阶段	促销目的	促销方法
导入期	使消费者认识商品；使中间商愿意经营该商品	对消费者开展广告介绍，对中间商用人员推销
成长期、成熟期	使消费者感兴趣；扩大市场占有率；使消费者产生"偏爱"	扩大广告宣传，搞好营业推广和公共关系
衰退期	保持市场占有率；保持老顾客和用户推陈出新	适当的销售促进，辅之广告、减价等活动

可以看出，自导入期至成熟期，促销活动十分重要，而在衰退期则可降低促销费用支出，缩小促销规模，以保证足够的利润收入。

1.3.4　市场状况

市场条件不同，促销组合与促销策略也有所不同。一般来说，市场范围小、潜在顾客较少以及产品专用程度较高的市场，应以人员推销为主；而对于无差异市场，因其用户分散、范围广，则应以广告宣传为主。

1.3.5　促销预算

企业开展促销活动，必然要支付一定的费用。但企业能够用于促销活动的费用是有限的，所以企业确定的促销预算额应该是企业有能力负担的，而且是能够适应竞争需要的。确定促销预算额时，除了考虑营业额的多少外，还应考虑其他影响促销的因素。

扫一扫
阅读资料12-1-2 迈腾促销策划书

扫一扫

延伸阅读12-1-1 迈腾情境化6+1方位绕车指导手册

任务二　人员推销

案例 12-2-1

10 岁卖花童的故事

某制药厂营销总监、市场部经理、区域经理到当地风味饮食"回民坊"吃晚饭。三人一边吃饭一边聊陕西市场的销售工作。包房外有人敲门，应声一张稚嫩的笑脸探进室内，"几位老板晚上好，能让我进来吗？"

"进来吧！"

一个身着洗得有些发白的牛仔服、满脸堆笑的小男孩站在距离餐台 1 米左右的地方冲着三人说："看几位先生满脸红光，一定是发大财了，买几枝鲜花吧?！"

"你看我们三个大男人买花送给谁呀？"经理不经意地说。

"送给帅哥呗！"小男孩冲着三人满脸堆笑地说。

"这小子，还挺会拍马屁。多大了？"微笑着对小男孩说。

"十岁了。听您的口音是东北人吧，东北人都有钱，看您还抽中华哪！"小男孩说。

"这小子，就挑好听的说，快走吧，我们不买！"市场部经理有些不耐烦了。

"不买不要紧，我送给您一枝，玫瑰花能带给您桃花运！"小男孩调皮地笑着，一边将一枝玫瑰花放在餐台上，一边拿起放在桌上的啤酒瓶挨个儿给斟满啤酒，然后闪到一边不动声色地看着大家。

"这怎么行，快给这个小家伙几元钱……"总监显然有些着急了。

市场部经理递给小家伙5元钱。小男孩熟练地接过钱,迅速地揣进上衣口袋,抬起头从容地说:"一枝10元钱"!并且迅速地走到市场部经理的背后用他细弱的小拳头为市场部经理捶背!

总监和市场部经理相对一笑,市场部经理拿出钱夹,不巧没有零钱!于是,市场部经理只好拿出10元钱并准备换回小男孩口袋里的5元钱。然而,出乎意料的是,小男孩接过后又迅速地揣入口袋,并面向市场部经理深鞠一躬道:"谢谢干爹!"

……

自然市场部经理没有办法,更不好意思索要回他那5元钱了!

三人已经笑得喷酒的喷酒,喷饭的喷饭!

小男孩满脸欢笑地向市场部经理做了一个飞吻的手势,口中念到"干爹,I Love You!",并倒退着走出了房门。

小男孩的营销策略及战术分析:

首先,小男孩把营销初级技巧(推销技巧)把握得非常到位:非常礼貌地敲门、问候,取得消费者对他的初步认可,然后开门见山地告知他的来意。一直在观察自己的目标人群的消费心态的变化。当他遭到第一次拒绝的时候,他并没有选择放弃,而是迅速转移话题,开始寻找消费者共同的弱点——喜欢奉承。

于是他开始夸奖东北人的"弱点"——"有钱,讲义气"。这样一来,目标消费者就会得到所谓的心理慰藉,将消费的防线逐渐放松。看到自己的策略和战术初见成效,小男孩针对目标人群的特点拿出"撒手锏"——免费赠送!

试想,三个比较"虚荣"的东北男人谁会去占10岁男孩这个弱势个体的便宜呢?!于是,5元钱就轻易地落进了"营销者"的囊中。乘胜追击,扩大战果。当知道他的服务购买方的精确目标——市场部经理时,他便迅速转移工作重点——为市场部经理捶背,紧接着进一步提升销量——"每枝花10元"!此时的市场部经理的消费心理防线已经彻底被小男孩的温柔一击所摧毁,服服帖帖、心甘情愿地再次为同一消费二次埋单!

出乎小男孩和市场部经理的预料,市场部经理没有零钱——只有10元单钞。小男孩依旧不慌不忙从容享有了这意外的收获!

(资料来源:依据http://www.niwota.com/submsg/524199/网络资料编写)

2.1 人员推销的概念及特点

2.1.1 人员推销的概念

人员推销是企业运用推销人员直接向顾客推销商品和劳务的一种推销活动。在人员推销活动中,推销人员、推销对象和推销品是三个最基本的要素,前两者是推销活动的双重主体,后者是推销活动的客体。通过推销人员与推销对象之间的接触、洽谈,让推销对象购买推销品,达成交易,实现既销售商品,又满足顾客需求的目的。

2.1.2 人员推销的特点

(1)亲切感强。

推销人员通过同顾客面对面交流,消除疑惑,加强沟通。同时,双方在交流过程中可能建立起信任和友谊关系,因更具人情味,所以成功率较高。

(2)说服力强。

推销人员通过现场示范,介绍商品功能,回答顾客问题,可以立即获知顾客的反应,并据此适时调整自己的推销策略和方法,容易使顾客信服。

（3）针对性强。

人员推销总是要带有一定的倾向性去访问顾客，目标明确，直达顾客，减少无效劳动。

（4）灵活机动。

直接与用户打交道，有利于了解各类顾客的欲望、需求、动机和行为，从而有针对性地采取必要的行动，灵活解决在推销中出现的问题，并对促销方式做出必要的调整。

（5）竞争性强。

推销人员之间易产生竞争，在一定物质利益机制驱动下，会促使这一工作做得更好。

2.1.3 人员推销相对于非人员推销方式的优缺点

人员推销与非人员推销相比，既有优点又有缺点，其优点表现在以下四个方面：

（1）信息传递的双向性。人员推销作为一种信息传递方式，具有双向性。一方面，推销人员通过向顾客介绍推销产品的有关信息，以此来达到招揽顾客、促进产品销售之目的。另一方面，推销人员通过与推销对象接触，能及时了解顾客对本企业产品或推销品的评价；通过观察和有意识的调查研究，能掌握推销品的市场生命周期及市场占有率等情况。

（2）推销目的的双重性。人员推销的首要目的是通过提供信息、技术、服务，激发推销对象的购买欲望；另一个目的是市场调研。推销人员与推销对象（顾客）直接接触可以了解顾客对本企业产品和推销品的评价等相关信息。

（3）推销过程的灵活性。由于推销人员与顾客直接联系、当面洽谈，可以通过交谈了解顾客进而根据不同顾客的特点和反应，有针对性地调整自己的工作方法，以适应顾客，诱导顾客购买；还可以及时发现、答复和解决顾客提出的问题，消除顾客的疑虑和不满意感。

（4）业务协作的长期性。推销人员与顾客直接见面、长期接触，可以促使买卖双方建立友谊，密切企业与顾客之间的关系，易于使顾客对企业产品产生偏爱。

人员推销的缺点主要表现在两个方面：

①支出较大，成本较高。在销售范围较大的情况下，人员推销的开支较多，会增大产品销售成本，并在一定程度上减弱了产品的竞争力。

②对销售人员的要求较高。人员推销的效果直接取决于推销人员素质的高低，并且随着科学技术的发展，新产品层出不穷，对销售人员的素质要求越来越高。对很多企业来说，要甄选和造就出理想的胜任其职责的销售人员比较困难，而且耗费也大。

2.2 推销人员的素质要求

人员推销是一个综合的复杂过程。它既是信息沟通过程，也是商品交换过程，又是技术服务过程。推销人员的素质决定了人员推销活动的成败。推销人员一般应具备如下素质：

（1）态度热忱，勇于进取。

（2）求知欲强，知识广博。一般来说，推销员应具备企业知识、产品知识、市场知识、心理知识、财务知识。

（3）文明礼貌，善于表达；善于应变，技术娴熟。

2.3 销售人员的甄选与培训

由于销售人员素质的高低直接关系到企业促销活动的成功与失败，所以推销人员的甄选与培训工作十分重要。

感想与启发
12-2-1 电视剧
《安家》房似
锦的销售技巧

名家论点12-2-1
邰勇夫：中国
最伟大的推
销员

2.3.1 推销人员的甄选

推销人员的来源有二:一是来自企业内部。把企业内德才兼备、热爱并适合推销工作的人才选拔到推销部门。二是从企业外部招聘。无论哪种来源,都要经过严格的考核,择优录用。

甄选推销人员有多种方法,为准确地选出优秀的推销人才,应根据推销人员素质的要求,采用报名、笔试和面试结合的方法。由报名者自己填写申请表,借此掌握报名者的基本情况;通过笔试和面试可以了解报名者的仪表风度、工作态度、知识广度和深度、语言表达能力、理解能力、分析能力、应变能力等。

2.3.2 推销人员的培训

对甄选出来的合格的推销人员,还需经过培训才能上岗,使他们学习和掌握有关知识与技能。同时,还要对在岗推销人员每隔一段时间进行培训。培训内容通常包括企业知识、产品知识、市场知识、心理知识和政策法规知识等内容。

培训推销人员的方法很多,常被采用的方法有三种:一是通过举办短期培训班或进修班等形式开展的讲授培训。二是通过实例研究法、角色扮演法和业务模拟法等开展的模拟培训。三是通过与有经验的推销人员建立师徒关系,通过传、帮、带,使受训者较快熟悉业务的实践培训。

2.4 明确推销人员的任务

为了有效地发挥推销人员的作用,首先应明确其任务。

2.4.1 寻找新顾客

这一阶段,要通过各种方式寻找潜在顾客,以便为扩大市场打下基础。这一阶段的技巧,主要是表现在寻找潜在顾客的方法上。常用的方法有以下几种。

(1) 目录寻找。

从各地编印的企、事业单位名录中寻找潜在顾客。通过分析他们生产的产品,或者他们的人员组成可以发现自己的潜在顾客。

(2) 连锁介绍。

通过其他人员(如现有客户、潜在客户、亲朋好友等)介绍的方式增加潜在客户的数量。

(3) 社团联络。

通过参加各种专业性的社会团体组织,把组织成员发展成为自己的潜在客户或通过这些成员介绍他们参加的其他组织中的成员,使其成为潜在客户。

(4) 展会吸引。

通过企业自身组织展销活动或参加国内外的大型交易会,不仅实现交易,更重要的是寻找客户、联络感情、沟通了解。

2.4.2 正确认识推销工作

推销工作往往被人们轻视,特别是推销员本身。而事实上,推销是极富创造性的工作,是一门深奥的学问,它是综合运用市场学、心理学、口才学、表演学等知识的一种艺术工作。所以,有人曾形容说:"使用双手的是劳工;使用双手与头脑的是舵手;使用双手、头脑与心灵的是艺术家;只有使用双手、头脑、心灵再加上双腿的才是推销员。"

2.5 人员推销的形式、对象与策略

2.5.1 人员推销的基本形式

一般来说,人员推销有以下三种基本形式。

(1) 上门推销。由销售人员携带产品的样品、说明书和订单等走访顾客，推销产品。这种推销形式可以针对顾客的需求提供有效的服务、方便顾客，为顾客所广泛认可和接受。

(2) 柜台推销。企业在适当地点设固定的门市，由营业员接待进入门市的顾客，推销产品。由于门市里的产品种类齐全，能满足顾客多方面的购买需求，为顾客提供较多的购买便利并可以保证商品安全无损，因而顾客比较乐意接受这种购买方式。适合于零星小商品、贵重商品和易损坏商品的推销。

(3) 会议推销。利用各种会议向与会人员宣传和介绍产品，开展推销活动。这种会议形式接触面广、推销集中，可以同时向多个推销对象推销产品，成交额较大，推销效果好。

2.5.2 人员推销的推销对象

推销对象是人员推销活动中接受推销的主体，是推销人员说服的对象。推销对象主要有消费者、生产用户和中间商三类。

2.5.3 人员推销的基本策略

在人员推销活动中，一般采用以下三种基本策略。

(1) 试探性策略，也称为"刺激—反应"策略。这种策略是在不了解顾客的情况下，推销人员运用刺激性手段引发顾客产生购买行为的策略。第一次拜访几乎大部分推销员都会使用此种策略，因为推销员对客户的情况知之甚少，只能试探顾客反应。

推销人员事先设计好能引起顾客兴趣、刺激顾客购买欲望的推销语言，通过渗透性交谈进行刺激，在交谈中观察顾客的反应；然后根据其反应采取相应的对策，并选用得体的语言再对顾客进行刺激，进一步观察顾客的反应，以了解顾客的真实需要，诱发购买动机，引导产生购买行为。

(2) 针对性策略，又称"配方—成交"策略。在基本了解顾客某些情况的前提下，有针对性地对顾客进行宣传、介绍，以引起顾客的兴趣和好感，从而达到成交的目的。

运用此策略时，要注意言辞恳切，实事求是，以理服人，对症下药，使顾客产生信任感，愉快地购买商品。

(3) 诱导性策略，也称"诱发—满足"策略。用能激起顾客某种需求的说服方法，诱导顾客产生购买行为。这种策略是一种创造性推销策略，它对推销人员要求较高，要求推销人员能够因势利导，诱发、唤起顾客的需求，并能不失时机地宣传介绍和推荐所推销的产品，以满足顾客对产品的需求。

扫一扫

名家论点12-2-2
250定律——
乔·吉拉德

2.6 推销人员的奖励

对推销人员的奖励，是推销人员通过在推销活动中从事推销工作而获得的利益回报，一般包括工资、津贴、福利、保险、佣金和分红奖励等。公平合理的奖励既是对销售人员辛勤劳动的补偿，也是激励销售人员努力工作实现销售目标的最有效的工具之一。

2.6.1 单纯薪金制

单纯薪金制，亦称固定薪金制，指在一定时间内，无论推销人员的销售业绩是多少，推销人员获得固定数额报酬的形式。具体来说就是"职务工资 + 岗位工资 + 工龄工资"。

单纯薪金制的优点：一是易于操作，计算简单，易于管理；二是推销人员的收入有保障，有安全感；三是在调整销售区域或客户时，遇到的阻力较小。其缺点也显而易见：一是对销售效率和销售利润最大化缺乏直接的激励作用；二是由于不按业绩获得报酬，给管理、评估和奖励销售人员的工作带来困难；三是薪金属固定费用，业务下降时，薪金制因缺少灵活性，会使销售费用成为沉重负担，而业务好转时，薪金又不能起到激发销售人员的作用；四是由于工资固定等因素，企业较难吸引和留住有进取心的推销员。

2.6.2 单纯佣金制

单纯佣金制是与一定期间的销售业绩直接相关的报酬形式，即按销售基准的一定比例获得佣金。具体形式又分单一佣金制和多重佣金制（累退制和累进制）、直接佣金制和预提佣金制。

单纯佣金制的优点：一是推销人员的报酬是其销售行为的直接结果，富有激励作用；二是业绩越大报酬越大，推销人员的努力可获得较高的报酬；三是推销人员清楚了解自己薪酬的计算方式，容易使行为与收入挂钩；四是佣金属变动成本，公司易于控制销售成本；五是奖勤罚懒的效果非常直接。其缺点主要有：一是销售人员收入不稳定，精神压力大，甚至容易焦虑；二是对企业忠诚度差，可能为了分散风险多处兼职；三是销售人员采用高压制推销，不关心客户的服务需求；四是销售人员不愿意调整自己的销售领域，造成管理困难；五是在企业业务低潮时，优秀销售人员离职率较高。

2.6.3 混合奖励制

绝大部分企业采用薪金和佣金混合的制度，以期保留两者各自的优点而又避免其缺点。这种制度适用于销售额大小与销售员努力密切有关和管理部门希望适当控制销售员非销售职责的情况。采用混合制，在业务下降时，企业不会因销售成本固定不变的束缚而不能动弹，销售员也不会失去他们的全部收入。

混合奖励制有效的关键在于薪金、佣金和分红的比例。一般来说，混合奖励中的薪金部分应大到足以吸引有潜力的推销人员；同时佣金和分红部分足以大到刺激他们工作。

除了上述三种奖励形式外，还有特别奖励，就是在正常奖励之外所给予的额外奖励，包括经济和非经济奖励。非经济奖励包括给予荣誉、表扬记功、颁发奖章等。特别奖励的具体形式有业绩特别奖、销售竞赛奖等。

2.7 推销人员的考核与评价

为了加强对销售人员的管理，企业必须对销售人员的工作业绩进行科学而合理的考核与评估。推销人员业绩考评结果既可以作为分配报酬的依据，又可以作为企业人事决策的重要参考指标。

2.7.1 考评资料的收集

收集推销人员的资料是考评推销人员的基础性工作。全面、准确地收集考评所需资料是做好考评工作的客观要求。考评资料的获得主要有4个途径：销售人员销售工作报告；企业销售记录；顾客及社会公众的评价；企业内部员工的意见。

2.7.2 考评标准的建立

在评估销售人员的绩效时，科学而合理的标准是不可缺少的。绩效考评标准的确定，既要遵循基本标准的一致性，又要坚持销售人员在工作环境、区域市场拓展潜力等方面的差异性，不能一概而论。当然，绩效考核的总标准应与销售增长、利润增加和企业发展目标一致。

制定公平而富有激励作用的绩效标准，需要企业管理人员根据过去的经验，结合推销人员的个人行为来综合制定，并需要在实践中不断加以修订与完善。常用的推销人员绩效考核指标主要有两类：

（1）基于成果的考核。基于成果的考核是定量考核，主要考核以下一些指标：一是销售量——最常用的指标，用于衡量销售增长状况；二是毛利——用于衡量利润的潜量；三是访问率（每天的访问次数）——衡量推销人员的努力程度；四是访问成功率——衡量推销人员工作效率；五是平均订单数目——用来衡量、说明订单的规模与销售的效率；六是销售费用及费用率——用于访问每次访问的成本及直接销售费用占销售额的比重；七是新客户数目——衡量推销人员推销绩效的重要指标。

（2）基于行为的考核。基于行为的考核是定性考核，主要考核销售技巧（包括倾听技巧、克服异议等）、销售计划的管理（有无记录、时间利用等）、收集信息、客户服务、团队精神、企业规章制度的执行情况、外表举止、自我管理等。

任务三　广告策略

扫一扫
阅读资料12-2-1
创世界纪录的推销员——乔·吉拉德

> 阅读资料12-3-1
>
> ### 脑白金——吆喝起中国礼品市场
>
> 在中国，提到"今年过节不收礼"，随便一个人都能跟你对一句"收礼只收脑白金"。脑白金已经成为中国礼品市场的第一代表。
>
> 睡眠问题一直是困扰中老年人的难题，因失眠而睡眠不足的人比比皆是。有资料统计，国内至少有70%妇女存在睡眠不足问题，90%的老年人经常睡不好觉。"睡眠"市场如此之大，脑白金功能定位准确。然而，在红桃K携"补血"、三株口服液携"调理肠胃"概念创造中国保健品市场高峰之后，在保健品行业信誉跌入谷底之时，脑白金单凭一个"睡眠"概念不可能迅速崛起。
>
> 然而，作为单一品种的保健品，脑白金以极短的时间迅速启动市场，并登上中国保健品行业"盟主"的宝座，引领我国保健品行业长达五年之久，其成功的最主要因素在于找到了"送礼"的轴心概念。
>
> 中国，是礼仪之邦，过年送礼，看望亲友，病人送礼，公关送礼，结婚送礼，下级对上级送礼，年轻人对长辈送礼等等几十种送礼行为，可见礼品市场何其浩大。脑白金的成功，关键在于定位在庞大的礼品市场，而且先入为主地得益于"定位第一"法则，第一个把自己明确的定位为"礼品"——以礼品定位引领消费潮流。
>
> 分析：狂轰滥炸的电视广告让大家知道了脑白金。
>
> 资料来源：腾讯网2013年11月28日

扫一扫
案例12-3-1
农夫山泉有点甜

广告已经成为十分常见的促销方式，几乎所有的企业都在做广告，多年来我国企业用于广告的费用呈现快速增长的态势。虽然广告让许多企业取得了营销成功，但也让许多企业尝尽苦头。当年，一个年销售额只有200万元的秦池酒厂，却拿出了50万元做广告。1996年秦池成为央视标王后，随着密集的广告播放，秦池酒的品牌知名度迅速提升，当年销售额提高了400%，利税额提高了600%，秦池员工曾形象地将广告投入与销售额的关系比喻为"每天开出一辆桑塔纳，赚回一辆奥迪"。但后来由于产品质量等方面的原因，秦池酒逐渐衰落。所以，企业营销离不开广告，但仅有广告是远远不够的。同时，广告效果也是提醒企业谨慎做广告的另一个重要原因。

扫一扫
阅读资料12-3-2
历届央视广告"标王"沉浮录

3.1　广告的概念与特征

广告在英文中是"advertising"，它源自拉丁文"advenere"，其原意是"大喊大叫""引起注意"。到中古英语时期开始使用"advertise"，意为"注意某件事""引起别人注意""通知别人某件事情"。到了17世纪，"advertise"专门用来指"刊登广告"的行为。后来，才使用动名词"advertising"指广告活动。

3.1.1 广告的基本概念

我们知道广告是促进商品销售的信息沟通活动。下面介绍几个有代表性的定义。

广告是付费的大众传播，其最终目的是传递信息，改变人们对于广告商品的态度，诱发其行动而使广告主得到利益（美国广告协会）。

广告是由可识别的倡议者以公开付费的方式对产品或服务进行的任何形式的非人员的介绍（美国市场学会）。

广告是由特定的出资者，以付费的方式，通过各种传播媒体，对商品、服务和观念等所做的任何形式的非人员介绍及推广（美国市场营销协会）。

从以上的定义我们不难发现，广告必须具备五方面要素，它们合并构成广告的特征。

3.1.2 广告的特征

（1）广告必须有明确的广告主。

明确广告的信息是由谁发出的，广告要为明确的广告主服务，使受众知道，广告主及其产品和品牌。广告主承担由广告带来的责任和利益。

（2）发布者须付费。

广告是一种经济活动，与一切经济活动一样，广告活动具有投入产出的特点。广告费是广告主对广告传媒商、广告代理商所提供的服务支付的报酬。

（3）通过何种媒体传播。

广告是通过大众传播媒介传播的。所谓大众传播媒介，就是少数人向多数人进行信息传播的物质或工具。

（4）含有信息。

广告中含有告知、劝说和提示的信息，以使消费者产生购买行为。

（5）有针对的受众对象。

广告的受众对象是广告主按照其所选目标市场而精心确定的，并最终通过传播媒体的覆盖来实现的。所以，被确定的广告传播媒体所确定的受众对象就构成了广告的受众对象。

3.2 广告的功能

3.2.1 告知

广告能使受众知晓市场上的新品牌或新产品，告知有关新产品或新品牌的特征和利益，或产品的新用途，促使受众建立正面的、肯定性的品牌形象。

3.2.2 劝说

劝说消费者试用所广告的产品或服务，或吸引一些新顾客购买，或说服消费者放弃原来使用的品牌转而购买本品牌。

3.2.3 提示

"眼不见，心不想。"营销者必须时常提醒目标顾客，否则产品就会被顾客慢慢遗忘。广告能够使品牌在消费者的记忆中历久弥新，保持较高的回忆度。

3.2.4 增值

厂商有三种增加其提供物价值的途径：创新、提高质量和改变消费者的感知。三者相互联系、相互依赖。营销者借助于广告能够影响消费者的感知为品牌资本增加价值。

3.2.5 支持公司的其他活动

广告既是营销沟通组合的重要组成部分，又能够配合营销沟通组合中的其他要素的活动。例如，广告可以发布有关销售促进的活动信息，吸引消费者注意新产品；为销售人员提供支援；使消费者在商店中更容易识别出产品的包装并联想到广告中的诉求。

3.3 广告的分类

（1）按广告主分类：可分为商业广告和非商业广告。

（2）按媒介物分类：可分为报纸广告、杂志广告、电视广告、包装广告、广播广告、海报广告、招贴广告、POP 广告、交通广告、直邮广告等。随着新媒介的不断增加，依媒介划分的广告种类也会越来越多。

（3）按广告传播范围分类，可分为国际性广告、全国性广告、地方性广告、区域性广告。

（4）按广告目标分类：可分为告知广告、劝说广告和提示广告。

（5）按诉求特点分类：可分为理性诉求广告和情感诉求广告。

理性诉求广告：侧重强调消费者对产品实际的、功能性的或实用性的需求，并运用实事、证据或数据来说服消费者拥有或使用本品牌产品的利益和好处，在陈述或说服方式上保持理性和逻辑性。例如，乐百氏纯净水广告强调"27 层净化"，宝洁舒肤佳香皂杀菌更有效等。

感性诉求广告：通常和消费者购买产品的社会和心理利益有关，侧重采用情感诉求与受众交流，调动情感，产生好感，进而产生购买行为。例如，三精葡萄糖酸锌口服液（用心的妈妈会用锌）等。

阅读资料12-3-3
可口可乐的
广告策略

（6）按目的分类：战略广告和战术广告。

战略广告：从公司的整体长远利益出发而发布的企业形象广告，主要为树立企业声誉。

战术广告：以销售为导向的品牌或产品广告，意在获取即期销售额或市场份额的增长。

3.4 广告媒体及其选择

广告媒体的作用在于把产品的信息有效地传递到目标市场。广告的效用不仅与广告信息有关，也与广告主所选用的广告媒体有关。事实上，要使人们对某项产品产生好感，这样的职责是由广告信息、广告信息的表现方式（广告作品）和适当的广告媒体共同承担的。同时，在广告宣传中，所运用的广告媒介不同，广告费用、广告设计、广告策略、广告效果等内容都是不同的。因此，在广告活动中要认真选择广告媒体。

3.4.1 媒体调查

媒体调查是为了掌握各个广告媒体单位的经营状况和工作效能，以便根据广告目标来选择媒体。

（1）报刊媒体的调查内容有：发行量、发行区域分布、读者层构成、发行周期、信誉等。

（2）广播电视媒体的调查内容有：传播区域、视听率、视听者层次等。

（3）其他媒介的调查内容有：交通广告、路牌、霓虹灯广告等主要通过调查人流量、乘客人员来计算测定；邮寄广告则通过发信名单进行抽查。

3.4.2 媒体选择

企业在选择媒体时要考虑如下因素。

（1）目标顾客的媒体习惯。

人们在接受信息时，一般是根据自己的需要和喜好来选择媒体。比如，教育程度高的人，接受信息的来源往往偏重于互联网和印刷媒体；老年人则有更多的闲暇时间用于看电视和听广播；在校大学生偏爱上网和手机。分析目标顾客的媒体习惯，能够更有针对性地选择广告媒体，提高广告效果。

(2) 媒体特点。

不同媒体的市场覆盖面、市场反应程度、可信性等均有不同的特点。

(3) 产品特性。

不同产品在展示形象时对媒体有不同要求，如性能较为复杂的技术产品，需要一定的文字说明，较适合印刷媒体；服装之类产品，最好通过有色彩的媒体做广告等。

(4) 媒体费用。

不同媒体所需成本也是媒体选择所必须考虑的因素之一。考虑媒体费用不能仅仅分析绝对费用，更要研究相对费用，即沟通对象的人数构成与费用之间的相对关系。

3.5 广告策略及其选择

企业做广告要正确选择广告策略。广告策略是广告战略的一部分，是保证实现广告目的的重要谋略思想，是广告策划者在广告实施活动中，为实现广告战略目标而采取的对策与方法手段。

3.5.1 广告目标的确定

决定广告策略首先要考虑的因素是广告欲达到的目标。一般有：让消费者充分认识企业和产品；吸引顾客对产品产生重视和偏爱；增强销售等。由于广告目标的差别，可将广告分为企业广告和产品广告两种类型。

企业广告：目的在于提高企业的名望，属商誉广告，能够间接加强产品的推广。

产品广告：目的在于提供产品信息，增进产品销售。又可分为开拓性广告和竞争性广告。前者的目的在于唤起初始需求；后者的目的在于唤起选择性需求。

3.5.2 广告媒体策划

广告媒体策划指确定媒体的选择和组合策略。所要解决的就是根据广告目标选择最佳的媒体与媒体组合，在最适合的时候，用尽可能少的广告费用实现广告目标。广告媒体策略的确定应考虑的因素：产品的性质、广告的对象、媒体的特点、广告费用的支出。

3.5.3 广告创意策略

广告业在发展历程中逐渐形成了一些典型的广告创意的策略，实际上当今的广告都可以归入7种广告创意策略中。它能够为营销者考虑广告创意提供一个十分有用的框架。

(1) 一般性策略（Generic Strategy）。

公司在某一产品领域占绝对优势时采用。如双汇持续宣称所提供的"冷鲜肉"是安全的、味道更好，而不需强调与竞争对手的差异，因为他们不值得一提。

(2) 先入为主（Preemptive）的策略。

在众多的竞争产品中，为了将自己的产品与他人区别开来，先入为主地宣传自己的特点。如农夫果园宣称"有三种水果在里面，喝前摇一摇"，彰显与其他果汁饮料的不同等。

(3) 独特销售主张（Unique Selling Proposition，USP）策略。

产品具备一种有意义的、不寻常的、符合消费者需要的功能或利益，可利用广告给消费者一个建议。如"白加黑"感冒药利用"白天服白片不瞌睡，晚上服黑片睡得香"的广告语来表明自身的与众不同。

(4) 品牌形象（Brand Image，BI）策略。

在产品同质化日趋严重的情况下，在人们的心目中，树立起企业良好的声誉和形象，就显得比产品的销售更加重要。也就是说,广告创意已经从产品至上时代进入了形象至上的时代。例如,万宝路牛仔形象、IBM 的服务等。

(5) 定位(Positioning)策略。

运用广告创造出产品在消费者心目中的独有位置。如宝洁公司几大洗发水品牌在消费者心目中的独特位置。

(6) 回声(Resonance)策略。

广告诉求既非产品说词,亦非品牌形象,而是企图激起受众对过去或现在的体验的回想或共鸣(也称为共鸣策略)。例如,南方黑芝麻糊的广告并不诉求产品如何美味可口、价格合适,而是展示了一个成功男士对自己孩童时代熟悉场景的回忆和浮想联翩,由此来激发目标受众对怀旧情感的共鸣。

(7) 情感策略。

为减少理性诉求所带来的抵抗情绪,运用适当的情感诉求,激发受众的情感,吸引受众的注意,并使其感到愉悦和欣慰。如"非常可乐,中国人自己的可乐""中国人坐中国的红旗车"等一类的广告语,更能激发起受众的民族精神和爱国主义情感。

3.5.4 广告表现策略

好的创意还必须辅之以好的广告表现策略。广告表现是指广告最终与消费者见面的艺术表现形式。一个好的广告表现一般应具备以下特征:能立刻引起人们的注意,主旨明确、内容新颖,能较好地贯彻广告创意战略思想。要求做到以下几点。

(1) 真实性与艺术性的巧妙结合。

真实是广告的基础,艺术是广告的生命,广告是真实性与艺术性的统一。广告所要传递的有关产品或服务的信息应是真实的,不能欺骗受众。但广告传递信息的形式可以采用一定的艺术表现手法。如松下电视早期的报纸广告之"戏花蝴蝶篇"与"踏花归来马蹄香"有异曲同工之妙。虽有雕琢之美,但又不见人工的痕迹。

(2) 以理服人,以情感人,表现形式要符合情理。

心理学家一般都把人的心理功能分为理智、意志和情感三种。消费者在购买产品时除了考虑它能够带来的功能性利益外,还会受到情感性利益的影响。一般来说,理性与情感的联合诉求广告要比只包含理性诉求的广告效果好。比如某餐饮店的广告"请到这里用餐吧,否则你我都要挨饿了"。通过幽默、含蓄的表达,在潜移默化中感化目标受众,达到了"润物细无声"的效果。

(3) 好的广告表现应尽量做到"新、奇、味"。

新:根据心理学原理,只有独到的、新颖的刺激才容易留下深刻的记忆痕迹。所以,广告的表现形式要不拘一格,不落俗套,方式方法要令人耳目一新。

奇:充分利用人们的好奇心理,超越常规,激发人们的兴趣,以奇制胜。

味:广告要像一杯咖啡、一壶茶,好看、有味,并值得回忆玩味。通过广告,要创造一种氛围,让消费者感受产品,效果会更好。例如:泸州老窖、国窖酒的电视广告:

1877 年,留声机发明……你能听到的历史:124 年

1839 年,照相术产生……你能看到的历史:162 年

1573 年,泸州老窖国宝窖池开始兴建……你能品味的历史:428 年

国窖·1573

深深的历史厚重感,让人回味无穷。

(4) 明确诉求,减少歧义

要提高诉求信息的针对性和实效性,不打擦边球,不做无用功。《中华人民共和国广

扫一扫

视频12-3-1
工商总局将严
查使用领导人
名义做广告

3.5.5 广告时间策略

（1）广告推出时间策略。

广告推出时间策略指广告推出时间相对于商品进入市场的时间而言的策略。一般有提前推出、即时推出、延时推出三种。提前推出策略：广告早于商品进入市场，目的在于事先制造声势，先声夺人，让消费者在商品未上市时就翘首以待，等到商品在市场出现时，即可形成旺销。即时推出的策略：广告与商品同时推向市场。延时推出策略：广告晚于商品进入市场。

（2）广告时限策略。

广告时限是广告时间策略在时限上的运用，主要有集中时间策略、均衡时间策略、季节时间策略和节假日时间策略。

（3）广告频率策略。

广告频率，是指一定广告周期内广告发布的次数。广告可以依据需要，交替运用固定频率和变化频率。

3.6 广告效果测定

3.6.1 广告传播效果评价

衡量广告传播效果主要是利用以下指标。

（1）接收率。接收率指接收某种媒体广告信息的人数占该媒体总人数的比例。

$$接收率 = 接收广告信息的人数/接触该媒体的总人数 \times 100\%$$

接收率往往只是指接收信息的广度，为了全面评价广告传播效果，还应使用深度指标。

（2）认知率。认知率是指接收到广告信息的人数中，真正理解广告内容的人所占的比例，这一指标真正反映广告传播效果的深度。

$$认知率 = 理解广告内容的人数/注意到此广告的人数 \times 100\%$$

3.6.2 广告促销效果评价

广告的促销效果比传播效果更难测量，因为，除了广告因素外，销售还受到许多其他因素的影响，如产品特色、价格等。这些因素越少，或者越是能被控制，广告对于销售的影响也就越容易测量。人们一般利用以下办法来衡量广告的促销效果。

（1）广告增销率。一定时期内广告费的增长幅度与相应时期销售额的增长幅度之比。

$$广告增销率 = 销售增长率/广告费增长率 \times 100\%$$

（2）广告费占销率。一定时期内企业广告费的支出占该企业同期销售额的比例。

$$广告费占销率 = 广告费支出/同期销售额 \times 100\%$$

以上评价方法都有一个共同的前提，即测试期内销售额的其他影响因素无明显变化，否则会影响测试的精确性。如一些常规因素影响不可避免（如销售淡、旺季变化等），可根据变化规律设置某些调整系数，当然也可以将具有周期性变化规律的时期作为一个测试期（如一年）来进行测试和比较。

3.6.3 广告形象效果评价

广告形象效果评价指对广告所引起的企业或产品知名度和美誉度的变化情况所进行的检测和评价。广告效果并不仅仅反映在对产品销售的促进方面，因为尽管有些消费者接触了广告后并不马上会产生对产品的购买欲望，但毕竟会给他们留下一定的印象，这种印象可能导致将来产生购买欲望。企业形象一般用知名度和美誉度两项指标来衡量，通过广告前后的对固定对象的调查，即可了解企业形象的变化。

阅读资料12-3-4 运用虚似代言人和品牌识别系统的快餐大家——麦当劳

任务四 营业推广

案例 12-4-1

从一个成功的营销案例谈如何开展赠品销售

2000年11月9日,刚摆上广州报摊的第21期《城市画报》就在读者中引起了前所未有的震动。该画报右上角一个黄色三角带里印着:预防艾滋病,做个负责的男人,随刊赠送神秘礼物。翻开画报封面,只见整版是国外某品牌避孕套的大幅广告,而广告的下方还赫然粘贴着一个该品牌避孕套!结果,本期画报销量大增。随刊赠送避孕套,一时成为广州市民议论的话题,而某品牌避孕套一登陆中国就来了个开门红,知名度迅速扩大,公司的赠品销售取得巨大成功。

(资料来源:百度文库)

扫一扫
阅读资料12-4-1
玛拉兹瓷砖的推广策略

分析:

透过以上案例我们可以看出,一次成功的赠品销售策划可以有效地促进销售,迅速地提升知名度。其成功之处在于以下三点:

(1) 很好地利用了媒介——画报本身及报摊(流通性强),达到了充分的宣传效果;

(2) 出其不意,引起了社会流行的话题;

(3) 赠品的选择恰到好处——避孕套与画报交相呼应。

以上的赠品销售活动,实际上是营业推广促销方式的一种。

4.1 营业推广及其特点

4.1.1 营业推广的含义

营业推广,又称销售促进(Sales Promotion),它是指企业运用各种短期诱因鼓励消费者和中间商购买、经销(或代理)企业产品或服务的促销活动。

营业推广是一种适宜于短期推销的促销方法,是企业为鼓励购买、销售商品和劳务而采取的除广告、公关和人员推销之外的所有企业营销活动的总称,是能够迅速刺激需求、鼓励购买的促销形式。

4.1.2 营业推广的特性

营业推广与其他促销方式相比较具有一些较明显的特征,具体表现在以下几个方面:

(1) 时效性。营业推广活动的着眼点是立即引起顾客的反应,通过向促销对象提供短期的强力诱惑,导致顾客迅速采取购买行为,因此营业推广活动常有限定的时间和空间,追求在短期内使销售状况迅速改观。

(2) 多样性。营业推广是由刺激和强化市场需求的花样繁多的各种促销行为所组成。当今的营业推广除了传统的方式外,还增添了联合促销、文化促销、满意促销等促销措施。

(3) 刺激性。营业推广为促销对象提供一种额外的好处,并且这种好处具有很强的刺激性,足以诱使促销对象购买某一特定的商品。

(4) 直接性。单纯从促进销售的角度讲,营业推广与促销组合中其他手段相比更具有直接性。营业推广采取利益诱导的方式,刺激顾客迅速或大量购买某一特定的商品,所以营业推广在推动销售方面见效迅速且直接。

4.2 营业推广的对象

营业推广的对象主要有四类：消费者、中间商、制造商和推销人员。

（1）对消费者的营业推广。主要是鼓励多买，吸引新的顾客试用，争夺其他品牌的顾客等。主要措施有：购货折扣、现金折扣、演示促销、消费信用、有奖销售等。

（2）对中间商的营业推广。与销售直接有关的中间商主要是批发商、代理商和零售商。主要是鼓励他们大量进货，增加储存，特别是季节性商品，同时争取建立固定的产销关系。主要措施有：批量折扣、现金折扣、展销、业务会议、推销奖励等。

（3）对制造商的营业推广。对制造商的营业推广主要是告知他们采购本企业的产品能给他们带来的实际利益即价值增值作用。主要措施有：服务促销、展销、红利提成、互惠促销、折扣促销和赠品促销等。

（4）对推销人员的营业推广。目的是鼓励推销人员大力推销新产品、开拓新市场、发展潜在顾客等，对推销人员可以采用物质与精神奖励和开展竞赛等措施。

4.3 营业推广的方式

4.3.1 赠送样品

即向消费者赠送样品或试用样品。这些样品可以挨户赠送，可以在商店和闹市散发，可以在其他商品中附送，也可以公开广告赠送。优点是：容易吸引消费者参与，充分地向目标顾客展示商品的特性，有效提高产品的尝试购买率和重复购买率；其缺点是：促销成本较高，促销管理难度较大，适用于这种方式的产品比较有限。

4.3.2 赠送代价券

代价券是给持有人一个证明，证明他在购买某一种商品时可以免付一定金额的价款。一般对购买商品达到一定的数量或数额的顾客赠送。有利于刺激消费者使用老产品，也可以鼓励消费者认购新产品。

4.3.3 廉价包装

廉价包装是在商品包装上或招贴上注明比通常包装减价若干。廉价包装可以一件商品单装，也可以几件商品扎在一起，能诱发经济型消费者的需求，对刺激短期销售比较有效。

4.3.4 奖励

可以凭奖券买一种以低价出售的商品或者凭券免费以示鼓励，或者凭券买某种商品时给买主一定优惠。奖励券可以附加在包装中，也可以把商品包装作为奖励券，还有一种办法，顾客可以凭买过这种商品的证明，如一只瓶盖或一张商标纸，向商店兑换奖励券。

4.3.5 商店陈列和当场表演

这种办法就是在橱窗或货柜前专门布置某种商品，大量陈列或当场表演。为节省面积，可设计制作节省占地面积的陈列方法，并与电视和印刷品结合起来使用，效果更显著。

4.3.6 交易推广（折扣促销）

制造商为了争取批发商和零售商的合作，可以规定在一定时期内购买某种商品，购货者可以享受一定的购货折扣。这种折扣，可以支付，也可以在发票金额中减除。主要类型有"商品折扣""广告折扣"以及"陈列折扣"等。

4.3.7 业务会议和贸易展览

工业贸易协会常为其成员组织年会或其他会议,一般会同时举办贸易展览。参加展出的厂家能获得多方面的好处,可以借此招徕新主顾、与客户保持联系、介绍新产品等。

4.3.8 租赁与互惠促销

生产、经营房屋、设备、机器等商品的企业,把商品让渡给买方使用,将其价值分散收回,买方得到固定资产的支配权和使用权,组织生产经营,将提取的折旧逐渐地偿还卖方,这些方法有助于解决某些机器设备,特别是高价值的大型设备的供求矛盾。

4.3.9 竞赛、摸奖和游戏

这些办法是让中间商或推销人员通过他们的努力有机会得到一些好处。例如,现金奖励、旅游机会或者商品奖励。对于消费者可以组织购买竞赛,优胜者得奖等。

扫一扫

视频12-4-1
违规促销
屡禁不止

4.4 选择营业推广方式应注意的问题

选择营业推广方式总的要求是:综合考虑,以消费者、购买者的感受来取舍,而不是凭企业的好恶、习惯和费用节省为依据,在实际运用中根据市场的变动做适时的调整。

(1)商品的性质。对于包装性的消费品可采用加量不加价的方式吸引消费者;对于新上市的大众化消费品,当产品的差异性或特点凌驾于竞争品牌之上且值得披露时,采用免费样品效果最佳;而当一种产品已具知名度,深受消费者欢迎时,可利用优惠券鼓励目前使用者尝试该产品的新口味、新规格和新形式。

(2)营业推广的目标。当营业推广是以刺激顾客购买欲望、促使顾客大量购买为目标时,折扣销售、有奖销售、分期付款销售、赠品销售等方式有较强的冲击力;若以在消费者心目中建立好感和信任为目标,则举办展销、咨询服务、赠品销售、发放优惠券等效果较好;若以解决销售难题为目标,可采用降价销售、销售竞赛等。

(3)推广对象的特点。首先,推广对象的类型不同影响着营业推广方式的选择。如欲吸引尚未使用者试用某产品,可选择优惠券、免费样品、试用、包装促销等方式;若使试用者再次购买该产品则可选择加量不加价、折扣销售、退费优待等。其次,推广对象的心理特征不同也影响着营业推广方式的选择。如针对消费者的求实求利心理,可采用因量作价、赠品销售、加量不加价、优惠券、有奖销售等吸引购买;针对消费者的求知心理可采用讲座服务、咨询等引导消费需求,刺激购买。

(4)竞争动向。营业推广不少是由竞争引起的,在一个垄断的市场上几乎找不到营业推广。这就要求企业在选择具体的营业推广方式时要密切注意市场动向,掌握竞争者在促销手法、规模及影响等方面的有关信息,做好充分的准备。

(5)费用预算。由于营业推广大多是以让利为代价开展活动的,费用开支较高,因此选择具体的营业推广方式还需考虑企业的费用预算,考虑费用与效果的关系。营业推广费用预算包括管理费用、销售费用、诱因费用(如赠品、降价费、兑奖费用等)。企业应认真分析所要选择的各种推广方式的使用支出情况,做到既考虑企业的负担能力,又使营业推广活动达到理想的效果。

4.5 营业推广的运用

恰当地选择某种推广方式只是企业开展营业推广活动的一项工作,要使营业推广活动取得预期效果,还需进一步对该方式运用的预期效果、内容等问题做通盘考虑,才能制定出具有影响力的、有效的行动方案,以达到激励士气、促进销售的目的。

4.5.1 营业推广的预期效果

营业推广的预期效果是企业在一定时期内预期完成的销售任务和预期取得的销售成果,即营业推广目标,它是整个营业推广活动的指南。营业推广的预期效果可以是销售额、销售量、利润额、市场占有率,也可以是知名度、信誉等。营业推广的预期效果需要经过科学认真的筹划才能确定,同时,为了确保预期效果的实现,还常把总任务分解成各阶段的具体任务以明确责任。另外,考虑到营业推广本身的不足,还需要积极预见可能出现的遗留问题,采取相应的解决措施避免副作用的发生,实现预期效果,保证企业的长期利益。

4.5.2 营业推广的内容

营业推广的内容主要涉及推广对象、推广规模、推广时间、推广途径四个方面,它是整个推广活动的主体部分,直接影响着营业推广活动的预期效果。

(1) 营业推广的对象。首先,要确定参与对象的基本条件,即营业推广是针对哪些人开展的。其次,要使参与者明确推广方式各阶段的效果,使其知道自己将得到什么,得到多少利益,目的明确,避免误解出现。再次,要做好组织内的协调组织工作。营业推广是零售企业的一项系统性的促销工作,不可能只由一个人或一个部门就可完成,因此应建立专门的机构或小组,把企业内部的各类人员相互协调起来,以保证营业推广活动的顺利进行。

(2) 营业推广的规模。不论何种方式的营业推广,其目的都是鼓励顾客尽快达到最大交易量,使企业赚钱。只不过是赚钱的方式不同而已,或薄利多销,或减少商品保管费用和银行利息,或以样品代替广告等。因此,确定营业推广规模要考虑的总体策略是盈利策略,在确定优惠及让利时,必须掌握好"最利点"。

(3) 营业推广的时间。确定营业推广时间一般需考虑开展推广的时机和持续时间的长短两个因素。从推广时机上看,营业推广的最佳时机是节假日及纪念日,此时消费者有较多的空闲时间,购物机会多,同时对某些商品有更多的主动关注,促销效果比较理想。从持续时间上看,尽管营业推广是零售企业的一种经常性促销活动,但就其一种具体方式而言,却常常是阶段性的,有一定的时间期限。据美国的一些研究人员调查表明,理想的营业推广持续时间为每季度使用 3 周时间,每一次推广的最佳时间长度为消费者的平均购买周期。

(4) 营业推广的途径。当上述内容确定后,企业必然要考虑以何种媒体、途径向外扩散自己的信息,使目标顾客产生企业预期的举动。营业推广方式传递信息的途径不同、费用不同,达到的目标和效果也不相同。企业应认真分析各种途径的利弊,统筹兼顾,针对目标顾客,采取既节省又高效的营业推广途径。

4.5.3 营业推广方案的检验

营业推广一般都有较高的期望值,且影响较大,一旦失误,调整和挽救都是十分困难的。因此,企业需要通过测试来检验新选择的方式是否适当、诱因规模是否最佳、信息传递的途径是否有效、创意能否被推广对象所理解以及整个活动有无违反政策法律规定、准备是否充分等。经常运用的检验方法有两种:一种方法是通过邀请部分消费者以评价或打分的形式了解自己所需了解的问题;另一种方法是在有限的地区范围内做试用性的测试并进行前后对比分析,当检验情况良好时,即可将营业推广方案正式实施。

总之,营业推广是企业一项经常性的促销活动,企业不仅要认真选择和有效地运用每一种推广方式,同时还要对每次营业推广活动的实施情况进行跟踪反馈和效果评价,了解

阅读资料12-4-2 健力宝的成功——四处借力

每次活动的效果、成功和不足，总结经验和教训，以便把下一次的营业推广活动搞得更好，使自己永远走在竞争的前列。

任务五　公共关系

> **阅读资料 12-5-1**
>
> ### 花旗银行与公共关系
>
> 在公共关系的做法上，美国花旗银行可谓别具一格，值得借鉴。花旗银行主管国际事务的主任柯普乐维兹认为，花旗应该学会找到更好的赞助渠道，让顾客、政府官员和社会大众更了解花旗的企业文化。于是从20世纪70年代开始，花旗银行就长期以经费赞助纽约爱乐管弦乐团，在世界各地巡回演出。而纽约爱乐管弦乐团所到之处，不但为花旗建立广泛的亲善关系，同时也为花旗开启了业务之门。
>
> 不久前，纽约爱乐管弦乐团在祖宾·梅塔的率领下，到中国台北中正纪念堂"国家音乐厅"演出，台湾地区的乐迷在前一晚即彻夜排队等候购票。但是，大多数的乐迷不免失望而返。因为半数以上的入场券都已经被赞助单位花旗银行订走了。花旗银行将票拿来赠送给它的客户、政府官员、民意代表和新闻界，进行了一次极为成功的公共关系活动。花旗银行的赞助行为和公共关系手法，立刻成为媒体报道的话题，各界纷纷盛赞其热心赞助文化艺术的壮举。其企业形象不但更获肯定，同时也为其定位为"本土化银行"的营运策略及消费金融业务的发展打出了漂亮的一击。
>
> （资料来源：张永诚著，《事件行销100》，广州出版社）

扫一扫
案例12-5-1
被动的借势营销—鸿星尔克的回报

公共关系和广告、营业推广的基本功能都在于传递信息，都是利用传播媒介和传播技术进行信息沟通。但是公共关系和其他促销手段不同，它的功能也不仅局限于促销。一个企业要与广泛的潜在买主保持信息联系，必须对公众态度进行估量。从公众利益的角度确定本企业的政策和工作程序，并且采取一系列活动去争取公众的理解和认识。20世纪70年代以来，西方许多企业日益重视和利用公共关系。作为促销的重要手段，这是营销观念在企业经营管理中的进一步发展。

5.1　公共关系的概念及特征

"公共关系"又称公众关系，它译自英文 Public Relations，简称"公关"或 PR。是指企业在从事市场营销活动中正确处理企业与社会公众的关系，以树立企业的良好形象，从而促进产品销售的一种活动。

公共关系的基本特征表现在以下几方面：

（1）公共关系是一定的社会组织与相关的社会公众之间的相互关系。这里包括三层含义：其一，公关活动的主体是一定的组织，如企业、机关、团体等；其二，公关活动的对象，既包括企业外部的顾客、竞争者、新闻界、金融界、政府各有关部门及其他社会公众，又包括企业内部职工、股东，这些公关对象构成了企业公关活动的客体，企业与公关对象关系的好坏直接或间接地影响企业的发展；其三，公关活动的媒介是各种信息沟通工具和大众传播渠道。

（2）公共关系的目标是为企业广结良缘，在社会公众中创造良好的企业形象和社会声誉。良好的形象和声誉是企业富有生命力的表现，也是公关的真正目的之所在。

（3）公共关系的活动以真诚合作、平等互利、共同发展为基本原则。公共关系以一定的利益关系为基础,这就决定了主客双方必须均有诚意,平等互利,并且要协调、兼顾企业利益和公众利益。这样,才能满足双方需求,以维护和发展良好的关系。

(4) 公共关系是一种长期活动。公共关系着手于平时努力,着眼于长远打算。公共关系的效果不是急功近利的短期行为所能达到的,需要连续的、有计划的努力。企业要树立良好的社会形象和信誉,不能拘泥于一时一地的得失,而要追求长期稳定的战略性关系。

(5) 公共关系是一种信息沟通,是创造"人和"的艺术。企业从事公关活动,能沟通企业上下、内外的信息,建立相互间的理解、信任与支持,协调和改善企业的社会关系环境。

5.2 公共关系的基本原则

(1) 公共关系与公众利益。

一个企业要把自己能够为社会提供的贡献传达给社会公众,不是件容易的事。公众更重视企业的实际行动。如果只有宣传,没有实际行动,企业的社会观感就不会改变。

(2) 公共关系与企业声誉。

企业声誉是企业最重要的无形资产,公共关系的任务之一就是提高企业的声誉,企业声誉往往又转换成产品声誉。例如,美国通用机器公司的产业在全世界很出名,正是由于这家公司多年出色的经营和服务,已经在公众心目中形成了良好声誉。

> **案例12-5-2**
>
> ## "江南药王"的声誉
>
> 被誉为"江南药王"的胡庆余堂是红顶商人胡雪岩开办的。他奉行正道取财、坚守信义、修合诚心、采办务真、修制务精、真不二价、顾客至上的"戒欺"观。胡雪岩常说,"君子爱财,取之有道","要从正道取财,不要发横财的心思"。所谓"正道",也就是指赚钱不违背良心、不损害道义、规矩获利。以他在杭州创办的"胡庆余堂国药号"为例,就可以看出这一点。胡雪岩认为:"与人争胜,物真价实才是关键。"药店刚开张时,他先树商业信誉,在营业大厅里挂上两块大匾,对内是要求"戒欺",对外则宣布"真不二价"。这句话说起来容易,做到却很难,但是胡雪岩却说到做到。胡庆余堂在经营上求真,不仅店员的表现真心实意,所购之材为真材实料,所制之药为真方实作,而且所卖之药也真货实价。胡庆余堂在民间赢得了"江南药王"的美誉。130多年过去了,"胡庆余堂"的名号至今仍享誉大江南北。
>
> (资料来源:周文根.市场营销学[M].北京:中国人民大学出版社,2012.)

(3) 公共关系应该是积极的。

企业对待公众关系除了要以实际行动支持以外,还应当持有积极主动的态度,具有预见性。企业如果在公众心目中已经形成不良印象,要再通过公共关系加以扭转就十分困难。

(4) 公共关系的"公众"对象。

企业进行公共关系工作,应该细心地决定自己的"公众"对象。例如,很多企业往往忽略做本企业职工的公共关系工作。实际上,公共关系包括本单位职工在内,企业要听取他们的意见来改进工作,使职工产生在本企业工作的荣誉感。同时引导他们对社会宣传本企业的优点,形成好的舆论。一般来说,企业公共关系工作的对象应该包括本企业职工、出资人、顾客、供应商、中间商、竞争者、金融界、政府有关机构以及其他公众等。

5.3 公共关系的主体——组织

公共关系研究的主体是社会组织,即任何有目的、有系统地组织起来,具有特定功能和任务，具有社会行为能力的社会组织。

公共关系是一种组织活动，而不是个人行为，因此，社会组织是公共关系活动的主体，是公共关系的实施者、承担者。我们在理解公共关系时，特别要注意不要把一些个人的行为也说成是公共关系。如某公司总裁以个人名义向野生动物基金会捐款，这是个人行为，而不是公共关系；但当他以公司的名义捐这笔款时，我们便可把这种行为理解为一种旨在提高组织（公司）的知名度和美誉度、扩大组织影响的公共关系行为。

5.4 公共关系的客体——公众

公众，是指与特定的公共关系主体相互联系、相互影响、相互作用的个人、群体或组织的总和。

公众的一般特征：广泛性与整体性、相关性与共同性、多样性与多维性、确定性与变化性。公众的广泛性是指社会生活中的一切组织、群体和个人，只要与社会某个组织发生联系，存在利益关系，产生相互作用，就成为群体环境中的一个公众。整体性是指公众不是一个单一的群体，而是与某一组织运行有关的群体环境。相关性是指社会中群体和个人，只有同某一社会组织发生联系时，才成为该组织的公众。共同性是指同类型的公众都面临共同的问题。多维性是指任何公众群体，有法人群体、任务群体、角色群体三个层次，由此构成一个多维公众系统。确定性是指组织所面临的公众当中，总有一部分是相对稳定的，具有确定性。

5.5 公共关系的手段——传播

传播，指的是个人、组织、社会之间信息的传递、收受、交流、分享与双向沟通的过程。公共关系传播，是指社会组织利用各种传播媒介、有计划地与公众进行信息交流和情感沟通的活动。公共关系传播的功能是传递信息，影响和改变公众态度，引发公众行为。

☒阅读资料 12－5－2

士兵是最好的"广告员"

海湾战争虽已结束，但是美国商界利用海湾战争做广告，把商战推向战场的历历往事，至今还令那些死里逃生的美国兵记忆犹新。每天清晨，士兵们都会等待地平线上扬起尘土。一列列卡车将给他们运来最需要的给养品：可口可乐和百事可乐。卡车还没停稳，美国士兵就排起了长队。他们在冰冻的可口可乐上看见了这样的广告："挡不住的诱惑！"这不是插进电视节目的一个广告，而是沙特阿拉伯沙漠中每天的现实。

可口可乐公司发言人在谈及从美国国内向沙漠无偿供应可乐的行动时说："帮助一个出门在外的人，就获得一个终身的朋友。"这毫无疑问对每个企业都有好处。

海湾战争前，有数以千计的美国公司发现，"沙漠盾牌"行动是产品宣传的好机会。威尔登体育用品公司向沙漠中的部队提供了 100 根高尔夫球杆和 1 000 个高尔夫球。为了不让士兵穿着没有打过油的皮鞋进行战斗，一家公司捐赠了一箱又一箱的鞋油。另外，还有公司向士兵们赠送了 1 万副纸牌、1 000 只飞碟、2 万箱无酒精啤酒和 10 万副太阳镜。

在海湾战争的那几周里，任何人在电视上出现的次数都比不上美国士兵多。

美国的电视台日夜在报道"我们在海湾的小伙"，世界各地的电视台也整天在播放海湾战争的新闻。人们看见美国士兵们拿着可乐、罐头、万宝路香烟和索尼牌收放机。那段时间士兵们成了世界上最好的"广告员"。

（资料来源：《民营经济报》新营销，2005－11－30）

分析：

出资做战争广告，已被证明对每家参与的企业都是值得的。在许多人看来是难以想象的事情，美国营销专家却认为是一次千载难逢的广告良机。

5.6 公共关系的目的——塑造组织形象

组织形象，是指社会组织的总体表现与特征及它们在社会公众心目中的反映和评价。

5.6.1 组织形象的基本指标

（1）知名度，是指一个组织被公众知晓、了解的程度，社会影响的广度和深度。它是评价组织"名气"大小的尺度。

（2）美誉度，是指一个组织获得公众信任、赞美及社会影响好、坏的程度，是评价组织社会影响程度的指标。

5.6.2 组织形象的分类

（1）组织期望形象。

组织期望形象是组织期望在公众心目中所树立的社会形象。它是一个社会组织的公共关系工作的内在动力和基本方向；是一个阶段的奋斗目标和另一个阶段的工作起点；是对照检查实际工作和寻找形象差距的重要依据。

（2）组织实际形象。

组织实际形象是组织在实施工作计划后达到的形象。它有时候和组织期望形象重叠，有时候又有一段差距，有时候和公众感觉的形象相吻合，有时候又相偏离。

（3）公众感觉形象。

公众感觉形象是为公众所普遍认同的形象。一般是通过形象调查所得知，只有了解了社会各类公众对自己组织的反映和评价才能有的放矢地开展形象塑造工程。

5.6.3 组织形象的定位

组织形象定位就是社会组织在公众心目中确定自身形象的特定位置。一个组织在建立之前是没有形象可言的，所以工作的第一步就是给组织形象定位。现代社会是一个差异化、个性化的时代，社会组织的发展关键是对应公众和市场创建自己的特色和张扬自己的个性。

5.6.4 组织形象塑造的模式

（1）宣传型公关模式。

宣传型公关模式是利用各种传播媒介将组织的有关信息迅速传播给内外公众，以形成有利的社会舆论，树立良好组织形象的公关活动模式。主要手段是利用各种传播媒介和交流方式。主要特点是：主导性强、时效性强、传播面广、推广组织形象效果快。应坚持双向沟通和真实性原则，绝不能出现浮夸不实之词。

（2）交际型公关模式。

交际型公关模式是以人际交往的方式，通过人和人的直接接触，为组织广结良缘，建立广泛的社会关系网络，其方式包括社团交际和个人交际。其特点是形式灵活、沟通直接、亲切自然、富有人情味。

（3）公益型公关模式。

公益型公关模式是组织通过举办各种社会性、文化性、赞助性活动来塑造组织形象的模式。其活动方式主要有三种：一是以资助社会文化事业为中心开展的公共关系活动；二是以资助社会福利、教育事业为中心开展的公共关系活动；三是资助大众媒介举办各种活动，提高组织的知名度。公益型公共关系往往不会带给组织直接的经济利益，但它可为组织树立良好的形象，使公众对组织产生好感，为组织创造优化的生存发展环境。

（4）服务型公关模式。

服务型公关模式是一种以提供优质服务为主要手段的公共关系活动模式，其目的是以实际行动来获取社会的了解和好评，建立良好的组织形象。其活动形式有很多，如指导顾客消费、提供便民措施、完善售后服务等。

（5）征询型公关模式。

征询型公关模式是以采集社会信息为主的公共关系模式。其活动形式主要有：开展社会咨询、民意测验、询问重要公众、建立信访制度、设立监督电话、处理举报和投诉、分析新闻舆论、举办信息交流会等。其特点是：长期性、复杂性、艰巨性。

（6）维系型公关模式。

维系型公关模式是指社会组织在稳定发展之际用来巩固良好形象的公关活动模式。其做法是通过各种渠道和采用各种方式持续不断地向社会公众传递组织的各种信息，使公众在不知不觉中成为组织的顺意公众。

（7）进攻型公关模式。

进攻型公关模式是指社会组织采取主动出击的方式来树立和维护良好形象的公关活动模式。当组织或企业的预定目标与所处环境发生冲突时，常采用这种公关活动及时调整决策和行为，积极主动地去改善环境，以减少或消除冲突，并保证预定目标的实现。

（8）矫正型公关模式。

矫正型公关活动是指社会组织在遇到问题与危机、组织形象受到损害时，为了挽回影响而开展的一种公关活动模式。其目的是转危为安，重新树立组织的良好形象。其出发点是站在受害者的角度去分析问题，以让受害者满意为目标去解决问题。

5.7 公共关系的工作程序

开展公共关系活动，其基本程序包括调查、计划、实施、检测4个步骤。

5.7.1 公共关系调查

它是公共关系工作的一项重要内容，是开展公共关系工作的基础和起点。通过调查，能了解和掌握社会公众对企业决策与行为的意见。据此，可以基本确定企业的形象和地位，可以为企业监测环境提供判断条件，为企业制定合理决策提供科学依据等。公关调查内容广泛，主要包括企业基本状况、公众意见及社会环境三方面内容。

5.7.2 公共关系计划

公共关系是一项长期性工作，合理的计划是公关工作持续高效的重要保证。在制订公关计划时，要以公关调查为前提，依据一定的原则来确定公关工作的目标，并制定科学、合理、可行的工作方案，如具体的公关项目、公关策略等。

5.7.3 公共关系的实施

公关计划的实施是整个公关活动的"高潮"。正确地选择公共关系媒介和确定公共关系的活动方式是十分必要的。公关媒介应依据公共关系工作的目标、要求、对象和传播内容以及经济条件来选择；确定公关的活动方式，宜根据企业的自身特点、不同发展阶段、不同的公众对象和不同的公关任务来选择最合适、最有效的活动方式。

5.7.4 公共关系的检测

公关计划实施效果的检测，主要依据社会公众的评价来进行。通过检测，能衡量和评估公关活动的效果，在肯定成绩的同时，发现新问题，为制定和不断调整企业的公关目标、公关策略提供重要依据，也为确保企业的公共关系成为有计划的持续性工作提供必要的保证。

阅读资料12-5-3：十个经典公关案例

重点词语

促销　促销组合　推式策略　拉式策略　人员推销　广告　营业推广　公共关系

课后思考

1. 分析说明促销组合及其特点。
2. 简述"推式策略"与"拉式策略"的特点及适应条件。
3. 科学的人员推销决策包括哪些内容?
4. 一名合格的推销人员应具备哪些条件?
5. 简述广告的特征、功能及分类。
6. 企业在选择广告媒体时应考虑哪些因素?
7. 选择营业推广方式时应注意的问题有哪些?
8. 简述企业公共关系的工作程序。
9. 通过公共关系塑造组织形象的模式有哪些?
10. 人员推销与非人员推销相比,其优点表现在哪些方面?

实践与技能

技能训练:

如果你是一家大型知名服饰企业的促销主管,针对不同消费者群体的服装,如童装、青少年装、女装(成人)、男装(成人)、休闲装、运动装等,你将选择何种促销方式,依据何在?是否有其他成功的实例?

项目拓展

扫一扫
项目十二
资源包

一、看视频思考问题

1. 视频:[中央电视台]财经报道:如何为商家促销设个"门槛"?

思考:如何从根本上治理促销乱象?

2. 视频:[中央电视台]时空调查:返券,让人欢喜让人烦

思考:如何评价"返券"这一促销模式。

二、阅读资料,谈感想

资料:零售商促销行为管理办法(资料来源:商务部)

项目资源

一、课件

二、图片资料

三、延伸阅读

1. SP:销售促进系列谈。
2. 从买 100 元送 50 元说起。
3. 促销,别来"花样"!
4. 格兰仕终端促销实战八项法则。
5. 情人节商家浪漫大过招。
6. 创世界纪录的推销员——乔·吉拉德。
7. 创新蝶变——长虹攀摘"2005 年度最佳公众形象企业"。
8. 助力生态事业——长虹空调 10 万厚礼为大熊猫征名。
9. 波士顿交响乐团公司(Boston Symphony Orchestra InG,BSO)。
10. 波音公司的销售专家小组。

11. 尼尔森公司的广告研究报告。
12. 传闻式营销。

四、案例集锦

1. 美国波音公司促销策略案例分析。
2. 日本蛇目公司促销策略案例分析。
3. 大学生消费市场的促销策略研究。
4. 物流服务的促销策略研究。
5. 蒙牛乳业的营销沟通策略。
6. 寓推广于游戏中。
7. 美孚公司是怎样打开中国煤油市场的？
8. 杰拉德的"绝招"。
9. 香味促销。
10. 伊利液态奶红加黄送大礼。
11. 从"有点甜"的 UPS 到"一分钱"赞助北京申奥。
12. 如何面对突如其来的危机。
13. 中美史克 PPA 事件危机管理案例——从"危机"到"商机"。
14. 金六福：中国人的福酒。

线上学习

请登录：https://v.qq.com/x/page/w0395tcvz95.html（全新迈腾六位绕车讲解——腾讯视频）

请登录：http://study.163.com/course/introduction/469013.htm#/courseDetail（网易云课堂：销售人员心态调整 讲师：江猛）（18 课时）

线下学习

《营销制胜——中国杰出营销奖案例精选》. 经济观察报编，青岛出版社，2010.

《营销大变革——开创中国战略营销新范式》. 李颖生，鲁培康主编，清华大学出版社，2009.

《零售商促销行为管理办法》（2006 年第 18 号）. 商务部，国家发展和改革委员会，公安部，国家税务总局，国家工商行政管理总局，2006.

学习单元六

营销创新技能培养

学完本单元后,你应该能够:

掌握以下创新的营销模式及其特点,学会运用实施:

1. 整合营销模式。

2. 水平营销模式。

3. 直复营销模式。

4. 关系营销模式。

5. 概念营销模式。

6. 事件营销模式。

项目十三 营销模式创新

项目概述：

通过本项目的学习，了解近年来营销研究的新趋势、新领域和新发展及其对企业营销实践的指导；熟悉整合营销、水平营销、直复营销、关系营销、概念营销、事件营销的概念、特征；掌握整合营销的传播策略与执行网络营销、关系营销的营销策略；了解概念营销的传播过程，事件营销的优势及运用事件营销应注意的问题。

学习目标：

[知识目标]
- 了解整合营销、水平营销、直复营销、关系营销、概念营销、事件营销及其特征，熟悉各类行营模式的优势及运用时应注意的问题
- 熟悉近年来营销研究的新趋势、新领域和新发展及其对企业营销实践的影响

[技能目标]
- 培养运用各类营销创新模式的能力
- 重点掌握整合营销、概念营销、事件营销的优势及运作流程

[思政目标]
- 自觉抵制靠虚假宣传、不正当竞争等不道德营销手段损害消费者利益的恶俗营销活动，培养正确的价值观和经营观，为社会培养德才兼备的营销管理人才
- 通过案例、讨论等形式，帮助学生了解新媒体时代的传播特点、影响及其规范要求，培养学生的创新精神

☒ 看资料，悟营销

创新营销，共享服务——完达山数字化转型助力企业高质量发展

近年来，完达山乳业集团采用数字化营销手段，通过财务共享进行模式创新，逐步实现"财务共享数字化"、"费用管控数字化"、"终端会员数字化"、"产品追溯数字化"、"营销管理数字化"、"客户服务数字化"、"生产车间数字化"。构建了"二地三中心"的信息化工程，实现了各系统间的互联互通，为公司数字化转型夯实了基础。今年，公司又从大力加强人力资源系统、e-leaning 系统、数字化安全系统、奶源系统、MES 系统等方面的建设入手，进一步完善两化融合体系的搭建，为企业高速发展奠定坚实的基础。未来公司信息化建设将实现智慧种殖、智能牧场、数字化工厂、数智供应链、业财融合、终端电商全线打通，为完达山实现中国"高寒"生态牛奶领导品牌提供数字化支撑，满足公司上市及业务高速发展要求。

（来源：2022-02-11；东北网）

任务一 整合营销模式

☒ 知识链接 13-1-1

唐·E. 舒尔茨与整合营销传播

唐·E. 舒尔茨（Don. E. Schultz）现任美国西北大学梅迪尔新闻学院整合营销传播

扫一扫
感想与启发
13-1-1

退职荣誉教授。在1997年加入西北大学之前,他是位于达拉斯的TRACY-LOCKE广告及公共关系公司的资深副总裁。唐·E.舒尔茨是整合营销传播(Integrated Marketing Communication,IMC)领域的创始人,整合营销传播理论与技术研究的先驱,被誉为"IMC之父";全球第一本整合营销传播专著的第一作者,该书于1997年在中国出版发行,是该领域最具权威性的经典著作。书中提出的战略性整合营销传播理论,成为20世纪末最主要的营销理论之一。整合营销倡导更加明确的消费者导向理念。

1.1 整合营销的内涵

菲利普·科特勒认为,企业所有部门为服务于顾客利益而共同工作时,其结果就是整合营销。整合营销发生在两个层次:一是不同的营销功能——销售力量、广告、产品管理、市场研究等必须共同工作;二是营销部门必须和企业的其他部门相协调。

整合营销理论认为:在与消费者的沟通中,统一运用和协调各种不同的传播手段,使不同的传播工具在每一阶段发挥出最佳的、统一的、集中的作业,目的是协助品牌建立起与消费者之间的长期关系。

营销组合概念强调将市场营销中各种要素组合起来的重要性,营销整合与之一脉相承,但更加强调各种要素之间的关联性,要求它们成为统一的有机体。在此基础上,整合营销更要求各种营销要素的作用力统一方向,以形成合力,共同为企业的营销目标服务,如图13-1-1所示。

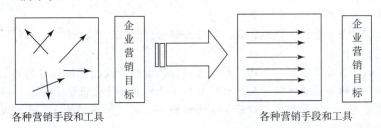

图 13-1-1 整合营销过程

整合营销观念改变了把营销活动作为企业经营管理的一项职能的观点,而是要求把所有活动都整合和协调起来,努力为顾客的利益服务。同时,强调企业与市场之间的互动关系和影响,努力发现潜在市场和创造新市场。以注重企业、顾客、社会三方共同利益为中心的整合营销,具有整体性与动态性特征,企业把与消费者之间交流、对话、沟通放在特别重要的地位,是营销观念的变革和发展。

1.2 整合营销传播

整合营销传播(integrated Marketing Communications,IMC)也称整合营销沟通。美国广告代理商协会(American Association of Advertising Agencies,the 4As,1989)认为,"IMC是一个营销传播企划的概念,它注重以下综合计划的增加值,即通过评价广告、直接邮寄、人员推销和公共关系等传播手段的战略作用,以提供明确、一致和最有效的传播影响力"。被誉为"整合营销传播之父"的唐·E.舒尔茨教授根据对组织应当如何展开整合营销传播的研究,并考虑到营销传播不断变动的管理环境,给整合营销传播下一个新的定义:"整合营销传播是一个业务战略过程,它是指制定、优化、执行并评价协调的、可测度的、有说服力的品牌传播计划,这些活动的受众包括消费者、顾客、潜在顾客、内部和外部受众及其他目标。"

整合营销传播的核心思想是:以整合企业内外部所有资源为手段,再造企业的生产行为与市场行为,充分调动一切积极因素以实现企业统一的传播目标。所以,整合营销传播也被称为Speak With One Voice(用一个声音说话)。它从广告心理学入手,强调与顾客进行多方面的接触,并通过接触向消费者传播一致的清晰的企业形象。这种接触点小至产品的包装色彩大至公司的新闻发布会，每一次与消费者的接触都会影响到消费者对公司的认知程度，如果所有的接触点都能传播相同的正向的信息，就能最大化公司的传播影响力。同时消费者心理学又假定：在消费者的头脑中对一切事物都会形成一定的概念，假使能够令传播的品牌概念与消费者已有的概念产生一定的关联，必然可以加深消费者对该种概念的印象，并达到建立品牌网络和形成品牌联想的目的。

唐·E. 舒尔茨分别对内容整合与资源整合进行了表述。他认为内容整合包括：

（1）精确区隔消费者——根据消费者的行为及对产品的需求来区分；
（2）提供一个具有竞争力的利益点——根据消费者的购买诱因；
（3）确认目前消费者如何在心中进行品牌定位；
（4）建立一个突出的、整体的品牌个性，以便消费者能够区别该品牌与竞争品牌之不同。关键是"用一个声音来说话"。

他认为资源整合应该发掘关键"接触点"，了解如何才能更有效地接触消费者。传播手段包括：广告、直销、公关、包装、商品展示、店面促销等，关键是"在什么时候使用什么传播手段"。无论是内容整合还是资源整合，两者都统一到建立良好的"品牌—顾客"关系上来。内容整合是资源整合的基础，资源整合推动内容整合的实现。

扫一扫
案例13-1-1
"飞舞"整合营销传播

1.3 整合营销传播的七个层次

1.3.1 认知的整合

这是实现整合营销传播的第一个层次，只要求营销人员认识或明了营销传播的需要。

1.3.2 形象的整合

牵涉确保信息与媒体一致性的决策：一是指广告的文字与其他视觉要素之间要达到的一致性；二是指在不同媒体上投放广告的一致性。

1.3.3 功能的整合

功能的整合指把不同的营销传播方案编制出来，作为服务于营销目标的直接功能，即对每个营销传播要素的优、劣势都经过详尽的分析，并与特定的营销目标紧密结合起来。

1.3.4 协调的整合

协调的整合指人员推销功能与其他营销传播要素等被直接整合在一起，将各种手段都用来确保人际营销传播与非人际形式的营销传播的高度一致。例如，推销人员所说的内容必须与其他媒体上的广告内容协调一致。

1.3.5 基于消费者的整合

营销策略必须在了解消费者的需求和欲求的基础上锁定目标消费者，在给产品以明确的定位以后才能开始营销策划，换句话说，营销策略的整合使得战略定位的信息直接到达目标消费者的心中。

1.3.6 基于风险共担者的整合

这是营销人员认识到目标消费者不是本机构应该传播的唯一群体，其他共担风险的经营者也应该包含在整体的整合营销传播战术之内。例如，本机构的员工、供应商、配销商以及股东等。

1.3.7 关系管理的整合

这一层次被认为是整合营销的最高阶段。关系管理的整合就是要向不同的关系单位做出有效的传播，公司必须发展有效的战略。这些战略不只是营销战略，还有制造战略、工程战略、财务战略、人力资源战略以及会计战略等，也就是说，公司必须在每个功能环节内发展出营销战略以达成不同功能部门的协调，同时对社会资源也要做出战略整合。

1.4 整合营销的基本程序

整合营销与传统营销的最大不同，在于以顾客需求为出发点来系统地思考营销问题。整合营销的实施是一项系统工程，牵涉企业的多个部门和多项活动，具体程序如图13-1-2所示。

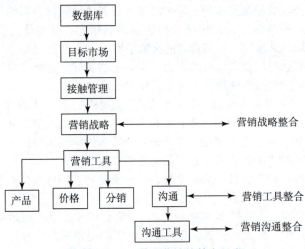

图 13-1-2　整合营销的基本程序

（1）建立数据库。

整合营销规划的起点是建立数据库。数据库是记录顾客信息的名单，含有每个顾客或潜在顾客的有关营销数据，包括历史数据和预测数据。数据库是企业最有价值的资产。成功的营销依赖于重复营销，企业的营销挑战来自如何有效地吸引和保持有价值的终身客户，数据库营销是解决这一问题的最好途径之一。企业建立数据库的目的在于通过对数据库的管理，确定有价值的终身客户，并与之发展良好的客户关系。数据库管理的主要内容包括数据库的建立、数据贮存、数据挖掘、数据处理、数据维护等，通过上述工作，企业可以更好地了解消费者和潜在消费者。

（2）选择目标市场。

根据数据库资料，企业可以首先进行市场细分，在此基础上，选择企业拟进入的目标市场，并进行相应的市场定位。同时，在特定的目标市场，还要根据消费者及潜在消费者的行为信息将其分为三类：本品牌的忠诚消费者、他品牌的忠诚消费者、游移消费者，并依据他们在品牌认知、信息接收方式及渠道偏好等方面的差异，有针对性地开展各项营销活动。

（3）进行接触管理。

舒尔茨把"接触"定义为：凡是能够将品牌、产品类别及其他与市场相关的信息传输给消费者或潜在消费者的所有方式、渠道、行为，都是通道，它包含了媒体、营销传播工具及其他可能与消费者接触的形式，例如，媒体广告、店内推广、产品包装、亲朋邻里的口头交谈等。他认为，每个接触通道都应该是营销沟通工具。接触管理就是要强化可控的正面传播，减缓不可控的或不利于产品与服务的负面传播，从而使接触信息有助于建立或强化消费者对品牌的感觉、态度与行为。

（4）制定营销战略。

在以上步骤的基础上，依据数据库提供的营销数据，制定明确的营销战略目标，并将其与企业战略及企业的其他业务相结合，实现企业层次的营销整合。

（5）选择营销工具。

根据消费者的需求和欲望、消费者愿意付出的成本、对购买便利的需求以及消费者的沟通方式确定具体的营销工具，并找出最关键的工具，将其与其他营销工具予以整合。

（6）进行沟通整合。

沟通整合是整合营销的最后也是非常重要的一个步骤。依据顾客信息，对不同行为类型的消费者分别确定不同的传播目标，使用不同的传播工具，如广告、营业推广、公共关系、人员推销等（只要能协助达成营销及传播目标的方法，都是整合营销传播中的有力手段和工具），并根据实际情况的需要将多种工具结合使用，以整合成协同力量。

☒ 案例 13-1-2

雅客 V9 整合营销传播案例

2003年8月26日，具有极强冲击力和感染力的雅客V9"跑步篇"的广告开始在中央电视台的黄金时段播出，广告一开始告诉观众"本年度最具创意的糖果雅客V9诞生"，中间周迅巧妙地回答了雅客V9的功能"每天两粒补充每日所需的9种维生素"。同时利用跑步将运动感和体育精神融入其中。在以后的投放策略中雅客始终贯穿"选择央视，集中投放"的原则，并在以后连续在央视创下了三个脉冲式的高峰。雅客的这种央视大投放让消费者心目中形成了维生素糖果的第一品牌，甚至就是糖果第一品牌的暗示，同时也建立了高度的声音门槛，阻止了竞争对手的跟进，为此雅客付出了3亿元的代价。

雅客 V9

在正式投放前雅客V9利用大量的软文对消费者进行了维生素糖果概念的培养，因为毕竟在雅客之前维生素糖果市场一直未作为独立的市场来开发。同时利用报纸媒体的大众性对雅客V9的代言人及费用做了大量的热度宣传，让人们对雅客的广告抱有极强的渴望度。一定程度上刺激了购买的完成。随着央视广告的大幅投放，雅客V9的知名度大大提升后，雅客则在终端利用软文进行功能的介绍及核心品牌价值的宣传。

在央视的高空广告的轰炸式灌输后，为了迅速地提升认知度和影响力，雅客的各种提醒式广告纷纷登场，让消费者"无处可逃"！车体、灯箱、写字楼、社区等能利用的媒介几乎都被用来宣传，可以说雅客的覆盖率在投放初几乎超出了同类广告的总和。

在终端拦截上雅客为拦截对象设计了很多有趣的游戏而且还可以积分，这种方式在吸引了注意的同时也提供了与消费者互动的机会。设计的各种游戏在网络中同样可以玩，利用网络媒体的互动带动整体的传播及销售。

当雅客的宣传热度达到了高峰后，超大规模的新品派发品尝会更将宣传推向了全新的记录，在零售终端上利用精美的pop及终端的各种活动来吸引注意。

总之，雅客V9无疑是2003年糖果行业里的一匹黑马，就是因为它首先发现了维生素糖果作为独立的品类市场来开发的机会，第一个抢占了这个市场空白，并且又将品牌、品类、媒介三集中的原则真正执行到位才能以惊人的速度创下这个奇迹。

（资料来源：慧聪影楼用品网，2012-08-18）

任务二 水平营销模式

> **知识链接 13-2-1**
>
> ### 爱德华·德·波诺与水平思维理论
>
> 爱德华·德·波诺在创新领域是当之无愧的国际权威,他因创立了水平思维理论而享誉全球。欧洲创新协会将他列入历史上对人类贡献最大的 250 人之一,作为现任剑桥大学思维基金会主席,他在世界企业界拥有举足轻重的影响。德·波诺这个名字已经成为创造力和新思维的象征,他出版的著作已有 62 种,被译成 37 种语言,行销 54 个国家;他发明的"水平思维"一词被收入权威的《牛津英语大词典》,诸多著名跨国公司总裁、一些诺贝尔奖得主及世界各个领域的精英对他的著作都推崇备至。1972 年,德·波诺出版了《严肃的创造力——运用水平思考法获得创意》一书,强调了延续 2 000 年的人类思维模式应该变化。

在今天这个网络化、全球化的竞争市场上,越来越多的企业开始感受到营销的尴尬,痛切于企业羸弱的营利能力。一方面,传统的营销组合已经无法有效激发消费者的消费诉求;另一方面,企业之间的竞争在每个传统的营销层面上刀刃互现,价格战、成本战等恶性竞争已经将企业竞争推向"他人即地狱"的境地。

科特勒对现在的市场生态的系统总结是:品牌数量剧增;产品生命周期大大缩短;更新比维修便宜;数字化技术引发多个市场的革命;商标数与专利数迅速上升;市场极度细分;广告饱和;新品推介越来越复杂,消费者越来越难以打动。针对这场全球范围的市场嬗变,科特勒于 2003 年正式推出其最新营销理念——水平营销。

2.1 水平营销的内涵

水平营销首先是创造性的思考,科特勒称之为"跳出盒子的思考",它不同于纵向营销的逻辑思维,本质上是一种基于直觉的创造。水平营销(Lateral Marketing)就是采取横向思考,跨越原有的产品和市场,通过原创性的理念和产品开发激发出新的市场和利润增长点,又称为横向营销。水平营销是引入横向思维作为发现新的营销创意的又一平台,旨在获得消费者不可能向营销研究人员要求或建议的点子,而这些点子将帮助企业在产品愈加同质和超竞争的市场中立于不败之地。水平营销需要打破产品功能界限、打破渠道界限、打破价格界限、打破促销界限、打破营销组合方式界限等。各种打破有时还可能互相交叉。例如,日本伊仓产业公司原是一家从中国进口中药的贸易公司,然而在西药称霸的时代里,中药的销路并不好,药品大量积压在仓库。后来,该公司将中药和日本人习惯的茶饮联系起来,决定在东京中央区开办一家把中药与茶结合起来的新行业,结果这个称为"汉方吃茶店"的生意之好,令人羡慕。中药和茶并无本质上的关联,但跳出中药的行销领域,伊仓产业公司创造了新的市场。

现在营销学的权威菲利普·科特勒与费尔南多·德·巴斯一道,在 2003 年完成的《水平营销》一书,就充满挑战的时代中营销如何变招方能制胜提供了全新的视角。科特勒强调水平营销需要横向思维的培养,并把水平营销形象地比喻为"跳出盒子的思考"。他说:"水平营销是一个非常简单的概念,从盒子外考虑的更有创造力、更开阔。"营销界人士认为,继以 4P 为代名词的"垂直营销"之后,这位国际营销大师的"水平营销"理论,将为目前同质化竞争严重的国内营销界提供新的解决方案。打破产品类别界限,以原创性产品来革命性地界定一个新市场，将带来比细分市场高得多的利润回报。

水平营销是对产品做适当改动产生新用途、新情境、新目标市场以开创新类别，重组市场。水平营销是市场充分细分时代进行产品创新的一大利器，在"新用途、新情境、新目标"的指引下，新产品纷纷问世，但是这些新产品有一个共同点——并没有瓜分固有的市场，而是满足了新需求、开发了新市场。比如：干吃奶片改变了牛奶的食用形式；嗅觉复印机（用不同香味提示缺纸、缺墨、打印完毕等状况）改善了办公氛围；放大了去火功能的饮料（难喝的饮料变身为好喝的中药汤）狠狠地火了一次。可以说，水平思考是通过改变角度改变思想，水平营销是通过改变产品改变世界。

阅读资料13-2-1 "晚上好奶"开创一个没有竞争对手的市场

2.2 水平营销的方法与技巧

水平营销首先是创造性的思考，它不同于纵向营销的逻辑思维，本质上是一种基于直觉的创造。科特勒认为水平营销是一个过程，虽然它属于一种跳跃性思维，但也是有法可依的。这种思维的基本步骤是：首先选择一个焦点，然后进行横向置换以产生刺激或形成空白，最后建立一种连接。例如，聚焦于生活中蔬菜的季节产销，将季节产销置换成反季节产销，这时候就产生了"反季节蔬菜"这一刺激，这个刺激对于市场是有价值的，但在现实过程中就产生了逻辑思维的终端；此时，通过引入冬暖大棚等材质，创造出四季蔬菜，这就成功地建立了联结。

案例13-2-1 改变时间的案例

科特勒应用创造性研究的结果，指出了水平营销的6种横向置换的创新技巧，并分别应用到市场层面、产品层面和营销组合层面上。这6种技巧分别是：替代、反转、组合、夸张、去除、换序。

2.2.1 市场层面

由于市场是需求、目标、时间、地点、情境、体验的结合体，此时运用替代的一个简单技巧就是改变其中的一个维度，这也是情境替代的最有效方法。例如，红牛饮料在解渴的需求之外，引进了补充能量的需求，这个改变需求的做法也使红牛饮料开发了广大的市场；芭比娃娃改变了"娃娃就是婴儿"的概念，她以无穷的魅力赢得了无数忠诚的芭比迷们的收藏欲，畅销全球并成为数以千万计女孩们生活中不可或缺的一部分。

市场层面上的另5种技巧相对困难，推荐在积累了一定的"替代"经验后使用。比如，餐馆吃饭一般是不限时的，但如果进行情境反转，那么可否实现限时收费的餐馆经营？市场已有先例。在日本的一些餐馆中，每张餐桌上放一个大钟，计算顾客的就餐时间。如果顾客在规定时间内吃完饭，餐馆便给予优惠价。纽约市中心开设了一家"沙漏"餐厅，当顾客坐定后，服务员即把桌子上一个"沙漏"翻过来，约1小时后，沙子基本漏完，这时，顾客也就该离座了。

2.2.2 产品层面

在这个层面，科特勒参考市场层面的维度划分，主张对现有的产品进行分解，分解后的主要层面包括：有形的产品或服务、包装、品牌特征、使用或购买，然后利用6种技巧进行横向置换。例如，可将"老师教学生"替换成"学生教老师"，这种有趣的教学方式可大大提高学生的积极性与注意力。在包装上，可改变牛奶用玻璃、塑料包装的做法，代之以纸盒，这导致了利乐无菌纸盒的产生。在品牌特征上，耐克公司通过将婴幼儿鞋子的"可爱"特征换成"新潮"，一举将业务扩展到婴幼儿鞋类市场。在使用或购买层面上，在糖果中插入一根细棒便造就了儿童棒棒糖，这种替代曾在糖果市场引发了一场革命。

2.2.3 营销组合层面

在市场层面和产品层面不改变的情况下，通过市场营销组合的改变，往往能够催生创新性的商业战略。这种水平营销更讲究策略，更偏重短期效应，相对于原创性的新概念、新产品的开发,能更快速地生成新点子。

该层面的创新,可以在定价、分销和沟通等领域产生可观的效果,而最直接的创新做法就是替代,"拿其他产品的营销组合为我所用"。例如,在定价领域,电力、煤气或自来水公司可以通过自动取款机进行收费,这时的营销组合创新对自动取款机用来提取现金的功能进行了颠覆——利用自动取款机付账。在沟通上,例如,一些公司把附有广告和产品说明的 CD 放入杂志,而不是通过常规的电视节目来宣传自己的产品。

事实上,水平营销并不是一个刚刚诞生的产物,许多知名品牌都是水平营销策略的受益者。在中国,水平营销的成功案例之一是雅客 V9。在糖果世界里,不论是外来的还是本土的,知名品牌人们能说出一打;不论是水果糖还是奶糖,各种口味应有尽有。怎样才能在这种已经被垂直营销细分到无法再细分下去的市场上找到出路?雅客巧妙地将糖果与维生素这两个概念组合到一起,缔造了一种全新的维生素糖果品类。雅客 V9 超越了糖果的竞争,在维生素与糖果之间创造了另一个市场"蓝海"。同样的成功榜样还有作为舶来品的、将上等咖啡和商务休闲完美结合在一起的星巴克,还有将西服与华服嫁接从而取得成功的柒牌中华立领……

> ✉ 知识链接 13-2-2
>
> ## 水平营销的六大工具
>
> 有人说:"水平营销是天马行空,水中捞月。"
> 有人说:"水平营销是守株待兔,不能靠方法,只能靠运气。"
> 有人说:"水平营销是聪明人的游戏。"
> 实际上,水平营销是有法可依的。任何创新都是有章可循的,创造力有赖于一定的方法。比如说水平营销的六大方法分别是:替换、去除、反转、夸张、组合、换序。
> 举个例子,比如说"情人节男士送女士玫瑰"这个焦点元素,我们运用六大工具进行水平思考,能得到如下创新结论:
> 替换:情人节专用的百合花。
> 去除:情人节不送玫瑰。
> 反转:一年中除了情人节剩下的每天都送玫瑰。
> 夸张:情人节送 999 朵玫瑰。
> 组合:情人节送玫瑰和彩妆。
> 换序:情人节由女士送男士玫瑰。
> 对水平思维最简单的描述是:你不能通过把同一个洞越挖越深,来实现在不同的地方挖出不同的洞。这里强调的是寻求看待事物的不同方法和不同路径。

2.3 水平营销的应用

水平营销的思考对于企业的营销部门无疑是重要的,正是在这个意义上,科特勒说,"伟大的产品是营销部门创造的"。在这个产品和技术可以低成本复制的营销时代,我们已经见证了太多的特定市场的同质化竞争,而借助水平营销,企业就可能在新的市场拔得头筹,因为创意是无法复制的。

水平营销,首先是选择一个焦点以便进行横向置换,然后通过横向置换以形成空白,最后则是考虑将空白之处联结起来,这就是水平营销之道。

如今的市场,垂直营销策略下各种细分至极限的产品已经将市场牢牢地连接在了一起,企业如何才能打破这个链条,突出重围呢?

首先,水平营销的跨度要足够大,否则就很容易走上垂直营销的老套路。只有具有相当的跨度，企业才能为产品创造一个足够大的市场空间，很多新的创意、新的机遇才会由此而生。企业要先看清自己所处的行业环境、同类企业的发展状况。正确运用六大工具才能取得出其不意的功效，产生极好的效果。

其次，水平营销所选择的结合点要有足够的高度，否则非但不能创造新的价值，反而可能使自己原有的品牌形象毁于一旦。比如，如果星巴克把结合点选作棋牌KTV，而非现在的商务休闲，今天的星巴克就不会是一个充满小资氛围的所在。

最后，任何策略上的安排都是次要的，最重要的是要抓住核心，做强自己。作为水平营销的根基，本业的壮大才是最根本的东西，这就如同，雅客V9首先是一种可以吃的糖果，而不是治病的维生素；星巴克首先提供的是咖啡，而非娱乐场所……

需要特别说明的是，水平营销并不否定纵向营销，科特勒认为，水平营销只是纵向营销的有益补充。水平营销的思考能够激发无数的可能性，但这些可能性最终需要在纵向营销的框架内进行分析和落实。实际上，营销本来就是艺术与科学的综合，按照科特勒的说法，营销随需应变，它无法严格按照科学的术语进行规范，不同的营销方式可能都是对营销不同侧面的正确理解。水平营销对于可能性的颠覆和发生正是营销艺术的体现，只是这种艺术思维最终还有赖于纵向营销的框定。

扫一扫
案例13-2-2
泰国康民医院
的创新

✉案例13-2-3

双汇水平营销引爆大创意

2003年，双汇集团运用水平营销的方法，成功研制出"西瓜火腿"，当一只只小小的、圆圆的西瓜火腿一改丑陋的、单调颜色的形象，而是身披着一条条绿油油、粗线条西瓜纹理外衣出现在消费者面前的时候，着实让消费者感觉到一抹鲜艳的色彩，小孩子们也因为发自内心地喜爱而去不自觉地触摸这个新的诞生物，成年人则会感叹于双汇在肉制品创新上达到的惊人成就。水平营销方法在产品研发和上市推广上的小试牛刀，给双汇集团产品研发以极大的信心和鼓舞。

2004年，双汇集团把高温肉制品升级换代的历史使命赋予在欧美市场上极为流行的热狗肠产品上，研发人员日夜不停地加紧研发适合中国消费者的热狗肠系列产品。热狗肠是西方欧美国家人们喜爱的肉食品，但对于中国消费者相对还比较陌生，原汁原味的欧美热狗肠不一定会受中国消费者的喜爱，那么在欧美热狗肠的基础上做怎样的改进和创新才能适合中国消费者的口味呢？研发人员进行了深入的思考，并深入市场一线了解消费者的潜在需求。在市场调查和深度的消费者访谈中，市场和研发人员发现儿童和年轻妇女作为热狗肠的主要消费群，在他们出入酒店用餐时，都喜欢点一道菜——松仁玉米，目标消费群对玉米有着特殊的喜爱和深厚的情感，水煮玉米棒每根高达四五元的价格仍然会有大批的爱好者手捧一只玉米津津有味地啃食！鲜嫩玉米除了清香、松软、柔滑且富有营养外，玉米富含植物纤维、能够健美和美容的功效更受到年轻女士的垂爱！如果将热狗肠和玉米建立联系一定会得到目标消费群的喜爱，市场和研发人员头脑中闪过一丝创意的火花。但在消费者意识中，传统意义上的热狗肠只是蛋白粉和鲜肉以一定比例结合的产物。热狗肠和玉米分属于两个明显不同的类别，它们之间存在着一个极大的鸿沟。

仅仅把玉米淀粉混入到蛋白粉中，消费者吃不到玉米的清香味、体味不到玉米的柔滑感觉。要让消费者真心喜爱添加玉米的热狗肠，就必须将采摘下不久的鲜冻玉米粒加入热狗肠中，且保持鲜嫩玉米粒的原型原色原味，这已经超越了传统细分市场的方法，而是水平营销中的一个大的跨越。而一个伟大的创意，一个足以给中国肉食品消费带来革命性变革的产品,就在这一个跨越的不经意间完成!

双汇玉米热狗肠创造了超乎消费者想象的好味道,消费者潜意识中无法满足的欲望得到了畅快淋漓的实现。双汇集团创造性地运用水平营销方法,在过度竞争、消费者越来越挑剔、新产品上市波澜不惊的情况下,打造出了一个令消费者痴迷的"热迷"产品,开创了肉食品的一个崭新类别,推动了企业产品结构的升级,更给企业带来了超额的利润回报,成为中国市场运用水平营销的一个成功典范。

(资料来源:双汇玉米肠:水平营销打造"热迷"品牌
锐管理在线,2007-01,作者:刘登义 有删减)

任务三 直复营销模式

扫一扫
阅读资料13-3-1
疫情期间微信拼团火爆

直复营销是20世纪80年代以来一个引人注目的概念,直复市场营销几乎适合于所有企业,适合于所有产品和服务,并且投资少、见效快、效果佳,企业既可以把直复市场营销作为主要业务,也可将之作为辅助手段,使企业营销锦上添花。

3.1 直复营销概述

3.1.1 直复营销的定义

直复营销源于英文词汇 Direct Marketing,即"直接回应的营销"。直复营销的"直"来自英文的"Direct",即直接的缩写,是指不通过中间分销渠道而直接通过媒体连接企业和消费者;直复营销中的"复"来自英文中的"Response",即"回复"的缩写,是指企业与顾客之间的交互,顾客对这种营销努力有一个明确的回复,企业可以统计到这种明确回复的数据,由此可对以往的营销效果做出评价。

直复营销是以营利为目的,通过个性化的沟通媒介或沟通方式向目标市场成员发布产品信息,以寻求对方直接回应的社会管理过程。

要准确了解直复营销,必须了解直复营销以下七个方面的基本含义。

(1)直复营销是一个销售系统。

这个销售系统是一个相互联系、相互影响、相互作用的体系,其目的是成功地将产品及其所有权由生产者转移到消费者手中,成为实际消费的对象。

(2)直复营销既是一种信息营销,又是一个互动的体系。

直复营销者与目标顾客之间是以"双向交流"的方式传递信息,而不是单向传播。营销者通过某个(或几个)特定的媒介向目标顾客传递产品或服务信息,顾客通过邮件、电话、在线等方式对企业进行回应、订购企业的产品或服务,或者要求提供进一步的信息。

(3)直复营销使直复营销人员有可能获得顾客的回应。

顾客可以通过如电话、邮件等多种方式将自己的反映回复给直复营销人员,直复营销人员据此提供产品或服务,总结营销中成功的经验和失败的教训,提高营销水平和成效。

(4)直复营销的双向交流不受时空限制。

只要有一种能有效联系直复营销人员和顾客的方式,那么,无论双方在空间上相距多远,无论购买活动在时间上发生与否,双向的信息交流都能顺利进行。

(5)直复营销的一切活动效果都是可以测定的。

在直复营销活动中,某一媒体使顾客产生的直接反应是很容易确定的,即能确切地知道产生回复的顾客的比例,知道回复的内容是什么,可以分多少种类,并可以对回复的信息进行分析、分类和储存。

（6）直复营销强调与顾客建立长远关系。

直复营销强调营销人员与顾客的关系并不因一次交易的终止而终止，而是要继续延续下去。直复营销人员将通过目标顾客的反应获得的信息，与顾客原来的相关信息一起存入数据库，作为下次活动的依据，通过分析目标顾客的有关数据，为下次直复营销活动制订计划和策略，实施后还要重新修订顾客的有关数据，以便于今后活动的开展。

（7）直复营销不等同于直接销售。

直接销售也称面对面的销售，是指销售方派出许多销售代表，直接和顾客达成交易的方式。其采用的主要方法是挨户访问销售和家庭销售会。部分学者倾向于把直接销售与直复营销一同归属于无店铺销售，也有学者认为如果放宽时空上的要求，并从信息传播者的角度来定义销售代表的话，直接销售应列为直复营销的一种。但无论如何，给两者画等号是错误的。

扫一扫

案例13-3-1
小米手机饥饿营销模式的成功

3.1.2 直复营销的特征

直复营销的特征主要包括以下几点。

（1）直复营销的指导思想是一种新型的市场营销观念。

直复营销的指导思想是坚持以消费者需要为导向，强调以比竞争者更有效的方式传递目标市场所期待的产品与服务，以满足消费者的各种需要。

（2）直复营销的个性化。

直复营销活动具有很强的目标指向性，即针对顾客个人的需要提出特殊的产品营销方案，再加上信息技术的应用，可以在广告信函的信息中发表具有个性化的信息，以"投其所好"。顾客的回应也是个性化的，以一对一为基础互动，使企业能够针对不同顾客个性的差异，采取不同的策略，以此来增强营销活动的人情味，建立起彼此间的良好关系。

（3）营销对象是明确的。

直复营销的对象就是具体的个人、家庭或企业，因此可以衡量，可以掌握，可以预测其规模和可能获得的利润。利用仔细挑选出来的顾客名单以及数据库中的一些信息，直复营销人员就能将其中有可能成为自己顾客的人作为目标顾客，然后与单个目标顾客或特定商业用户进行直接的信息交流。这种做法可以大大减少传统营销由于目标顾客不精确而造成的浪费。

（4）没有中间环节。

由于直复营销是一种顾客与企业互动式营销方式，目标顾客对企业发盘的回应是直接的，其订购产品一般也是通过直接渠道传递的。所以，直复营销没有中间环节，即直复营销企业与最终顾客之间的分销渠道层级为零。

（5）营销效果是具体可测的。

直复营销要求对企业发盘做出立即的回应，企业根据回应信息进行营销，因此，可以对营销成本、收入、利润进行比较精确的衡量。

（6）媒体选择具有弹性。

直复营销在媒体选择上，特别是对直接邮件的广告设计是非常具有弹性的，不管是广告的大小、颜色、格式，还是邮寄时间都可以根据直复营销人员的需要加以弹性处理。

（7）付费媒体是促销信息的传递手段，但媒体选择更具针对性。

直复营销是通过付费媒体传递商品或劳务信息，但信息的传递是针对该媒体受众的特点，甚至目标顾客的特性（姓名、电话号码、电子邮件等）进行有针对性的传递。

（8）广泛的适用性。

直复营销对于各种规模的企业都适用。对于实力雄厚的大企业，直复营销是其增加竞争优势的利器；对于资源有限的小企业，则是其到达目标市场，实现销售的良好渠道。

(9) 信息收集、促销与销售合而为一。

直复营销不管采取何种促销工具，这些工具都是有针对性地传递服务信息、具有促进销售及实现销售的功能，并且通过信息反馈而掌握大量的市场营销资料。这里，市场调查与广告、销售促进、人员销售三大促销工具紧密地结合起来，使虽然相关但却是相互分离的功能，在直复营销上得到了完全的统一，形成真正意义上的整体营销。

(10) 营销手段的隐秘性。

直复营销以"一对一"为基础，通过互联网、直邮、电话、目录等手段，在竞争对手不知晓的情况下进行，具有一定的隐蔽性。当竞争对手可能获知本企业直复营销战略时，本企业可能已经占领了市场，获得了销售。正是这种隐秘性，对于实现某种新的营销策略十分有效，免得营销策略在实验阶段就被对手察觉，引来对手的攻击。

通过对直复营销以上特征的分析，可以看出直复营销与传统市场营销的区别（如表13-3-1）。

表13-3-1 直复营销与传统市场营销的区别

项目	直复营销	传统市场营销
目标市场	以单个顾客为单位进行模仿，细分顾客的基础是顾客的名字、住址及其购买习惯	以目标顾客群为单位进行推telegram销，细分目标顾客群的基础是人口因素、心理因素等
决策信息	决策所需资料不全	决策所需要资料很全面
产品与生产	向每一位特定顾客提供"特殊"产品，实行定制化生产	向顾客提供标准化产品，实行大规模、标准化生产
媒体选择	主要利用针对性很强的媒体	利用大众媒体
广告	广告的目的是让消费者立即订货或查询	在于树立企业形象，引起顾客兴趣使顾客建立对品牌的忠诚等，顾客接受广告和采取购买行为之间有一段时间间隔
促销	促销手段具有隐藏性	促销手段比较公开
交流方式	双向信息交流，建立起个别的、长远的客户关系	单向信息传播建立一种普遍的客户关系
分销	通过媒体直接销售，产品具有送货上门服务带来的附加价值	通过流通渠道进行大规模分销，不具有送货上门的优点
竞争实质	分享顾客，以留住顾客为竞争重心	分享市场，以吸引顾客为竞争重心
营销控制	在产品被送到消费者手中的整个过程中，营销人员都能对产品实施很好的控制	产品一旦进入分销渠道，营销人员就无法对其控制
信任度	顾客感到受骗的可能性大，因产品无法看见	顾客感到受骗的可能性很小，因与产品的联系很直接

3.1.3 直复营销的主要方式

（1）网络营销。

网络营销是以电脑为载体，以互联网为媒体，向用户介绍网上商品并达到其销售目的的一种新型现代化的营销方式，它是直复营销中电子购物的一种典型形式。

（2）数据库营销。

数据库营销是一种交互式"营销方式"，它运用个性化营销媒体和渠道（如邮件、电话、销售队伍），建立个体顾客订购和询问方面的记录和数据库，来分析产品或服务，以更有效地满足顾客需要。

（3）直邮营销。

直邮营销是直接邮件营销的简称，包括直接邮购和目录营销。营销者用邮寄的方式，直接向消费者投寄直接邮件广告或产品目录，以此宣传产品和企业，并达到刺激消费者立即用信笺、电话或传真方式订购产品或劳务，或立即向直邮公司咨询的目的。

（4）电话营销。

电话营销是指直复营销人员用电话直接向消费者销售产品的营销形式。

（5）电视营销。

电视营销是指直复营销人员利用电视这一媒体直接向顾客销售其产品或服务的营销形式。在直复营销中，电视正在成为一个日益重要的媒体。电视营销是通过直接回应广告或通过设置专门的家庭购物频道，来推销产品及服务。

（6）其他媒体营销。

近年来，直复营销不仅规模在迅速扩大，而且手段和媒体也呈多样化的发展趋势，如电子购物、电话亭购物、上门直销、门到门直销等。

3.2　网络营销

3.2.1　网络营销概述

（1）网络营销概念。

网络营销（On-line Marketing 或 E-Marketing）是以国际互联网为基础，利用数字化的信息和网络媒体的交互性来辅助营销目标实现的一种新型市场营销方式。简单地说，网络营销就是以互联网为主要手段，为达到一定营销目的而进行的营销活动。网络营销产生于20世纪90年代，发展于20世纪末至今。网络营销产生和发展的背景主要有三个方面，即网络信息技术的发展、消费者价值观的改变和激烈的商业竞争。

（2）中国网络营销的现状。

在中国，网络营销起步较晚，到1996年才开始被我国企业尝试。1997—2000年是中国网络营销的起始阶段，电子商务快速发展，越来越多的企业开始注重网络营销。据商务部统计数据显示，2018年，我国电子商务交易额为31.63万亿元。

电商崛起于以淘宝网为代表的C2C平台，主要历经了三个阶段，2003—2008年，价格成为行业发展的最大驱动力；2008—2015年，随着天猫的上线，越来越多的品牌商开始拓展电商渠道；2015年以后，电商开始注重品质及用户体验，重视发展新技术，逐步从简单的人力、劳务输出模式转为规模型、人才技术密集型模式。

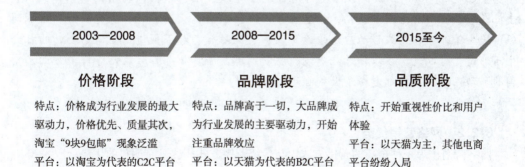

资料来源：前瞻产业研究院整理

图13-3-1　我国电子商务发展历程

随着科技水平的提高，人们的消费方式逐渐发生了转变，2013—2018年，我国电子商务交易规模持续扩大,据中国电子商务研究中心统计数据显示,2018年,我国电子商务交易额为31.63万亿元,较2017年增长8.5%。

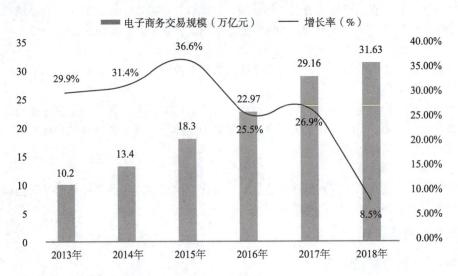

图13-3-2 中国电子商务2013—2018年交易规模(单位:万亿元,%)

目前,网络调研、网络广告、网络分销、网络服务、网上销售等网络营销活动,正异常活跃地介入企业的生产经营中。

> **阅读资料13-3-2**
>
> ## 中国已全面进入移动互联网时代
>
> 我国已全面进入移动互联网时代,据中国互联网络信息中心2017年7月发布的《第40次中国互联网络发展状况统计报告》显示,截至2017年6月底,我国网民规模已达7.51亿,其中手机网民规模达7.24亿,占96.3%,较去年年底增加2830万人。与此同时,移动互联网以其泛在、连接、智能、普惠等突出优势,在便民服务方面推动了消费模式共享化、终端设备智能化、应用场景多元化。据统计,我国移动应用程序总量已超过1000万款,移动支付用户规模超过5亿、手机外卖用户达到2.74亿、手机在线教育用户达到1.2亿,信息服务、消费娱乐、交通出行、教育医疗、金融商务、民生保障等各领域移动应用快速普及、交叉融合、相互促进,塑造了全新的社会生活形态。可以说,在基础设施建设、驱动经济发展、服务百姓生活等许多方面,中国的移动互联网发展都走在了世界前列。
>
> 证券时报网(www.stcn.com)2017年08月18日讯

扫一扫
案例13-3-2
天猫、苏宁、京东都可以买平价茅台了,1499元茅台遭秒杀

3.2.2 网络营销优势

网络营销作为一种全新的营销方式,与传统营销方式相比具有明显的优势。

(1)网络媒介具有传播范围广、速度快、无时间地域限制、无时间版面约束、内容详尽、多媒体传送、形象生动、双向交流、反馈迅速等特点,有利于提高企业营销信息传播的效率,增强企业营销信息传播的效果,降低企业营销信息传播的成本。

(2)网络营销无店面租金成本,且又能实现产品直销,能帮助企业减轻库存压力,降低经营成本。

(3) 国际互联网覆盖全球市场，通过它，企业可方便快捷地进入任何一国市场。网络营销更为企业架起了一座通向国际市场的绿色通道。

(4) 在网上，任何企业都不受自身规模的绝对限制，都能平等地获取世界各地的信息及平等地展示。

(5) 网络营销为传统营销组合注入新的内容。一般而言，适合在互联网上销售的产品具有以下特征：具有高科技感或与电脑相关、能推广不易设店贩卖的特殊产品，经由网络所提供的产品与服务主要在于信息的提供，除将产品性能、特点、品质、价格以及顾客服务内容充分加以显示外，更重要的是能针对个别需求做"一对一"的营销服务。网络交易的费用较低，但因交易形式多样化，价格弹性也大。网络营销的特性，符合顾客主导、成本低廉、使用方便、充分沟通的要求，能够促进 4C 与 4R 的实施。

> **阅读资料 13-3-3**
>
> ### 2019 双十一天猫淘宝成交总额
>
> 2019 天猫双 11 全天成交额为 2 684 亿元人民币，超过 2018 年的 2 135 亿元人民币，再次创下新纪录。
>
> 2019 年 11 月 11 日，"2019 双十一购物狂欢节"正式开始。天猫双 11 开场 14 秒销售额破 10 亿；1 分 36 秒成交额破 100 亿。17 分 06 秒，成交额超过人民币 571 亿元，超过 2014 年双 11 全天成交额。
>
> 扩展资料：2019 年双 11 成交额重要节点数据：14 秒，破 10 亿；1 分钟，超 65 亿；1 分 36 秒，超 100 亿；5 分 25 秒，超 300 亿；12 分 49 秒，超 500 亿元；17 分 06 秒，超 571 亿（超 2014 年双 11 全天成交额）；61 分 06 秒，超 912 亿（超 2015 年双 11 全天成交额）；1 小时零 3 分 59 秒，超 1 000 亿（2018 年用时 1 小时 47 分 26 秒）；14 小时 21 分 27 秒，超 2 000 亿元（比 2018 年提前 8 小时 7 分 10 秒）；16 小时 31 分 12 秒，超 2 135 亿元（超越 2018 年双 11 全天成交额）；2019 天猫双 11 全天成交额为 2 684 亿元人民币，超过 2018 年的 2 135 亿元人民币，再次创下新纪录。
>
> （资料来源：搜狐新闻 2019-11-12）

拓展学习13-3-1
历年双11淘宝
天猫业绩分析

3.2.3 网络营销的常用方法

(1) 搜索引擎营销。

搜索引擎营销（Search Engine Marketing，SEM）所做的就是全面而有效地利用搜索引擎来进行网络营销和推广。以最小的投入，获得最大的来自搜索引擎的访问量，并产生商业价值。

(2) 博客营销。

博客营销是通过博客网站或博客论坛接触博客作者和浏览者，利用博客作者个人的知识、兴趣和生活体验等传播商品信息的营销活动。博客营销不直接推销产品，而是通过影响消费者的思想来影响其购买行为。如某相机厂商赞助某知名摄影博客，并向其灌输自己相关产品的内容，而后这些产品以该博客为源头传播开来，影响其他摄影爱好者和相机用户。专业博客往往是所属专业圈子的意见领袖，他们的一举一动往往被其他人模仿和追逐。

(3) 网上商店。

建立在第三方提供的电子商务平台上、由商家自行经营网上商店，如同在大型商场中租用场地开设商家的专卖店一样，是一种比较简单的电子商务形式。网上商店除了通过网络直接销售产品这一基本功能之外，还是一种有效的网络营销手段。从企业整体营销策略和顾客的角度考虑，网上商店的作用主要表现在两个方面：一方面，网上商店为企业扩展网上销售渠道提供了便利的条件；另一方面，建立在知名电子商务平台上的网上商店增加了顾客的信任度。从功能上来说，网上商店对不具备电子商务功能的企业网站也是一种有效的补充，对提升企业形象并直接增加销售具有良好效果，尤其是将企业网站与网上商店相结合，效果更为明显。

（4）病毒营销。

病毒营销并非真的以传播病毒的方式开展营销，而是通过用户的口碑宣传网络，信息像病毒一样传播和扩散，利用快速复制的方式传向数以千计、万计甚至百万计的受众。病毒营销的经典范例是2008年3月24日可口可乐公司推出的火炬在线传递。现在，几乎所有的免费电子邮件提供商都会采取类似的推广方法。

（5）网络营销联盟。

网络营销联盟目前在中国还处于萌芽阶段，在国外已经很成熟了，1996年亚马逊通过这种新方式取得了成功。网络营销联盟包括三个要素：广告主、网站主和广告联盟平台。广告主按照网络广告的实际效果（如销售额、引导数等）向网站主支付合理的广告费用，节约营销开支，提高企业知名度，扩大企业产品的影响，提高网络营销质量。

（6）论坛营销。

互联网诞生之初就产生了网络论坛。经过多年的发展，论坛作为一种网络平台，越来越具有活力。当论坛作为新鲜媒体出现时，就有企业在论坛里发布产品信息，企业利用论坛这种网络交流平台，通过文字、图片、视频等方式发布产品和服务信息，从而让目标客户更加深刻地了解企业的产品和服务，最终达到宣传企业的品牌、加深市场认知度的目的。

任务四　关系营销模式

巴巴拉·本德·杰克逊为美国著名学者、营销学专家。1985年，他提出了关系营销的概念，使人们对市场营销理论的研究，又迈上了一个新的台阶。关系营销理论一经提出，迅速风靡全球，杰克逊也因此成了美国营销界备受瞩目的人物。他对经济和文化都有很深入的研究。科特勒评价说："杰克逊的贡献在于，他使我们了解到关系营销将使公司获得较之其在交易营销中所得到的更多。"

今天，人们对关系营销的讨论和关系营销的实践，已从单纯的顾客关系扩展到了企业与供应商、中间商、竞争者、政府、社区等的关系。这样，关系营销的市场范围就从顾客市场扩展到了供应商市场、内部市场、竞争者市场、分销商市场、影响者市场、招聘市场等，从而大大地拓展了传统市场营销的含义和范围。

4.1　关系营销概述

4.1.1　关系营销定义

关系营销是以系统论为基本思想，将企业置于社会经济大环境中来考察企业的市场营销活动，认为营销乃是一个与消费者、竞争者、供应者、分销商、政府机构和社会组织发生互动作用的过程。其核心是建立和发展与这些公众的良好关系。

关系营销将建立与发展同所有利益相关者之间的关系作为企业营销的关键变量，把正确处理这些关系作为企业营销的核心。

4.1.2　关系营销与传统的交易营销的区别

它们在对待顾客上的不同之处主要在于：

（1）交易营销关注的是一次性交易，关系营销关注的是如何保持顾客。

（2）交易营销较少强调顾客服务，而关系营销则高度重视顾客服务，并借顾客服务提高顾客满意度，培育顾客忠诚度。

（3）交易营销往往只有少量的承诺，关系营销则有充分的顾客承诺。

（4）交易营销认为产品质量应是生产部门所关心的，关系营销则认为所有部门都应关心产品质量问题。

（5）交易营销不注重与顾客的长期联系，关系营销的核心就在于发展与顾客的长期、稳定关系。关系营销不仅将注意力集中于发展和维持与顾客的关系，而且扩大了营销的视野，它涉及的关系包含了企业与其所有利益相关者间所发生的所有关系。

4.1.3　关系营销的本质特征

（1）双向沟通。

社会学认为关系是信息和情感交流的有效渠道，良好的关系即渠道通畅，恶化的关系即渠道阻滞，中断的关系则是渠道堵塞。在关系营销中，沟通应该是双向而非单向的。只有广泛地信息交流和信息共享，才可能使企业赢得各个利益相关者的支持与合作。

（2）合作。

一般而言，关系有两种基本状态，即对立与合作。只有通过合作才能实现协同，因此合作是"双赢"的基础。在竞争性的市场上，明智的营销管理者应强调与利益相关者建立长期的、彼此信任的、互利的关系。

（3）双赢。

关系营销的基础在于交易双方相互之间有利益上的互补。如果没有各自利益的实现和满足，双方就不会建立良好的关系。关系营销旨在通过合作增加关系各方的利益，而不是通过损害其中一方或多方的利益来增加其他各方的利益。

（4）亲密。

关系能否得到稳定和发展，情感因素也起着重要作用。因此关系营销不只是要实现物质利益的互惠，还必须让参与各方能从关系中获得情感的需求满足。

（5）控制。

关系营销要求建立专门的部门，用以跟踪顾客、分销商、供应商及营销系统中其他参与者的态度，由此了解关系的动态变化，及时采取措施消除关系中的不稳定因素和不利于关系各方利益共同增长的因素。

此外，通过有效的信息反馈，也有利于企业及时改进产品和服务，更好地满足市场的需求。

4.1.4　关系营销的中心目标——顾客忠诚

顾客忠诚之所以受到企业高度重视，是因为忠诚的顾客会重复购买。有关顾客忠诚的理论最早可以追溯到1947年由美国学者塞利弗和肯切尔在研究社会判断理论时提出的"涉入理论"。该理论后来在营销学中被应用于研究消费者行为，其主要贡献是区分了品牌忠诚和品牌惰性：在低涉入情况下重复购买同一品牌的现象被称为品牌惰性；高涉入情况下的重复购买被称为品牌忠诚。品牌惰性不能称为品牌忠诚，是因为低涉入顾客只是出于方便省事而进行习惯性购买，而不像品牌忠诚那样对其认同的品牌具有强烈的偏好。

顾客忠诚的前提是顾客满意，而顾客满意的关键条件是顾客需求的满足。早期的顾客满意理论建立的"期望未确认模型"主要集中于期望对顾客满意的影响，而忽略了对满意的基本决定因素——满意的研究。对顾客满意研究的最新进展是斯普林格、麦肯齐和奥尔沙夫斯基通过实验和数理分析，重新检验了形成顾客满意的决定因素之后所建立的顾客满意理论模型。这一模型认为，当顾客把他们对产品或服务绩效的感知与欲望和期望相比较时，

扫一扫

阅读资料13-4-1:
灿坤跨国集团的失败

就能决定欲望是否会产生。三位营销学者提出并讨论了导致顾客全面满意的七个因素相互间的联系。新模型确认了期望、欲望与感知绩效的差异程度是产生满意感的来源，期望一致和欲望一致程度越高，属性满意和信息满意的程度也越高，以最终达到对产品和服务的全面满意。

4.2 关系营销的市场模型

关系营销的市场模型概括了关系营销的市场活动范围。关系营销把一切内部和外部利益相关者都纳入研究范围，并用系统的方法考察企业所有活动及其相互关系。在"关系营销"概念里，一个企业必须处理好与下面几个子市场的关系。如图 13-4-1 所示。

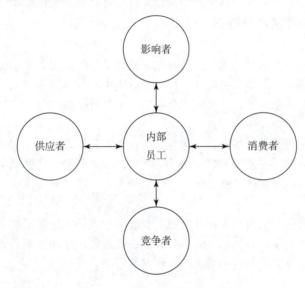

图 13-4-1 企业营销基本关系

企业与利益相关者结成休戚与共的关系。企业的发展要借助利益相关者的力量，而后者也要通过企业来谋求自身的利益。

4.2.1 企业内部市场关系

内部营销起源于把员工当作企业的市场。明智的企业高层领导，心中应装有"两个上帝"：一个"上帝"是顾客，另一个"上帝"是员工。任何一家企业，要想让外部顾客满意，它首先得让内部员工满意。只有工作满意的员工，才可能以更高的效率为外部顾客提供更加优质的服务，并最终让外部顾客感到满意。内部市场不只是企业营销部门的营销人员和直接为外部顾客提供服务的其他服务人员，它包括所有的企业员工。企业要尽力满足员工的合理要求，提高员工的满意度和忠诚度，为关系营销奠定良好的基础。

4.2.2 竞争者市场关系

企业所拥有的资源条件不尽相同，往往是各有所长、各有所短，为有效地通过资源共享实现发展目标，企业要善于与竞争对手和睦相处，并和有实力、有良好营销经验的竞争者进行合作。种种迹象表明，现代竞争已发展为"协作竞争"，在竞争中实现"双赢"的结果才是最理想的战略选择。

4.2.3 顾客市场关系

顾客是企业存在和发展的基础，市场竞争的实质是对顾客的争夺。企业在争取新顾客的同时，还必须重视留住顾客，培育和发展顾客忠诚。研究表明，通常争取一位新顾客所需花费往往是留住一位老顾客所花费用的 6 倍。

4.2.4 供应商市场关系

因分工而产生的渠道成员之间的关系,是由协作而形成的共同利益关系。与供应商的关系决定了企业所能获得的资源数量、质量及获得的速度。企业与供应商必须结成紧密的合作网络,进行必要的资源交换。另外,公司在市场上的声誉也是部分地来自供应商所形成的关系。

合作伙伴虽也存在矛盾,但相互依赖性更为明显。企业必须广泛建立与供应商、经销商之间密切合作的伙伴关系,以便获得来自供销两个方面的有力支持。

4.2.5 影响者市场关系

各种金融机构、新闻媒体、公共事业团体以及政府机构等,它们与企业都存在着千丝万缕的联系,对于企业的生存和发展都会产生重要的影响。因此,企业有必要把它们作为一个市场来对待,并制定以公共关系为主要手段的营销策略。

4.3 关系营销的具体策略

关系营销是与关键顾客建立长期的令人满意的业务关系的活动,应用关系营销最重要的是掌握与顾客建立长期良好业务关系的种种策略。

4.3.1 设立顾客关系管理机构

建立专门从事顾客关系管理的机构,选派业务能力强的人任该部门总经理,下设若干关系经理。总经理负责确定关系经理的职责、工作内容、行为规范和评价标准,考核工作绩效。关系经理负责一个或若干个主要客户,是客户所有信息的集中点,是协调公司各部门做好顾客服务的沟通者。关系经理要经过专业训练,具有专业水准,对客户负责,其职责是制订长期和年度的客户关系营销计划,制定沟通策略,定期提交报告,落实公司向客户提供的各项利益,处理可能发生的问题,维持同客户的良好业务关系。建立高效的管理机构是关系营销取得成效的组织保证。

> 阅读资料13-4-1
>
> **联想的全面服务的策略**
>
> 联想把帮助顾客使用好购买的电脑看作自己神圣的职责,在"龙腾计划"中提出了全面服务的策略:一切为了用户,为了用户的一切,为了一切的用户。联想在全国104个城市设有140多家联想电脑服务站,保证遍布全国的联想电脑用户都能接受到完善、周到、快捷的服务。为提高服务人员的服务质量,联想制定了持证上岗制度,公司的维修人员上岗都必须经过考试,拿到上岗证方可上岗,对提高维修水平起到了很好的保障作用。
>
> (资料来源:《IT经理世界》,1999年第13期)

4.3.2 个人联系

个人联系即通过营销人员与顾客的密切交流增进友情,强化关系。如经常邀请客户的主管经理参加各种娱乐活动,使双方关系逐步密切;记住主要顾客及其夫人、孩子的生日,并在生日当天赠送鲜花或礼品以示祝贺;设法为爱养花的顾客找来优良花种和花肥;利用自己的社会关系帮助顾客解决孩子入托、升学、就业等问题。

通过个人联系开展关系营销的缺陷是:易于造成企业过分依赖长期接触顾客的营销人员,增加管理的难度。因此该策略运用时应注意适时地将企业联系建立在个人联系之上,通过长期的个人联系达到企业亲密度的增强,最终建立企业间的战略伙伴关系。

4.3.3 频繁营销规划

频繁营销规划也称为老主顾营销规划,指规划设计向经常购买或大量购买的顾客提供奖励。奖励的形式有折扣、赠送商品、奖品等。通过长期的、相互影响的、增加价值的关系,确定、保持和增加来自最佳顾客的产出。如航空公司、酒店和信用卡公司经常采用的累积消费奖励。

4.3.4 俱乐部营销规划

俱乐部营销规划指建立顾客俱乐部,吸收购买一定数量产品或支付会费的顾客成为会员。在我国由于顾客俱乐部形式较为少见,受到邀请的顾客往往感到声誉、地位上的满足,因此很有吸引力。企业不但可以借此赢得市场占有率和顾客忠诚度,还可提高企业的美誉度。如海尔俱乐部为会员提供各种亲情化、个性化服务,广受欢迎,2000年年底就已达7万名会员和800万名准会员,为企业建立了庞大的顾客网。

4.3.5 顾客化营销

顾客化营销也称为定制营销,是根据每个顾客的不同需求制造产品并开展相应的营销活动。其优越性是通过提供特色产品、优异质量和超值服务满足顾客需求,提高顾客忠诚度。依托现代最新科学技术建立的柔性生产系统,可以大规模、高效率地生产非标准化或非完全标准化的顾客化产品,成本增加不多,使企业能够同时接受大批顾客的不同订单,并分别提供不同的产品和服务,在更高的层次上实现"产销见面"和"以销定产"。实行顾客化营销的企业要高度重视科学研究、技术发展、设备更新和产品开发;要建立完整的顾客购物档案,加强与顾客的联系,合理设置售后服务网点,提高服务质量。

4.3.6 数据库营销

顾客数据库指与顾客有关的各种数据资料。数据库营销指建立、维护和使用顾客数据库以进行交流和交易的过程。数据库营销具有极强的针对性,是一种借助先进技术实现的"一对一"营销,可看作顾客化营销的特殊形式。数据库维护是数据库营销的关键要素,企业必须经常检查数据的有效性并及时更新。

4.3.7 退出管理

"退出"指顾客不再购买企业的产品或服务,终止与企业的业务关系。退出管理指分析顾客退出原因,相应改进产品和服务以减少顾客退出。退出管理可按照以下步骤进行。

(1) 测定顾客流失率。

(2) 找出顾客流失的原因。

按照退出的原因可将退出者分为以下几类:价格退出者,指顾客为了较低价格而转移购买;产品退出者,指顾客找到了更好的产品而转移购买;服务退出者,指顾客因不满意企业的服务而转移购买;市场退出者,指顾客因离开该地区而退出购买;技术退出者,指顾客转向购买技术更先进的替代产品;政治退出者,指顾客因不满意企业的社会行为或认为企业未承担社会责任而退出购买,如抵制不关心公益事业的企业,抵制污染环境的企业;等等。企业可绘制顾客流失率分布图,显示不同原因的退出比例。

(3) 测算流失顾客造成的公司利润损失。

流失单个顾客造成的公司利润损失等于该顾客的终身价值,即终身持续购买为公司带来的利润。

(4) 确定降低流失率所需的费用。

如果这笔费用低于所损失的利润,就值得支出。

(5) 制定留住顾客的措施。

造成顾客退出的某些原因可能与公司无关,如顾客离开该地区等,但由于公司或竞争者的原因而造成的顾客退出，则应引起警惕，采取相应的措施扭转局面。

企业应经常性地测试各种关系营销策略的效果、营销规划的长处与缺陷、执行过程中的成绩与问题等，持续不断地改进规划，在高度竞争的市场中建立和加强顾客忠诚。

实施关系营销是一项系统工程，必须全面、正确理解关系营销所包含的内容，要实现企业与顾客建立长期稳固关系的最终目标，离不开建立与关联企业及员工良好关系的支持。企业与顾客的关系是关系营销中的核心，建立这种关系的基础是满足顾客的真正需要，实现顾客满意，离开了这一点，关系营销就成了无源之水，无本之木。要与关联企业建立长期合作关系，必须从互惠互利出发，并与关联企业在所追求的目标认识上取得一致。高福利并不一定能实现企业与员工的良好关系，真心关怀每个员工才能有效激发他们的工作热情和责任心，从而为实现企业的外部目标提供保证。

案例13-4-1
马狮百货关系营销经典案例

任务五　概念营销模式

21世纪是一个物质生活极其丰富的时代，在这样一个全新的营销环境下，产品及技术的同质化越来越严重，如何发挥差异化营销理论的优势？在实践中人们探索出了一种新的营销模式——概念营销。

5.1　概念营销概述

5.1.1　概念营销的含义

所谓概念营销，是指企业在市场调研和预测的基础上，将产品或服务的特点加以提炼，创造出某一具有核心价值理念的概念，通过这一概念向目标顾客传播产品或服务所包含的功能取向、价值理念、文化内涵、时尚观念、科技含量等，从而激发目标顾客的心理共鸣，最终促使其购买企业产品的一种营销新理念。也就是说指企业将市场需求趋势转化为产品项目开发的同时，利用说服与促销，提供近期的消费走向及其相应的产品信息，引起消费者关注与认同，并唤起消费者对新产品期待的一种营销观念或策略。概念营销着眼于消费者的理性认知与积极情感的结合，通过导入消费新观念来进行产品促销。目的是使消费者形成新产品及企业的深刻印象，建立起鲜明的功用概念、特色概念、品牌概念、形象概念、服务概念等，以增强企业的竞争性实力。

视频13-5-1
27层净化

感想与启发
13-5-1
了不起的27层净化

概念营销的核心要义在于：它必须是企业市场营销策略、消费需求因素及产品利益概念的结合，否则概念的制造是毫无意义的，甚至是有点多余的。只有复合了企业本身的营销策略和产品利益，并且对接了消费者的需求，这样的概念才能最终启动市场消费的狂潮。比如说农夫果园提出的"喝前摇一摇"，既复合了企业高浓度果汁的营销策略，又突出了产品30%混合果汁的利益点，同时也对接了消费者对于高浓度果汁的需求。很好地引导了市场的潮流，创造了全新的果汁市场消费潮流。

5.1.2　概念营销的社会背景和理论基础

概念营销是20世纪90年代新兴的一种营销方式。概念营销的兴起，有其深刻的社会背景和理论基础。

（1）产品高度同质化。

在产品差异性日益缩小的高度同质化的今天，消费者很难对产品有清晰了解并做出合理选择。总结、提升出一种能让消费者快速、深刻记住企业对产品诉求的好方法并将企业产品最具差异化、最简单易记的品牌核心诉求提炼出来，并通过传播将其渗透到消费者的记忆深处，建立起难以消除的信息据点，这个据点就是企业的产品在消费者心中的位置，也决定着产品在市场上的品牌地位。概念营销是在产品同质条件下的一柄利器，通过塑造

名家论点13-5-1
唐·E. 舒尔茨论"概念营销"

概念为产品的有形同质构造无形差异,进而赢得消费者,赢得市场竞争。

(2) 不完全的信息博弈论。

在信息爆炸的社会里,有限的注意力与无限的信息构成了一双矛盾。在专业不断深化的情况下,人们对非专业知识的最新进展很难深入了解,在不完全信息博弈中必须进行信息披露,抓住产品或行业发展的线索,提出一个既反映商品特性又朗朗上口的概念,先吸引注意力再解释,就成为一条有效的途径。从某种意义上讲,概念营销就是通过塑造核心概念来吸引眼球,是一种典型的注意力经济。

(3) 消费心理的可影响性。

概念营销对消费的作用就在于企业可利用它来引导消费观念进而创造需求。最高明的概念是"直指人心"的,它和人类的基本情感、道德观念完全一致,属于"最接近真理的事实",能够使绝大多数人产生情感和心理共鸣,从而成为企业的忠实顾客。

(4) 因应竞争升级与个性需求

伴随着竞争激烈程度增加,低层次的营销方式已无法赢得市场,概念营销理念也就应运而生。同时,个性需求引发了个性化营销,而如何实施个性化营销?概念营销是一种重要选择方式,通过概念营销可以把消费者的这种个性需求加以彰显。

5.2 产品概念的创造与提炼

作为一种创新的营销方式,概念营销是 USP 广告法则的巧妙运用,即用有特色的产品与服务赢得市场。然而,概念并不能凭空捏造,通常概念在尚未提出之前,人们便有了相关的潜在或显在需求。从本质上说,概念营销是一种整合营销策略,它是在对市场需求进行科学预测的基础上,通过为产品注入一个轴心概念,在顾客心目中树立起本产品区别于同类产品的突出利益点,促使顾客接纳此概念,进而产生购买。既然概念营销是突破同质化市场营销环境的最好手段,那么经营者在营销实践中要善于提炼和创造品牌的概念,以概念先行,开拓属于自己的市场。

5.2.1 分析市场环境和产品特点,提炼产品概念

扫一扫
案例13-5-1
海尔"氧吧"空调

概念的创造是在一个动态的市场环境中进行的,环境的变化要求企业能够不断地改变营销策略以适应市场发展。概念的创造要以将来的市场环境的发展趋势为着眼点,以产品为基础。一般来说,概念包括科技概念、特色概念、新闻概念三类。

(1) 科技概念是指以一定的科技发明或创新为基础,针对某一突出的特点结合消费者的需求而提出的概念,如"变频空调""纳米材料"等。

(2) 特色概念是强调产品区别于同类产品的突出之处,迎合消费者的一种特别期待。如果要赋予用途相同的产品一种概念,必须以一定的改进为基础。

> **案例 13-5-2**
>
> ## 白加黑——治疗感冒,黑白分明
>
> 1995年,"白加黑"上市仅180天销售额就突破1.6亿元,在拥挤的感冒药市场上分割了15%的份额,登上了行业第二品牌的地位,在中国内地营销传播史上,堪称奇迹。
>
> 一般而言,在同质化的市场中,很难发掘出"独特的销售主张"(USP)。感冒药市场同类药品甚多,市场呈高度同质化状态,而且无论中、西成药,都难以做出实质性的突破。康泰克、丽珠、三九等"大腕"凭借着强大的广告攻势,才各自占领一块地盘,而盖天力这家实力并不十分雄厚的药厂,竟在短短半年里就后来居上,关键在于其崭新的产品概念。

"白加黑"是个了不起的创意！看似简单，只是把感冒药分成白片和黑片，并把药中的镇静剂"扑尔敏"放在黑片中；实则不简单，它不仅在外观上与竞争品牌形成很大的差别，更重要的是它与消费者的生活形态相符合，达到了引发联想的强烈传播效果。

在广告公司的协助下，"白加黑"确定了干脆简练的广告口号"治疗感冒，黑白分明"，所有的广告传播的核心信息是"白天服白片，不瞌睡；晚上服黑片，睡得香"。产品名称和广告信息都在清晰地传达产品概念。

（资料来源：全球品牌网，2008-01-23，作者：李士福）

（3）新闻概念主要是借媒体对热点事件新闻、新奇概念的炒作来吸引大量的注意力，从而造成商机。

非转基因食品是通过自然界优胜劣汰选择基因的变化，从而消除了转基因食品对人体可能造成的潜在危害，长期食用，安全可靠。转基因食品指的是将某些物种所呈现出优秀性状的基因，转入可满足人类生存需求的动、植物、微生物基因组中，以使物种表现出其自身缺乏的优秀性状。在基因转入过程中，由于不可预见的基因突变，可能会转化为会对人体产生危害的有毒蛋白质等诸多因素，所以涉及到转基因的安全问题。

非转基因大豆油，最最健康的食用油！

扫一扫

案例13-5-3
九三非转基因
大豆油

非转基因大豆是通过自然界优胜劣汰选择基因的变化。从而消除了转基因食品对人体可能造成的潜在危害。期食用。安全可靠。生活中常见各类转基因大豆油，在各大超市挑选食用油，要注意是否是转基因大豆制作，尽量食用非转基因大豆压榨类食用油。

阅读资料13-5-1
转基因大豆与消费者担忧

5.2.2 分析消费者心理和目标顾客的需求特性，提炼产品概念

消费者心理需求及其观念的变化直接影响消费行为。洞察消费者的需求变化，捕捉消费者的消费心态才能从中寻找到顺应消费趋势与消费能力的促销新概念。如随着消费者生态环境意识的加强，绿色消费渐成时尚，因此，绿色概念成为许多产品市场营销的亮点。所以，企业在设计概念之前，必须考虑消费者的价值判断体系，针对不同的消费者提出不同的概念。

> **案例 13-5-4**
>
> **脑白金——吆喝起中国礼品市场**
>
> 在中国，如果谁提到"今年过节不收礼"，随便一个人都能跟你说"收礼只收脑白金"。脑白金已经成为中国礼品市场的第一代表。
>
> 睡眠问题一直是困扰中老年人的难题。有资料统计，国内至少有70%的妇女存在睡眠不足现象，90%的老年人经常睡不好觉。"睡眠"市场如此之大，然而，在红桃K携"补血"、三株口服液携"调理肠胃"概念创造中国保健品市场高峰之后，在保健品行业信誉跌入谷底之时，脑白金单靠一个"睡眠"概念不可能迅速崛起。
>
> 作为单一品种的保健品，其在极短的时间启动市场，并登上中国保健品行业"盟主"的宝座，引领保健品行业长达五年之久。其成功的最主要因素在于找到了"送礼"的轴心概念。
>
> 中国，礼仪之邦。在人际交往中产生种种送礼行为，礼品市场何其浩大。脑白金的成功，得益于"定位第一"法则，第一个把自己明确定位为"礼品"——以礼品定位引领消费潮流。
>
> （资料来源：全球品牌网，2008-01-23，作者：李士福）

5.2.3 加强研究，把握规律

概念的提炼和创造，要遵循客观规律，不能凭空捏造，否则为概念而概念，不仅达不到吸引注意、产生需求的目的，反而会适得其反，事与愿违。产品概念的提炼可分为三个层次。

（1）文化层次。概念的提炼往往需要非常完善的企业文化支撑和事实支持，如果没有这些支持，再美丽的语言也只能是"镜花水月"。比如雀巢咖啡的"味道好极了"、娃哈哈非常可乐的"中国人自己的可乐"等这样的表述都能让人产生共鸣和认同。

（2）产品层次。立足产品特点，从产品本身以及衍生出来、带给消费者的利益关系、情感体验和社会满足感出发，提炼产品概念，使其具有"群众基础""文化基础""历史基础"或者"环境基础"。比如伊利的"来自大草原的好牛奶"，则是把产品利益和"自然"关联，努力去"接近真理"，去追求企业营销的新境界。

（3）制造层次。即无中生有或生拉硬拽地去人为创造一个概念出来，想以此博得受众眼球。这个层次虽然也有一些经典案例，但是往往被不负责任的企业做成"忽悠和欺诈"，使营销被社会道德所唾弃。舒肤佳继提出"杀菌"概念之后，面对非典等公共传播疾病给人们带来的恐慌情绪，2006年，毫无科学根据的盲目提出舒肤佳变异细菌也能杀死的概念（"有了舒肤佳，变异细菌我不怕"），就招致了广泛质疑，造成负面影响，成为反面教材。

阅读资料13-5-2
舒服佳新广告词引来质疑

5.2.4 把握时机，适时提出概念

（1）当一种产品进入一个新的目标市场时，企业可以用概念营销来打开市场。1992年

3月,"舒肤佳"进入中国香皂市场并能后来居上,其成功关键点就是它找到了一个新颖而准确的"除菌"概念。

(2) 当一种产品面临竞争者的挑战时,企业可以用新概念营销来巩固并开辟市场。如2003年年初海尔推出的"氧吧空调"就打破了"价格战"的怪圈,在遭受"非典""凉夏"、原材料涨价等多重"压迫"的2003年表现不俗,实现了又一次超越。

(3) 当新产品进入市场时,企业可以用概念营销来推进。目前,市场上的多数消费者还缺乏明确的消费观念,基本上处于产品概念不稳定的磨合期。企业要适应消费者需求、创造新的需求并顺势推出自己的产品,必须在开发产品的同时,加强与消费者观念上的沟通,理顺或改变消费者观念认知,强化消费者尝试性欲望,通过概念营销营造出一种买卖者互利需求的氛围,从而谋求最有利的销售条件。

✉ 案例 13-5-5

采乐去屑,挖掘药品新卖点

在漫漫10年的时间里,以营养、柔顺、去屑为代表的宝洁三剑客潘婷、飘柔、海飞丝几乎垄断了中国洗发水市场的大部分份额。想在洗发水领域有所发展的企业无不被这三座大山压得喘不过气来,无不生存在宝洁的阴影里难见天日。后来的"舒蕾""风影""夏士莲""力士""花香"等更让诸多的洗发水品牌难以突破。采乐"出山"之际,国内去屑洗发水市场已相当成熟,从产品的诉求点看,似乎已无缝隙可钻。而西安杨森生产的"采乐"去头屑特效药,上市之初便顺利切入市场,销售量节节上升,成为一枝独秀。

"采乐"的突破口便是治病。它的成功主要来自产品创意,把洗发水当药来卖,同时,基于此的别出心裁的营销渠道"各大药店有售"也是功不可没。

去头屑特效药,在药品行业里找不到强大的竞争对手,在洗发水的领域里更如入无人之境!采乐找到了一个极好的市场空白地带,并以独特产品品质,成功地占领了市场。

"头屑是由头皮上的真菌过度繁殖引起的,清除头屑应杀灭真菌;普通洗发只能洗掉头发上头屑,我们的方法,杀灭头发上的真菌,使用8次,针对根本。"

以上独特的产品功能性诉求,有力地抓住了目标消费者的心理需求,使消费者要解决头屑根本时,忘记了去屑洗发水,想起了"采乐"。

(资料来源:全球品牌网,2008-01-23,作者:李士福)

5.2.5 概念的创造一定要体现"轴心"

创意必须具备三个特征:一是概念必须包含特定的商品利益,能够促进销售,没有商品利益的创意是无效的,创意再好,如果不能给企业带来销售利益,也是徒劳;二是创造的概念必须独特,如果创意是别人可以轻而易举模仿的或者是别人以前用过的类似版本,则不可真正称之为创意;三是创造的概念必须单纯准确,让人一眼看明白很重要,否则你将失去机会,因为没有人会像审视艺术品一样审视你的概念。"概念"的得出应具备某种客观合理性。基于产品本身的特性赋予其新概念等于赋予了产品新的生命,也赋予了消费者一个热爱你产品的新理由。

5.3 概念创造的原则

(1) 创造显著的差异性,建立自己的个性。

创造差异性是凸显自己产品存在的首要的因素,没有差异点,就不会产生记忆点。

"农夫山泉有点甜"对此做出了很高明的应对。当别的同类产品都在表现各自如何卫生、高科技、时尚的时候,农夫山泉不落俗套,独辟蹊径,只是轻轻却又着重地点到产品的口味,也仅仅是"有点甜",就形成了非常明显的差别,使自己的产品具有了鲜明的个性。

(2)力求简单,只要一点,容易记忆。

消费者的记忆能力是有限的,而市场中各种产品的信息相对而言是无限的。面对铺天盖地的产品信息,消费者只愿意也只能够记住简单的信息,越简单越容易记忆。如农夫果园的"农夫果园,喝前摇一摇"的广告诉求,使产品深入人心,起到了一两拨千斤的效果。

(3)符合产品特性,突出产品品质。

名副其实才能盛名不衰,越是真实的就越有力量。企业要始终知道自己产品的特性并使其成为消费者对产品的核心记忆点。如舒肤佳"有效去除细菌,保持家人健康";潘婷"含维他命原B_5,拥有健康,当然亮泽";伊利"来自大草原的好奶"等。

(4)针对消费者,让他们感觉美好。

要创造让人感觉美好的记忆点,赢得消费者的好感,才会有好的产品。如当年孔府家酒的"孔府家酒,让人想家"就是成功的典范。"家"在国人心中是美好和让人感动的,而一种能让人想家的酒必然会给国人一番特殊的感觉。

扫一扫
孔府家酒让人想家

5.4 概念营销的传播

企业的市场营销传播,要抓住受众的关注点,诉求要简洁、明确,尽量以受众最关心的问题作为诉求重点,这样就能很快地抓住受众的心理。阐述或传播大而全的信息点,不但会混淆受众的视听,而且会使传播失去重心,起到适得其反的作用。

5.4.1 广告传达概念

媒体广告是概念营销有效传播的基本渠道。它可以在满足消费者的视觉流程和阅读心理的基础上去制造视觉中心,让概念更具震撼力。跨国公司进入中国市场的策略有一点十分相似,都普遍采用"概念先行"的营销策略,在各种媒体上大力宣传。在推出一种新产品之前,跨国公司往往会先提出一种消费理念、一种价值观。当年,洋牌子牙膏在中国还没上市前,"含氟、含钙、坚固保护"的概念就早已通过媒体渗透到消费者内心。一些洋牙膏就靠这种人们看重的科学概念打入我国市场。因此,使用媒体宣传的方式传播概念并尽快裹出大市场,是概念营销的成功之路。

5.4.2 销售促进提升概念

从受众的接受程度来看,广告宣传的最高境界是口碑广告。采用销售促进,借消费者之口进行传播,更能增加产品的可信度和美誉度。通过各种销售促进方式,企业能以强烈的刺激首先争取到一部分消费者的试用,良好的品质、诱人的概念会使试用者首先打破原有的品牌或产品习惯,并由口碑宣传迅速打开产品的销路。

5.4.3 公共关系服务概念

扫一扫
阅读资料13-5-3 农夫山泉概念营销的玩家

公关是传达企业经营观念、实现与公众沟通、树立与美化企业形象的主要途径,企业所宣传的概念特别是形象概念、符号概念往往最能通过企业与相关公众的接触让大众予以接受。开展公共关系,企业应重点做好内部公众、新闻媒介公众、科研机构公众、政府公众等方面的工作,一种新的概念只有在内部公众、新闻媒介公众接受之后才会被更加广泛、健康、迅速地传播,同时,也只有在政府公众、科研机构公众接受之后才会更具说服力。

概念营销是市场经济发展的必然结果,然而它并不是万能的。概念营销是一把"双刃剑",企业必须正确运用才能使其在产品销售中发挥积极作用。在反省"泡沫概念"和

"盲目品质"的基础上,企业必将迎来基于品质创新的新概念时代。

任务六　事件营销模式

如今信息化时代所带来的信息大爆炸,企业所面临的市场环境更为复杂和艰难。如今,寡头传播的时代瓦解,取而代之的是公民传播时代。由此也带来了消费者消费行为的巨大改变,从 AIDMA(注意、兴趣、欲望、记忆、行动)模式转变为 AISAS(注意、兴趣、搜索、购买、分享)模式。在新的市场环境下的营销更强调营销的黏性和消费者的参与度,以及在纷杂的信息中引发消费者关注的吸引性。可以说,新时代的营销是一场争夺消费者注意力的眼球大战。有这样一则笑话:

布什说:"我们准备干掉 4 000 万伊拉克人和一个修单车的。"

CNN 记者:"一个修单车的?!为什么要干掉一个修单车的?"

布什转身拍拍鲍威尔的肩膀:"看吧,我都说没有人会关心那 4 000 万伊拉克人。"

这个有点冷的笑话,说明了一个道理:公众的注意力总是被不同寻常的事情所吸引。事件营销,就具备这样的力量。

扫一扫

阅读资料13-6-1
孟晚舟事件
与华为

扫一扫

知识拓展13-6-1
AIDMA模型

6.1　事件营销的概念

事件营销是企业通过策划、组织和利用具有名人效应、新闻价值以及社会影响的人物或事件,吸引媒体、社会团体和消费者的兴趣与关注,以求提高企业或产品的知名度、美誉度,树立良好品牌形象,并最终促成产品或服务销售的手段和方式。

事件营销能避开由于媒体多元化而形成的信息干扰,提升企业品牌的关注度。事实证明,好的事件营销无论是在投入还是在知名度的提升方面,回报率都超过其他广告形式。

扫一扫

知识拓展13-6-2
AISAS模型

> **案例 13-6-1**
>
> ### 封杀王老吉事件
>
> 2008 年中国汶川遭遇了前所未有的 8.0 级地震,5 月 18 日在央视为四川汶川大地震举办的赈灾晚会上,王老吉公司向地震灾区捐款 1 亿元,此举让含着眼泪收看晚会的全中国电视观众赞叹不已。王老吉是一个民营企业,1 亿元的数额有可能是企业一年的利润,企业如此慷慨的行为让所有人为其叫好。
>
> 然而没多久,网络上就出现"让王老吉从中国的货架上消失!封杀它!"的帖子,在这样的风口浪尖,到底是谁敢"没良心"地说话。当仔细阅读后发现,该帖子是醉翁之意不在酒:"一个中国的民营企业,一下就捐款一个亿,真够狠的!平时支持的那些国外品牌现在都哪去了,不能再让王老吉出现在超市的货架上,见一罐买一罐,坚决买空王老吉的凉茶!"
>
> 就这样一个封杀帖,一时间出现在所有知名网站、社区、论坛和博客,一时间,王老吉在多个城市终端都出现了断货的情况。网络事件营销案例专家黄相如指出:这就是事件营销案例的力量,上述几个事例有一个共同点就是每个事件都有一个争议的焦点,是不合乎常理的焦点,当把人们的目光都抓过来的时候,他又娓娓道来、有理有据地将争议化解,变成一场事件营销案例的全民运动,高明之处值得很多企业借鉴。
>
> (资料来源:白热化事件营销网,2010-01-27)

6.2 事件营销的优势

6.2.1 成本较低

比起长期的广告投入，事件营销所具有的一大优势就是经济实惠、节约成本。事件营销最重要的特性是利用现有的非常完善的新闻机器，来达到传播的目的。由于所有的新闻都是免费的，在所有新闻的制作过程中也是没有利益倾向的，所以制作新闻不需要花钱。尽管华为在长达一年的诉讼中代价不菲，但比起在媒体直接投放广告却还算是物有所值，因为事件本身更能吸引行业乃至公众的关注。

阅读资料13-6-2 思科起诉华为侵权

6.2.2 具有短期效应

互联网的飞速发展给事件营销带来了巨大契机，一个事件或者一个话题可以更轻松地进行传播和引起关注，成功的事件营销案例开始大量出现。一方面，成功的事件营销能够迅速、显著提升企业知名度；另一方面，一着不慎就会满盘皆输。因此，企业在切入事件时必须慎重树立自身形象，对于重大的事件更须与咨询公司、公关公司配合操作，例如，华为在被思科起诉之后所做的第一个决定就是更换国际知名的公关公司来协助处理诉讼。

阅读资料13-6-3 华为指控思科拆毁其公司形象

6.2.3 容易引导用户消费理念

现代商战竞争激烈，企业要跃居为市场领袖难度很大，但事件营销所具有的轰动效应则赋予了企业很好的契机，企业可以趁机提出新的消费理念来引导用户、引领市场。如奥克斯的"手机当白菜卖"就是一个例子。

6.2.4 有明确的目的性

事件营销应该有明确的目的。事件营销策划的第一步就是要确定自己的目的，然后明确通过何样的新闻运作达到自己的目的。在媒体高度精确细分化的今天，通常某一领域的新闻只会有特定的媒体感兴趣，并最终进行报道。而这个媒体的读者群也是相对固定的。

阅读资料13-6-4 《财经》思科之诉

6.2.5 事件营销的风险性

事件营销的风险来自媒体的不可控和新闻接受者对新闻的理解程度。

6.3 事件营销的模式分析

事件营销逐渐受到企业的青睐，组织事件营销无外乎两种模式：借力模式和主动模式。

6.3.1 借力模式

案例13-6-2 双汇"瘦肉精"事件

所谓借力模式就是企业将企业的议题向社会热点话题靠拢，从而实现公众对热点话题的关注向对企业议题的关注的转变。企业要及时抓住广受社会关注的新闻、事件以及明星人物的即时轰动效应，结合企业或产品在传播上欲达到的目的而展开的一系列相关活动。如现在的企业都想成为奥运会、世博会、世界杯、北京冬奥会等的赞助商或合作伙伴，其实都是为了借势。

借势是操作事件营销的重要手段之一，要借助外界热点事件，形成传播的势能，实现好的效果，必须遵循相关性、可控性和系统性的原则。

（1）相关性就是指社会议题必须与企业的自身发展和目标受众密切相关。

最具代表性的就是爱国者（电子科技有限公司）赞助《大国崛起》启动全国营销风暴。《大国崛起》将视线集中在各国崛起的历史阶段，追寻其成为世界大国的足迹，探究其崛起的主要原因，对于中国的崛起有着深远的启示。而中央台播出的每集节目出现的爱国者特约，大国崛起的字幕，同时画外音道白：全球爱国者为中国经济助力、为国家崛起奋进！震撼了每一个中华民族的拥护者，也极大地提升了爱国者的品牌形象。

（2）可控性是指能够在企业的控制范围内，如果不能够在企业的控制范围内有可能不能达到期望的效果。

（3）系统性是指企业借助外部热点话题必须策划和实施一系列与之配套的公共关系策略，整合多种手段，实现一个结合、一个转化：外部议题与企业议题相结合；公众对外部议题的关注向对企业议题关注的转化。

6.3.2 主动模式

主动模式是指企业主动设置一些结合自身发展需要的议题，通过传播，使之成为公众所关注的公共热点。企业结合自身发展需要，通过策划、组织和制造有新闻价值的事件，来吸引媒体、社会团体与消费者的关注和兴趣。事件本身可能没有足够大的影响力，这就需要企业进行整体的策划和有效的传播来把事件炒作起来。最大限度地吸引受众关注，提升传播效率。其必须遵循以下原则：创新性、公共性及互惠性。

扫一扫
阅读资料13-6-5：
华为"备胎"
一夜转正

（1）创新性就是指企业所设置的话题必须有亮点，只有这样才能获得公众的关注，正所谓狗咬人不是新闻；人咬狗及人狗互咬才是新闻。

（2）公共性是指避免自言自语，设置的话题必须是公众关注的。

（3）互惠性是指要想获得人们持续的关注，必须要双赢。

> **案例13-6-3**
>
> ### 奥克斯的《空调制造成本白皮书》
>
> 2002年4月，奥克斯在业内首家公布《空调制造成本白皮书》，在成本白皮书上，奥克斯毫不含糊地列举了1.5匹冷暖型空调1 880元零售价的几大组成部分——生产成本1 378元，销售费用370元，商家利润80元，厂家利润52元。话不讲透心不休的奥克斯，还将几大部分成本条分缕析地予以解密，成了事件营销主动模式的典范。在这个过程中既有创新性（被视为购物黑箱的产品价格被公开），又有公共性和互惠性（市场价格混乱，公众很想知道企业的生产成本和利润到底有多少）。
>
> （资料来源：中顾法律网，2011-07-09，有整理）

6.4 成功运用事件营销应注意的问题

在事件营销的具体操作上，应该注意以下几个要点：第一，结合企业自身特点和事件的核心选取恰当的切入角度，控制媒体和舆论的导向；第二，把握事件的关键人物和关键环节，积极引导整个事件的走向；第三，进行后续操作，设法将短期效应切实转化为企业的知名度和美誉度；第四，以实现市场效益为最终目的，形象宣传与产品促销并重。

要取得事件营销的预期效果，除了把握好以上的几个要点之外，还必须处理好以下几个方面的问题。

6.4.1 定位问题

事件营销的第一步是定位，是摸清大众的心理倾向。

事件营销如果不研究到底有哪些大众会关注你即将要用来炒作的事件，这些大众对这个事件的心理倾向性是怎么样的，就不可能取得预期的效果。"蒙牛"在"神舟五号"飞天的事件中，除了大肆宣扬蒙牛是"中国航天员的专用牛奶"外，就是到处发布"举起你的手，为中国航天喝彩！"的广告。这句话把中国人的民族自豪感叫了出来，是中国人民在"神五事件"中的心声。"蒙牛"真正成功的地方不是什么"专用牛奶"而是后一句"喝彩"。农夫山泉的成功之处在于设计出"买一瓶矿泉水就等于捐献一分钱来支持北京申奥"的口号，它抓住了大众希望为中国能成功举办一次奥运会尽一份绵薄之力的心理。

📧 **案例 13-6-4**

多一些润滑，少一些摩擦

2003年3月21日，伊拉克战争爆发，中央电视台进行了前所未有的大规模直播报道。统一润滑油迅速做出了反应，在战争开始的当天，通过央视播放了一则五秒的广告片：没有任何画面，只有一行字并配以雄浑的画外音："多一些润滑，少一些摩擦。"这则广告紧贴在《伊拉克战争报道》之后，和新闻浑然一体，非常有震撼力。这则广告的妙处就在于既准确地诉求了"多一些润滑"的产品特点，又一语双关道出了"少一些摩擦"的和平呼声，含蓄、隽永、耐人寻味。

统一公司为这则广告每天投入25万元，共播出10天。这次事件营销对统一石化提高企业形象起到了绝佳的效果。广告播出后，各大媒体纷纷对这次营销事件发表评论，认为统一公司"多一些润滑，少一些摩擦"的广告，创造了小预算、大效果的神话（制作这个广告仅花1.8万元）；统一公司自己的网站点击率提高了4倍；而且还经常有人打公司的服务电话与统一公司讨论战争进展的情况和战争与和平的话题，统一润滑油的品牌影响已经远远超出了产品销售和使用的范围。

广告播放后，很多经销商给统一公司打来电话，他们认为这条广告才像是高端产品品牌的广告，许多原来不卖统一产品的零售店主动联系，给经销商以足够的信心；许多看过此广告的观众都认为这个广告是国外广告公司的创意，还有一部分人认为统一是合资企业或者外资企业，许多司机则点名要加统一润滑油。

这则经典广告，形成了空前的品牌影响力，也为统一润滑油带来了优秀的销售成绩，当月出货量比2002年同期增加了100%，销售额历史性地突破了亿元大关。

（资料来源：《成功的营销案例》）

扫一扫●

视频13-6-1
统一润滑油
广告

6.4.2 创意问题

创意就是与众不同，凸显专属本企业的特色，先入为主地进入目标受众的视线。

📧 **案例 13-6-5**

泉城昨日大摆"全鸡宴"

2005年12月11日，《济南时报》联合政府五部门、六家涉鸡食品企业在泉城街头摆起露天全鸡宴，热气腾腾的炸鸡、炖鸡、炒鸡、鸡煲让市民胃口大开。本次活动的主题是"科学预防禽流感，重树餐饮业信心"，地点特意选在以鸡肉为主要原料的洋快餐肯德基齐鲁餐厅门前。

济南市防治高致病性禽流感工作指挥部等五部门参与了此次活动，以实际行动告诉市民，禽流感病毒经不起高温，在100℃环境下只需两分钟就可以杀灭，各类炸鸡、扒鸡、炒鸡、炖鸡等是绝对安全的。

点评：

众多媒体对此次活动竞相报道，引起了全国范围内的关注。不到一个月，不少企业反馈说，生意比以前大有好转，一些改行做其他餐饮的酒店又回头做起了鸡食品。一个"全鸡宴"创意让参与企业成了最大赢家。

（资料来源：《济南时报》，2005-11-12）

6.4.3 参与度的问题

创意会让大众眼睛一亮，让他们对某一事件投入更多的关注，打开贴近受众的第一道门，但这离顾客的忠诚度的建立还有很大距离，还需要提高大众的参与度。

2005年成功赞助"超级女声"的蒙牛就借此活动带动了全国人民的广泛参与。其间，标有"超级女声"的蒙牛酸酸乳深入全国400多个城市，同时，蒙牛也在这400多个城市展开宣传活动，进行了200多场迷你路演，为超级女声赛事造势。回报也十分惊人，央视索福瑞的调查表明，当年5月，蒙牛酸酸乳的品牌第一提及率跃升为18.3%，超过竞争对手伊利优酸乳3.8个百分点，蒙牛的销售额也从7亿元猛增至25亿元。

6.4.4　决策与机制问题

事件行销往往没有可参照性和评价的依据，完全需要依据事件本身隐含的规律性做出事前的判断和决策。那些需要反复论证、层层请示的企业往往无法抓住这种机遇，而那些重视数字说话的企业也往往因为没有数据评估而不得不放弃。事件行销成功的关键则在于如何策划与执行，需要严谨的思路和全面丰富的知识，对企业的经营体制提出了更高的挑战。

2003年10月16日7时，"神舟五号"刚一成功落地，蒙牛的广告9点就发布了。蒙牛关于此次事件的电视广告、户外广告、网络广告在第一时间在各大城市实现"成功对接"，让消费者处处看到蒙牛与"神五"捆绑的身影。

6.4.5　传播的问题

在事件行销的大潮中，诸多企业"八仙过海，各显神通"。但即使同样的契机、同样的事件，有的是不同的运用，取得效果也不尽相同。这在很大程度上取决于企业与策划人对于事件行销传播规律的把握眼光与执行策略。

事件营销活动做得再热闹，要想达到目的，传播至关重要，避免让事件营销成为企业自己的独角戏。事件营销的传播有四大定律：

（1）传播的意识要强，做了好事要留名。

企业利用事件营销的最终目的是要提升品牌的影响力并创造良好的价值，因此做了事就要及时、主动地宣传出去，通过传播手段传达给消费者。在时间分配上，要对媒体的发布进行科学的管理，过早或过晚都会使受众对事件的反应大打折扣。

案例13-6-6
喝出名的"富亚涂料"

（2）主动传播，雁过留声，做了好事自己讲。

在如今的注意力经济时代，一个企业受尊重的价值往往是用物质无法衡量的，这是一笔无形的资产。所以在事件营销中，要从全局上把握住宣传的关键点，抓住传播的新闻点，为媒体提供新闻素材，达到与事件同步传播的程度，紧紧抓住目标受众的眼球。

（3）加强传播的强度和跨度，天天讲、月月讲、年年讲。

事件营销成功的企业无不把事件营销看作积累品牌的长期战略，通过长期、连续的事件营销传播，品牌得以持续积累。事件营销要"花一分钱做事，花九分钱宣传"，同时更要保持事件营销的长期宣传效应，将事件营销作为长期的品牌发展战略，更加系统地整合利用各种营销手段，使各种营销手段间能有机地配合和互补。

案例13-6-7
猫狗可以作证的"富亚涂料"

（4）选择强势媒体，居高声自远。

在媒体战略上，由于消费者生活方式不同、地域文化的差异等因素影响，在不同地区选择相应的媒体发布，才能使事件更加有效地在地区传播。

媒体一般包括报纸、杂志、电台、电视、网络等。其中以报纸、杂志、电台、电视四大媒体为中心进行发布，是最有效也是最常用的媒体发布手段。为了达成事件营销的目标，还要决定好哪些为主要的媒体，哪些为辅助的媒体。

案例13-6-8
给鸟巢上色的"富亚涂料"

重点词语

整合营销　水平营销　直复营销　网络营销　概念营销　事件营销　关系营销

课后思考

1. 试述整合营销的基本程序。
2. 举例说明水平营销的方法与技巧。
3. 直复营销与传统市场营销有何不同？
4. 网络营销的操作步骤和方法怎样？
5. 关系营销与传统交易营销的区别是什么？
6. 分析概念营销产生的背景。
7. 概念创造的原则是什么？
8. 成功运用事件营销应注意哪些问题？
9. 事件营销的优势是什么？

实践与技能

1. 结合日常生活阅历，举出你认为比较成功的一些营销事件，并分析其成功的原因。
2. 国内一家著名的果汁饮料企业预进入果奶饮料市场，针对市场上的众多的果奶饮料企业和产品概念，该公司经过周密细致的市场调研，发现市场上的果奶饮料大都强调产品的营养概念、美容概念、方便概念或情感概念，但却忽视了一个事实：在众多的广告诉求和产品概念中，却没有一家企业在宣传产品时，提及产品对人体胃部的保养作用，因此该公司决定开发一种以"养胃"为轴心概念的新产品（以花生、牛奶和枸杞等为主要原料）投放市场。

要求：

（1）为"养胃"概念的提出提供依据，并分析其市场前景；

（2）请为企业产品设计广告词（突出概念）；

（3）请以小组为单位，为企业设计一个产品推广方案（主要借助事件营销和网络营销方式进行），并评选出最优方案。

项目拓展

扫一扫
项目十三
资源包

一、看视频思考问题

1. 视频：[央视中文国际]环球360：创造营销奇迹

思考：如何看待营销与营销创新？

2. 视频：[央视13频道]新闻：网购上升 传统百货业发生裂变

思考：在网络时代，网购的发展对传统百货业带来哪些影响，传统百货业应如何应对？

3. 视频：[央视13频道]新闻：中国网民规模突破5亿

思考：该新闻向我们传递了什么信息，你有何感想？

4. 视频：[上海卫视]新闻综合：推销电话轰炸无休止 市民不堪其扰

思考：如何看待电话推销？作为一种新的营销方式，你认为应如何运作与管理？

二、阅读资料，谈感想

资料：创新营销模式成为百货行业当务之急

项目资源

一、课件

二、视频资料

1. 90后女生借1万元开网店，一周进账75万。
2. 美国模式。

3. 内容营销。
4. 年终网购硝烟起快递投送忙。
5. 什么是第三方支付。
6. 淘宝村——600户开网店年营业额超3亿。

三、图片资料

四、延伸阅读

1. Feava IMC。
2. 《读者文摘》，吟唱直复营销的"波斯诗人"。
3. 图书出版物的直复营销。
4. 以电话渠道为主的直复营销项目管理。
5. 概念营销的方式及标准。
6. 舒肤佳广告的买点与卖点。
7. 农夫山泉狠招搞营销。
8. 农夫山泉搅起水市狂澜。
9. 2004年奶片市场火爆的前因后果。
10. 最新历史版本人机大战再对决。
11. 首次中国象棋人机大战电脑赢了特级大师。
12. 新闻事件策划原则系列。
13. 2012中国网购消费者权益保护十大新闻事件盘点。
14. 2013年中国互联网的十大趋势。
15. 工信部网站备案信息真实性核验工作方案。
16. 网络商品交易及有关服务行为管理暂行办法。
17. 建设有中国特色的营销模式决胜超高端红酒市场。
18. 拉登之死与营销管理。
19. 农夫山泉一分钱公益行动历程。
20. 人工智能和人机大战简史。

五、案例集锦

1. 整合营销案例集锦：
（1）金六福：中国人的福酒。
（2）麦当劳的整合营销传播案例。
2. 事件营销案例：
（1）"富亚涂料"，喝出来的知名度。
（2）请猫狗作证。
3. 鲁花的营销策略。
4. 解读双星鞋业的营销模式。
5. 良品铺子成功营销案例。
6. 新的营销模式正在调味品行业涌现。
7. 2011年十大成功营销案例。
8. 回放2012年八大事件的营销启示。
9. 9个成功的市场营销案例。

线上学习

1. 请登录：http://my.tv.sohu.com/us/54494960/14461321.shtml（程绍珊——营销模式创新01）。

2. 请登录：http：//www.tudou.com/programs/view/f9CZNMyK3F0（程绍珊——营销模式创新02）。

线下学习

《整合行销传播》．[美] 唐·E. 舒尔茨等著，吴怡国、钱大慧．林建宏译，中国物价出版社，2002.

《水平营销》．[美] 菲利普·科特勒，费尔南多·德·巴斯著，陈燕茹译，中信出版社，2005.

《新整合营销》．[美] 唐·E. 舒尔茨著，吴磊译，中国水利水电出版社，2004.

《事件营销》．李光斗著．清华大学出版社，2012.

《商业模式创新》．乔为国著，上海远东出版社，2009.

学习单元七

新媒体营销

学完本单元后，你应该能够：

1. 了解新媒体的含义。
2. 了解新媒体营销的含义。
3. 掌握新媒体营销的特点。
4. 如何全方位看待新媒体营销。
5. 掌握新媒体营销的要素。
6. 了解新媒体营销的要素企业发生了哪些变化。
7. 了解新媒体营销的要素用户发生了哪些变化。
8. 了解新媒体营销的要素平台发生了哪些变化。
9. 掌握如何开展新媒体营销。

项目十四
新媒体营销

项目概述：

通过本项目的学习，你将会明白什么是新媒体营销，有什么特点，包括哪些要素。在此基础上，你将会掌握新媒体营销的实施策略。

学习目标：

[知识目标]
- 掌握新媒体营销的概念、特点
- 了解并熟悉新媒体营销的要素

[技能目标]
- 熟悉在社交媒体上开展新媒体营销的操作流程
- 掌握在短视频平台上开展新媒体营销的操作技能

[思政目标]
- 树立新思维，运用新技术开展新媒体营销
- 开展新媒体营销需要恪守法律法规和职业道德规范

✉ 看资料，悟营销 14-1

江小白：新媒体营销的巨星，真的不简单！

好的营销是江小白成功的关键。江小白是如何通过强有力的内容营销引起年轻消费者对品牌的主动关注呢？其最关键的地方在于营销内容有足够的吸引力，要让消费者主动搜索江小白，而不只是单纯运用媒介曝光品牌。单纯运用媒介曝光是很多传统企业的营销方式。而微博、社区论坛、网络活动等成为江小白传播的主要阵地。尤其是"江小白体"语录，病毒式的在网络上转发、讨论和模仿，一切与年轻人相关的东西、话题和热点新闻，都会出现在江小白的微博话题里。

例如，"表达瓶"的运用让江小白实现了广泛的朋友圈、社会化媒介的传播。这是目前进行低成本传播的有效方式。

通过"表达瓶"将每个人的真实情绪传递出去，满足消费者的精准社交需求；让企业与用户之间开始了真正意义上的互动。用户可以自己在瓶身上创作文案，这给了用户一个输出自己观点的机会，使产品具备更好地跟消费者沟通的力量；江小白通过社交平台、自媒体把单向的广告变得互动性更强，消除了用户与品牌方的隔阂，使消费者不单单只是一个消费个体，同时也是产品的研发者。

通过社会化媒介的传播，热点的借势让品牌实现了很大的曝光度。例如，江小白紧跟社会热点，推出毕业季手写纸套，提倡进行感情的纸质交流，将毕业那年没说的话在纸套上讲出来，多样的回忆，定制专属的寄语，强化品牌一直以来宣扬表达情绪的初衷。

（资料来源：蓝晖科技 https://www.sohu.com/a/337228674_100204671）

任务一　新媒体营销的含义与特点

1.1　新媒体营销的含义

新媒体是一个相对的概念，在不同的历史时期，媒体有不同的表现形态。相对于纸媒时代，电视就是新媒体。相对于电视时代，互联网就是新媒体。相对于传统互联网时代，移动互联网就是新媒体。今天我们讨论的新媒体主要是指基于数字营销技术之上的一种媒体形态。在这种形态上，任何人都可以成为传播者，实现随时随地在线传播。即使在同一新媒体形态下，新媒体也会呈现出不同的表现形式。例如在当前互联网时代，新媒体可以分为搜索类、社交类、电商类、短视频类、直播类等多种表现形式。这些不同的表现形式丰富了用户的生活，给用户带来了极大便利，得到了用户的认可。

美国《连线》杂志主编凯文凯利认为，新媒体就是所有人对所有人的传播，这是新媒体最本质的特点。编者认为，新媒体是以在线网络的数字传输为基础，可实现信息即时互动的媒体形式。通过这个概念，我们可以看出，新媒体具有以下特点：人人都可以是传播者；传播者和用户之间可以实现随时随地沟通。

由此可知，新媒体营销是指在数字新媒体基础上开展的营销形式，可以在电脑、手机、智能电视等多种媒介上进行呈现。随着消费者媒介使用行为的变迁以及消费模式的变化，越来越多的消费者将更多的精力放在互联网上。消费者的注意力在哪里，企业自然应该将品牌的传播跟进到哪里。当前越来越多的企业将品牌传播投放在互联网尤其是移动互联网上。

1.2　新媒体营销的特点

与传统形式类似，新媒体营销也具有多样化的表现形式。例如在新媒体上也有类似于传统媒体的硬广，也有类似于传统媒体上的软文。除了这些类似的形式之外，新媒体营销还具有以下重要特点。

（1）互动性。

传统营销绝大部分情况下是单向的，也就是说企业将信息通过媒体形态传播给消费者，消费者被动地接受企业的信息。在传统媒体时代，大众传播一度具有极强的传播效果。大众传播强效果的经典理论是魔弹论，这一理论讲述的是大众传播具有很强的传播效果，受众像被子弹击中的靶子一般，只能被动接受传播者发出的信息。但是这一时期已经过去了，这一理论在今天已经不合时宜。

在互联网形态下，消费者手持各类智能终端，在接受信息的同时还可以随时随地与企业开展多种形式的互动。例如通过手机端进行搜索、咨询、评价等。换言之，消费者再也不是被动的接受信息，而是根据自己的需求主动寻找和利用信息。

新媒体营销的互动可以分为企业和消费者之间的互动以及消费者和消费者之间的互动。企业和消费者之间的互动主要是指企业开展营销传播活动后，消费者对于该营销信息的关注、咨询、评价、消费等。消费者和消费者之间的互动则是指基于企业营销信息的基础，消费者之间进行的互动。消费者和消费者之间的互动在今天的环境下变得越来越重要。以往，消费者单次的购买行为对于其他消费者没有太大的参考意义。在今天则不同，消费者可以通过社交类、生活类平台发表自己对于消费行为过程的体验。而这些会对大量后来的消费者产生直接影响，甚至影响他们决定是否进行消费。例如，消费者的消费经历以及消费体验，可以在微信朋友圈进行发布，也可以在大众点评网对某次消费行为进行记录和分享。这样一来，他的个体的消费行为对后来的消费者就具有重要的借鉴意义。因此，企业在开展营销传播活动时，必须高度重视任何一个消费者的任何一次消费行为。

2011年9月,罗永浩在微博上曝光西门子冰箱质量问题。西门子没有重视罗永浩的反馈,最后使得罗永浩愤然在西门子大厦门前用微博直播砸冰箱,给西门子的品牌形象带来了极大的影响。罗永浩的行为体现了消费者和企业以及消费者之间的互动。

(2)裂变性。

由于社交媒体的存在,新媒体营销还呈现出裂变式的特点。企业的一条信息发出去之后,经过用户的一传十、十传百地传播可能会产生裂变式的传播效果,信息的传播呈现指数级增长。裂变式效果的产生可能是因为用户在收到信息后主动转发,也可能是企业通过特定的利益诱导用户进行积极转发。前者如我们看到有趣的一些营销信息会主动转发给我们的家人、朋友等。后者如朋友圈广告常见的企业要求用户进行积累点赞数,或者转发,或者发朋友圈等形式,以此给予参与者某些利益。新媒体营销的裂变性带来了成本低、影响大的效果。

根据2022年腾讯第二季度财报的数据,微信月活跃用户达到12.99亿,QQ月活跃用户达到5.69亿。根据2022年微博第二季度财报,截至2022年6月底,微博月活跃用户数5.82亿。以微信、QQ、微博为代表的社交软件成为许多用户的标配,它们拥有庞大的用户基础。这些社交软件都具有分享便利的特点,用户对自己感兴趣的信息进行分享已经成为用户的日常行为。当海量的用户进行分享时,信息的影响自然是巨大的。有些精心设计的营销信息经过用户的阅读转发,形成10万+或者100万+的影响力。以微信为例,不同的用户有不同的朋友圈,一则有趣的信息可以在短时间内通过用户的自发传播最终实现传播数量几何数级的增长,这大大放大了传播的效果,扩大了传播的影响力。

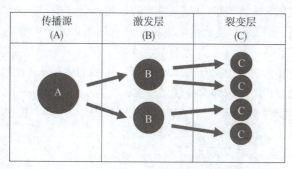

图14-1-1 裂变式传播的逻辑

(图片来源:阿May《裂变式传播:定义、原理及方法论》)

(3)精准性。

在传统媒体时代,企业通过报纸、杂志、广播、电视等传统媒体进行营销信息的传播。在绝大部分情况下,企业并不能准确把握具体的接受信息的人是谁,有什么具体的特征、爱好、消费行为等。企业对消费者是难以进行准确把握的。反过来,消费者对于企业的了解也更多的是从营销信息中进行获取。而在今天,企业与消费者彼此之间的信息是很通透的。例如,消费者可以在网上通过各种途径实时查询企业的信息,了解其除了营销传播之外的其他信息,比如既有消费者对于企业的评价等。这样消费者就可以更客观地去看待企业的营销信息。

对企业来说,在今天的大数据时代下,消费者任何一次网上的查询、信息的评价与转发、产品的购买实际上都是在为自己进行画像。上述行为越多,画像越准确。企业对于消费者的把握也就愈加精准。以手机淘宝为例,每一个用户手机端的淘宝页面都是不同的,也就是所谓的"千人千面",这主要是基于每个用户自身的信息以及长期的网络行为向其推荐有针对性的精准内容。

作为企业，通过进行新媒体营销可以实时把控营销传播的效果。通过后台数据我们可以准确知道，企业在投放了这则广告之后，有多少的浏览量、点击量、销售额度以及了解消费者的登陆时间、驻留时间、地域分布、点击内容、点击频次等。显然，这些数据具有重要的价值。

因此，基于对上述消费者各种信息的准确把握，我们就可以对其进行营销信息的定向分发。以微信朋友圈广告为例，我们可以设定投放区域、投放时间、用户特征等不同的维度，然后进行定向传播。这样可以大大增强营销传播的效果，降低大量的无效传播。

（4）复合性。

在传统媒体上开展的营销传播活动，绝大多数情况下主要是进行品牌形象的传播，也有短期的促销活动。但即使是短期的促销活动，消费者很多情况下也不会立马进行购买，企业看不到即时的营销传播效果。因此，传统的营销活动往往在品牌与销售方面无法很好地进行结合。

而在互联网时代，在网络上，企业可以将品牌效果与销售效果进行非常好地结合，实现品效协同，尤其是对于销售的促进，这也是企业为什么越来越青睐新媒体营销的重要原因。例如，在微信朋友圈，企业在品牌传播时，往往会讲一个非常好的故事，当这个故事把用户打动时，会穿插上企业品牌的信息，后面可能自然就带出一个企业的信息，消费者可以在手机端进行订购，从而完成购买行为。这种广告很容易在传播品牌形象的基础上达成一种即时的销售，现在已经有越来越多的案例体现这一点。

例如下面这则信息《20岁学渣刘路攻克世界级难题，三院士联名中央，破格成最年轻教授》。从题目来看，这是一个埋下伏笔的故事。一般用户都会非常奇怪这名同学是如何完成这样一个无比艰难的转折的，因此会带着兴趣去读这则故事。在讲述故事的过程中，作者向用户推荐了一套数学书，文章娓娓道来，引出推荐的书目。这样不仅仅给这套书提供了向用户传播的机会，还可以即时完成书籍的销售。

图 14-1-2　通过讲故事来卖书

此外，在当前比较火热的短视频营销和直播营销中，这几种模式下我们更能够看到品牌与销售效果的结合。企业的品牌信息在传播给消费者的同时，还可以引起消费者即时消费，当前大量的年轻消费者非常青睐这种模式。以直播为例，2018 年，网络直播头部流量品牌李佳琦一秒钟完成了 228 万元的销售额。2020 年，直播带货已经成为一种重要的营销形式。4月1日，罗永浩抖音直播卖货支付交易总额1.1亿元，超过4 800万人观看。4月7日，央视"段子手"朱广权联合李佳琦进行直播带货，吸引了1 091万人观看，两小时直播卖出了4014万元湖北产品。4月27日，央视主持人朱迅和李梓萌在快手上演带货首秀，加上其他快手达人，最终销售8 012万元。5月1日，央视新闻新媒体联合国美开启"为美好生活拼了"网络直播，直播通过央视新闻客户端、国美、抖音、拼多多、京东等平台开启，总销售额超过5.2亿元。

对于新媒体营销来说，互动性、裂变性、精准性、复合性是其四个重要的特点。企业在开展营销传播活动时，应该高度重视新媒体营销的这几个特征，在营销活动中充分利用，更好地发挥其作用，从而在新环境下更好地做好企业的营销传播工作。

1.3　全方位看待新媒体营销

新媒体营销的上述特点，使得越来越多的企业青睐于这种营销方式，新媒体营销已经成为众多企业的标配。新媒体营销不仅仅带来品牌形象的展示，很多情况下还带来销售量的突飞猛进，在这种情况下，我们不得不重视新媒体营销。

与此同时，我们还要看到，新媒体营销自身存在一些问题，比如它对消费者隐私的侵犯，因为消费者在互联网时代基本是没有什么隐私可言，企业可以利用cookie技术，了解消费者的需求，并对未来的需求做出相对精准的研判。有时候，企业往往突破底线利用消费者的个人信息对其进行营销信息的精准推送。精准是好事，但如果过于精准对于消费者了如指掌，对消费者而言这并不是一件幸事，这涉及营销伦理的问题。

此外，新媒体营销上还存在歧视广告、庸俗广告等，这些问题我们应该引起关注。

任务二　新媒体营销的要素

2.1　企业：转变营销理念，提升营销效率

企业既应该开展新媒体营销，又应该开展传统营销，不论传统营销还是新媒体营销，都是企业营销重要的组成要素。不过，企业在两种营销模式中的思维方式和行为表现会有所差异。传统营销模式下，企业是整个营销活动的控制者，企业采取什么样的营销手段完全可以根据企业自己的计划来实施。新媒体营销模式下，为了让消费者真正参与进来，企业必须真正站在消费者的视角来思考问题，如果按照既往的传统营销的思维方式，消费者往往会疏远企业。

新媒体营销模式下的企业具有如下几个特点。

（1）企业从控制向沟通转变。

传统营销模式下，产品的研发、生产、营销等多个环节基本上都是企业唱主角。大多数情况下，企业营销的核心流程是：提炼出产品的卖点，然后借助一定的媒介，进行企业广告的集中投放，这种营销模式曾经是过去很长一段时间屡试不爽的做法。作为消费者，只要接收了企业的营销信息，购买了企业的产品，在头脑中给该企业一席之地，传统营销就基本上成功了。因此，在这种模式下，消费者处于被动的位置，被动地接收企业的营销信息，基本上无法参与到企业的营销活动中去，其多个环节完全处在企业的控制之下。而在新媒体营销模式下，消费者的参与性大大提高，消费者不喜欢以往说教式的营销方式，而希望和企业进行平等的对话。因此，企业尽管仍然是大部分营销活动的发起者，但是其控制性大大降低，企业必须从以往的"控制"向与消费者的"沟通"转变。

(2) 企业可以更好地了解用户。

新媒体营销模式下，消费者集中于多样化的平台之上，在这些平台上，消费者多个维度的行为都可以数据化，由此带来的是企业对消费者充分、真实地理解。而此时，汇聚于多个平台上的消费者完全可以随时发出自己的声音，发表对产品的看法、使用的体验，这些都成为企业搜集消费者意见的重要来源。这种真实的声音，其效果远远好于传统营销模式下调研得到的结果。而这些信息则成为指导企业开展下一步工作的重要参考。企业完全可以针对消费者的建议或者问题与其进行针对性的沟通。此时，二者之间的关系已经不仅仅是简单的交易关系，而是一种长期互动关系的构建。

(3) 企业可以设置多元的营销目标。

传统营销模式下，企业的营销信息传递出去之后，能够取得什么样的销售效果，是很难精确衡量的。以广告的播放为例，除了短期促销型的广告之外，大部分广告的效果其实很难精确测量出来。而通过开展新媒体营销，企业可以迅速知道在一次活动之后信息到达的人群、信息的转发数量等这些量化的数据，并可以准确知道一次活动带来的真实的销售数据，做到品效合一。这在传统营销模式下都是难以实现。

(4) 企业可以进行低成本沟通，提高企业效率。

在传统媒体时代，对企业来说，开展营销活动需要和不同的媒体单位进行沟通，这必然会产生很高的沟通成本。基于新媒体开展的新媒体营销活动则可以让商家大大减少上述成本，可以让企业将主要精力放在新媒体上，与消费者之间进行实时、便捷的沟通，更好地维护客户关系。这时，企业可能只需要几名员工就可解决沟通的问题，从而大大提升企业的效率。

2.2 用户：力量增强，直接影响营销效果

和企业一样，用户也是传统营销和新媒体营销的重要组成元素。近年来，用户在消费理念、消费行为到消费渠道等多个方面都和以前有了很大的不同。整体来看，新媒体营销模式下的用户具有如下几个特点。

(1) 用户积极参与，主动分享。

基于网络的特点，企业设计了针对网络的互动营销方案。许多方案一改过去那种单向的说教式的传播，而是通过提供美好的体验、实际的利益、有趣的情节等策略让用户参与到活动中去。由于参与的便利性，用户一旦认可这一产品或者营销方案，很容易引起其大量的转发与分享，这会在短时间内迅速提升营销活动的影响力。这一点在社交营销领域更加明显。例如，2015 年，"厚工坊·胜利酒"赞助支持的《寻找中国抗战老兵》论坛暨纪录片首映式与胜利酒赠予仪式取得了很好的传播效果，这与网友在多个新媒体平台上的积极分享密不可分。

此外，在电商模式下，用户往往会将自己的购物经历、使用感受进行分享，一方面可能由于受到企业的鼓励，另一方面可能是作为社会性的用户，想通过自己的分享能对其他的用户产生积极作用，从而体现自身的价值。实际上，消费者一般不再轻信企业广告中的劝服性说辞，而是通过多种渠道全方位了解相关的信息，或者参考相关的消费者的看法或者评价，以此作为评价商品或者服务的重要标准。因此，用户的分享具有重要的价值，用户在此充当了传播的一个重要节点。

以往，信息传播到作为个体的消费者，传播过程就结束了。而在新媒体营销模式下，任何一个用户都可能引起更大的分享。而对于关键意见领袖来说，他们的分享更是可以带来普通人难以企及的影响力。

除了产品或者营销活动的主动分享外，用户希望有更多的表现机会。例如，希望参与

图 14-1-3　寻找中国抗战老兵

到产品的设计开发中去。由于互联网这种介质的连接性，用户和用户、用户和企业之间自然地联系到了一起。用户有不同的方式可以参与到企业产品的设计中去。

（2）对于沟通内容有较高要求。

在新媒体上，既有传统的营销模式，也有互动营销模式。传统的营销模式其作用依然不可小觑，依然会对用户产生重要的影响。但是这种营销模式往往不为消费者所重视。用户在互动媒体上对内容的要求与在传统媒体上的要求不同。例如，消费者希望企业在新媒体上的传播内容要符合企业的调性，要符合目标消费群体的特点，要体现消费者的个性。因此，如果用传统的思维方式在新媒体上进行传播，往往难以产生好的传播效果。

扫一扫

名词解说
14-2-1
品牌调性

（3）用户结成社群，能量增强。

单个的个体由于网络的连接作用，基于一定的兴趣、利益、职业等与更多个体联系在一起，形成一个个社群。这些社群成员之间有着不同的特征，但是也有着共同的地方。例如，社群的参与者都是某企业的消费者，都是企业的资深用户等。社群的形成必然会对企业产生重要的影响。他们可能会疯狂地热爱企业，成为企业的粉丝，支持企业的各种决策，也可能通过社群将企业的小问题进行放大，从而对企业产生不利的影响。用户之间之所以可以结成社群，其根本原因是在于互联网的"连接"优势。有专家认为，互联网上构成连接的基本要素以及连接的方式在不断发生变化，但"连接"始终是互联网的要义。[①] 用户一旦融入特定的社群，必然会获取更大的力量。

新媒体营销尤其强调消费者对整个过程的参与。消费者也乐意参与到这一类互动中去。例如小米的粉丝一开始就可以参与到小米手机的研发过程中去。小米粉丝的建议如果被采纳，然后应用到研发过程中，最终生产出来，对其而言是一件无上光荣的事情，其对这一品牌的感情绝非是简单的交易能比的。

用户参与到营销环节有什么好处呢？用户参与进来可以增强体验。用户的体验有很多

---

① 彭兰，《"连接"的演进——互联网进化的基本逻辑》，《国际新闻界》2013 年 12 月，第 7 页。

种，比如炫耀、好玩、有趣、猎奇、同情甚至利益等。这些体验可以让用户加深对企业的印象，而不仅仅像传统营销模式下，大量的广告轰炸使得消费者大脑中给品牌一个位置。新媒体营销下的体验是和消费者之间的沟通。用户一旦参与到营销活动的体验中去，获得真实的现场感受，所形成的印象会比传统营销模式下单向的营销信息的传播深刻的多。一种方法是告诉用户我可以作为你的一个选择，另一种方法则是让用户使用了企业的产品会产生特定的体验或者感受，两者哪个效果更佳，其实高下早已立判。

许多企业已经认识到了体验的重要性，因此在新媒体营销方案的设计上利用各种方法让用户积极参与进来。比如，企业可以利用最新的技术力量来吸引用户积极参与，近年来火爆的 AR、VR 技术已经被许多企业所用，并取得了很好的效果。

从心理学的视角来看，人们对事物的记忆有语义记忆、情节记忆。传统的营销模式更多的是利用消费者的语义记忆，通过反复传播让用户记住企业的信息。新媒体营销下的用户参与不太注重语义记忆，而是更注重情节记忆，调动用户多方面的感觉器官，让其有更深刻的印象，从而更好地和企业建立关系，而不仅仅是记住企业这么简单。

提升消费者的关注度。截止到 2017 年 2 月，App store 应用数量突破 220 万，应用宝中，Android 数量 300 万，用户的注意力已经由 20 秒降低到 5 秒，在这种情况下，传统的单向营销方式在提升用户的注意度上往往是无能为力的，而新媒体营销更强调从用户的视角出发，强调与其进行沟通，而不是简单的以提升用户注意力为主要目的单向传播，这样就容易带来消费者关注度的提高。

如何提升用户的关注度呢？首先应该在营销活动的设计上充分考虑用户的心理，以往的单向传播即使用户不喜欢也难以拒绝。当前，由于技术的作用，用户可以随时屏蔽掉自己不喜欢的营销信息。因此，企业在设计上必须站在用户的视角重新思考。其次，要给予消费者一定的利益。这种利益或者是物质上的实际利益，或者是精神方面的，例如可以给消费者带来乐趣。小米曾经在微博上做过一个"我是手机控"的活动，整个活动没有推广费用，由于活动本身的趣味性，在很短的时间内就吸引了 100 多万用户的参与，他们在微博上纷纷晒自己用过的全部的手机，取得了很好的传播效果。

2.3 平台：企业与用户更好地互动

新媒体营销的开展必须基于一定的平台。谷虹认为，平台是建立在海量端点和通用介质基础上的交互空间，它通过一定的规则和机制促进海量端点之间的协作与交互。② 从这一界定可以看出，平台实际上是一个交互的空间。就新媒体营销的平台而言，它是企业和用户、用户和用户之间相互交往的空间。

平台具有以下几个重要特点。

（1）平台真实展现用户行为、思想数据。

在传统营销模式下，企业可以通过市场调研的形式去研究消费者的思想和行为。从方法上来说一般采取抽样的方式进行，即选取具有代表性的样本，以样本的情况来推测整体消费者的状况。这种方法在过去具有重要的意义，但是它的缺陷同样非常明显。例如样本本身的代表性的问题、用户接受调查的配合度的问题等，这些问题的存在都会严重影响市场调查的质量和水平。随着新媒体的兴起，用户迅速聚集到新媒体上来。用户在新媒体上的一举一动，包括一次搜索，一次谈话，一次信息的发布都被完整地记录下来。这些信息的集合会构成一个完整的消费者画像。这样，用户在企业面前展示出原本的真实形象，这

---

② 谷虹，《信息平台论——三网融合背景下信息平台的构建、运营、竞争与规制研究》，清华大学出版社，2012 年 5 月，第 62 页。

是传统的市场调查无法达到的结果。因此，基于多个维度的特征和用户内心的表露，企业可以精准地去把握每一个真实的用户，了解其真实的需求，真正实现与用户之间进行一对一的沟通。在这个前提下，二者之间的互动变得有效、心灵相通。

（2）平台可以实现企业和用户之间的交互。

如前所述，互动营销的两个参与主体是企业和用户。随着环境的改变，消费者"碎片化"的问题困扰着企业，但是通过一系列的新媒体，消费者又开始在新媒体上进行"重聚"。企业可以随时与平台上的消费者之间进行互动，了解消费者对于企业产品或者服务的建议，另外消费者表现出的一系列行为实际上是其内心思想、需求的外在表征。因此企业可以通过洞察消费者在平台上的行为，然后分析消费者的需求和动因。同时，消费者对于企业的疑问也可以在平台上进行咨询。这样，企业和消费者之间通过平台这一中介紧密联系在一起，实现两个主体之间随时互动，从而大大提升企业生产的精准性和持续性。这样，基于新媒体平台之上企业和消费者之间的信息的真实、即时交互，企业在一定程度上的按需生产成为可能。这种优势是传统营销模式下难以实现的。企业和消费者在平台上的交互还具有更深层的意义，中国传媒大学资深教授黄升民认为，互动情景的外层表现是对方反馈的真实获取和实时响应；深层内核则是心灵世界的感知相通，价值观的情感认同，互动双方突破信息屏障，时空阻隔，达到共享共通共创的状态。[3] 因此，对于平台上双方的交互，不应该仅仅从表象去理解，还应该看到其背后的深刻含义。

任务三　新媒体营销的实施策略

随着技术的发展，媒体形态不断发生变化，新媒体不断涌现出新的形式，消费者尤其是年轻消费者多是新媒体的积极尝试者，随着时间的推进，越来越多的人开始积极使用这些媒体，新媒体逐渐成为大众媒体。企业的品牌营销应该积极利用这些媒体形式与消费者进行沟通。企业新媒体营销的实施可以从内容和形式两个方面来进行分析。

3.1　内容方面

传统营销模式下企业更多的采用硬广告这种形式，选择几种媒体形态进行组合，然后进行高频次传播，以此来影响消费者的认知和行为。而在当前的媒体环境下，传统营销的营销效果大大降低。随着技术的发展，消费者可以屏蔽企业的广告，还可以对广告表明自己的态度，选择自己对该广告是否感兴趣，从而减少平台对消费者推送的次数。在这种情况下，企业如何传播优质的内容，引起消费者的兴趣变得越来越重要。也就是说不再简单的推送硬广告，而是通过优质的内容向消费者进行信息的传递，传统媒体下的营销方式放在现在其效果大大降低，仅仅看传统媒体受众的流失就可以推测一二。我们经常看到一些优质的内容经过用户的浏览之后，进行大量的分享，扩散和传播，互联网上点击量超过十万或百万的文章往往都有优质的内容，在这些优质内容的基础上进行广告的传播，会大大提高传播的效力。许多情况下，这些优质内容本身就是广告，但是用一种非常软性的方式表现出来。具体来说，新媒体营销在内容方面应该在以下几个方面进行努力。

（1）内容本身要具有较高的价值。

创造对用户有价值的内容，可以吸引用户积极主动地关注。长时间持续的优质内容输出甚至可以给用户一种期待。用户甚至主动对品牌进行催更，或者主动向企业说出自身的需求。如果用户的这些需求得到了有效的满足，用户对于账号的依赖，或者说黏性会大大增强。

---

[3]　黄升民，《拨动互动之弦》，《媒介》，2016年11月，第1页。

抖音号"老丈人说车"讲述的是一对父女之间的对白，汽车小白闺女会给父亲提各种的汽车方面的问题，例如如何买车、如何保养、如何买保险、如何处理交通事故，关于汽车的方方面面的问题在这个抖音号上都会涉及。持续提供汽车方面的专业知识，让该账号拥有大量的粉丝，截止到2020年4月，该账号粉丝接近1300万，粉丝们对这些内容进行点赞、评论分享等互动行为。

（2）内容可以成为用户的话题，引发讨论。

新媒体营销的内容最好不是对产品或者品牌信息的简单陈述，而是能够引发用户的思考、讨论。让用户参与到信息的传播和讨论中去，这样可以放大传播的效果。

有些品牌为了引发争议或者讨论，在内容传播上颇用心思。例如王老吉和加多宝在微博上的互相挑衅。让用户在接受企业营销信息的同时，以看热闹的身份参与到双方的论战中去。不仅仅自己进行观看，还会参与转发、评论等。

（3）内容能够提供打动人的情感。

营销故事14-3-1
淘宝店主的两张"免费床"感动全网

传统营销时代，企业非常看重知名度，可以通过不同手段让消费者记住自己的品牌，哪怕是让人非常讨厌自己的营销方式。因为消费者记住了你就可能在未来转换为销售效果。新媒体营销则经常在消费者的情感上做文章，以一种润物细无声的方式来将企业品牌带入进来。

2017年，招商银行信用卡的短视频营销广告《世界再大，大不过一盘番茄炒蛋》引起了很大的反响。广告讲的是一个中国留学生在国外招待自己的同学，但是他不清楚番茄炒蛋的流程，因此求助国内的爸爸妈妈。妈妈夜里给孩子发信息告知，但由于无法清楚表达，只好起床亲自做一道番茄炒蛋，爸爸则负责录制视频。留学生在爸妈视频的指导下做出了可口的番茄炒蛋，得到了新朋友的赞扬。在朋友的提醒下，留学生突然想到由于时差，自己的父母是在凌晨四点给自己录制的视频。这一广告成为朋友圈相互传播的话题，除了点击量、阅读量等取得了惊人数据之外，招商银行的信用卡的开卡量也取得了很好的效果。

图14-3-1 招商银行信用卡的短视频营销

3.2 表达方面

（1）营销与优质内容进行巧妙结合。

传统营销一般都比较生硬，而新媒体营销可以通过讲述一个故事，将消费者带入进去，通过故事的形式引发用户的持续阅读，在合适的时机带出企业的营销信息。例如下面这则网易云音乐的广告《暖心治愈：致一切误解背后的美好》。题目本身具有一定的吸引力，容易吸引用户进行观看，用户会带着好奇心去往下观看。而看到最后实际上是小龙虾味螺蛳粉的营销信息。但是这样娓娓道来，大部分用户不会排斥这样的营销信息。

图 14-3-2　网易云音乐的广告

（2）趣味、个性化表达。

现在的用户越来越不喜欢那些平铺直叙或者晦涩表达的营销信息，而是希望信息具有一定的趣味性，那些具有趣味性的营销信息往往会引起用户较强的阅读兴趣，并自主地进行转发与更多的人分享。因此，现在大量的营销信息基于对对方的理解，用更有趣、更个性化的方式进行表达。

2018 年 4 月，一则兴义民族师范学院在朋友圈的招聘广告火了，其具有一定的自黑性，与往日那些高大上的招聘信息相比非常亲民、有趣，在朋友圈引发了大量阅读和转发，20 多名博士通过此信息了解了学校，并进行了电话咨询。

> **案例 14-3-1**
>
> ### 兴义民族师范学院招聘"语言学博士"。
>
> 首先坦白，学校很一般、很一般：
> 一、不是数字序列高校（985 或 211）、不是双一流；平台很一般，需要您来创造；
> 二、交通情况暂时不"高速"，只有飞机到达全国各大城市；但高铁五年内融入上沪昆高速网线；
> 三、人才引进政策待遇一般，或者一套三室两厅 90 多平的房，或者 30 万安家费，二选一；另加 10～15 万科研启动金。其他无。
> 四、工资待遇参照西部地区高校标准，据事实比较，略超湖南一点点。
> （如果以上条件您绝对不考虑过来，请忽略以下内容）
> 以上情况可以接受的话，您再看看以下内容，也许可以考虑来学校看看谈谈：
> 一、语言学博士应聘，年龄不超过 45 岁（最多 46 岁，不能再加了），免面试、免试讲、免拖免等，来了就签录用合同，约今年 8 月人社局办入编手续；
> 二、文传院有汉语言文学、国际汉语教育两个专业，语言学课程丰富，任您挑选符合您的研究方向的课程；现有语言学博士四名，文献学博士二名，语言学硕士五名，可组建科研团队；
> 三、评职称容易，只要您曾参与过省厅级及以上课题项目且已结题有结题证书、一篇北大核心文章且总期刊文章数 7 篇（挂任何单位发表皆可），就可以参加明年上半年的"绿色人才通道"评副教授职称，已有副教授职称通过此通道快速评教授（学校教授数量亟待增加，校长为这事儿特别上火）；

四、工作压力不大，没有科研要求，申不申请项目发不发文章全凭您心意，学校不强制；您只想好好上课那就上课，当个好老师也行，这边学生娃相对淳朴，到课率长年高达90%以上很多，别讲太深奥的专业知识，学生不一定能吸收得了；

五、搜肠刮肚再说一个，兴义市是世界级春城之一（中国大概只有昆明、兴义等两三个入选，数据来源百度），紫外线比昆明弱，四季较昆明分明。风景区万峰林、马岭河峡谷就是城市组成部分，学校新校区就在马岭河峡谷风景区边上，空气质量长年排贵州省第二。还有啥？噢对了，牛肉便宜，35元一斤现宰现杀不注水。

其他没了。

总结起来，就是兴义是个适合养老的地方，兴义民族师范学院是个不会出现"过劳死"的工作单位，而且您想做学问就可以快快乐乐做学问，只问耕耘不求收获。

综上，内容方面解决的是说什么的问题，而趣味、个性化表达解决的是如何说的问题。这两块是解决传播问题必不可少的组成部分。

重点词语

新媒体　新媒体营销

课后思考

1. 新媒体营销的特点有哪些？
2. 新媒体营销的要素有哪些？
3. 新媒体上的企业有哪些特点。
4. 新媒体上的用户与传统媒体上的用户相比有什么特点呢？
5. 新媒体平台的特点是什么？
6. 目前出现了哪些新型的新媒体平台，有什么特点？
7. 实施新媒体营销在内容方面应该如何操作？
8. 新媒体营销在表达方式方面应该注意什么？

实践与技能

1. 搜集20则朋友圈广告，分析朋友圈广告的文本内容特征。
2. 收看主播李佳琦的直播视频，总结其特色。

项目拓展

一、看视频，拓宽视野。

1. 视频：淘宝二楼一千零一夜第一季
2. 视频：沃尔沃的广告
3. 视频：西红柿炒蛋广告
4. 视频：新媒体广告伦理与面临的挑战

扫一扫
项目十四
资源包

项目资源

一、课件

二、大学生慕课网视频资料

三、图片资料

四、延伸阅读

1. 三位一体的媒体。
2. 数字营销的关键转变与新规则。

五、案例集锦

1. 野兽派花店在微博上的"内容营销"。
2. 小米手机的社会化营销经验。
3. 淘宝将美食与消费者情感关联。
4. dtac 视频广告《别忽视身边更应珍惜的人》。
5. 中华环境保护基金会用创意打造"绿色步行"。
6. 海飞丝长图创意广告《皇上皇上,你别跑》。
7. "厚工坊·胜利酒"《寻找中国抗战老兵》论坛暨纪录片首映式与胜利酒赠予仪式。
8. 江小白如何吸引消费者参与和分享。
9. Tschlin:从宁静小村到热门景点的"网红之路"。
10. 招商银行旨在激发受众共鸣的 H5 广告。
11. 日本电通广告公司的 App 应用"iButterfly"。

线上学习

1. 请登录:https://www.icourse163.org/course/GDIT – 1206311831(《新媒体营销》)
2. 请登录:https://www.icourse163.org/course/BUU – 1206450823(《新媒体营销》)
3. 请登录:https://www.icourse163.org/course/ZJITC – 1205983815(《移动营销》)
4. 请登录:https://www.icourse163.org/course/SDCJDX – 1449502163(《数字经济时代的市场营销》)

线下学习

1. 《参与感》. 黎万强,中信出版社,2014.
2. 《新媒体运营》. 刘友芝,中国人民大学出版社,2018.
3. 《社会化媒体理论与实践解析》. 彭兰,中国人民大学出版社,2015.
4. 《媒体策划与营销》. 黄升民,高等教育出版社,2009.
5. 《社群营销》. 秦阳,机械工业出版社,2017.
6. 《中国网络媒体 20 年(1994—2014)》. 闵大洪,中国工信出版集团,2016.
7. 《颠覆营销》. 陈杰豪,中信出版集团,2016.
8. 《重塑品牌——消费者关系》. 唐 E. 舒尔茨,机械工业出版社,2017.
9. 《新媒体市场大变局》. 周艳,中国市场出版社,2012.
10. 《创意传播管理》. 陈刚,机械工业出版社,2012.

参 考 文 献

[1] 高中玖，赵欣然．市场营销学［M］．北京：北京大学出版社，2009.
[2] 周文根．市场营销学［M］．北京：中国人民大学出版社，2012.
[3] 吴健安．市场营销学（第三版）［M］．北京：高等教育出版社，2007.
[4] ［美］菲利普·科特勒．市场营销学（第二版）［M］．北京：华夏出版社，2003.
[5] ［美］乔尼·约翰逊．全球营销（第三版）［M］．北京：中国财政经济出版社，2004.
[6] ［美］唐·E. 舒尔茨，菲利普·J. 凯奇．全球整合营销传播［M］．北京：机械工业出版社，2012.
[7] ［美］阿莱德哈娜·科瑞斯纳．感官营销［M］．北京：东方出版社，2011.
[8] ［美］马丁·林斯特龙．感官品牌［M］．天津：天津教育出版社，2011.
[9] ［美］高德弗雷·哈里斯．口传营销［M］．北京：民主与建设出版社，2004.
[10] ［美］Grant Leboff．粘性营销［M］．北京：中国商业出版社，2012.
[11] ［美］帕科·昂德希尔．顾客为什么购买——新时代的零售业圣经［M］．北京：中信出版社，2011.
[12] ［美］佩罗特，麦卡锡．营销学基础［M］．北京：中国财政经济出版社，2004.
[13] ［韩］金英汉，林希贞．星巴克的感性营销［M］．北京：当代中国出版社，2006.
[14] 苏兰君．营销思维训练［M］．北京：电子工业出版社，2013.
[15] 苏兰君，肖涧松．现代市场营销［M］．北京：高等教育出版社，2007.
[16] 苏兰君．营销职业认知［M］．北京：电子工业出版社，2011.
[17] 涟漪．市场营销学理论与实务［M］．北京：北京理工大学出版社，2007.
[18] 王资．市场营销学［M］．重庆：重庆大学出版社，2004.
[19] 符莎莉．市场营销实务——项目导向教程［M］．北京：电子工业出版社，2010.
[20] 李先国．市场营销学［M］．北京：中国财政经济出版社，2010.
[21] 肖小兮，朱权，戴春平．市场营销与策划［M］．广州：华南理工大学出版社，2010.
[22] 王海滋，张雷．市场营销理论与实务［M］．武汉：华中科技大学出版社，2010.
[23] 李颖生，鲁培康．营销大变革——开创中国战略营销新范式［M］．北京：清华大学出版社，2009.
[24] 杨大筠．视觉营销［M］．北京：中国纺织出版社，2003.
[25] 李光斗．事件营销［M］．北京：清华大学出版社，2012.
[26] 许进，陈宝峰．诸子寓言经营智慧［M］．北京：中国纺织出版社，2006.
[27] 周俊，陈小龙．通路精耕［M］．北京：电子工业出版社，2010.
[28] 张继焦，丁惠敏，黄忠彩．中国"老字号"企业发展报告（2011）［M］．北京：社会科学文献出版社，2011.
[29] 剑琴．绝处逢生——世界知名企业大逆转经典案例［M］．北京：中国物资出版社，2008.
[30] 薛娜．经典品牌故事全集［M］．北京：金城出版社，2006.
[31] 刘正山．寓言经济学［M］．北京：中国社会科学出版社，2011.
[32] 李晓．商贾智慧［M］．桂林：广西师范大学出版社，2011.
[33] 史光起．颠覆——中国市场营销与管理规则［M］．北京：清华大学出版社，2010.
[34] 郑学益．商智：成语与管理［M］．北京：五洲传播出版社，2007.
[35] 经济观察报．营销制胜——中国杰出营销案例精选［M］．青岛：青岛出版社，2010.
[36] 史玉柱．史玉柱自述：我的营销心得［M］．北京：同心出版社，2013.

[37] 刘建堤. 视觉营销基础理论与营销策略［M］. 武汉：武汉大学出版社，2013.
[38] ［美］尼尔·雷克汉姆. 销售巨人：大订单销售训练手册理论篇+实践篇［M］. 北京：企业管理出版社，2006.
[39] 黄铁鹰. 海底捞你学不会［M］. 北京：中信出版社，2012.
[40] ［美］迈克尔·波特. 竞争战略［M］. 北京：中信出版社，2014.
[41] ［澳］塞巴斯蒂安·斯密. 竞争的艺术［M］. 南京：江苏凤凰文艺出版社，2017.
[42] ［韩］W. 钱·金，［美］勒妮·莫博涅. 蓝海战略（扩展版）——超越产业竞争，开创全新市场［M］. 北京：商务印书馆，2016.
[43] G. 迈克尔·马多克，等. 品牌创新：伟大的品牌如何建设、推出新产品、新服务和新商业模式［M］. 北京：经济管理出版社，2017.
[44] ［美］加里阿姆斯特朗，菲利普·科特勒. 市场营销学（第12版全球版）［M］. 北京：中国人民大学出版社，2017.
[45] 周导. 重构——新商业模式［M］. 哈尔滨：哈尔滨工业大学出版社，2019.
[46] 刘友芝. 新媒体运营［M］. 北京：中国人民大学出版社，2018.
[47] ［美］唐E. 舒尔茨. 重塑品牌—消费者关系［M］. 北京：机械工业出版社，2017.